Hans-Werner Hamacher – Tatort Deutschland

Tatort Deutschland

Überrollt uns die Kriminalität?

Von Hans-Werner Hamacher
unter Mitarbeit von Günther Braun

Gustav Lübbe Verlag

Schutzumschlag: Coordt von Mannstein, Köln
Gesamtherstellung:
Mohndruck, Reinhard Mohn OHG, Gütersloh
ISBN 3-7857-0126-8
Printed in Germany

Inhaltsverzeichnis

	In eigener Sache	7
1. Die Spielarten der Kriminalität, 9	Der blinde Spiegel	10
	Herr Jedermann und das Verbrechen	10
	Ein gewöhnlicher Alltag	30
	Bilanz eines Tages	40
	Der Statistik-Bikini	44
	Das neue Gesicht	64
	Die Lawine	64
	Die Saat der Gewalt	78
	Ebbe und Flut	78
	Räuber und Gendarm	105
	Die schrecklichen Kinder	138
	Warum nur – warum?	158
2. Die Kriminalität unter der Lupe, 161	Die alten Wurzeln	162
	Die Feigenblätter	170
	Gestern war die Welt noch in Ordnung	174
	Die neuen Triebe	200
	Der Reiz der Großstadt	201
	Mit Schirm, Schock und Methode	221
	Die ausgekuppelte Moral	249

Inhaltsverzeichnis

3. Die Kriminalität von morgen, 277	Das Modell	278
	Roulette des Verbrechens	278
	Die Dollarverschwörung	287
	Ansichten – Aussichten	300
	Die Wette mit der Zukunft	300
	Alltag und Bilanz 1980	305
	Die Zukunft planen	322
	Anhang	334
	Quellenverzeichnis	335

In eigener Sache

Alle reden von der Kriminalität, aber viele reden davon wie von einer fremden, unbekannten Welt. Genaues sagen nur wenige.

Die Polizei hat von der Gesellschaft den Auftrag, die Kriminalität zu bekämpfen, also Straftaten zu verhüten und aufzuklären. Natürlich umfaßt dieser Auftrag der Gesellschaft zugleich die Erwartung, die Polizei könne ihre Aufgabe erfüllen und ausreichende Sicherheit für den Bürger garantieren. Vermag der Beauftragte seinen Verpflichtungen aber nicht mehr in vollem Umfang nachzukommen, gebietet es die Treuepflicht, rechtzeitig auf die Gefahr hinzuweisen.

Dieser Augenblick scheint nun gekommen.

Wir wollen in diesem Buch schildern, welches Ausmaß das Verbrechen in unserem Land gewonnen hat, wo die Ursachen dafür liegen könnten und wie sich die Dinge möglicherweise weiterentwickeln, wenn man ihnen nicht steuert. Verfaßt wurde »Tatort Deutschland« sowohl für den Fachmann wie für den Laien, und zwar von einem Fachmann und einem Laien. Anliegen des Kriminalisten war es, die Tatbestände bis in die Details hinein exakt zu fassen, Wunsch des Journalisten dagegen, das Buch möglichst auch für den kriminologisch nicht vorgebildeten Leser interessant und verständlich zu halten.

Wir sind uns der Gefahr bewußt, daß einige politisch Versprengte glauben, in diesem Buch Bestätigung für ihre Unkenrufe gefunden zu haben. Wir meinen allerdings, unsere Gesellschaft sei reif genug, auch unangenehme Wahrheiten zu ertragen, ohne gleich die Demokratie in Frage zu stellen.

Hans Werner Hamacher
Günther Braun

1. Die Spielarten der Kriminalität

Der blinde Spiegel, 10	Herr Jedermann und das Verbrechen	10
	Ein gewöhnlicher Alltag	30
	Bilanz eines Tages	40
	Der Statistik-Bikini	44
Das neue Gesicht, 64	Die Lawine	64
	Kein Ehevertrag	66
	Hehler & Stehler GmbH	67
	Markt ohne Grenzen	70
	Die Zuwachsrate	73
Die Saat der Gewalt, 78	Ebbe und Flut	78
	Die Schnell-Kassierer	86
	Ende der Nachtschicht	91
	Kursänderung ins Rampenlicht	94
	Räuber und Gendarm	105
	Das falsche Alibi	105
	Die Amateure	108
	Die angestaubten »Weißen Kragen«	115
	Die schrecklichen Kinder	138
	Bei uns zulande	138
	. . . und anderswo?	147
	Stoff für 50 Millionen Träume	151
	Warum nur – warum?	158

Der blinde Spiegel

Herr Jedermann und das Verbrechen

München, 4. August 1971, 15.55 Uhr.
Zwei Männer betreten die Zweigstelle der Deutschen Bank in München, Prinzregentenstraße. Dimitri T. (24) und Hans-Georg R. (31) tragen Motorradhelme und dunkle Brillen. Halstücher verdecken die Unterpartien ihrer Gesichter. Jeder der beiden hält einen Revolver – Smith & Wesson, Kal. 38 special – in der Hand.
18 Personen befinden sich in der Bank. T. öffnet einen Koffer, entnimmt ihm eine russische Maschinenpistole und treibt alle Anwesenden hinter den Schalter. Ein Bankangestellter wird gezwungen, die Eingangstür zu verschließen. Dann ruft einer der Täter die Polizei an: 2000000 Mark, oder die Geiseln sterben!«
16.15 Uhr.
Vor der Bank fahren ein Notarztwagen und vier Sanitätsfahrzeuge an. Die Polizei riegelt den Ort des Überfalls ab. Als erste der Geiseln darf ein Bankangestellter das Gebäude verlassen. Die Gangster geben ihm einen Brief und ein Päckchen mit. Inhalt des Briefes: Die Forderung nach 2000000 Mark, einem viertürigen BMW und freiem Abzug. Inhalt des Päckchens: hochbrisanter Sprengstoff. Die Täter drohen, die Bank samt den Geiseln zu sprengen, falls man ihre Forderungen nicht bis 22 Uhr erfüllt.
18.14 Uhr.
Die Polizei bestätigt per Lautsprecher: »Wir stellen den Wagen zur Verfügung und geben Ihnen freies Geleit!« Im Laufe der nächsten Minuten dürfen bis auf vier Frauen und einen Mann alle Geiseln die Bank verlassen. Die Deutsche Bank will das Lösegeld zur Verfügung stellen. Vor das Bankgebäude wird ein BMW mit laufendem Motor gefahren. T. und R. haben ihrem Koffer inzwischen Stücke einer zerschnittenen Wäscheleine entnommen und den Geiseln die Hände auf dem Rücken zusammengebunden. Weiterer Inhalt des Koffers: ein Stück Plastiksprengstoff, ein Handfunksprechgerät und zwei Kapuzen mit Sehschlitz. Am Tatort haben sich zahllose durch Rundfunk und Fernsehen informierte

Zuschauer eingestellt. Die Geiseln haben sich mit ihrem Schicksal abgefunden. Sie dürfen mit ihren Angehörigen telefonieren, Kaffee kochen und den in der Bank vorhandenen Sekt trinken. Dazu löst man ihnen die Fesseln. Bei weiteren Telefonaten erreicht die Polizei einen Aufschub des Ultimatums bis 23.30 Uhr. Dimitri T. benutzt sein Handfunksprechgerät.

21.30 Uhr.

In der Nähe des Hauses der Deutschen Kunst explodiert eine Sprengstoffladung. Es ist anzunehmen, daß dies einer der angedrohten Bombenanschläge ist.

23.30 Uhr.

Ein Kriminalbeamter legt den Sack mit dem geforderten Lösegeld vor dem Bankeingang ab. Hans-Georg R. will mit dem Geld und mit einer Geisel wegfahren. Sein Komplize soll die übrigen Geiseln bis zur Rückkehr von R. in der Bank bewachen. Alle Gefangenen melden sich dazu, R. bei der ersten Fahrt zu begleiten. Er wählt die 20jährige Ingrid R. aus, weil sie ihm besonders ruhig erscheint. Man bindet ihr ein schwarzes Halstuch um den Kopf, ihre Hände werden vor dem Körper gefesselt.

23.40 Uhr.

Der in der Bank anwesende Kassierer Ludwig K. muß Ingrid zum Wagen führen. Sie nimmt auf dem Rücksitz Platz. Der Kassierer muß nochmals zum Wagen zurückkehren, um sie auf den Beifahrersitz zu dirigieren. Den Geldsack legt K. weisungsgemäß auf den Rücksitz. Dann geht er wieder in die Bank. Hans-Georg R. tritt heraus. Über den Kopf hat er eine Kapuze gezogen. In einer Hand trägt er einen Revolver, in der anderen eine Maschinenpistole.

Ein Blitzlichtgewitter bricht los. R. hat den Wagen bis auf einen Schritt erreicht, als Präzisionsschützen das Feuer eröffnen. R. wird in die Brust getroffen. Das Geschoß stößt auf einige Revolverpatronen in der Brusttasche, dringt aber in den Körper ein. Eine weitere Kugel trifft R. ins Bein. Er schießt auf die zwanzigjährige Geisel. Nun eröffnen weitere Beamte das Feuer.

Gleichzeitig versuchen Polizisten, durch den rückwärtigen Eingang in die Bank zu gelangen. Eine Metalltür bietet zu großen Widerstand. Das Schloß wird zerschossen. Als die Beamten den Schalterraum stürmen, hält T. eine Angestellte vor sich. Eine

Polizistengruppe zerschlägt das Bankschaufenster an der Vorderfront und dringt ein.
T. wirft einen Revolver fort und ergibt sich. Die Geiseln bleiben, bis auf eine geringfügig verletzte, unversehrt.
Ingrid ist von Hans-Georg R. in die Körpermitte, in den Oberschenkel und an der Hand getroffen worden. Sie stirbt auf dem Operationstisch. R. ist ebenfalls tot.

Köln, 27. Dezember 1971, 10.22 Uhr.
Ein Personenwagen rollt auf den Domplatz. Drei vermummte Gestalten springen heraus und rennen in die Filiale der Deutschen Bank.
Der »Dicke«, Kurt V. aus Wien, schießt sofort in die Decke und anschließend auf den geschlossenen Kassenschalter. »Louis«, ein Korse, bedroht mit einer doppelläufigen Schrotflinte die sieben Angestellten der Bank. »Fils«, ein Franzose aus Marseille, dringt in die Kassenbox ein und stopft hastig Geldbündel in seinen Monteuranzug. »Louis« schreit auf die Angestellten ein und treibt sie in einer Ecke zusammen. Der »Dicke« reißt ein zufällig eintretendes Ehepaar ins Innere der Bank.
Dann wollen die Täter fliehen. Sie zwingen zwei Angestellte, vor ihnen aus dem Gebäude zu gehen. »Louis« deckt den Rückzug im Schalterraum.
Aber auf dem Domplatz haben schon Polizeibeamte Stellung bezogen. Die Täter treiben die Angestellten in den Raum zurück. »Jetzt wird es hart!« erklärt der »Dicke«. Alle Gefangenen müssen sich auf den Boden legen. Der »Chauffeur« der Bankräuber, Roger R., der draußen im Fluchtfahrzeug gewartet hat, kann entkommen. Die Polizei zerschießt die Reifen des Wagens. Dann beginnen langwierige, komplizierte Verhandlungen.
Geiseln überbringen die Forderungen der Gangster:
- Bereitstellung eines Fluchtfahrzeugs,
- freier Abzug,
- Mitnahme von zwei Geiseln,
- zwei Polizei-Funkgeräte.

Die Einsatzleiter der Kripo und der Schutzpolizei, Hamacher und Krauss, versuchen mit Lautsprecherdurchsagen, die Täter vor

Kurzschlußhandlungen zu bewahren. Sie müssen mit einem der Ganoven persönlichen Kontakt aufnehmen, um sich über die Situation in der Bank zu informieren. Das gelingt. Der »Dicke« kommt heraus. Die Polizei erklärt sich bereit, auf seine Forderungen einzugehen, wenn keine Geiseln genommen werden. Doch Kurt V., inzwischen nicht mehr maskiert, gibt nicht nach. Die Polizei läßt einen Personenwagen als Fluchtfahrzeug an den Tatort bringen.

11.03 Uhr.

Hamacher und Krauss nehmen wieder Verbindung mit dem »Dikken« auf. Diesmal gelangt Hamacher bis in die Bank.

Er sieht, ein Frontalangriff ist nicht zu wagen. »Louis« und »Fils« machen einen entschlossenen, beinahe selbstmörderischen, die Geiseln – unter ihnen ein junges Mädchen – einen verzweifelten Eindruck. Die Verhandlungen bleiben wieder ohne Erfolg. Immerhin werden nach und nach vier Gefangene freigelassen. Einige von ihnen stehen so unter Schockeinwirkung, daß sie nicht einmal ihre Namen nennen können. Die Täter scheinen entschlossen, vier Geiseln zurückzuhalten.

Eine riesige Zuschauermenge hat sich um den Tatort versammelt. Presse, Rundfunk und Fernsehen verfolgen das Geschehen.

Da mit der Freigabe weiterer Geiseln nicht zu rechnen ist, eine gewaltsame Befreiung zu risikoreich erscheint und Panikreaktionen von Geiseln oder Gangstern zu erwarten sind, geht Hamacher erneut in die Bank, um die Täter doch noch zu beeinflussen.

11.15 Uhr.

Die Täter erklären sich mit einem Geiseltausch einverstanden. Krauss und Hamacher stellen sich als neue Geiseln zur Verfügung. Ein Ford-Transit wird als Fluchtwagen vorgefahren.

12.30 Uhr.

Die Täter besetzen mit ihren Geiseln den Fluchtwagen. Sie nehmen über 300000 Mark Beute mit. Krauss und Hamacher werden – langläufige Waffen im Rücken oder im Nacken – zum Fahrzeug geführt. Zu Beginn setzen die Täter ihre Waffen unmittelbar auf die Körperpartien der Polizisten auf.

12.32 Uhr.

Die Fahrt beginnt. Zahlreiche Zivilfahrzeuge, mit Schaulustigen

oder Journalisten besetzt, umschwärmen den Fluchtwagen, kesseln ihn zeitweilig regelrecht ein. Die Flucht führt über Bonn nach Koblenz, nach Bingerbrück, zurück ins Saargebiet – bis unmittelbar an die französische Grenze. Dunkelheit und starker Nebel behindern die Verfolger. Versuche, die Geiseln zu befreien, müssen mehrfach abgeblasen werden, weil unbeteiligte Verfolger nicht abzuschütteln sind. Durch Presse, Rundfunk und Fernsehen unterrichtet, stehen ganze Betriebsbelegschaften und Dorfgemeinschaften an den Straßen und deuten auf den Ford-Transit. Lastwagen, auf deren Dächer Kameras montiert sind, parken am Weg, ein Pressehubschrauber beteiligt sich an der Verfolgung.
An der deutsch-französischen Grenze streiken die Geiseln. Sie wollen keinesfalls die Bundesrepublik verlassen. Sie wollen nicht weiterfahren. Die Täter geben nach. »Fils« übernimmt das Steuer. Krauss dirigiert die Gruppe ins Landesinnere zurück. 30 Kilometer von der Grenze entfernt können die Geiseln das Fahrzeug abends verlassen.
Es ist 20.02 Uhr.
Zunächst entkommen die Gangster. Zwei Tage später nehmen sie erneut Geiseln, um freie Durchfahrt zu erzwingen.
Bei Baltersweiler werden sie von einer Verhandlungskommission der saarländischen Polizei gestellt. Kurt V., der »Dicke«, wird angeschossen. »Louis« und »Fils« ergeben sich. Die Geisel bleibt unverletzt. Der vierte Täter war bereits am Tag des Überfalls in Köln festgenommen worden.

München, Olympisches Dorf, 4. September 1972, 4.55 Uhr.
Um den Zaun patrouillieren zwei Streifen. Eine der Patrouillen notiert ins Wachbuch: »Morgens gegen vier Uhr auf dem Damm zwischen DOZ und Dorf einen jungen Mann mit weißem Hut und Safari-Anzug gesichtet.«
Die Doppelstreifen auf den Dorfstraßen und die Wächter an den vier (von insgesamt 13) Eingängen, die auch nachts geöffnet bleiben, machen keine außergewöhnlichen Beobachtungen. Der Rest der 58 Ordner, die in Schichten Tag und Nacht das Dorf bewachen, hält sich als Einsatzreserve im ersten Stock des Verwaltungsgebäudes G 1 auf.

Um 4.55 Uhr schrillt bei Grenzschutz-Major Wolfrum im Polizeiführungsstab am Willi-Gebhardt-Ufer 32 das Telefon: »Es wird geschossen.« Minuten später erreichen Beamte der Kripo-Wache des Olympischen Dorfes und der Bereichsleiter des Ordnungsdienstes den Tatort: Haus 31 in der Connollystraße, das Quartier der israelischen Olympiamannschaft.
Vor dem Eingang winkt jemand die Beamten heran – ein Mann mit weißem Hut, geschwärztem Gesicht und Sonnenbrille; Handgranaten stecken in den Brusttaschen. Eine trägt er in der rechten Hand, den Daumen hat er in die Abzugsschlaufe gesteckt. Rückwärts geht er ins Haus, schlägt die Tür zu. Dann taucht er auf dem Balkon im ersten Stock wieder auf und ruft herab: »Lassen Sie das sofort der israelischen Regierung zukommen, hier ist etwas passiert. Sorgen Sie dafür, daß Erste Hilfe kommt!«
Der Arzt findet einen Toten vor der Tür: Moshe Weinberg, Trainer der israelischen Ringer. Er wurde von Kugeln durchsiebt. Vom Balkon weht ein Blatt herunter; die Forderungen der Terroristen: Bis neun Uhr soll der Staat Israel 200 namentlich aufgeführte arabische Häftlinge freilassen – anderenfalls werden die Geiseln liquidiert, die zu Israels Olympia-Team gehören.
7.20 Uhr.
Bis zum Ablauf der Ultimatums verbleiben noch eine Stunde und 40 Minuten. Aus der nahen Bayernkaserne werden Bereitschaftstrupps des Ordnungsdienstes in Marsch gesetzt; Polizei und Bundesgrenzschutz umzingeln das Olympische Dorf; alle Funkgeräte werden auf einen Sonderkanal geschaltet; die Connollystraße wird abgeriegelt.
Kurz nach acht Uhr erhält der Polizeiführungsstab die Weisung, die Befreiung der Geiseln einsatztaktisch vorzubereiten.
8.50 Uhr.
Die Lage ist undurchsichtig. Niemand weiß genau, wie viele arabische Freischärler sich im Haus befinden. Die Zahl der überlebenden Israelis, die in der Hand der Täter sind, steht noch nicht fest. Vermutlich ist eines der Opfer schon tot, vermutlich sind die anderen gefesselt und werden mit Handgranaten oder Maschinenpistolen bedroht.
Auf Verlangen der Terroristen werden vor dem Haus Kriminalbe-

amtinnen mit Sprechfunkgeräten postiert. Sie müssen die Verbindung zwischen der Einsatzleitung und den Tätern halten. Münchens Polizeipräsident Dr. Manfred Schreiber geht zum Haus Nummer 31 und verhandelt mit dem Chef der Terrorgruppe über einen Aufschub des Ultimatums. Er spielt mit dem Plan, diesen Mann als Geisel zu nehmen. Doch der Unbekannte rechnet zumindest auch mit solchen Manövern. »Wollen Sie mich mitnehmen?« fragt er und zeigt auf die Granate in seiner Hand. Er macht keine Konzessionen. Ersatzgeiseln lehnt er ab, ebensowenig geht er auf das Angebot freien Geleits oder eines Lösegeldes in unbegrenzter Höhe ein. »Ich will meine 200 Freunde, nichts anderes!« erklärt er. Einziges Zugeständnis: Fristverlängerung bis 12 Uhr mittags.

10.15 Uhr.

Außenminister Walter Scheel verhandelt mit Israels Botschafter Ben Horin und erfährt: »Israel wird die Gefangenen nicht freilassen!« Das bestätigt Ministerpräsidentin Golda Meir dem deutschen Botschafter in Tel Aviv.

Unterhändler bieten sich an: der Vertreter der Arabischen Liga, Chatib, und der tunesische Botschafter. Auch der Botschafter Libyens wird von seiner Regierung angewiesen, sich als Unterhändler zur Verfügung zu halten. Doch es gibt nichts zu vermitteln. Die Araber beharren auf ihrer Forderung; Israel will nicht nachgeben.

11.50 Uhr.

Präsident Schreiber verhandelt in Begleitung eines Abgesandten der Arabischen Liga und des ägyptischen Olympia-Missionschefs nochmals mit den Terroristen. Das Ultimatum wird bis 13 Uhr verlängert.

13.00 Uhr.

Bundesinnenminister Genscher und Bayerns Innenminister Merk erreichen einen weiteren Aufschub bis 15 Uhr. Bei jedem Gespräch drohen die Araber, nach Ablauf des nächsten Ultimatums mindestens zwei Geiseln zu erschießen. Genscher, Merk und Schreiber bieten sich einzeln, aber auch gemeinsam als Austauschgeiseln an. Einzige Antwort: »Sie wollen doch nur, daß wir müde werden.«

13.10 Uhr.
Immer noch ist die Lage unübersichtlich. Die gewonnene Zeit soll für Vorbereitungen zur Befreiung der Geiseln genutzt werden. Zwölf Sturmtrupps zu je drei Freiwilligen beziehen Stellung; sechs Mann im Keller, neun im Geschoß über den gefangenen Israelis. Nach gezielten Schüssen will man die Türen aufsprengen und durch Fenster in die Wohnung eindringen.
Der Chef des Sturmkommandos und ein weiterer Beamter sollen die Lage erkunden. Als Köche verkleidet, bringen sie mehrere Kisten Verpflegung zum Haus. Doch der Chef der Araber läßt sich nicht übertölpeln: Die »Köche« müssen das Essen vor dem Haus abstellen, dann trägt er die Kisten selbst hinein.
Der Krisenstab berät. Alle Möglichkeiten werden durchgespielt. Aber ein Chemiker und ein Belüftungstechniker des Bayerischen Landeskriminalamtes warnen vor dem Einsatz von Betäubungsgas: Es wirkt selten so schlagartig, daß Täter und Geiseln gleichzeitig in Ohnmacht fallen. Die Terroristen könnten ihre Gefangenen noch erschießen, bevor das Gas wirkt.
Elektronenblitze, um die Täter vor einem Sturmangriff kurzfristig zu blenden, werden als untaugliche Mittel verworfen. Einig sind sich die Experten darüber, daß die Terroristen durch »Beschäftigungstherapie« und »Ablenkungsmanöver« bis zum physischen Tiefpunkt hinzuhalten sind. Man geht davon aus, daß sie in der Nacht vor dem Ereignis nicht geschlafen haben. Doch alle taktischen Überlegungen scheitern an der unnachgiebigen Haltung des Anführers. »Ich werde heute noch für Palästina sterben. Sie müssen wissen, daß ich den Tod nicht scheue!« erklärt er.
16.30 Uhr.
Die Sturmpositionen werden eingenommen. Genscher, Merk und Schreiber verhandeln wieder mit den Terroristen. Der Anführer fordert Abflug nach Kairo mit den Geiseln, und zwar unverzüglich. »Wir haben im Radio gehört, daß die Polizei uns überfallen will!«
Genscher will erst einmal mit den Gefangenen reden. Er wird in die Wohnung eingelassen. Die Geiseln sitzen gefesselt auf den Feldbetten, ein Toter liegt am Boden, in den Ecken stehen bewaff-

nete Bewacher. Die gefangenen Israeli sind mit dem Flug nach Kairo einverstanden, doch nur unter der Bedingung, daß ihre Regierung die 200 arabischen Häftlinge ausliefert.
Eine Gewißheit nimmt Genscher aus dem Haus mit: Ein Sturmangriff wird unweigerlich zum Tod der Geiseln führen. Eine zweite Gewißheit erhält er bei einem Gespräch mit dem israelischen Botschafter: Es bleibt beim Nein; Gefangene werden nicht freigelassen.
Noch immer ist die Zahl der Terroristen unbekannt.
18 Uhr.
Bundeskanzler Brandt schaltet sich ein. Länger als zwei Stunden wartet er auf eine Telefonverbindung zu dem ägyptischen Staatschef Sadat. Schließlich erreicht er Ministerpräsident Sidki. Er schildert dem Premier in Kairo die Situation und bittet um Landeerlaubnis für eine Maschine – freilich nur, wenn das Überleben der Geiseln garantiert wird. Sidki bedauert, seine Regierung könne sich nicht in die Angelegenheit einmischen, die sie nichts angehe. Wörtlich: »We do not want to get involved.«
20.15 Uhr.
Jetzt wird die Zeit knapp. Inzwischen haben die Guerillas im Olympischen Dorf eine letzte Frist gesetzt: 21 Uhr. Wenn bis zu diesem Zeitpunkt nicht für ein Flugzeug nach Kairo gesorgt ist, sollen alle sterben.
Es wird keinen Flug nach Kairo geben. Die deutschen Behörden gehen davon aus, daß diese Reise, wohin sie auch immer gehen mag, den sicheren Tod der Geiseln bedeutet. Denn die Terroristen bestehen darauf, ihre 200 freizulassenden Kameraden morgens um acht zu sehen, anderenfalls sollen die Geiseln erschossen werden.
Die gewaltsame Befreiung der Israelis scheint der letzte Ausweg. Zwei Möglichkeiten dazu sieht die Polizei: Man könnte die Araber im »Basement«, dem unterirdischen Straßensystem des Olympiadorfes, ausschalten. Man kann schließlich versuchen, sie auf dem Flughafen außer Gefecht zu setzen.
Der erste Plan schlägt fehl. Der Anführer der Gruppe unternimmt gemeinsam mit Genscher eine Ortsinspektion durch das Basement. Manfred Schreiber muß vorneweg marschieren und seinen

Beamten zurufen: »Dies ist ein Probegang, dies ist ein Probegang ...« Vorher hat der Guerillaboß seine Leute angewiesen, die Geiseln zu erschießen, wenn er in drei Minuten nicht zurückgekehrt sei. Die Tiefstraße ist befahrbar, außerdem erscheint dem Araber Fahren sicherer als Gehen. Er befiehlt einen Bus herbei, schickt ihn wieder zurück und bestellt »in fünf Minuten« einen größeren.
22.06 Uhr.
Zwei Hubschrauber stehen bereit. Der Bus setzt sich mit Attentätern und Geiseln zum Startplatz in Bewegung. Jetzt kann zum erstenmal richtig gezählt werden: acht schwerbewaffnete Täter, neun Geiseln.
22.22 Uhr.
Die beiden Helikopter heben im Olympischen Dorf ab. Nicht einmal in dieser Minute weiß die Polizei genau, wohin die Hubschrauber fliegen werden. Sie könnten über Fürstenfeldbruck auch nur kreisen, dann vielleicht wieder ins Olympische Dorf zurückkehren, in Erding (30 Kilometer entfernt), in Neubiberg (20 Kilometer), in Manching (70 Kilometer) oder auf dem Flughafen Riem landen. Die Maschinen könnten sogar im Dachauer Moor niedergehen. All das ist zu berücksichtigen.
Beim Start teilt das Fernsehen live mit: »Die Hubschrauber fliegen nach Fürstenfeldbruck.« Journalisten und ganze Heerscharen Neugieriger setzen sich dorthin in Bewegung.
22.33 Uhr.
Flughafen Fürstenfeldbruck. Im Dunkeln schwebt ein Hubschrauber ein. Die Einsatzleitung nimmt im Tower Aufstellung. Kurz darauf, diesmal im Flutlicht einiger Tiefstrahler, setzen zwei weitere Helikopter auf: Die Araber und ihre Geiseln sind gelandet. Polizeibeamte, als Flughafenpersonal verkleidet, weisen die Maschinen ein, dirigieren sie etwa 35 Meter vor das Flughafengebäude.
Hundert Meter vom Landeplatz entfernt steht eine Boeing 727. Die Triebwerke laufen. Die Terroristen ahnen noch nicht, daß sich in den Tanks nur 5000 Liter Kerosin befinden – für etwa 400 Kilometer Flugstrecke.
14 Präzisionsschützen standen der Polizei zur Verfügung. Fünf

davon sind jetzt in Fürstenfeldbruck in Stellung gegangen. Die übrigen wurden auf alle anderen möglichen Landepunkte verteilt. Außerdem steht hier in Fürstenfeldbruck ein Kommando von 17 freiwilligen Polizisten bereit: Sie sollten die Araber zunächst in der Boeing überrumpeln, doch dann wurde dieser Plan verworfen. Jetzt warten sie auf neue Befehle, ebenso wie eine Hundertschaft Bereitschaftspolizei. Zusätzliche Hundertschaften (zur Absperrung) und ein weiteres Einsatzkommando – 22 Mann stark – sowie gepanzerte Fahrzeuge treffen später ein.

22.38 Uhr.

Aus jedem der beiden Hubschrauber steigt einer der Araber. In 30 Meter Abstand voneinander gehen sie auf die Verkehrsmaschine zu, verschwinden darin. Inzwischen sind zwei weitere Terroristen ausgestiegen. Sie halten die Hubschrauberbesatzungen neben den Helikoptern mit Maschinenpistolen in Schach.

Der Zwei-Mann-Spähtrupp kommt aus der Verkehrsmaschine, geht zurück in Richtung auf die Hubschrauber. Die beiden Männer haben etwa die Hälfte des Weges zurückgelegt, als die Präzisionsschützen das Feuer eröffnen.

Die beiden Bewacher der Hubschrauberbesatzung werden sofort getroffen. Einer ist auf der Stelle tot. Als die Schüsse fallen, beginnen die beiden »Boeing-Inspekteure« zu laufen, einer wird dennoch getroffen. Der zweite, offenbar der Chef der Gruppe, kann unter einem Hubschrauber in Deckung kriechen.

Die überlebenden Terroristen schießen die Magazine ihrer Maschinenpistolen leer und setzen die Funkanlage des Tower außer Betrieb. Ein zweiunddreißigjähriger Münchener Polizeibeamter bricht tot zusammen. Er wurde in den Kopf getroffen. Ein Hubschrauberpilot schleppt sich schwerverletzt hinter die Bugräder der Verkehrsmaschine; Helfer schleifen ihn aus dem Schußfeld.

22.50 Uhr.

In deutscher, englischer und arabischer Sprache werden die Guerillas über Handlautsprecher aufgefordert, sich zu ergeben. Gepanzerte Polizeifahrzeuge sollen sie ausschalten. Gerüchte verbreiten sich. Ein Journalist, der aus dem abgesperrten Gebiet zurückkehrt, berichtet: »Alle Geiseln sind befreit, die Täter erschossen oder festgenommen!« Die Nachricht wird weitergegeben. Pressechef Hans Klein bemüht sich um Verbindung zum Tower. Vergebens. Pressestaatssekretär Conrad Ahlers erliegt der Faszination der Falschmeldung und bestätigt sie im Fernsehen. »Alle Geiseln frei – Die Spiele gehen weiter!« melden die Morgenzeitungen. Sie melden es noch zu einer Stunde, da in Rundfunk und Fernsehen bereits berichtet werden muß, was morgens um vier in einer Pressekonferenz enthüllt wurde: Alle Geiseln sind tot.

Verbrechen in Deutschland. Drei von vielen, die weltweites Aufsehen erregten. Drei Verbrechen, die durch eine Geiselnahme bei der Tat gewisse äußerliche Ähnlichkeiten aufweisen. Dem unbefangenen Beobachter könnte sich der Eindruck aufdrängen, hier liege eine kontinuierliche Entwicklung vor, eine Eskalation der Gewalt.
Doch dieser Eindruck täuscht. Er täuscht schon deshalb, weil sich in der Bundesrepublik in den letzten drei Jahren nicht drei Fälle dieser Art ereigneten, sondern eher dreißig. Nur verliefen nicht alle so spektakulär. Der Eindruck einer Eskalation täuscht weiter, weil der Außenstehende vermutet, die einheitliche »Machart« der Überfälle müsse doch mit einer einheitlichen polizeilichen Taktik anzugehen sein. Weit gefehlt.
In der Münchener Bank hatten es die Täter auf die Konfrontation mit der Polizei abgesehen. Es war Teil ihres Planes, die Polizei zum Aktionsstillstand zu zwingen und eine möglichst große Öffentlichkeit herzustellen.
In der Kölner Bank dagegen stolperten die Täter unversehens in eine aussichtslose Lage. Dann versuchten sie plan- und ratlos, das Münchener Vorbild zu kopieren, einzig von dem Wunsch beseelt, der plötzlich hergestellten Öffentlichkeit zu entrinnen.
Im Olympischen Dorf unternahmen todesbereite Täter eine kriegerische Aktion. Sie waren auf weltweite Öffentlichkeit bedacht.
Im ersten Fall mußte der Kreislauf der Planung durchbrochen werden; in Köln galt es, kopfloses Verhalten auszuschalten, und im Olympischen Dorf gab es keine Chance, mit normalen polizeilichen Mitteln ein Verbrechen zu verhindern.

Verbrechen ist eben nicht gleich Verbrechen; jedenfalls nicht aus der Sicht des Täters. Und die vermutlichen Reaktionen der Täter bestimmen die Maßnahmen der Polizei, wenn Unbeteiligte mit gefährdet sind.

Aber es gibt Gemeinsamkeiten zwischen diesen Fällen. Gemeinsamkeiten allerdings, die tiefer wurzeln als die scheinbar übereinstimmende Tatausführung.

Gemeinsamkeiten

- das sind die Großstadt, die durch eine riesige Zuschauerzahl eine alles behindernde Kulisse stellt,
- das sind die Publikationsorgane, die das Ereignis zur Schaubühne der Nation erweitern,
- das sind, scheinbar nur am Rande, unsere modernen Verkehrsmittel, die in allen Fällen eine entscheidende Rolle spielen.

Die Verknüpfung dieser Bedingungen ist die unheilvolle Kombination, die diese drei Straftaten miteinander verbindet und in vielen anderen Fällen Verbrechen provoziert oder begünstigt.

Wo immer Menschen in einer Gemeinschaft leben, müssen sie mit dem Verbrechen leben.

Das Buch der Bücher beginnt mit der Schilderung einer Straftat:

Gott pflanzte den Garten Eden und setzte Adam als bevollmächtigten Geschäftsführer ein, auf daß er diesen Garten »bebaue und bewahre«. Die freie Verfügungsgewalt über das Gesamtterrain endete am »Baum der Erkenntnis«. Der Auftraggeber behielt sich das Nutzungsrecht für diesen Baum bei Androhung der Todesstrafe vor.

Der Schlange gelang es jedoch, Eva zu der mit Strafe bedrohten Handlung anzustiften. »Und sie nahm eine von den Früchten, aß sie und gab auch ihrem Manne davon.«

Der Täterwille des Mitbeschuldigten ist aus diesem Text nicht klar erkennbar. Vielleicht handelte Adam nur fahrlässig, vielleicht als Hehler. Jedenfalls legte er bei der ersten Befragung ein umfassendes Geständnis ab. Beide wurden, unter Berücksichtigung mildernder Umstände, zu lebenslänglicher Zwangsarbeit verurteilt und aus dem Garten Eden verbannt.

Die Androhung der Todesstrafe hat – wie später so oft – die Straf-

tat keineswegs verhindert. Und doch erhebt sich die Frage nach dem »Warum« der Handlung, denn der erhoffte Vorteil stand doch in krassem Mißverhältnis zur angedrohten und schließlich vollzogenen Strafe.
Kaum ist der Mensch in die Freiheit gestoßen, da ereignet sich das nächste Verbrechen:
Die Söhne Adams, Kain und Abel, wollten sich durch Geschenke die Gunst ihres Vorgesetzten erwerben. Offenbar hinterließen Abels Gaben dabei nachhaltigen Eindruck, und so konnte er für die Zukunft mit wohlwollender Förderung rechnen. Kain fühlte sich zurückgesetzt.
Da sagte Kain zu seinem Bruder Abel: »Laß uns aufs Feld gehen!« Als sie aber auf dem Felde waren, fiel Kain über den erfolgreicheren Bruder her und schlug ihn tot.
Verantwortlich vernommen, bestreitet der Täter das Verbrechen und flüchtet sich mit der provozierenden Gegenfrage in die Verteidigung: »Soll ich denn meines Bruders Hüter sein?«
Der Vorgang erinnert an die Wirtshausschlägereien unserer Tage. Wie oft beginnen sie ebenfalls mit der Aufforderung: »Laß uns doch mal raus (aufs Feld) gehen!« – Wie oft enden sie, getreu biblischem Vorbild, mit dem Tod eines Kontrahenten. Und wie oft entstehen derartige Raufereien aus geringerem Anlaß als aus der Bevorzugung durch den Vorgesetzten.
Das Verbrechen kam mit dem Menschen auf die Welt. Es liegt die Vermutung nahe, daß die Aggressivität – »das sogenannte Böse« – ein wesentlicher Bestandteil des menschlichen Charakters ist, der zu allen Zeiten die Geschichte der Menschheit mitbestimmt hat.
Wir dürfen den Ausführungen des Kriminologen Exner folgen, wenn er feststellt:
»Eine Erklärung dafür zu suchen, daß ein Volk Verbrecher und Verbrechen aufweist, wäre sinnlos. Ob wir hoch- oder tiefstehende Völkerschaften im Auge haben, ob wir auf Vergangenheit oder Gegenwart sehen oder einen Blick in die Zukunft versuchen, nie und nirgends finden wir ein Volk, dessen Lebensordnung nicht immer wieder von einzelnen schuldhaft gestört würde. Das Verbrechen ist allem Anschein nach eine notwendige soziale Erschei-

nung, mit dem menschlichen Zusammenleben so selbstverständlich verbunden wie Krankheit und Tod mit dem Leben des einzelnen. Wenn dem so ist, dann hat es keinen Sinn, nach einer Erklärung für die Kriminalität zu fragen, denn diese Frage könnte nur durch den Hinweis beantwortet werden, daß eben der Mensch kein vollkommenes Wesen und der Staat kein Paradies ist.«

Es erscheint daher sinnlos, die Tatsache zu beklagen, daß überhaupt Verbrechen geschehen. Damit wird sich jede Gesellschaft abfinden müssen. Dies bestätigte Sophokles in seiner »Antigone« vor 2000 Jahren: »Ungeheuer ist viel, doch nichts Ungeheures als der Mensch«, ebenso wie Teilhard de Chardin heute: »Der Mensch ist das einzig wirklich böse, grundböse Tier, das methodisch, willentlich zerstörende Wesen. Das Kind, das Disteln köpft, Fenster zum Spaß einwirft, ist ein Menschenkind.«

So eindeutig diese Feststellung zutrifft, so unsicher und verschwommen erscheint der Begriff des Verbrechens.

Für die Kriminologen gibt es keinen Unterschied zwischen Übertretung, Vergehen und Verbrechen, wie er im Strafgesetzbuch festgelegt ist. Jede ungesetzliche Handlung stellt sich als ein »Verbrechen« dar: als eine Verletzung des für die jeweilige Gesellschaft geltenden Rechts. Das kann im Einzelfall ein Mord oder »nur« eine verbotene Bettelei sein. So erklärt sich eine Straftat, ein Verbrechen gegen bestehende Gesetze als eine »bestimmt geartete Reaktion eines Menschen auf eine bestimmt geartete Rechtsordnung«.

Die Rechtsordnung – das ist die Summe der überkommenen Gewohnheiten und sittlichen Überzeugungen, die im Durchschnittsempfinden der Gesellschaft wurzeln sollten und überwiegend in schriftlicher Form in einem Katalog von Verboten und Geboten festgehalten sind.

In jeder Gesellschaft ist festgelegt, welche menschlichen Handlungen das Leben der Gemeinschaft in unzulässiger Weise behindern, ihm schaden oder es gar unmöglich machen. Um derartige Verhaltensweisen zu unterbinden, stellt der Gesetzgeber sie unter Strafe.

Eine Entscheidung dieser Art wird aber niemals ganz wertfrei getroffen. Sie ist abhängig von vielerlei Faktoren: von natürlichen

Lebens- und Umweltbedingungen, Wirtschafts- und Staatsform, sozialen und philosophischen Auffassungen.
Die unterschiedliche Herkunft der Rechtsquellen führt aber dazu, daß ein und dasselbe Verhalten in dieser Gesellschaft bestraft wird, in jener dagegen straflos bleibt. Die Homosexualität wird beispielsweise aus verschiedenen Überzeugungen und Traditionen heraus unterschiedlich beurteilt. Noch eines wird an diesem Beispiel deutlich: Das Recht in einem Kulturbereich unterliegt dem ständigen Wandel. Eine Handlung, die heute als Verbrechen gilt, muß zu anderen Zeiten und in anderen Staaten nicht notwendigerweise auch als strafwürdig betrachtet werden. Der Begriff des Verbrechens ist variabel. Aber in fast allen menschlichen Gemeinschaften ist der Angriff auf die elementaren Lebensbedürfnisse des einzelnen – der Angriff auf Leben, Gesundheit, Freiheit, Vermögen oder Ehre – unter Strafe gestellt.
Eine Straftat ist daher immer soziales Geschehen. Ein Verbrechen an sich oder mit sich kann der Mensch zwar im theologischen Sinne begehen, aber bestraft werden muß er dafür noch keineswegs, wie sich beim Selbstmord zeigt. Steht eine solche Tat dennoch unter Strafandrohung, dann wegen ihrer Bedeutung für die Gemeinschaft (Selbstverstümmelung eines Wehrpflichtigen) oder aus traditionellen Gründen.
So zeigt sich das Verbrechen als eine sozialwidrige Handlung, aus sozialwidriger oder gar sozialfeindlicher Gesinnung heraus begangen. Und die Summe aller Straftaten in einer Gesellschaft: das nennen wir Kriminalität.
Wenn Verbrechen mit dem menschlichen Verhalten zwangsläufig verbunden sind, müssen wir auch ein gewisses Maß an Kriminalität in der Gesellschaft hinnehmen. In jeder größeren Gemeinschaft besteht die statistische Gewißheit, daß Verbrechen geschehen werden. Damit dieses abweichende Verhalten nicht ausufert, muß die Gesellschaft darauf mit der Errichtung von Barrieren antworten. Sie reagiert mit Strafandrohung. Es genügt allerdings nicht, nur abzustrafen und das Fehlverhalten im übrigen als gottgewollt hinzunehmen. Mit der Strafe muß sich die Frage nach dem »Warum« der Tat verbinden, will die Gemeinschaft nicht nur im Strafschematismus verharren. Es gilt, nach Umständen zu

suchen, die auf den einzelnen einwirken und sein Verhalten steuern können. Aber der Einzelfall hilft nicht weiter, wenn es darum geht, Ursachen für ein Massenphänomen zu entdecken. Dann müssen wir nach Umständen forschen, die so nachhaltig und allgemein wirksam sind, daß sie auf viele Menschen motivbildenden und tatauslösenden Einfluß ausüben.

Grundsätzlich wird das Verhalten eines Menschen, jedes Menschen, von der Erbanlage, von der Umwelt und der sich aus diesen Faktoren bildenden Persönlichkeit bestimmt. Hier soll der Faktor Anlage noch soweit berücksichtigt werden, als in den Genen allgemeingültige Tendenzen zum menschlichen Verhalten verankert sind. Sehr viel stärker müssen dagegen die Umwelt und ihre Einflüsse ins Kalkül gezogen werden. Denn die Umgebung des Menschen provoziert durch neue Bedingungen möglicherweise auch immer neue Spielarten der Kriminalität.

Diese Umwelt

- das kann ein Staat freiheitlicher oder diktatorischer Prägung sein,
- das kann eine völlig intakte oder aber eine zerrüttete Familie sein,
- das kann eine Großstadt oder eine ländliche Idylle sein.

Staaten mit einer freiheitlichen Lebensform sind besonderen Gefahren ausgesetzt.

Der Staat hat – beispielsweise bei uns – nicht die Aufgabe und in einer freiheitlichen Demokratie nicht einmal die Möglichkeit oder das Recht, die Gesellschaft ständig auf ein bestimmtes Ziel hin zu organisieren. Er hat vielmehr die Pflicht, jedem Bürger einen möglichst großen Freiheitsraum zu verschaffen und zu sichern. Zugleich erhält der Bürger ein erhöhtes Maß an Schutz gegen unberechtigte Übergriffe des Staates.

Als Folge dieser Grundsätze kann jeder sein Leben mit einem Minimum an staatlicher Kontrolle führen. Er ist gegen Maßnahmen der Polizei mit der gesetzlich verankerten »Vermutung der Unschuld« weitgehend geschützt.

Die geringe Kontrolle, der umfassende Rechtsschutz und die damit verbundene Entmachtung der staatlichen Organe sollen ihren Ausgleich in der Mitverantwortung des einzelnen finden. Jeder

soll durch Erziehung und Selbstdisziplin das erhalten helfen, was man als »öffentliche Ordnung« bezeichnet.
Was aber geschieht, wenn der Bürger nicht mehr bereit ist, sich für die Gemeinschaft einzusetzen, oder wenn er nicht um das Ausmaß einer drohenden Gefahr weiß? Dann können sich unvermittelt Krankheitsherde entwickeln, die zu spät oder gar nicht behandelt werden. Und diese Infektionsherde bleiben im Schatten der Freiheit relativ lange wirksam – manchmal zu lange, wie das Beispiel Amerika zeigt.
Im Februar 1967 legte eine unabhängige Kommission dem Präsidenten der Vereinigten Staaten von Amerika einen Bericht über das Verbrechen in den USA vor. Die Veröffentlichung dieses Reports wirkte wie die Explosion einer Zeitzünderbombe. Viele Bürger hatten wohl jahrelang das warnende Ticken des Sprengkörpers gehört, waren aber nun von der Wucht der Tatsachen wie erschlagen. Der Report enthielt erschreckende Fakten. Entsetzt mußte das amerikanische Volk zur Kenntnis nehmen: »Die Macht der Gangster hat sich soweit verfestigt, daß die gesetzlichen Mittel für den Kampf gegen diese Unterwelt nicht mehr ausreichen!«
Dabei war die Bedrohung über einige Jahrzehnte hinweg für jedermann sichtbar herangewachsen. Robert Kennedy hatte frühzeitig in seinem Buch ›Gangster drängen zur Macht‹ vor dem aufziehenden Gewitter gewarnt. Untersuchungsausschüsse hatten immer wieder die unlauteren Methoden kleiner Ganoven und hochstehender Persönlichkeiten bewiesen. Eine schnell steigende Zahl von Verbrechensopfern hatte schmerzliche Erfahrungen mit den Kriminellen gesammelt. Jugendliche aus allen sozialen Schichten hatten sich unversehens zu Straftätern entwickelt.
Dennoch schwieg die öffentliche Meinung – bis der Untersuchungsbericht veröffentlicht wurde. Die Nachfahren der Pilgerväter weigerten sich einfach, die zunehmende Entartung des sozialen Lebens als Wirklichkeit hinzunehmen und Maßnahmen dagegen zu ergreifen oder zu fordern. Der unpersönliche Begriff der Kriminalität behielt den Ruch des Geheimnisvollen und Verderblichen. Er verfiel einem Tabu.
Natürlich verhinderte das allgemeine Augenschließen keines-

wegs, daß die Kriminalität wuchs. Als sich nun die öffentliche Aussprache entwickelte, zeigte sich sehr bald: Der Krebsschaden hat sich soweit eingefressen, daß er kaum noch operabel erscheint.

Mit der kollektiven Augenwischerei erlag das amerikanische Volk einem weitverbreiteten Phänomen. Das Verbrechen wird seit jeher als etwas Abseitiges, Unnormales empfunden. Folglich mußten »Verbrecher« einer anderen Welt, eben der Unterwelt angehören, von deren Existenz man zwar wußte, von deren Angehörigen man sich aber fernhielt. Man sprach zwar darüber, aber in einer Form, als seien Fremde daran beteiligt. So kam es niemals zu einer Diskussion, die davon ausging, daß die Mitglieder der eigenen Gesellschaft, ja der eigenen Sippe bedroht oder gefährdet waren. Es entstand kein Bild von der Größenordnung, keine Vorstellung über das tatsächliche Ausmaß der Gefahr. Straftäter in der Familie galten und gelten als »Unglücksfälle«.

Für die Bundesrepublik liegt ein Kriminalitätsbericht vom Range des amerikanischen Experten-Reports nicht vor. Dabei könnte auch bei uns, wer die Geschehnisse nur der letzten drei Jahre aufmerksam verfolgt hat, manches drohende Zeichen erkennen. Die Kriminalität steigt, nimmt immer brutalere Züge an – und die Aufklärungsquote sinkt. Terroraktionen und organisierte Gangsterbanden haben gezeigt: Die Polizei ist an der Grenze ihrer Leistungsfähigkeit angelangt – zumindest in einigen Teilbereichen.

Die öffentliche Diskussion über das ganze Ausmaß des Verbrechens begann erst 1969. Dies, nachdem viele Jahre des öffentlichen Schweigens ins Land gegangen waren und nachdem man – was noch schlimmer ist – lange versucht hatte, die Fratze des Verbrechens in eine Biedermannsmaske umzuschminken.

Plötzlich nun wurden die Bürger wach. Aber der schnelle, vielleicht allzu schnelle Wechsel von der kritischen Distanz des interessierten Wahrnehmers zum unmittelbaren Erleben oder Betroffensein birgt die Gefahr der übersteigerten Reaktion in sich. Eine Verbrechenshysterie schießt aus dem Boden. Der Bürger fühlt sich von Verbrechern geradezu umzingelt.

Diese beängstigende Vorstellung vom »Verbrechen ringsum« fand prompt ihren Niederschlag in Meinungsumfragen. Erstmalig

1968 forderten bis zu 75 Prozent der jeweils Befragten »Mehr Schutz vor Verbrechen«. Und diese Tendenz verstärkte sich immer mehr. Kein Wunder, daß sich das Problem der Kriminalität zu einem Faktor von bundesweiter innenpolitischer Bedeutung auswuchs. Das wiederum veranlaßte einzelne Zeitgenossen wie Parteien zu dem Versuch, Kapital aus der Angst der Bürger zu schlagen.
Der CDU-Politiker Richard Stücklen entwickelte eine ernstzunehmende Initiative mit dem Ziel, wenigstens für Kindesmörder wieder die Todesstrafe einzuführen.
Die NPD erlebte ihre kurze Blütezeit, als sie mit Slogans wie »Ordnung«, »Die deutsche Frau soll wieder Mutter und nicht Hure sein« und »Die deutsche Frau soll wieder ohne Furcht die Straße benutzen können« durch die Lande zog.
Nun hat die Furcht vor dem Verbrechen gewiß ihre Berechtigung, was Qualität und Quantität des verbrecherischen Geschehens in unserem Lande betrifft, aber die Stunde der Verzweiflung ist nun wirklich noch nicht gekommen. Das trifft besonders für genau jene Taten zu, die die öffentliche Meinung erfahrungsgemäß besonders beunruhigen: Morde – namentlich an Kindern. Die Zahl der Kindesmorde bleibt bei uns einigermaßen konstant. Im übrigen wären sie ebenso wie zahlreiche andere Morde mit Sicherheit nicht durch die Todesstrafe zu verhindern.
Dennoch gab es und gibt es die weitverbreitete Meinung, gerade in diesem Bereich der Kriminalität müsse aber ganz Entscheidendes geschehen, um den Mördern Einhalt zu gebieten.
Derartige Reaktionen zeugen nur von mangelnder Kenntnis der Tatsachen, und sie führen zu panikartigen Forderungen. Aber Alarmrufe aus der falschen Kehle sind ähnlich wie Hurra auf dem falschen Bein: Sie bessern nichts, mobilisieren Emotionen und verstellen den Blick für die wirkliche Situation. Bei uns kann noch nicht von amerikanischen Zuständen gesprochen werden. Allerdings gibt es Erscheinungsformen des Verbrechens, die eine öffentliche Furcht vor der Kriminalität begründet erscheinen lassen. Nur sind diese – zum Teil erschreckenden – Tatsachen weitgehend unbekannt.
Immerhin, nun – da einsame Rufer in der Wüste, die schon seit

längerem auf die Gefahr hinweisen, zu verstummen drohen – finden die Warnungen Gehör. Aber immer noch redet man vom Verbrechen und von der Kriminalität wie von einer fremden, unbekannten Welt und hofft, durch Gesundbeten Besserung zu erreichen. Eine demokratische, selbstverantwortlich handelnde Gesellschaft hat einen Anspruch auf vollständige Information. Das Bild, das hier gezeichnet wird, fällt gewißt nicht sehr schön aus. Dennoch: Besinnung und Wandel tun not, wenn sich der amerikanische Fehler nicht wiederholen soll . . .

Ein gewöhnlicher Alltag

Köln – Mittwoch, 12. Juli.
Sommerliche Schwüle lastet über der Stadt. Kurz nach 16 Uhr nehmen im Polizeipräsidium am Waidmarkt die Kriminalbeamten ihren Spätdienst auf.
Kriminalhauptkommissar Schneider, der »Kommissar vom Dienst«, und seine Leute wissen schon ungefähr, was sie in den nächsten Stunden erwartet. Zunächst informiert sich Schneider anhand einer Liste über die Tagesereignisse und hakt die Vorfälle ab, die heute abend keiner weiteren Bearbeitung mehr bedürfen.
Da war am frühen Morgen ein Einbruch in ein Pelzgeschäft entdeckt worden. Die Kollegen des Einbruchsdezernats ermitteln noch. Einen langgesuchten Räuber hatte die Fahndung aufgestöbert. Er sitzt jetzt »im Keller« und wird am nächsten Tag dem Haftrichter vorgeführt werden.
Am frühen Nachmittag hatten aufgeregte Eltern vorgesprochen. Ihr achtjähriges Töchterchen war nicht zum Mittagessen erschienen. Zum Glück entdeckten Beamte der Schutzpolizei das Kind auf einem Spielplatz. Es hatte sich verlaufen und fürchtete sich heimzugehen. Der Fall ist erledigt.
Siebzig Diebstähle an und aus Kraftfahrzeugen kann Schneider nur registrieren. Solche Mitteilungen gehören zum Alltag. Der »KvD« hofft nun, daß der Abend ruhig bleibt und daß er der Nachtschicht, die um 22 Uhr antreten wird, einen »sauberen Tisch« hinterlassen kann.

Derweil überpüft Kriminalkommissar Heinrich die gegenwärtige Situation. Zwei Ladendiebinnen sind über Funk angekündigt. Sie wurden in einem großen Kaufhaus erwischt und sollen nun von der Schutzpolizei zur Kriminalwache gebracht werden. Offenbar keine schwerwiegende Sache. Vermutlich wird man die beiden Frauen nach der Vernehmung wieder entlassen können.

Kriminalobermeister Friedrich telefoniert mit der Kripo in Leverkusen. Die Vernehmung des siebzehnjährigen Karl-Heinz geht nicht so recht voran. Zwei Männer beobachteten den jungen Mann, als er einen Personenwagen zu knacken versuchte. Die Funkstreife war so schnell zur Stelle, daß Karl-Heinz nicht mehr fliehen konnte. Nun sitzt er in der Kriminalwache und wartet. Er legt seinen Ausweis vor, sagt aber sonst kein Wort. Schnell ist festgestellt: Er wohnt in Leverkusen, sein Vater arbeitet dort, die Familienverhältnisse scheinen geordnet. Karl-Heinz schweigt verbissen. Der Kriminalobermeister bittet seine Kollegen in Leverkusen: »Verständigt bitte die Eltern und durchsucht die Wohnung. Der Junge scheint ein Profi zu sein!« Die Kollegen versprechen, bald wieder von sich hören zu lassen.

Friedrich hat guten Grund zu glauben, daß Karl-Heinz ein echter Profi der Autoknacker-Zunft ist: Auf dem Tisch liegen ein zusammenklappbarer Schraubenzieher, ein Bund Autoschlüssel und ein merkwürdig verbogener Drahthaken. Verräterische Werkzeuge. Immerhin weiß der Kriminalist aber schon, daß der junge Mann bisher noch nicht mit der Polizei in Berührung gekommen ist, daß seine Personalien stimmen und daß er einen festen Wohnsitz bei seinen Eltern hat. Karl-Heinz wird allerdings nicht an einer »erkennungsdienstlichen Behandlung« vorbeikommen. Das bedeutet: Man wird ihn fotografieren und seine Fingerabdrücke abnehmen.

Inzwischen sind die beiden Ladendiebinnen eingeliefert worden. Mutter und Tochter, beide aus Düsseldorf. Lautstark und ausdauernd beteuern sie ihre Unschuld, während die Kriminalmeisterin Werner die eingebrachte Strecke besichtigt: zwei Unterröcke, eine Armbanduhr und einige Lebensmittel. All das findet sich in den Taschen der jungen Frau, die keine Quittung vorweisen kann und den Ort der Einkäufe nicht anzugeben vermag. Zudem machen

Mutter und Tochter über den Grund ihres Besuches in Köln unterschiedliche Angaben. Seufzend beginnt Frau Werner mit der Vernehmung. Schon jetzt kann sie abschätzen: Das wird schwierig und kann lange dauern.
Aus dem Funklautsprecher klingt blechern eine Meldung der Einsatzleitstelle: »Gestohlen, Pkw, Marke Fiat, Farbe rot, Kennzeichen K – KL 304, Fahndung für alle Wagen, ich wiederhole, gestohlen ...« Kriminalkommissar Heinrich hält das Wesentliche der Durchsage auf einem Notizblock fest.
Das Telefon schrillt. Schon nach den ersten Worten erkennt der Kriminalbeamte die Stimme. Ein Blick auf den Kalender – stimmt! Heute ist Vollmond! »Also, Herr Kommissar, die ganze Wohnung ist wieder voller Strahlen, und der Sender sitzt im Wasserkranen. Da kann ich doch nicht schlafen. Sie müssen mir helfen ...«
Heinrich hört geduldig zu. Er kennt die Anruferin. Immer bei Vollmond bricht in ihrer Wohnung die Strahlenseuche aus. Schließlich gelingt es ihm, die Verzweifelte zu beruhigen. Er verspricht baldige Abhilfe.
Während dessen sichtet Hauptkommissar Schneider die Flut der eingegangenen Fernschreiben. Sie erreicht zwischen 17 und 18 Uhr ihren Höhepunkt, denn überall in der Bundesrepublik erscheinen die Verbrechensfälle der voraufgegangenen Stunden jetzt durchsichtiger, und so gehen Fernschreiben in alle Richtungen. Jeder Absender hofft natürlich schon am nächsten Morgen auf Antwort.
Die tägliche Mischung dieser Anfragen verändert sich kaum: »Gestohlener Pkw, Kennzeichen HH – C ... aufgefunden in ...«, »XYZ hier festgenommen. Was ist über die Person bekannt? Antwort dringend, da Haftsache ...«, »Vermißt seit ...«, »Aus Heilanstalt entlaufen ist ..., bitte um Mitfahndung!«
Vor allem hagelt es Vermißtenmeldungen. In diesen heißen Tagen des Juli verlassen Kinder und Jugendliche scharenweise ihre Eltern und werden nun gesucht. Aus dem ganzen Land treffen in Köln Anfragen ein. Die Domstadt zieht jugendliche Abenteurer an wie das Licht die Motten. Hinter jeder Meldung steht das Schicksal einer Familie. Geringfügige Streitigkeiten, oft nur Miß-

verständnisse, Angst wegen schlechter Zeugniszensuren, der Wunsch nach Selbständigkeit – all das sind Ursachen für die Flucht der jungen Leute in die »große Welt«. Die Fülle derartiger Meldungen verstellt leicht den Blick für die Tragik des Geschehens. Und wer sagt denn, daß sich hinter dieser oder jener Vermißtenmeldung nicht ein Verbrechen verbirgt?!
»Vermißt wird ...« Hauptkommissar Schneider muß entscheiden, Maßnahmen anordnen. Er kann unmöglich für jeden Fall den ganzen Polizeiapparat mobil machen. Selbst alle verfügbaren Kräfte würden dann nicht mehr ausreichen. Schneider muß also in einem Fall abwarten, im anderen die Polizeibehörde eines Nachbarkreises einschalten, im dritten eine gezielte Fahndung in Köln anordnen.
Wieder klingelt das Telefon bei Kommissar Heinrich.
»Wir kommen eben aus dem Urlaub zurück. Unser Haus ist aufgebrochen worden, alle Teppiche sind weg, der Fernseher ist geklaut – da fehlt auch noch ein Fotoapparat!«
»Was ist denn sonst noch weggekommen?«
»Ja – ich weiß das noch gar nicht, wir sind so durcheinander. Um Gotteswillen, mein Schmuck. – Ja, wir haben nachgesehen, der Schmuck ist auch weg!«
»Lassen Sie alles unberührt, unsere Leute kommen sofort.«
Kriminalmeister Anton und ein Beamter des Erkennungsdienstes fahren zum Tatort. Sie müssen Spuren sichern und die Anzeige aufnehmen.
Karl-Heinz macht jetzt Aussagen: »Ja, ich wollte in den Pkw rein. Ich hab' auch versucht, damit zu fahren. Aber ich wollte nur mal um den Block fahren. Und es war bestimmt das erste Mal, daß ich sowas versucht habe.«
»Und was ist mit dem Drahthaken?«
»Aber Herr Kriminal, sowas kennt doch jeder von uns. Man kann damit so einen Volkswagen leicht aufmachen, aber ich hab' sowas noch nie gemacht. Ich tu' das auch nicht wieder – bestimmt. Das können Sie mir glauben!«
Der Siebzehnjährige ist den Tränen nahe. Sein Vater ist auf dem Weg zur Kriminalwache. Leverkusen hat mitgeteilt: »Durchsuchung ohne Ergebnis.«

20.00 Uhr.
Plötzlich füllen sich die Räume der Kriminalwache. Anzeigen sind aufzunehmen. Zwei Diebstähle aus Personenwagen, ein Fahrrad gestohlen, Nummer unbekannt. Ein Betrunkener besteht auf einem Gespräch mit dem Polizeipräsidenten, denn er will sich beschweren; unerfindlich, warum.
Ein verschüchtertes junges Mädchen und eine ältere Frau wollen einen Beamten unter vier Augen sprechen. Hauptkommissar Schneider bittet die beiden in sein Zimmer. Es handelt sich um eine Tante und ihre Nichte. Die Kleine kommt aus München und weilt seit drei Tagen bei ihrer Tante zu Besuch. Soweit entwickelt sich das Gespräch recht unkompliziert. Dann geht es durcheinander.
Kommissar Heinrich verhandelt mit einem Elternpaar. Die Eheleute wollen ihren neunzehnjährigen Sohn Peter »vermißt« melden. »Er ging heute morgen zur Arbeit und ist bis jetzt nicht zurückgekehrt«, erfährt der Kommissar über den vermißten Neunzehnjährigen. Heinrich blinzelt zur Uhr. 20.15 Uhr. Keine ungewöhnliche Verspätung für einen jungen Mann von 19 Jahren. Der Beamte sagt nichts, doch der Vater hat den Blick auf die Uhr bemerkt.
»Selbstverständlich läge in seinem Ausbleiben normalerweise kein Grund für eine Vermißtenmeldung. Aber wir wollten heute am frühen Abend gemeinsam mit Peter in Urlaub fahren. Eigentlich hätte er schon um 16 Uhr zu Hause sein müssen. Daher jetzt unsere Besorgnis.«
Wieder unterbricht eine Funkmeldung das Gespräch: »Gestohlen, Pkw, Marke Opel, Kennzeichen K – CS 767, Farbe dunkelgrau, ich wiederhole . . .«
Der Kommissar versucht jetzt zu erkunden, wie denn das Verhältnis des »vermißten« Peter zu seinen Eltern ist.
»Gut. Ein anständiger Junge. Er hat die Lehre ohne Schwierigkeiten hinter sich gebracht. Es hat überhaupt nie Schwierigkeiten gegeben. Er verdient gut und kann sein ganzes Geld behalten. Es muß ihm irgendwas passiert sein.«
Heinrich geht zum Telefon. Er will den Arbeitgeber des Jungen anrufen. Ehe ihm das gelingt, meldet ein Streifenwagen, in einem

stadtbekannten Lokal werde vermutlich mit Haschisch gehandelt. Zum Glück erreicht der Beamte die Kollegen des Rauschgift-Kommissariats. Sie übernehmen die Ermittlungen im Lokal.

Inzwischen droht die Kriminalmeisterin Werner zu verzweifeln. Ihre Düsseldorfer Ladendiebinnen reden und reden, aber schon der zweite Satz steht gegen den ersten. Frau Werner hat in Düsseldorf nachfragen lassen, was über die beiden bekannt ist. Die Antwort: »Nichts!«

Aber nun meldet sich Düsseldorf nochmals: »Die angegebenen Personalien stimmen nicht. Am angegebenen Wohnort kennt niemand diese Frauen.« Die Geschichte gewinnt Konturen. Und die beiden Frauen scheinen empört. Sie beharren darauf: »Unsere Personalien stimmen!« Die Kriminalmeisterin verständigt den Kommissar vom Dienst. Er entscheidet: »Die Damen werden erkennungsdienstlich behandelt und – falls sich die Personalien nicht feststellen lassen – in Gewahrsam genommen, um morgen dem Haftrichter vorgeführt zu werden!«

Frau Werner unterbricht die Vernehmung und verständigt den Erkennungsdienst. Die Fingerabdrücke der Frauen sollen gesichert, sie selbst fotografiert werden.

Hauptkommissar Schneider ist durch den Anruf seiner Kollegin aus dem Gespräch mit seinen Besucherinnen gerissen worden. Jetzt erfährt er von dem jungen Mädchen: »Am ersten Tag meines Aufenthalts in Köln bin ich ein bißchen ausgegangen.« Und ein wenig verlegen fährt die Kleine fort: »Ich konnte erst um ein Uhr heimkommen, weil ich entführt worden bin.«

Schneider schluckt diese schockierende Mitteilung zunächst einmal ungerührt. Er blickt die ältere Dame fragend an.

»Also, ich hatte meiner Nichte erlaubt auszugehen. Sie sollte um 22 Uhr zu Hause sein. Ja, und als sie erst drei Stunden später kam, hat es natürlich Krach gegeben.«

Der Kriminalbeamte glaubt nun, die Hintergründe der »Entführung« zu erkennen. »Und da hat Ihnen Ihre Nichte erzählt, sie sei entführt worden.«

»Ja«, bestätigt die Tante, »das hat sie getan, aber ich habe ihr nicht geglaubt.«

»Dann verstehe ich aber nicht, was Sie heute hier wollen?«
»Das ist eben das Merkwürdige. Ich habe mich mit meiner Nichte schon wieder vertragen. Und da erzählt sie mir eben aus heiterem Himmel, sie sei doch entführt worden und dabei . . . na, nun erzähl doch selbst!«
Schneider wünscht sich nun, er hätte ein Mitglied der weiblichen Kripo dabei, aber so muß er wohl selbst mit dem Fall zurande kommen. Das junge Mädchen hat sich bisher kaum am Gespräch beteiligt. Als Schneider sie jetzt bittet, das Geschehene zu erzählen, zögert sie noch. Schließlich faßt sie sich ein Herz und berichtet: »Ich wollte das Lokal verlassen, da sprach mich ein Junge an, ein ganz netter Kerl. Vielleicht hatte er bemerkt, daß ich hier in Köln fremd bin. Und da bot er mir an, mich in seinem Auto nach Hause zu bringen. Er sah so nett aus. Und ich bin denn auch mitgefahren. Aber er hat mich gar nicht heimgebracht. Unterwegs, an einer dunklen Stelle, stieg noch ein Junge ins Auto.«
Es fällt ihr sichtlich schwer, weiter zu erzählen.
Kommissar Heinrich erhält einen weiteren Anruf der »Strahlengefährdeten«: »Ich bedanke mich für die prompte Hilfe, heute kann ich schlafen.«
Kurz darauf hat Heinrich den Arbeitgeber des angeblich vermißten Peter erreicht. Der junge Mann hat heute überhaupt nicht gearbeitet. Gestern hatte er Arbeitskollegen bereits erzählt, er wolle nicht mit seinen Eltern in Urlaub fahren. Er sei schließlich alt genug, den Urlaub allein zu verbringen.
Die Eltern machen betretene Gesichter, aber sie bestehen auf der Vermißtenanzeige. Nun allerdings erscheint die ganze Angelegenheit nicht mehr so dramatisch. Eine Alltagsgeschichte.
In der Kriminalwache herrscht wieder Ruhe. Einige Diebstähle werden noch gemeldet. Die Kollegen des Rauschgiftkommissariats kommen zurück. Sie bringen zwei junge Deutsche und einen Türken mit. Der Ausländer hatte Haschisch angeboten. Zwei kleine Platten des Rauschgiftes werden bei ihm gefunden. Die jungen Leute möchten nicht aussagen. Sie sind kaum zu beruhigen. Der linke Unterarm des einen weist zahllose Einstiche auf. Vermutlich ist der junge Mann süchtig. Der Fall bleibt bei den Rauschgift-Spezialisten.

21.15 Uhr.
Die junge Ladendiebin bricht in Tränen aus, als ein Beamter ihre Fingerkuppen vorbereitet, um Abdrücke zu nehmen. Sie nennt ihren richtigen Namen. Jetzt genügt ein Blick in die Fahndungslisten: Die beiden Frauen werden seit langem gesucht, sie ernähren sich vom Trickdiebstahl und sind keineswegs miteinander verwandt. Für's nächste werden Haftzellen ihre Heimat sein.
Der Vater des siebzehnjährigen Karl-Heinz ist eingetroffen. Er kann mit seinem Sohn sprechen, während Obermeister Friedrich und der Kommissar vom Dienst die weiteren Schritte erörtern. Karl-Heinz muß entlassen werden, obwohl die beiden Beamten davon überzeugt sind, daß er noch eine ganze Serie ähnlicher Straftaten auf dem Kerbholz hat. Beweisen aber läßt sich im Augenblick nur der Versuch, ein Auto widerrechtlich zu benutzen. Da weder Verdunkelungs- noch Fluchtgefahr besteht, kann Karl-Heinz nicht in Haft genommen werden. Allerdings wird er seine Fingerabdrücke für Vergleichsuntersuchungen hinterlassen müssen.
Hauptkommissar Schneider verhandelt immer noch mit der entführten jungen Münchnerin und ihrer Tante. Er ist skeptisch. An eine Notzucht vermag er nicht so recht zu glauben. Alle Angaben erscheinen ihm zu vage, unbestimmt, unsicher. Schließlich unterhält er sich mit dem jungen Mädchen allein. Aber auch jetzt bleibt die Kleine einsilbig.
»Es stimmt schon, was ich meiner Tante erzählt habe. Ach – ich bin so verwirrt – und eigentlich möchte ich auch gar nicht, daß sich die Polizei damit beschäftigt!«
Dieser Wunsch kann nicht erfüllt werden. Ist der Polizei ein solches Delikt erst einmal bekannt, dann muß es auch verfolgt werden. Der Hauptkommissar bittet die Kriminalmeisterin Werner zu sich. Sie wird die Anzeige aufnehmen. Seufzend wendet sich Schneider dem Stapel neu eingegangener Fernschreiben zu.
21.50 Uhr.
Die Beamten der Spätschicht bereiten sich auf die Ablösung vor. Die Nachtschicht-Besatzung ist schon eingetroffen. Kriminalkommissar Grauer zeichnet das Wachbuch ab und richtet sich für den Nachtdienst ein. Im Lautsprecher des Funkgerätes knackt es.

»Gesucht wird ein Pkw, Marke Ford Taunus, Farbe rot, Kennzeichen NE – T 392, Verkehrsflucht nach Unfall, vorderer rechter Kotflügel wahrscheinlich beschädigt!«
Dann geschieht bis 23 Uhr fast nichts. Theater und Kinos beenden ihre Vorstellungen. Wieder zeichnet sich ein rasantes Stoßgeschäft ab.
»Aus meinem Wagen fehlt der Mantel.«
»Mein Autoradio ist gestohlen.«
»Mein Wagen ist weg!«
Ein Anruf: »Als wir nach Hause kamen, war die Wohnungstür aufgebrochen.«
Ein weiterer Anruf: »Die Strahlen sind wieder da, ich kann doch nicht schlafen.«
Die Beamten der »Sitte« kehren von einer Sonderstreife zurück. Sie bringen drei illegale – nicht registrierte – Liebesdienerinnen mit.
Ein junger Mann wird eingeliefert. Er schlich zwischen parkenden Personenwagen herum.
Die Schutzpolizei entdeckt eines der am Abend gestohlenen Fahrzeuge.
Über den Funklautsprecher erleben die Beamten mit, wie ein verdächtiger Personenwagen verfolgt und schließlich eingekreist wird, vermutlich der »Unfallflüchtige.«
23.40 Uhr.
Zwei Männer erscheinen in der Kriminalwache. Einer umklammert seine blutende Rechte. Beide sprechen kaum Deutsch. Es sind Gastarbeiter. Gestenreich versuchen sie zu erklären, was geschehen ist. Einer der Beamten verbindet den Verletzten. Er ist mit einem Messer in die Handwurzel getroffen worden und wird ins Krankenhaus gebracht. Sein Begleiter redet immer noch. Offenbar hat es in einer Ausländerunterkunft Streit gegeben. Kommissar Grauer schickt zwei Beamte mit dem Ausländer in die Wohnung. Sie sollen den Sachverhalt klären.
Kurz nach Mitternacht schlichtet die Schutzpolizei eine Schlägerei in einem Mietshaus: Ein Mann bedroht seine Familienangehörigen mit einem Messer. Er wird zur Kriminalwache kommen müssen.

Die Stunde nach Mitternacht ist die Stunde der Raubüberfälle. Aber heute bleibt alles ruhig.
Der »vermißte« Peter schläft auf einer Bank in der Nähe des Domes. Eine Streife der Schutzpolizei findet ihn dort und bringt ihn zu seinen Eltern.
2.30 Uhr.
Anruf aus einer Bar. Eine etwas verworrene Geschichte über einen angeblichen Zechbetrug. Ein Beamter fährt hin. Die beiden anderen kehren vom Einsatz in der Ausländerunterkunft mit einem wild gestikulierenden Mann zurück. Er rollt die Augen und schimpft in seiner Muttersprache. Durch Zeichen gibt er zu erkennen, er sei der Messerstecher. Sein Opfer habe versucht, ihn beim Kartenspiel übers Ohr zu hauen. Das Messer ist vorhanden. Tötungsabsicht? Das ist jetzt nicht zu klären. Der Messerheld bleibt vorerst in Haft.
Die Schutzpolizei rückt mit weiteren »Kunden« an. Ein geflohener Fürsorgezögling ist dabei, ein vermißtes Mädchen, ein mit Haftbefehl gesuchter Räuber, ein Autodieb.
Langsam zieht die Morgendämmerung herauf.
4.15 Uhr.
Es wird hell. Die Stadt schläft noch. Die Hitze des vergangenen Tages brütet nahezu unvermindert in den Straßenschluchten. In der Kriminalwache klappern die Schreibmaschinen. Berichte sind abzufassen, Vermerke zu fertigen, Ereignisse in die Akten einzutragen. Eine erste Bilanz dieser Nacht zeichnet sich ab.
Zwischen sechs und sieben Uhr laufen die Telefone nochmals heiß. Jetzt wird entdeckt, wo Einbrecher und Bürodiebe in der vergangenen Nacht »zugelangt« haben. Einige Laternengaragen sind nicht mehr besetzt. Die Anzeigen werden noch aufgenommen, aber die Beamten der Tagesschicht werden sie weiter bearbeiten.
Kommissar Grauer schließt die Bücher. Er kann zufrieden sein. Es war eine »normale« Nacht – kein Raubüberfall, kein vermißtes Kind, keine Bandenschlägerei, kein aufsehenerregender Einbruch. Und – bis jetzt – auch noch keine Beschwerde. Ein neuer Tag beginnt. Ein ganz gewöhnlicher Alltag ist vorüber.

Bilanz eines Tages

24 Stunden eines normalen Werktages in der Großstadt sind vergangen. In der Stadt dröhnt wieder der Verkehrslärm. Nichts geschah, was Schlagzeilen machen könnte. Nur wenige Bürger dieser Stadt kamen an diesem Tag mit dem Verbrechen in Berührung:

Karl-Heinz, der Autodieb, aber auch seine Eltern.

Die beiden Ladendiebinnen, aber auch Verkäufer und Besitzer des Kaufhauses.

Autobesitzer, Wohnungseigentümer, Barbesucher – Täter und Opfer, Geschädigte und Mitbetroffene.

Die Bilanz eines Tages erscheint gering. Aber es ist nur die Bilanz eines Tages in einer Großstadt dieses Landes. Verbrechen geschehen zu jeder Stunde an jedem Ort der Bundesrepublik – und jedesmal gibt es Täter, Opfer, Mitbetroffene. Kommen an einem Tag wirklich nur wenige Bürger mit dem Verbrechen in Berührung?

An »unserem« Tag erfuhren die Polizeidienststellen der Bundesrepublik von 6612 Straftaten.

Alle 13 Sekunden sprach jemand bei der Polizei vor, schrillte in einem Polizeibüro ein Telefon, traf ein Brief ein, erhielt die Polizei auf andere Weise einen Wink.

In jedem Falle, mehr als viermal pro Minute, erhöhte sich die Zahl der Straftaten in der Kriminalstatistik – ohne Unterbrechung. So am ersten Januar, so am folgenden Tag, so an jedem anderen Tag des Jahres – bis 13 Sekunden vor Mitternacht am 31. Dezember. Und genau in dieser Sekunde stand denn auch fest, daß es in Sachen Kriminalität einen neuen Rekord zu vermelden gab. Die Jahresbilanz wies für die Bundesrepublik 2413586 Straftaten aus – von der Sachbeschädigung und der Beleidigung über Urkundenfälschung, Betrug, Meineid, Diebstahl und Raub bis hin zum Mord. Ein trauriger Rekord.

Zugegeben, hinter der gewaltigen Zahl verbirgt sich ein vielschichtiges Geschehen. Und nur zu leicht mag man sich mit der Vorstellung trösten, die Masse der kleinen Ladendiebstähle und Abzahlungsbetrügereien schlage sich zwar in der Statistik nieder, treffe aber doch nur Reiche und Dumme. Die Masse der Bevölkerung rechnet sich weder zur einen noch zur anderen Gruppe und übersieht damit die wirkliche Gefahr. Denn außer den »Kleinigkeiten« verbirgt die gewaltige Zahl:

- ► Täglich sterben neun Menschen eines gewaltsamen Todes, oder es wird versucht, sie ins Jenseits zu befördern.
- ► Tag für Tag werden 19 Frauen vergewaltigt.
- ► Alle 39 Minuten wird ein Mensch beraubt oder unter Gewaltanwendung erpreßt.
- ► In jeder Nacht, ohne Rücksicht auf Sonn- und Feiertage, räumen schwere Jungen drei Tresore in Banken, Kassen oder Geldinstituten durch »heiße« oder »kalte« Arbeit aus.
- ► In Abständen von jeweils neun Minuten finden Einbrecher Zugang zu Privatwohnungen, um sich mit Pelzen, Bargeld, Schmuck, Teppichen oder wertvollen Geräten zu »versorgen«.
- ► Diebe aller Gattungen fassen im 20-Sekunden-Abstand zu. Ihre Beute liegt in Selbstbedienungsläden ebenso wie in abgestellten Fahrzeugen. Doch sie lassen auch den Tascheninhalt ihrer Mitmenschen, Fahrräder oder gar Autos mitgehen.
- ► Betrüger nehmen sich mehr Zeit: Sie übertölpeln alle drei bis vier Minuten ein Opfer.

Diese Zahlen, so bemerkenswert sie auch sein mögen, verblassen gegenüber der Zahl jener Straftaten, die im Zusammenhang mit dem Fahrzeug stehen. Um den fahrbaren Untersatz dreht sich auf dem Gebiet der Kriminalität ungeheuer viel.

1. Januar 1971.
Die Glocken haben gerade das neue Jahr eingeläutet. In der Hansestadt Lübeck knacken zwei Herren einen schnittigen Sportwagen, um eine längere Reise zu unternehmen. Kunibert Lang und Karl Finger machen sich auf, die Jahresbeute der Kfz-Kriminalität zu besichtigen.
Die Fahrt beginnt in Lübeck.
Mitten in der Stadt parkt ein Auto. Es bildet den Anfang einer Schlange parkender Personenwagen, von denen jeder genau fünf Meter Parkraum in Anspruch nimmt. Lang & Finger fahren an dieser Schlange vorbei; mit einem Stundendurchschnitt von 100 Kilometern.

Die beiden Handlungsbevollmächtigten in Sachen Autokriminalität erreichen Hamburg, biegen ab nach Hannover und treffen vier Stunden nach dem Start in Kassel ein. Am Herkules machen sie Station. Denn hier endet die erste Etappe der Fahrt. Vier Stunden lang sahen sie alle fünf Meter ein Auto, das 1970 in der Bundesrepublik gestohlen wurde.
Die Autoschlange windet sich weiter. Lang & Finger passieren Frankfurt, preschen an Karlsruhe vorbei und kommen im Morgengrauen bei Straßburg unbehelligt über die deutsch-französische Grenze. Das Mittagessen nehmen sie bereits in Lyon ein. Über die Rhônetal-Autobahn geht es weiter bis ins südfranzösische Nîmes. Die Herren machen Rast. Elf Stunden lang haben sie alle fünf Meter ein Auto gesehen, das in der Bundesrepublik 1970 von ihren Zunftgenossen ausgeplündert wurde.
Kunibert und Karl setzen ihre Reise entlang der Autoschlange fort. Über Narbonne kommen sie zur französisch-spanischen Grenze, sehen Barcelona und erreichen genau 24 Stunden nach ihrem Start Valencia. Sieben Stunden lang haben sie alle fünf Meter ein Auto gesehen, das 1970 von ihren bundesdeutschen Kollegen um Ersatzreifen, Antennen und sonstiges Zubehör erleichtert wurde.
Obwohl die beiden Reisenden in Sachen Kfz-Kriminalität ernste Anzeichen von Ermüdung zeigen, müssen sie weiterfahren. Sie lernen die spanische Südküste kennen, steuern Murcia an und erblicken nach insgesamt 27 Stunden Fahrzeit Almeria. Fünf Stunden lang haben sie alle fünf Meter ein Auto gesehen, das 1970 in der Bundesrepublik von ihren Kumpanen mutwillig beschädigt wurde.
Auch die letzte Etappe müssen sie hinter sich bringen. Malaga und Marbella heißen die Stationen, bevor Lang & Finger das Ziel ihrer Reise vor sich haben: Gibraltar, den Affenfelsen, den Ausguck zum Schwarzen Erdteil. Und sie denken auch hier daran: Vier Stunden haben sie alle fünf Meter ein Auto gesehen, das 1970 in der Bundesrepublik zur Ausführung von Straftaten verwendet wurde.
Um es konkret zu sagen: Die strapazierfähigen, weil erfundenen, Herren sind 31 Stunden gefahren und haben 3108 Kilometer zu-

rückgelegt. Alle 1970 in der Bundesrepublik gestohlenen, beschädigten, ausgeplünderten und für Verbrechen benutzten Autos aneinandergereiht würden diesen bemerkenswerten Wurm ergeben – von Lübeck bis Gibraltar!

Das Bild der Kriminalität bietet noch andere Perspektiven:
- Täglich sehen sich 2814 Kinder, Jugendliche, Heranwachsende und Erwachsene als Täter entlarvt.
- Die Folgen solcher Entdeckung tragen regelmäßig noch drei oder vier Familienmitglieder mit. Ist der Straftäter Kind, Jugendlicher oder Heranwachsender, dann ergeben sich Sorgen um seine Zukunft. Ist er Familienvater, dann trifft es auch seine Familie.
- Schadenersatz ist zu leisten,
- gesellschaftliche Verachtung zu ertragen.

Rechnen wir die Zahl der Verbrechensopfer, ihrer Angehörigen, die Zahl der Täter und auch ihrer Angehörigen, dann ergibt sich eine bemerkenswerte Tatsache: In weniger als einer Woche kommen so viele Menschen mit dem Verbrechen in Berührung, daß sie eine Großstadt gründen könnten. In jeder Woche eines Jahres: eine Großstadt von Tätern, Opfern, Mitbetroffenen.

Zusätzlich zu den jährlich rund 1 000 000 entdeckten Straftätern steht ein Heer bindungsloser Rechtsbrecher bereit: Nach Schätzungen der Bundesarbeitsgemeinschaft für Nichtseßhaftenfürsorge sollen in der Bundesrepublik etwa 600 000 Personen ohne festen Wohnsitz und ohne geregelte Arbeit umherziehen.

In dieses Reservoir gliedern sich noch zahlreiche »Vermißte« ein, Jugendliche, die in zunehmender Zahl das Elternhaus verlassen und ohne finanziellen Rückhalt, ohne Ausbildung nur zu leicht in Gefahr geraten: Viele begehen Straftaten, um zu überleben.

Die Kopfstärke aller in einem Jahr entdeckten und der potentiellen Straftäter in der Bundesrepublik übertrifft die zahlenmäßige Ausstattung aller stehenden Heere in Westeuropa. Sie würde ausreichen, auch noch eine Anzahl Divisionen des Warschauer Paktes zu bemannen. Oder anders: Mindestens 80 handlungsbereite Divisionen von Straftätern stehen jährlich zum Angriff auf die Rechtsgüter ihrer Mitbürger bereit.

Bleibt die Zahl der Straftaten pro Jahr hierzulande auch nur eini-

germaßen konstant, dann darf jeder lebende Bürger der Bundesrepublik – vom Kleinkind bis zum Opa – gewiß sein, innerhalb von 20 Jahren so oder so nachhaltig mit dem Verbrechen in Berührung zu kommen. Lebt er in der Großstadt, darf er einer solchen Begegnung schon innerhalb von 15 Jahren sicher sein. Damit gerät jeder Durchschnittsbürger im Verlauf seines Normallebens mindestens viermal in den Dunstkreis des Verbrechens.
Diese Quote übertrifft den statistischen Zufall. Bei einer so hohen Wahrscheinlichkeit bleibt mit Sicherheit kein Bürger verschont.
Die eigentliche Gefahr liegt indes nicht allein in der Größenordnung, die das Verbrechen bei uns schon erreicht hat. Gefährlich ist ebenso, daß man die Drohung der ständig ansteigenden Kriminalität jahrelang nicht sonderlich ernstgenommen hat. Schritt um Schritt verstärkte sich das Ausmaß der Kriminalität, Schritt um Schritt nahm auch die Brutalität zu, die Gangster an den Tag legten. Obwohl das Bundeskriminalamt Jahr für Jahr eine immer bedenklichere Bilanz vorlegte, kam es nicht zu einem Donnerschlag des Erkennens der Gefahr. Es bedurfte erst der dramatischen Ereignisse im Frühjahr und Sommer des Jahres 1972, um die Bekämpfung der Kriminalität als eine Gemeinschaftsaufgabe in das Bewußtsein der Bürger zu heben.

Der Statistik-Bikini

Die Zahlen der »Bilanz« stammen aus der »Polizeilichen Kriminalstatistik«.
Diese Statistik ähnelt einem Bikini. Vieles ist enthüllt, anderes läßt sich erahnen, einiges bleibt verborgen. Die Kriminalstatistik ist also keineswegs ein naturgetreues Abbild der Kriminalität. Sie sagt nur etwas über jene Straftaten aus, von denen die Polizei erfährt. Und das sind wenig genug. Zwischen der wirklich vorhandenen und der »amtlich« festgestellten Kriminalität liegt ein gewaltiges Dunkelfeld: die »latente« Kriminalität. Polizeibehörden können nur festhalten und verfolgen, was ihnen bekannt wird. Sie registrieren die »Netto«-Kriminalität, und nur die findet Niederschlag in der Kriminalstatistik.

Doch »brutto« steht auf der Habenseite des Verbrechens weit mehr. Experten schätzen: Auf ein entdecktes Verbrechen kommen vier unentdeckte!

Allgemein herrscht zwar die Vorstellung, jedes Opfer eines Verbrechens würde die Polizei einschalten, um Schadenersatz zu erlangen oder eine Strafe für den Täter zu erreichen, aber das stimmt ganz und gar nicht.

► Oft genug sind die Opfer eines Verbrechens gar nicht mehr in der Lage, die Polizei einzuschalten – sie sind tot.

► Oft genug wissen sie auch gar nicht, daß sie Opfer eines Verbrechens wurden – sie merken es nicht.

► Oft genug verhindern Angst, falsche Scham, Nachlässigkeit oder Resignation die Anzeige der Straftat.

In Dortmund wurde 1952 der »Fall F.« aktenkundig:

Der Arzt Dr. Walter K. wird in eine Wohnung gerufen. Ein Mann ist gestorben, und Dr. K. soll die Todesursache feststellen. Aus dem Mund des Toten sickert Blut. Nach Auskunft der Angehörigen war der Verstorbene lungenkrank. Dr. K. ruft den behandelnden Lungenarzt an und teilt ihm den Befund mit: »Austritt von hellrotem Blut aus dem Mund.«

Beide Ärzte einigen sich auf die Todesursache »Blutsturz infolge einer offenen Tbc«. Dr. K. bescheinigt diese Ursache auf dem Totenzettel.

Als die Leichenträger den Verstorbenen Stunden später abholen, fällt aus der Kleidung des Mannes ein kleiner Gegenstand: ein Geschoß. Kurz darauf steht fest: Der Lungenkranke ist durch einen Schuß in den Nacken ermordet worden. Die Kugel hat den Hals durchschlagen und ist am Kinn wieder ausgetreten. Der Blutstrom aus dem Mund des Getöteten hat die Ausschußverletzung am Kinn überdeckt.

Oder der Fall Gerd J.:

Am Niederrhein wird die Leiche eines jungen Mannes aus dem Wasser geborgen. Eine Person seines Alters und seiner Größe ist nicht in den Vermißtenkarteien zu finden. Die Obduktion ergibt: »Tod durch Ertrinken, keine zusätzlichen Verletzungen.« Nach geraumer Zeit kann der Tote endlich identifiziert werden: Gerd J., 23, aus F.

Bekannte und Verwandte wissen über ihn, daß er »herumgammelte«, offenbar keine Feinde besaß und mehrfach angedeutet hatte, er wolle nicht mehr leben. Er hielt sich für einen Versager. Der Fall scheint klar: Gerd J. hat Selbstmord begangen oder ist durch einen Unfall ums Leben gekommen. Die Beerdigung findet in aller Stille statt, die Angehörigen zeigen kaum Anteilnahme.
Sechs Monate später erscheint bei der Kriminalpolizei in R. ein junger Mann. Stockend und stotternd erzählt er von einem Streit, den er im Herbst des Vorjahres mit einem Unbekannten am Rheinufer ausgetragen hat. »Es ging um Mädchen, dann gab's eine Schlägerei, und als er mit dem Rücken zum Wasser stand, bin ich auf ihn los. Da ist er reingefallen und gleich untergegangen. Ich weiß nicht . . ., ich glaube, ich habe den umgebracht. Das läßt mir keine Ruhe!« Der Getötete, wenig später stellt es sich heraus, ist Gerd F. Ohne das freiwillige Eingeständnis seines Gegners wäre nie wieder über den Fall verhandelt worden.
Oder der Fall Holger D.:
Freiwillig stellt sich in Berlin der neunundzwanzigjährige Holger D. der Kriminalpolizei. Er gesteht, vor 15 Monaten seine achtundsiebzigjährige Zimmerwirtin vergiftet zu haben. Der Tod der alten Frau war damals unter der Sparte »natürlicher Tod« zu den Akten gelegt worden.
Die Reihe dieser Beispiele ließe sich beliebig fortsetzen. Tag für Tag werden weit mehr Straftaten vertuscht als angezeigt. In allen größeren Städten sind bei der Polizei »Beinahe-Erfolge« von Verbrechern bekannt, und es wäre wirklich vermessen zu glauben, die Polizei könne jeden Trick durchschauen, oder Verbrecher seien nicht in der Lage, günstige Umstände auszunützen.
Das gilt auch für Kapitalverbrechen. Gerade bei diesen Straftaten geben sich die Täter meist größte Mühe, die Tat zu verheimlichen und alle Spuren zu verwischen – aus zweierlei Gründen:
- Auf Kapitalverbrechen stehen beträchtliche Strafen,
- ein Verbrechen dieser Größenordnung löst immer besondere Anstrengungen der Polizei aus, die Täter zu ermitteln.

Das ist auch durchaus verständlich. Die Polizei muß bei einem Mord ganz andere Hebel in Bewegung setzen als beim Diebstahl aus einer unverschlossenen Gartenlaube, weil der Mörder die

Gesellschaft in ganz anderem Umfang gefährdet als der Gelegenheitsdieb.
Der planmäßig handelnde Täter weiß, daß sich die Polizei um die Aufklärung eines Mordes besonders bemüht. Folglich versucht er, dieses Verbrechen als Unfall, natürlichen Tod oder Selbstmord des Opfers erscheinen zu lassen.
In Fachkreisen kreist ein bitteres Bonmot: »Wenn auf dem Grab eines jeden Ermordeten eine Laterne brennen würde, wäre der Friedhof hell erleuchtet!« Das klingt vielleicht übertrieben – ein Körnchen Wahrheit steckt darin.
Dunkelfelder in großem Umfang gibt es auch bei Körperverletzungen. Angriffe auf die Gesundheit des Mitmenschen bleiben häufig unerkannt, vor allem wenn sie an Kindern geschehen.
Obwohl bundesdeutsche Eltern alljährlich mehr Kinder zu Tode prügeln, als Kinder Opfer von Sittlichkeitsverbrechern werden, zeigt man die Kindesmißhandlung nur selten an. Meist kommt diese Straftat erst ans Tageslicht, wenn an einem totgeprügelten Kind der Arzt die Mißhandlungen als Todesursache erkennt.
Soziale Notstände sind mehr als oft die Ursache für Kindesmißhandlungen. Einkommensschwäche, unzureichender Wohnraum, berufliche Überlastung der Mütter, zerrüttete Ehen – all das begünstigt diese Straftat. Und mehr noch als »normal« entwikkelte Kinder sind jene bedauernswerten Wesen in diesem Milieu gefährdet, die geistig behindert sind oder an schweren körperlichen Gebrechen leiden. In aller Regel kann die Kindesmißhandlung nur durch Anzeige von unbeteiligten Dritten entdeckt und gemeldet werden. Aber aus Bequemlichkeit und Scheu vor den Behörden schreckt der Durchschnittsbürger vor solchen Anzeigen zurück.
Tagelang hören Bewohner eines Mietshauses in Darmstadt die beiden Kinder der neunzehnjährigen verheirateten Rita B. in der Wohnung jammern und schreien. Die Mutter ist nicht zu sehen, der Vater sitzt in Untersuchungshaft. Erst als das Weinen von Uwe (zweieinhalb Jahre) und Alexandra (sieben Monate alt) verstummt, alarmiert ein Nachbar anonym die Polizei. Die Wohnungstür wird aufgebrochen. Beide Kinder liegen tot in ihren Bettchen. Sie sind verhungert. Von der Mutter fehlt zunächst

jede Spur. Tage später wird sie bei ihrem Liebhaber festgenommen.
Der Säugling Anja, drei Monate alt, wird auf Veranlassung einer Bewährungshelferin in das Kinderkrankhaus eingewiesen. Das Baby weist Verbrühungen und zahllose andere Spuren schwerer Mißhandlung auf. Anjas Mutter beschuldigt ihren Ehemann Klaus (27), dem Kind diese Verletzungen beigebracht zu haben. Bemerkenswert: Knapp ein Jahr vorher starb in dieser Familie das Kind Eleonore, zehn Monate alt, an den Folgen schwerer Verletzungen. Damals war gegen die Eltern ein Verfahren wegen fahrlässiger Tötung angestrengt worden. Sie behaupteten, ihr Baby habe sich die Verletzungen bei einem Sturz aus dem Kinderwagen zugezogen. Die Absicht, das Kind zu töten, konnte nicht nachgewiesen werden.
Andere Straftaten bleiben verborgen, weil die Mehrheit der Gesellschaft sie stillschweigend duldet. So weist die polizeiliche Statistik für 1967 ganze 2369 Fälle von Abtreibung aus. Zur gleichen Zeit ermittelte die Polizei 2470 »Täter«. 1969 wurden nur noch 1005 Abtreibungen und 1150 Täter registriert; und schließlich 1970: 771 Fälle mit 772 Tätern. Das würde bedeuten: In drei Jahren klärte die Polizei jeden Abtreibungsfall.
Hier stutzt nun selbst der naivste Betrachter. In der Tat: Diese Zahlen beweisen nur, daß die Polizei lediglich von solchen Fällen erfährt, in denen sich zufällig konkrete Verdachtsmomente gegen eine Person ergeben haben.
Im Evangelischen Krankenhaus stirbt die Hausfrau Katharina S. (32). Tags zuvor war ein Arzt in ihre Wohnung gerufen worden. Er ließ die verheiratete zweiunddreißigjährige Frau in die Klinik überführen. Diagnose: Verdacht eines kriminellen Eingriffs. Katharina S. überlebte ihn nicht. Eine Obduktion bestätigte nun, daß die Frau an den Folgen eines dilletantischen Abtreibungsversuchs gestorben ist. Die Kriminalpolizei wird eingeschaltet.
Mit starken Blutungen und Fieber liefert man die Hausfrau Gisela W. ins Krankenhaus ein. Bei der stationären Behandlung ergibt sich der Verdacht, daß bei ihr eine Abtreibung versucht wurde. Kurz nachdem Gisela W. gestorben ist, ermittelt die Polizei ihre Bekannte Gertrud E. als Abtreiberin.

So oder ähnlich gelangen also jährlich etwa tausend Abtreibungsfälle in die Akten der Polizei. Tatsächlich aber schwankte die Zahl der Abtreibungen zwischen 300000 und einer Million jährlich. Jedenfalls haben genaue Untersuchungen das 1966 noch bestätigt. Allerdings steht zu vermuten, daß sich die Zahl der illegalen Eingriffe seither ständig verringerte. Die Verhütungsmethoden sind besser geworden, die Zahl der unerwünschten Schwangerschaften geht zurück. Das bisher sicherste Verhütungsmittel, die »Pille«, befindet sich auf dem Vormarsch – trotz päpstlicher Verdikte.
Was aber den verheimlichten Abort immer noch begünstigt, ist der heftig umstrittene Paragraph 218. Man vermag nicht einmal annähernd abzuschätzen, wie viele Todesopfer diese Strafbestimmung schon forderte, die Frauen dazu veranlaßt, riskante Eingriffe in schmuddeligen Hinterzimmern vornehmen zu lassen, wenn das Geld für die Abtreibung im Ausland fehlt oder wenn sich kein toleranter Arzt findet. Jeder halbwegs erfahrene Sachbearbeiter der Kriminalpolizei kennt Fälle, in denen eine junge, anscheinend gesunde Frau auf der Straße oder in der Wohnung plötzlich zusammenbricht und stirbt. Die erste Frage lautet dann: »War die Frau schwanger?« Meist führte eine Embolie nach unsachgemäßem Eingriff zum Tod.
Selbst ärztliche Eingriffe sind – weil verboten – hierzulande häufig von Honorarforderungen begleitet, die das mit dem Eingriff verbundene Risiko großzügig einkalkulieren.
Politiker, politisch engagierte Bürger, Strafrechtler, Ärzte, Kriminologen und Kirchenmänner streiten seit fast einem Dutzend Jahren darum, ob die Abtreibung wenigstens in bestimmten Fällen und unter bestimmten Voraussetzungen erlaubt werden solle, bisher ohne Ergebnis. Meinungsforscher ermittelten: Große Teile der Bevökerung sind immer noch gegen die gesetzlich sanktionierte Abtreibung.
Dennoch: Auch wenn angeblich große Teile der Bürgerschaft gegen die Abschaffung des Paragraphen 218 sind, unterstützt kaum jemand die Polizei bei der Aufklärung und Entdeckung dieser Straftat. Die statistisch erfaßten Abtreibungsfälle sind reine Zufallsergebnisse. Sie stehen in einem krassen Mißverhältnis zum wirklichen Geschehen.

Wo aber der Zufall, und wirklich nur der Zufall, die Tat an das Tageslicht bringen muß, kann die Polizei bei der Strafverfolgung die gesetzlich verankerte Gleichheit vor dem Gesetz beim besten Willen nicht verwirklichen. Die Frau, die wegen Abtreibung verurteilt wird, muß sich ungerecht behandelt fühlen: Ihre Tat wurde nur durch Zufall entdeckt, und die Gesellschaft begreift sie nicht einmal mehr als Straftat. Der Bürger erkennt diesen Teil des Rechts einfach nicht mehr als »gerecht« an, und das schwindende Unrechtsbewußtsein führt zu ungeheuren Dunkelzahlen. Mag die Polizei beim spektakulären Mord noch einen »Tip« bekommen, der ihr hilft, den Täter zu finden – Abtreibung gehört zum Alltag, wird nicht mehr als Straftat empfunden. Die Konsequenzen aus dem Mißverhältnis zwischen gesetzlichen Vorschriften und bürgerlichem Rechtsempfinden hat derzeit die Polizei zu tragen. Der Gesetzgeber sollte sie so bald wie möglich ziehen.

Die Dunkelzahl bei einem anderen »Sittlichkeitsdelikt« führt geradezu zum rechtspolitischen Unrecht.

Es geht um die Kuppelei. Das »Verschaffen einer Gelegenheit zur Unzucht« muß hierzulande »von Amts wegen« verfolgt werden. Mit anderen Worten: Die Polizei ist verpflichtet, jedem Fall nachzuspüren, der ihr zur Kenntnis gebracht wird.

Die Kuppelei ist aber längst nicht immer ein wirkliches Sittlichkeitsdelikt. Planmäßig betrieben zählt sie eher zu den Bereicherungsdelikten. Jedenfalls wird sie fast nie angezeigt. Fast nie – und da liegt der Hund begraben.

Die Verkuppelten hüten sich gewiß, Anzeige zu erstatten. Sie werden eher Dankbarkeit empfinden. Und Außenstehende erfahren von diesem Delikt nur selten. Ob und in welchem Umfang die geldbringende Variante der Kuppelei geahndet wird, hängt also weitgehend davon ab, wieviel Beamte die Polizei für delikate Ermittlungen auf diesem Sektor abstellen kann. Aber einer Polizei, die von einer Woge schwerer Straftaten überrollt wird, bleibt für eine Verfolgung der Kuppelei wenig Zeit.

Entdeckt werden Fälle wie dieser:

Der Ingenieur Werner D. (24) fährt von Hamburg aus alle zwei Wochen zu seiner Braut Ulla (20) nach Heidelberg und verbringt dort das Wochenende. Regelmäßig übernachtet er dann bei sei-

ner Braut im Jungmädchenzimmer. Deren Eltern wissen davon, sehen aber darüber hinweg. Nachbarn reden darüber. Das Gerücht pflanzt sich durch etliche Treppenhäuser fort. Bald findet sich ein anonymer Anstoßnehmer, der Polizei und Staatsanwalt verständigt und das Karussell in Gang setzt. Gegen Ullas Eltern entsteht ein Verfahren wegen Kuppelei.

Die rechtspolitisch unerhebliche Tat wird also verfolgt, die vom Gesetzgeber »gemeinte« Handlungsweise bleibt für die Beteiligten ohne Folgen, jedenfalls meistens. Die Dunkelzahl der Straftaten läßt sich nicht einmal annähernd schätzen.

Auch in diesem Fall sollte der Gesetzgeber die Bestimmungen endlich den Zeitläufen anpassen, damit das derzeitige Unrecht beseitigt wird – und damit sich die Polizei sinnvolleren Aufgaben zuwenden kann. Andere Sittlichkeitsdelikte bringen für die Polizei wie für die Beteiligten ungewöhnliche Probleme mit sich. Hier werden Taten nicht etwa verschleiert – jedenfalls in der Regel nicht –, sondern die Zusammenhänge sind so kompliziert, daß die Straftat zwar vom Opfer noch als solche empfunden werden mag, daß aber dem Täter vielfach jedes Schuldbewußtsein fehlt. Beispiel: die Vergewaltigung.

Da geht der Student Walter F. (24) mit der neunzehnjährigen Angestellten Birgit D. aus. Die beiden besuchen ein Tanzlokal, tanzen einige Runden und ziehen sich dann auf eine der reichlich vorhandenen Sitzgelegenheiten zurück. Birgit mag ihn, wie sich hier zeigt, offenbar ebenso wie er sie.

Man steigt sehr bald in den Wagen des Studenten und fährt gemeinsam in einen nahegelegenen Wald. Dort sieht Birgit sehr bald Veranlassung, sich wichtiger Kleidungsstücke zu entledigen – und zwar freiwillig. Nur das, was ihr neuer Freund dann möchte, möchte sie eben nicht. Wenig später erstattet sie Anzeige: Sie sei vergewaltigt worden. Vor Gericht wird Walter F. vom Vorwurf der Notzucht freigesprochen.

Nicht einmal Psychologen gelingt es immer festzustellen, ob das Opfer einer »Vergewaltigung« nun wirklich »nicht soweit gehen wollte«, oder ob die Gegenwehr vor dem Sündenfall nur symbolischer Art war.

Die »Sexwelle«, die allgemeine Enttabuisierung der Sexualität, führt ganz allgemein zur schnelleren und unkomplizierteren Begegnung zwischen den Geschlechtern. Häufig geraten Mädchen in Situationen, aus denen der männliche Partner ein Recht auf geschlechtliche Aktivität ableiten zu können glaubt. Nur zu leicht verkennt er das ihm entgegengesetzte Maß an Widerstandskraft als Scheinabwehr, weil die vorherigen Ereignisse an der Ernsthaftigkeit dieses Verhaltens zweifeln lassen.

Vielfach resigniert dann das Mädchen aus der Ausweglosigkeit der Situation; vielleicht aus Furcht, später bei Polizei oder Angehörigen auf Unglauben zu stoßen. Die Grenze zwischen Notzucht und dem – wenigstens – halben Einverständnis durch vorausgegangenes Petting läßt sich schon im juristischen Bereich nur sehr schwer ziehen. Sie einem Außenstehenden später zu verdeutlichen, fordert vor und während der Tat klare Verhaltensweisen und ein sprachliches Ausdrucksvermögen, das nur wenigen zur Verfügung steht. So verschweigen viele Opfer lieber den ganzen Vorfall und entziehen sich auf diese Weise allen Peinlichkeiten einer Befragung durch Eltern, Polizistinnen und Richter – zumal die Tat ohnehin geschehen ist und nicht mehr rückgängig gemacht werden kann.

Wird eine Vergewaltigung nicht in der ersten Empörung oder auf Betreiben der Angehörigen angezeigt, dann unterbleibt die Anzeige meist ganz. Das gilt selbst für so schwerwiegende und untypische Fälle wie die Gruppennotzucht:

Die Polizei einer rheinischen Großstadt erhält einen Tip: »Hier vergewaltigt eine Jungenbande junge Mädchen!« Weiter ist zu erfahren: Einzelne Mitglieder der Gruppe sprechen bei Tanzabenden und Volksfesten alleinstehende junge Mädchen an und laden sie zum Spaziergang ein. Am Spazierweg lauern die übrigen Gruppenmitglieder, jeder darf das Mädchen vergewaltigen.

Aber keines der Opfer meldet sich bei der Polizei. In mühseliger Kleinarbeit ermitteln Beamte die Mädchen. Nach und nach gelingt es denn auch, 16 Mitglieder der Bande dingfest zu machen. Sie haben mindestens 16 Mädchen vergewaltigt. Doch alle Opfer verschwiegen die Straftat, oder ihre Eltern hinderten sie daran, die erlittene »Schande« auch noch durch eine Anzeige offenbar werden zu lassen.

Ähnlich liegen die Verhältnisse bei der Unzucht mit Kindern. In über 70 Prozent aller Fälle ist der Täter eine Person aus dem engsten Verwandten- oder Bekanntenkreis. Die Eltern des Kindes brechen nach einer derartigen Tat zwar empört den Umgang mit dem »Schmutzfinken« ab, unterlassen aber eine Anzeige, weil die ganze Affäre ihnen ohnehin »peinlich genug« ist. Natürlich spielt dabei auch häufig der Wunsch eine Rolle, dem Kind weitere Unannehmlichkeiten zu ersparen. Bei der polizeilichen Vernehmung, schließlich auch vor Gericht werde das Opfer immer wieder in eine beschämende Situation gestellt und so an einem barmherzigen Vergessen nur gehindert, befürchten viele Eltern.
Besonders unverständlich werden elterliche Reaktionen jedoch, wenn das Kind oder der Jugendliche in einem Abhängigkeitsverhältnis zum Täter steht.
Nehmen wir den nicht eben seltenen Fall, daß der Meister oder Geschäftsführer eines Betriebes ein junges Lehrmädchen belästigt. Angenommen, das Opfer berichtet Eltern oder anderen Personen seines Vertrauens von dem Vorfall. Jetzt setzt die Überlegung ein, welche Folgen eine Anzeige bei der Polizei haben würde: Der »Unhold« müßte zwar mit Entdeckung und Strafe rechnen, aber sein Opfer müßte vermutlich auch das Ausbildungs- und Lehrverhältnis abbrechen. Diese Tatsache bedürfte bei der weiteren Ausbildung wie auch im späteren Berufsleben immer wieder der Erläuterung. Stets müßte die »peinliche Geschichte« aufs neue erörtert werden. Diesen Ärger möchten sich Opfer wie Erzieher vielfach ersparen. Man beläßt es also – wenn überhaupt etwas geschieht – bei einer Aussprache, um Wiederholungen zu vermeiden. Die Anzeige unterbleibt.
Noch schlimmer sind zuweilen die Auswirkungen, wenn es sich bei den Sittlichkeitstätern um Lehrer oder Erzieher handelt.
In einem kleinen Dorf geht das Gerücht, der Religionslehrer der Volksschule verführe die acht- bis elfjährigen Mädchen zu unzüchtigen Handlungen. Und so hartnäckig hält sich dieses Wispern, daß es schließlich die Ohren eines Polizeibeamten erreicht. Der ermittelt: Mindestens elf Kinder sind von Religionslehrer G. zu sexuellen Spielereien mißbraucht worden. Noch ehe der Beschuldigte vernommen werden kann, quittiert er auf Weisung

der Aufsichtsbehörde den Schuldienst, um andere Aufgaben zu übernehmen. Wenig später soll er in Übersee tätig werden.
Jetzt sitzt die Polizei in der Zwickmühle. Sie hat zwar Kenntnis von einigen Vorfällen, benötigt aber Strafanträge der Eltern, weil das Delikt womöglich nur eine Beleidigung darstellt. Doch die Eltern teilen zwar die allgemeine Empörung über den früheren Religionslehrer, wollen aber keineswegs Anzeige erstatten. Ihnen genügt es zu wissen, daß der Mann nicht mehr im Dorf und die Gefahr damit gebannt ist.
Schließlich wird Religionslehrer G. selbst befragt. Er nimmt geradezu erleichtert vom Eingreifen der Polizei Kenntnis, legt ein umfassendes Geständnis ab und kann nun auf psychotherapeutische Behandlung hoffen, die ihn von seinen unheilvollen Neigungen befreien soll.
Ungewöhnlich hoch ist die Zahl unentdeckter Verbrechen bei den Eigentums- und Vermögensdelikten. Vielfach unterbleibt die Meldung von einem »Nepp« in einer Bar schon deshalb, weil das zur Tatzeit volltrunkene Opfer sich tags darauf an nichts mehr erinnert, sich der Sache nicht sicher ist oder sich des betrüblichen Zustandes im Nachhinein schämt.
Groß ist die Gefahr der Verheimlichung, wenn Dirnen an der Straftat beteiligt sind. Denn welcher Ehemann gesteht seiner besseren Hälfte schon gern, daß ihm die Geldböse bei einem langhaarigen Lockvogel abhanden gekommen ist.
Ebenso sinkt die Bereitschaft, Straftaten anzuzeigen, wenn es sich bei den Tätern um nahe Angehörige handelt.
Auf der Kriminalwache erscheint ein Ehepaar. Die Frau ist sichtlich erregt, der Ehemann wütend. Immer wieder von Zornanfällen unterbrochen, berichtet die Frau schließlich von einer Familientragödie: Der volljährige Sohn Gerhard hat nach einem Streit die Eltern verlassen und eine »Kumpanei« mit seinem Vetter eröffnet. Die beiden suchen nun reihum alle Verwandten auf, verlangen Geld und schlagen Onkel, Tanten, Kusinen und Vettern gegebenenfalls zusammen, um das Gewünschte zu bekommen. Monatelang sind Gerhards Eltern von Familienteil zu Familienteil gezogen, um Schäden wiedergutzumachen und die Opfer von Anzeigen abzuhalten.

Jetzt aber ist das Maß voll: Die beiden sind bei Gerhards Eltern erschienen und haben sich auf bewährte Weise Geld »besorgt«. Der Vater trägt noch deutliche Spuren einer Prügelei im Gesicht. Endlich sieht er ein: Nur die Polizei kann noch helfen.

Schließlich unterbleiben Anzeigen auch aus purer Bequemlichkeit.

Gegen 2.15 Uhr entreißt der Schlosser Günter Erich Kurt N. (27) einer Frau auf offener Straße die Handtasche. Er wird von einem Passanten festgehalten und der Polizei übergeben. Das Opfer erhält seine Handtasche zurück und entfernt sich, ohne auch nur den Namen zu hinterlassen. Bei der Vernehmung behauptet der Schlosser, sein »Opfer« sei in Wirklichkeit eine Bekannte von ihm. Er weigert sich allerdings, Namen oder Anschrift zu nennen. Trotz mehrerer Aufrufe in den Zeitungen meldet sich das Opfer nicht.

Das Dunkelfeld der unentdeckten Verbrechen ist also selbst auf einem kriminologisch bedeutsamen Sektor wie dem Raub groß. Aber noch mehr Chancen zur Verheimlichung von Straftaten bieten sich bei der Erpressung. Der Erpresser geht davon aus, daß eine Straftat, die sein Opfer begangen hat, den Behörden verborgen geblieben ist. Nur mit der Drohung »Wenn das jemand erfahren würde . . .« kann er sein Opfer ja erst zur Kasse bitten. Hier hilft nur der Weg zur Polizei.

Recht groß war die Dunkelziffer bis vor geraumer Zeit auch beim Ladendiebstahl. Erst in jüngster Zeit gingen immer mehr Kaufhäuser dazu über, jeden entdeckten Ladendiebstahl sofort anzuzeigen. In den USA schätzt man den durch Ladendiebe angerichteten Schaden auf 14 Milliarden Dollar pro Jahr. Allerdings dürfen wir getrost unterstellen, daß diese Schadenssumme bereits bei der Kalkulation der Preise berücksichtigt ist und so schließlich zu Lasten des Käufers geht.

Andere Diebstahlsanzeigen unterbleiben, weil der Geschädigte ohnehin nicht damit rechnet, das Diebesgut von der Polizei oder mit deren Hilfe zurückzuerhalten.

Sicher scheint: Die Neigung, einen Diebstahl anzuzeigen wächst mit der Höhe des Schadens; und umgekehrt: Kleinere Diebstähle bleiben der Polizei meist verborgen.

Nur eine Ausnahme gilt: Diebstähle an Autos, aus Autos und von Autos werden schon aus versicherungstechnischen Gründen fast immer angezeigt.
Dafür wachsen die Dunkelzahlen auf dem Sektor des Betruges wieder ins Unmeßbare. Die Zahl der unentdeckten Betrügereien ist Legion, obwohl man doch annehmen müßte, die Opfer skrupelloser Schwindler müßten alles daransetzen, den Täter zur Strecke zu bringen.
Jeder Gerichtsreporter kann ein Lied davon singen, wie sich betrogene Frauen vor Gericht verhalten, wenn sie gegen einen Heiratsschwindler aussagen sollen. Kaum eine vermag so recht an die Niedertracht des Angeklagten zu glauben. Jede hofft irgendwo in ihrem Herzchen, der Täter habe gerade sie geliebt und sei nur durch widrige Umstände daran gehindert worden, die geborgten Ersparnisse rechtzeitig zurückzuzahlen oder das Eheversprechen einzulösen. Dabei gehört es schon zu den Seltenheiten, daß ein Heiratsschwindler überhaupt angezeigt wird.
Wie viele Zeitgenossen betreiben – um eine andere Spielart des Betruges zu erwähnen – jahrelang unerkannt das Geschäft mit dem Mitleid: Sie sammeln »für gute Zwecke« und leben wahrhaftig nicht schlecht davon. Daß der betrügerische Teppichhändler immer noch landauf, landab auf ein gutes Geschäft hoffen kann, erweist sich Tag für Tag. Aber wer erkennt ihn schon als Betrüger, und wer gibt als Betrogener später schon gerne zu, daß gerade er auf den Schwindel hereingefallen ist. Es ist nicht »in« sich betrügen zu lassen, eine Anzeige würde eine ungenügende Cleverness offenbaren, ein unkorrigierbarer Mangel in unserer Wettbewerbsgesellschaft. Wie weit die Arglosigkeit reichen kann, mit welcher Unverfrorenheit Schwindler ans Werk gehen und zu welchen Handlungen das Mitleid befähigt, zeigt deutlich der Fall Friedrich W.:
Bei Studentinnen, ledigen Hausfrauen und begüterten Damen der Geschäftswelt trafen herzzerreißende Briefe ein. Der Student Friedrich W. schilderte den Adressaten sein bewegendes Schicksal und bat um schnellstmögliche Hilfe. Angeblich besaß der junge Mann die Gewißheit, von totaler Erblindung bedroht zu sein. Alle Ärzte hätten ihm übereinstimmend versichert, nur ein

regelmäßiger Geschlechtsverkehr könne das Leiden stoppen oder sogar heilen. Aber die Krankheit, so der Student an die Frauen, behindere ihn so sehr, daß er auf dem üblichen Wege keine Frau kennenlernen könne. Für den Besuch der Bordelle fehle ihm das Geld, außerdem halte er derlei Verkehr für unehrenhaft. »Bitte, können Sie mir helfen oder wenigstens einen Rat geben?« schloß der hilfsbedürftige Friedrich.
Die Feder sträubt sich, die Zahl jener Frauen anzugeben, die stehenden Fußes zu dem Kranken eilten und mit Liebe und Geld das Gebrechen bekämpften, bis die Polizei dem Leidenden auf die Spur kam und ihn anderweitig »kurieren« ließ. Die eine oder andere seiner Retterinnen mag das sogar noch bedauert haben. Übrigens: Dem Kranken fehlte nichts außer der rechten Lust zum Arbeiten – und keines seiner Opfer hatte die Polizei eingeschaltet.
Noch undurchsichtiger und unübersichtlicher als das Terrain des Betruges ist jenes Feld der Kriminalität, auf dem die Akteure mit Schlips und Diplomatenkoffer antreten. Die Herren verschmähen den Arbeitsanzug des Einbrechers, sie stemmen keine Panzerschränke auf, sondern die »Kriminellen mit dem weißen Kragen« lassen sich von der öffentlichen Hand und vom Normalverbraucher auszahlen. Nicht selten spenden die Geschröpften noch Beifall, wenn sich die Gangster bedienen.
Aber nicht nur der Normalverbraucher, auch der Strafverfolger bekommt den Wirtschaftskriminellen nicht leicht in den Griff. Es liegt zuwenig Material über die »Weiße-Kragen-Kriminalität« vor. Dabei ging eine Schätzung der Industrie- und Handelskammer München davon aus, daß diese Art des Verbrechens Jahr für Jahr einen Schaden von rund 10 Milliarden Mark verursacht. Diese Schätzung führte zur Anfrage eines Bundestagsabgeordneten an den Bundesjustizminister. Der erklärte sich außerstande, die Zahl zu bestätigen oder zu widerlegen.
Noch »jünger« als die Wirtschaftskriminalität ist das Rauschgiftverbrechen. Die Rauschgiftwelle rollt noch kein halbes Jahrzehnt, aber sie droht eine ganze Generation in den Abgrund zu reißen. An den Schulen der größeren Städte gehört es schon bei Dreizehn- und Vierzehnjährigen zum guten Ton, Rauschgift-Erfahrungen zu

sammeln. Wie gewaltig die Welle geworden ist, zeigen einige Zahlen:

► 1960 beschlagnahmte die bundesdeutsche Kripo 1,3 Kilogramm Haschisch bzw. Marihuana,

► 1965 waren es 45,4 Kilogramm,

► 1970 hatte sich die Menge verhundertfacht: 4332,0 Kilogramm.

Dabei schätzen Rauschgiftexperten, daß höchstens zehn Prozent des illegal eingeführten »Stoffs« beschlagnahmt werden. Das aber würde bedeuten: 1970 brachten skrupellose Händler rund 40000 Kilo Haschisch an ihre meist jugendlichen Kunden. Gerade den Händlern auf die Spur zu kommen, fällt den Sicherheitsbehörden schwer. Denn viele Jugendliche nehmen, selbst wenn sie einen »Dealer« kennen, lieber Strafen auf sich, als den Händler zu verpfeifen. Mit einer solchen Tat würden sie sich ja selbst um die Quellen ihrer falschen Glückseligkeit bringen. Man kann davon ausgehen, daß die Rauschgiftstatistik nur vage ahnen läßt, welche Zahl von Verbrechen auf diesem Gebiet begangen wird.

Natürlich weiß der Fachmann um weitere Unzulänglichkeiten der Kriminalstatistik:

► Eine gewaltige Zahl von Straftaten wird nicht statistisch erfaßt, weil sie von der sogenannten »Werkjustiz« erkannt und mit »Werkstrafen« geahndet wird.

► Die Art der statistischen Verbrechenserfassung kann sich ändern und hat sich geändert.

► Die Strafprozeßordnung wurde geändert; die Position eines Beschuldigten verbesserte sich erheblich. Danach fiel die Aufklärungsquote um drei Prozent. Das bedeutet: Gegenüber den Vorjahren wurden 60000 Straftaten weniger aufgeklärt.

Was die Aufklärungsquote betrifft, sollte man berücksichtigen, welchen Einfluß eine hohe oder niedrige Quote auf das Verbrechen hat. Eine hohe Aufklärungsquote wirkt im allgemeinen vorbeugend gegen die Kriminalität. Diese Wirkung trat bei der – wie wir heute wissen manipulierten – hohen Aufklärungsziffer in den fünfziger Jahren ein.

Inzwischen allerdings hat die »Regulierungskraft« dieses polizeilichen Erfolgsbarometers in bestimmten Bereichen so nachgelas-

sen, daß sie unwirksam bleibt. Die Chance, nicht entdeckt zu werden, stieg für den Straftäter jahrelang ständig an.
Nur noch im Bereich der Tötungsdelikte (über 90 Prozent werden geklärt) könnte die vorbeugende Kraft einer hohen Aufklärungsquote eine Rolle spielen. Aber genau hier entwickelt sich diese Kraft nicht, weil es ganz allgemein keine funktionsfähige Vorbeugung gegen Mord und Totschlag gibt, weder durch die Todesstrafe noch durch hohe Aufklärungsquoten.
So bedeutsam die Aufklärungsquote für die Beurteilung der polizeilichen Arbeit sein mag, ihren Abschreckungswert hat sie verloren. Von den gegenwärtigen Polizei-»Erfolgen« lassen sich nur noch wenige unerfahrene Täter abschrecken.
Sehr wohlmeinende Beobachter der Kriminalität – oder sollte man von »Kriminalitätskosmetikern« sprechen? – stützen sich bei ihren Analysen des gegenwärtigen Zustandes nicht auf die polizeiliche Statistik, sondern auf die Verurteiltenstatistik der Justiz. Berücksichtigt wird also die Zahl aller in einem Jahr abgeurteilten Straftäter.
Wer sich allerdings sein Bild vom Verbrechen in unserem Lande nach dieser Statistik zurechtzimmert, schielt mit beiden Augen an der Wirklichkeit vorbei.
Wegen Verbrechen und Vergehen gegen das Strafgesetzbuch wurden auf je 100000 strafmündige Personen von deutschen Gerichten verurteilt:
- 1904 bis 1908 durchschnittlich 1123
- 1928 bis 1932 durchschnittlich 860
- 1954 bis 1958 durchschnittlich 680
- 1959 bis 1963 durchschnittlich 630

Also nimmt die Kriminalität seit der Jahrhundertwende ständig ab, ja, sie hat sich um fast die Hälfte verringert – sollte man meinen. Wer so argumentiert, irrt. Dies beweist ein einfaches Rechenexempel.
Die Polizei klärte 1953 von insgesamt 1,5 Millionen Straftaten 73,6 Prozent. Sie konnte den Gerichten etwa eine Million Straftäter zur Verurteilung überstellen.
Die Polizei klärte 1970 von 2,4 Millionen Straftaten noch 48,3 Prozent. Wieder wurden der Justiz rund eine Million Straftäter überantwortet.

Angenommen, die Gerichte hätten in allen Fällen verurteilt, dann ergäbe sich aus der Verurteiltenstatistik sogar noch ein leichter Rückgang der Kriminalität. Und das, obwohl die Zahl der Verbrechen um fast eine Million stieg; keine Kleinigkeit, die einfach außer Betracht bleiben könnte.

Nicht jeder, der von der Polizei als Tatverdächtiger gefaßt wird, muß auch mit Anklage und Verurteilung rechnen. Die Staatsanwaltschaft erhebt nur gegen etwa die Hälfte der polizeilich ermittelten Straftäter Anklage. Sie verzichtet auf die übrigen, weil sie die vermeintlichen Täter im Gegensatz zur Polizei nicht für überführt hält. Von 1000 Tätern wiederum, gegen die der Staatsanwalt Anklage erhebt, werden zwölf schließlich doch nicht verurteilt.

Handlungen strafunmündiger Kinder können in der Justiz-Statistik keinen Niederschlag finden, weil eine Verurteilung nicht möglich ist. Andere Strafverfahren ruhen auf Zeit oder dauernd, weil der Täter sich verborgen hält oder im Ausland lebt. Das Gericht kann aus tatsächlichen oder formalen Gründen freisprechen, vieles kann am fehlenden Strafantrag scheitern. Eine Verfolgung unterbleibt, wenn Straftaten verjährt sind. Andere »fallen unter den Tisch«, weil der Täter noch wesentlich schwererer Delikte angeklagt ist. Kurz, eine Vielzahl der Straftaten wird zwar aufgeklärt, aber nie geahndet. Diese Verbrechen landen demnach auch nie in den Statistiken der Justiz, obwohl sie alle tatsächlich begangen wurden.

Nein, diese Statistik ist schon im Vorfeld von so vielen Zufällen abhängig, daß sie keinen echten Beurteilungsmaßstab liefert. Klärt die Polizei einmal null Prozent aller Straftaten, dann können die Richter ihre Akten schließen: Die Kriminalität ist nicht mehr existent.

Die Verurteiltenstatistik bietet wertvolle Auskünfte über Vorstrafen, Haupt- und Nebenstrafen, Schulbildung der Täter und vieles andere. Für die Beurteilung der Kriminalität in unserer Gesellschaft bietet sie wenig.

Da kommt die Polizeiliche Kriminalstatistik der sozialen Wirklichkeit schon näher. Doch auch sie vermittelt nur ein ungefähres, ein stark verfälschtes Bild des Verbrechens in der Bundesrepublik. Das Spiegelbild läßt die häßlichsten Erscheinungen nur durch-

schimmern und filtert andere sogar ganz weg. Kaum eine Straftat wird zuviel erfaßt, aber viele, viele andere fehlen.
Die Gründe für eine Nichtanzeige von Verbrechen wurzeln tief in der menschlichen Psyche. Wir dürfen daher davon ausgehen, daß sie sich nicht sprunghaft ändern. Der Prozentsatz der angezeigten und entdeckten Taten im Verhältnis zur Dunkelzahl bleibt vermutlich einigermaßen konstant. Das bedeutet: Wir sehen in der Kriminalstatistik immer nur die Spitze des Eisberges. Das größere Massiv können wir nur erahnen. Immerhin vermag man aus der Größe des Sichtbaren auf das tatsächliche Ausmaß zu schließen.
Bei sinkenden Aufklärungsquoten und einem starken Ansteigen der bekanntgewordenen Kriminalität besteht allerdings die Gefahr, daß die »latente«, die unentdeckte Kriminalität weit schneller steigt als die Zahl der entdeckten Straftaten. Viele Verbrechensopfer resignieren einfach (»Wer weiß, ob man den Kerl faßt . . .«) und begünstigen damit eine solche Entwicklung, wie amerikanische Untersuchungen zeigen.
Wer wirklich ergründen will, welchen Rang die Kriminalität bei uns einnimmt, muß alle hier genannten verfälschenden Faktoren so weit wie möglich berücksichtigen. Das heißt auch: Er muß den »amtlich registrierten« Verbrechensziffern noch vieles hinzuzählen.
Da aber erweist sich unser »Statistik-Bikini« als ausgewachsener einteiliger Badeanzug, der eine ganze Menge verbirgt. Dennoch bietet diese unvollkommene polizeiliche Statistik zur Zeit die einzige einigermaßen verläßliche Grundlage für gewisse Erkenntnisse über den Stand und die Bewegung der Kriminalität und über die an ihr beteiligten Personen. An Fakten orientierte Phantasie muß die gewaltigen Lücken in den einzelnen Angaben füllen. Die »Bilanz« und weitere Vergleiche fußen auf dieser löcherigen Statistik. Wir arbeiten mit der relativen Wahrheit – aber es gibt keine bessere.
Es fehlt

- eine planmäßige Erfassung jener Straftaten, die nur durch Zufall entdeckt werden oder aus anderen Gründen beinahe unentdeckt geblieben wären. So könnte man lernen, die verborgene Kriminalität richtig einzuschätzen.

Es fehlt

► ein organisierter Erfahrungsaustausch zwischen Polizei und Zoll-, Finanz-, Devisenbehörden, um den »Weiße-Kragen-Verbrechern« besser auf die Spur zu kommen.

Es fehlt

► ein Zahlenaustausch mit den Arbeitgeberverbänden, um das Ausmaß der Kriminalität in der Berufswelt abschätzen zu können. (Wächst hier etwa ein Reservoir von neuen, unbekannten Straftätern heran?)

Es fehlt

► die zahlenmäßige Erfassung von Alkoholikern und Suchtkranken. Damit könnte man wenigstens vage abschätzen, welche Gefährdung von diesem Personenkreis ausgeht.

Es fehlt

► die planmäßige Erfassung jener Gründe, die das Anzeigen zahlreicher Straftaten verhindern.

Außerdem:

Wir wissen nichts

► über die Einkommensverhältnisse der Verbrechensopfer. Dabei würde sich sehr bald herausstellen, daß gerade die sozial Schwachen bevorzugt Opfer der Kriminalität werden.

Wir wissen nichts

► über die Erziehung und Schulbildung der Straftäter. Dabei würde sich sehr schnell zeigen, wie bedeutsam Familie und Bildung für den Lebensweg eines Menschen sind.

Wir wissen nichts

► über den gesamten Schaden, der Verbrecher der Volkswirtschaft in von Jahr zu Jahr steigendem Umfang zufügen.

Wir wissen wenig

► über die vielfältigen Erscheinungsformen der »Weißen-Kragen-Kriminalität« und verzichten so auf die planmäßige Verfolgung dieser Delikte.

Wir wissen wenig

► über das ganze Ausmaß der Jugendkriminalität, weil es offenbar schon fast »normal« ist, als Jugendlicher Straftaten zu begehen, aber nicht mehr normal ist, dabei dann auch gefaßt zu werden.

Wir wissen wenig

- ► über das organisierte Verbrechen im Ausland, obwohl wir mit dem »Import« dieser kriminellen Spielart rechnen müssen.

Es fehlt an allem, und wir wissen wenig, viel zu wenig. Auch der Gesetzgeber kennt all diese Mängel und Mißstände nicht. Wäre das ganze Ausmaß des Geschehens bekannt, dann würden sich die Verantwortlichen vermutlich schneller und leichter als bisher zu einschneidenden Maßnahmen bereitfinden, und diese würden von der Gesellschaft wohl auch gebilligt und mitgetragen.

Leider ist zuvermuten, daß nur wenigen daran gelegen war, der Öffentlichkeit die Augen für das ganze Geschehen zu öffnen. Zum Beispiel entdeckten die bundesdeutschen Unionsparteien das Problem der Kriminalität als Oppositionspartei. Bis 1969 war ihnen auf Regierungsbänken das Thema entweder nicht »heiß« genug erschienen, oder aber sie hatten das Problem nicht zu lösen vermocht.

Ruhe ist nicht die erste Bürgerpflicht, schon gar nicht angesichts einer solchen Bedrohung wie der durch das Verbrechen. Der mündige Bürger bedarf der Information, denn er soll in freier Entscheidung die Maßnahmen zur Abwehr der Gefahr mittragen. Die Zahlen der Kriminalstatistik sprechen eine deutliche Sprache: zweieinhalb Millionen Straftaten im Jahr, und in Wirklichkeit geschehen noch viel mehr. Aber wir weigern uns, dieser Tatsache ins Auge zu sehen.

Der ständige Verzicht auf eine Gesamtdarstellung des verbrecherischen Geschehens mag beruhigen, doch gleicht dies dem Empfinden nach einer Schönheitsoperation. Die Falten sind verschwunden – der Verfall schreitet fort!

Das neue Gesicht

Die Lawine

Jede menschliche Gemeinschaft ist mit einer Anzahl von Kranken, Psychopathen und Verbrechern geschlagen. In jeder menschlichen Gemeinschaft gibt es daher eine »normale« Kriminalität. Aber was ist »normal«?

Bleibt die Zahl der erfaßten Verbrechen im Verhältnis zur Bevölkerungszahl über lange Zeiträume einigermaßen konstant, dann darf man wohl von einer normalen Entwicklung sprechen. Steigt die Kriminalitätskurve in der Statistik schneller als die Bevölkerungszunahme, dann läßt dies auf sozialpathologische Zustände in einer Gesellschaft schließen. Fällt die Zahl der Verbrechen trotz einer Bevölkerungszunahme, dann läßt dieser Tatbestand auf eine – im emotionalen Bereich beruhende – Organisation der Gemeinschaft (z.B. in Kriegszeiten) schließen – oder aber schlichtweg auf eine verfälschte Statistik.

Auf die Bundesrepublik angewandt, würde das bedeuten:

Da die Bevölkerung von 1953 bis 1970 von 51226800 auf 61508400 Personen, also um 20,07 Prozent anwuchs, wäre ein Mitwachsen der Kriminalität um etwa 20 Prozent »normal«, aber im Vergleichszeitraum vermehrten sich die vergleichbaren Straftaten von 992325 auf 1996980

Sie vermehrten sich um mehr als 100 Prozent!

1953 hocken die Wettläufer »Bevölkerung« und »Straftaten« gemeinsam in den Startlöchern für ein Kräftemessen. 1970 kämpft der Läufer »Bevölkerung« sich mühsam in das 800-Meter-Ziel, während der Konkurrent »Straftaten« leichtfüßig die »3000-Meter-Marke« passiert und offenbar noch über einige Kraftreserven verfügt. So also sieht das alles im sportlichen Vergleich aus.

Jetzt mag der Fachmann einwenden, eine Unzahl kleiner Diebereien belaste die Statistik so sehr, daß Alarm wirklich fehl am Platze sei. Nun gut, das Delikt »Diebstahl« beherrscht das Bild der Kriminalstatistik – ob darin schon ein Grund zur Beruhigung liegen kann, sollte wenigstens geprüft werden.

So stiegen von 1953 bis 1970
Mord/Totschlag, einschl. Versuch um 185,1 Prozent
Raub, räuberische Epressung um 269,1 Prozent
schwerer Diebstahl um 416,7 Prozent.
Die Zahl der Wohnungseinbrüche kletterte zwischen 1960 und 1972 um 145,8 Prozent.
Die Zahl der erfaßten Sittlichkeitsdelikte sank in der gleichen Zeit um 9,2 Prozent, die der erfaßten Betrugsdelikte um 22,8 Prozent.
Nur der Blinde und der Böswillige können bestreiten, daß die »schwere« Kriminalität ein bedrohliches Ausmaß erreicht hat. Die Lawine droht nicht mehr – sie rollt.
Sie rollt im übrigen auch bei unseren Nachbarn, soweit diese die gleiche Lebens- und Wirtschaftsform wie die Bundesrepublik praktizieren: in Österreich, Frankreich, den Niederlanden, Dänemark, Großbritannien, Italien und Schweden. Alle Länder weisen einen kräftigen Straftatenzuwachs aus, der allerdings im Ausmaß zwischen Österreich (plus 15,4 Prozent) und Großbritannien (plus 102,3 Prozent) in einem Zehnjahreszeitraum erhebliche Unterschiede aufweist.
Die Straftaten steigen – hier wie bei den Nachbarn – schneller als die Kopfzahl der Bevölkerung. Irgendwann begann in all diesen Ländern ein kleiner Ball die Böschung hinabzuschießen. Er riß anderes mit und scheint Startpunkt für eine Lawine gewesen zu sein.
Bei all dem ist nicht ohne Bedeutung

- ob der Straftäter allein oder im Rahmen einer wohldurchdachten Organisation handelt,
- ob er im Dunkel der Nacht verharrt oder seine Tätigkeit ins Tageslicht verlegt,
- ob er an einem Ort verbleibt oder ein weiträumiges Netz aufspannt,
- ob er alle Gebiete in gleich starker Weise heimsucht oder bestimmte Bereiche bevorzugt,
- ob es ganz neue Täterkreise gibt, die von außen »importiert« wurden und damit der Gesellschaft ein Alibi liefern oder ob es die »eigenen Kinder« sind, die Straftaten begehen.

Kein Ehevertrag

Wenn Eheleute einen Vertrag miteinander abschließen, vereinbaren sie meist die gesetzliche Gütertrennung. Eheleute müssen derlei miteinander vereinbaren, denn sonst gilt eine Gütertrennung für sie nicht. Im allgemeinen aber gilt: Niemand hat Anspruch auf das Eigentum des anderen.

Bei der Betrachtung der Eigentumskriminalität indes entsteht fast der Eindruck, als sei die allgemeine Gütertrennung aufgehoben. Es gibt eigentlich kein Objekt mehr, das Langfinger nicht reizen würde. Einfacher und schwerer Diebstahl bestimmen das Bild der Kriminalität.

Die Zahl aller Diebstähle verdreifachte sich seit 1953, aber allein die Zahl der schweren Diebstähle verfünffachte sich während dieser Zeit. 1970 wurden im Bundesgebiet 55908 Wohnungen von Einbrechern ausgeplündert. Diese Art Rechtsbrecher sucht also jährlich die Wohnungen einer ganzen Großstadt heim.

Die Zahl der Einbrüche in Geschäfte, Büroräume, Lager und ähnliche Räumlichkeiten verdreifachte sich zwischen 1960 und 1970. Sie erreichte zuletzt die stolze Größe von 167339. Das bedeutet: Die »Experten« auf diesem Gebiet stehlen Jahr für Jahr die Geschäftsräume einer Stadt von der Größe Frankfurts leer. Dabei bleibt noch unberücksichtigt, wieviel Schaden sie anrichten, um nur in die Räume hineinzugelangen, die ausgeplündert werden.

Auch die Tresorknacker können sich mit ihrer Jahresbeute sehen lassen. Über tausendmal pro Jahr kommen sie zum Erfolg, das heißt zum Geld. Die Zahl derartiger Einbrüche hat sich von 1963 bis 1970 verdoppelt. Rechnen wir nur die – wirklich bescheidene – Durchschnittsbeute von 10000 Mark pro Einbruch, so vereinnahmen diese »Jungs« im Jahr zehn Millionen Mark durch recht kurzfristige Bemühungen.

Die statistische Krönung der Eigentumskriminalität ist freilich die Kfz-Kriminalität. Von den 1970 insgesamt 1549489 bekanntgewordenen Diebstählen aller Art stehen 438489 in einer unmittelbaren Beziehung zum Kraftfahrzeug. Bei dieser Rechnung bleibt noch unberücksichtigt, wie viele Personen zu Verbrechern werden, um sich ein Auto »leisten« zu können. Und es bleibt

ebenso unberücksichtigt, wieviel Straftaten nur mit Hilfe des Kraftfahrzeugs ausgeführt werden können. Es ist anzunehmen, daß rund die Hälfte aller bekanntgewordenen Diebstähle in irgendeiner Beziehung zum Kraftfahrzeug steht, obwohl sich dies nicht immer offenkundig zeigt.
In der Praxis bedeutet das: Etwa 50 Prozent aller Diebstahlsanzeigen bei der Kriminalpolizei einer bundesdeutschen Großstadt gehören in die Zuständigkeit des »Kraftfahrzeug-Kommissariats«. Nimmt man nur den Anteil der Diebstähle an, von und aus Personenwagen an der Gesamtkriminalität bundesdeutscher Großstädte, dann ergibt sich: Die Kfz-Kriminalität macht in den 16 größten Städten der Bundesrepublik zwischen 11 und 26 Prozent der Gesamtkriminalität aus. Unterschiedliche und oft sehr bescheidene Aufklärungsquoten in den einzelnen Städten beweisen: Hier und dort hat die Polizei es bereits aufgegeben, solche Straftaten überhaupt noch gezielt zu verfolgen.
Die Scheu vor des Nächsten Hab und Gut geht zunehmend verloren – nicht nur hierzulande. Der schwere Diebstahl und der Raub stiegen beispielsweise in einem Jahrzehnt in Dänemark um 45 Prozent, in Frankreich um 53 Prozent, in Italien um 71 Prozent, in Österreich um 80 Prozent, in Norwegen um etwa 100 Prozent, in Schweden um 107 Prozent, in den Niederlanden um 139 Prozent und in Großbritannien um 158 Prozent und in Finnland sogar um etwa 200 Prozent.
In den westlichen Industrienationen setzten sich Verhaltensweisen durch, als ob die allgemeine Gütertrennung aufgehoben sei – und als ob jedermann mit dem Eigentum des Mitbürgers nach dem Grundsatz verfahren könne: kein Ehevertrag.

Hehler & Stehler GmbH

Ein Einbrecher, auf sich allein gestellt, kann schon einigen Schaden anrichten. Er bleibt aber weitgehend auf den Zufall angewiesen, wenn es um die Auswahl der Objekte oder um Sicherungsmaßnahmen während der Tat geht.
Der Absatz der erbeuteten Ware birgt erhebliche Gefahren, sofern der Täter einen guten Preis erzielen will. Wendet er sich aber an

den gewerbsmäßigen Hehler, dann macht dieser das eigentliche Geschäft; Erfolg und Risiko stehen nicht mehr in angemessenem Verhältnis zueinander.
Jeder Einzeltäter bleibt gefährlich. Doch die Gefährlichkeit steigt in dem Maße, wie sich mehrere Kriminelle zusammenschließen. Ihre Erfolgschancen klettern sprunghaft. Sobald großräumige Organisationen sich der Verbrecher bedienen, sobald bei den Rechtsbrechern das »Management« Platz greift, wird die Kriminalität wirklich bedrohlich.

Ende 1971 und Anfang 1972 machten Einbrecher vornehmlich im Rheinland bei ihren Coups Beute wie selten zuvor. Antiquitätengeschäfte wurden um die wertvollsten Stücke erleichtert, ganze Wohnungen geplündert, sobald sich die Inhaber im Urlaub befanden. Aus Galerien verschwanden nachts komplette Sammlungen. Kaum ein Schaden dieser Art lag in der Größenordnung unter 100 000 Mark.
Die Ermittlungen der Kripo gingen nur mühsam voran. Bis der bestohlene Antiquitätenhändler M. auf einer Kunstmesse in Norddeutschland plötzlich am Stand eines Kollegen seine eigenen Prachtstücke wiedererkannte. Wochenlang wurde beobachtet. Dann schnappte die Falle zu. 25 Personen wurden festgenommen: die erfolgreichste Bande der Nachkriegszeit.
Zwei begüterte Geschäftsleute leiteten das florierende Einbruchsunternehmen. Sie wußten, wo und zu welcher Zeit die Kostbarkeiten zu holen waren. Sie übernahmen die Ware, und sie sorgten schließlich dafür, daß die heißen Stücke wieder in den Handel gelangten. Selbst eingebrochen hatten sie nie.
Für diese Arbeit stand ihnen ein ganzes Team erfahrener Einbrecher zur Verfügung. Jeder von ihnen wurde nach Bedarf und Fähigkeiten eingesetzt. Spezialisten für falsche Papiere waren ebenso vorhanden wie der Experte für Alarmanlagen oder der Mann, dem kein Sicherheitsschloß widerstand. Bei mehr als 60 Einbrüchen erbeutete die Mannschaft Teppiche, Pelze, Kunstwerke, Schmuck und Antiquitäten für über sechs Millionen Mark. Nur das Eingreifen der Kripo verhinderte schließlich, daß ein schon perfekt geplanter Super-Coup auch noch gelandet

wurde: Einem holländischen Kunstliebhaber sollte die ganze Sammlung – Wert: über 25 Millionen Gulden – gestohlen werden.

Dieser und ähnliche Fälle zeigen, daß in der Unterwelt allmählich ein organisiertes Gefüge entsteht. Günstige Gelegenheiten werden planmäßig erforscht. Für jeden Einzelfall stellen die »Manager« des Gangstertums »Aktionstrupps« zusammen. Gestohlen wird auf Bestellung. Lange vor der Tat steht fest, wohin die heiße Ware verschwinden muß, um später wieder in den legalen Handel eingeschmuggelt zu werden. Es scheint bereits regelrechte Geschäftszweige zu geben, die auf Kosten der Bürger beträchtliche Gewinne erwirtschaften. Bevorzugte Branchen dieses Gewerbes: Schmuckdiebstahl, Pelzdiebstahl und Teppichdiebstahl.
Es sind inzwischen Fälle bekannt, bei denen die Einbrecher ihre Beute in gestohlenen Fahrzeugen auf Autobahnrastplätzen abstellen mußten. Dort fanden sie an vorher vereinbarten Stellen ihre Honorare. Damit war ihre Arbeit getan, und sie fuhren ab. Dann erst übernahmen Beauftragte der Hehler die Ware. Nach dem Prinzip der »toten Briefkästen« aus der Geheimdienstpraxis kommen Einbrecher und Hehler nicht mehr persönlich miteinander in Verbindung. Aber die Täter beschränken sich schon längst nicht mehr darauf, fertige Stücke zu entwenden.
Immer wieder erstaunt es, daß vor allem Felle, manchmal sogar ungegerbtes Material, verschwinden. Beides ist beim Endverbraucher auf keinen Fall so abzusetzen. Erst nach fachmännischer Verarbeitung kann diese Beute in den Handel zurückgeschleust werden. Dazu bedarf es geeigneter Mitarbeiter, einiger Planung und gewiß auch einiger Firmen, die ganz oder teilweise bei diesem lukrativen Handel mitspielen.
Eine große Organisation bietet ihren Mitgliedern indes Vorteile, die sich nicht nur im geregelten Absatz des Stehlgutes finanziell niederschlagen. »Organisierte« Straftäter verweigern hartnäckig die Auskunft über ihre Hintermänner. Die Familien Inhaftierter können auf Unterstützung hoffen – und schließlich kann der Gefaßte darauf rechnen, nach der Gefängniszeit in ein »neues Leben« eingeschleust zu werden.

Noch weiß niemand genau, wie weit die Funktionstüchtigkeit solcher Verbindungen reicht, welche Positionen sie bereits im legalen Handel erobern konnten, wie weit sie ihre Gewinne in andere Geschäftszweige investieren. Doch fest steht: Der Trend geht zur Bandenbildung, denn Hehler- und Stehlergruppen versprechen weniger Risiko und größeren Gewinn als die Kleinarbeit des Einzeltäters.

1970 platzte im westfälischen Raum ein Stehler- und Hehlerring, dessen Mitglieder sich auf Kraftfahrzeuge spezialisiert hatten. Je nach Auftragslage beschafften Spezialisten der Autoknackerbranche die gewünschten Personenwagen. Die Fahrzeuge wurden in den Werkstätten der Ganoven umfrisiert, mit falschen Papieren ausgestattet und wiederum über eigene Tankstellen oder Verkaufsplätze zum normalen Gebrauchtwagenpreis verkauft. Die Gangstergeschäfte blühten so glänzend, daß die Gebrauchtwagenpreise im Revier merklich absackten. Allein in Paderborn liefen 47 der gestohlenen Fahrzeuge. Die Polizei glaubte, etwa 500 erkannt zu haben, die insgesamt auf das Konto der Gruppe gehen. Der Bandenchef erfreute sich großer gesellschaftlicher Anerkennung, unterhielt eine eigene Tankstelle mit Werkstatt, besaß einen Nachtklub und alle sonstigen Insignien eines erfolgreichen Geschäftsmannes.

Natürlich sind die auf solche Art in den Handel und an den Mann gebrachten Fahrzeuge mit einem rechtlichen Makel behaftet. Denn nach deutschen Recht bleibt der ursprüngliche Besitzer auch Eigentum einer Ware, wenn sie ihm durch Diebstahl abhanden kommt. Er kann sie jederzeit ersatzlos wieder zurückfordern, sobald sie irgendwo auftaucht.

So erwirbt der neue Besitzer – oft genug im guten Glauben – einen Pelzmantel oder ein Auto für teures Geld zuweilen von einer »Gesellschaft mit sehr beschränkter Haftung«.

Markt ohne Grenzen

Jahrzehntelang galt für die Straftäter: »Bleibe im Lande und ernähre dich unredlich!« Aber wie so vieles verliert auch diese Grundregel zusehends ihre Gültigkeit.

Der Österreicher Kurt V. und drei Franzosen überfallen die Deutsche Bank in Köln. Sie erbeuten über 300000 Mark, nehmen Geiseln und entkommen zunächst.
Drei Deutsche und ein junger französischer Staatsangehöriger plündern monatelang Banken zwischen Ludwigshafen, Hannover und Brüssel, bis sie durch einen Zufall entdeckt werden: Ein Bandenmitglied schießt einen Kölner Wirt nieder, nachdem es Krach und Hausverbot gegeben hat.
Der vierundzwanzigjährige Luxemburger Alfonse F. und sein deutscher Komplize Harald E. überfallen ein Waffengeschäft in Trier, nehmen zunächst die Frau des Inhabers, dann einen Reporter als Geisel, lassen sich 40000 Mark Lösegeld auszahlen und scheitern an einer geschlossenen Bahnschranke.
Die Zahl der Beispiele ließe sich mit Leichtigkeit erhöhen. Der Verbrecher verläßt sein angestammtes »Arbeitsfeld«, die nähere Umgebung. Er operiert nicht nur über Häuserblock-, Stadt- und Landesgrenzen hinweg, sondern er arbeitet international. Keine Zunft hat sich so schnell auf den Wegfall zumindest der europäischen Grenzen eingestellt wie die der Rechtsbrecher. Das gilt für den Einzeltäter ebenso wie für die Organisation der Unterwelt.
Der begrüßenswerte Abbau der Grenzen in Westeuropa wird in allerster Linie von den Ganoven ausgenutzt. So bilden sich Banden mit internationaler Besetzung, die hier wie dort operieren können, zum Beispiel beim Bankraub.
Aber es wird auch über die Ländergrenzen hinweg organisiert. Hinter zahlreichen Pelzdiebstählen stehen internationale Gangstergruppen. Die Frankfurter Kriminalpolizei meint ganz offiziell: »Die Spuren der Pelzdiebe reichen zumeist ins Ausland, und dann handelt es sich um organisierte Banden mit finanzkräftigen Hintermännern.«
Pelzwerk und Rohware, die in der Bundesrepublik gestohlen werden, landen häufig in Mailand, Paris, Antwerpen, Brüssel und Wien. Man kann getrost vermuten, daß die Ware dort verarbeitet, umgearbeitet oder verändert wird, um anschließend die Heimreise in die Bundesrepublik anzutreten.
Vieles spricht für die Richtigkeit dieser Vermutung. Beim Einbruch in einen Pelzverarbeitungsbetrieb in Hofheim/Taunus bei-

spielsweise wurden nicht etwa Felle gestohlen. Die Täter ließen zehn Pelzverarbeitungsmaschinen mitgehen; Maschinen, die nur von ausgebildeten Facharbeitern dieser Branche bedient werden können!

Anders – wenn auch nicht besser – liegen die Dinge beim organisierten Fahrzeugdiebstahl. In bestimmten Städten des Vorderen Orients beherrschen deutsche Fahrzeuge das Straßenbild, obwohl der legale Handel dorthin nur ein sehr beschränktes Volumen aufweist. Die Bedürfnislage ist gut, die Nachfrage stark. Nur die finanziellen Mittel sind arg begrenzt.

Organisierte Diebesbanden schließen diese Marktlücke. Sie stehlen je nach Bedarf passende Fahrzeuge, rüsten sie mit primitiv gefälschten Papieren aus und lassen die motorisierte Beute von Mittelsmännern auf den jeweiligen Markt steuern. Die Einfuhr bietet keine Schwierigkeiten. Erscheinen gestohlene Fahrzeuge als legal transportiert und ausgeführt an solchen Grenzen, dann bestehen für die Grenzwächter zumeist keine Bedenken, sie auf den eigenen Markt zu lassen. Blüht auf diesem Sektor der Export, so floriert auf dem Gebiet der Rauschgiftkriminalität der Import. Rauschgiftsyndikate operieren weltweit. Da werden Haschisch und Marihuana, Rohopium und andere Drogengrundstoffe aus Asien und dem Orient gleich tonnenweise in die Industrienationen des Westens verschoben, ohne daß es bisher gelungen wäre, diese Flut wirksam einzudämmen. Nur selten fliegt ein Händlerring auf. Und wird wirklich einmal eine der zahlreichen »Traumfabriken« aufgelöst, dann entsteht anderswo ebenso schnell eine neue. Kaum ein »Industriezweig« der Bundesrepublik erlebte in den letzten zehn Jahren einen solchen Boom wie das Rauschgiftgewerbe. Nimmt man die von Kripo und Zollbehörden beschlagnahmten Rauschgiftmengen als Maßstab, dann haben die Rauschgifthändler und -importeure ihren Umsatz zwischen 1960 und 1970 mehr als vertausendfacht.

Solche Freizügigkeit ermöglicht es verfolgten Straftätern natürlich auch, ziemlich gefahrlos im benachbarten Ausland unterzutauchen.

Als in der Vorkriegszeit ein Bankkassierer einigen Millionen unterschlug, um damit in Südamerika ein neues Leben zu beginnen,

war der Fall so sensationell, daß ein Buch und ein abendfüllender Film darüber entstanden. Das Vorkommnis wurde auch dem letzten Bürger als der Knüller des Jahres bekannt.
Als 1967 der Großbetrüger Ermisch mit ergaunerten elf Millionen nach Mexiko auswich, um sich dort eine neue Existenz zu schaffen, machte seine Entdeckung zwar einige Schlagzeilen, aber schließlich entzündete sich das öffentliche Interesse nur noch an der Frage, ob seine Geliebte das Kind noch in Mexiko oder schon in Deutschland zur Welt bringen würde. Ermisch durfte seinen Charme bei einem Fernsehauftritt entwickeln und fühlte sich ein wenig als Volksheld. Eine dauerhafte Sensation war er nicht.
Im Juli 1968 brachen sieben Insassen des Kölner Gefängnisses »Klingelpütz« aus. Sechs wurden verhältnismäßig schnell wieder eingefangen. Der Letzte trieb sich geraume Zeit in ganz Westeuropa und Nordafrika herum. Kein Mensch wunderte sich später darüber, daß der von allen Hunden Gesetzte selbst Staatengrenzen ohne Schwierigkeiten überschritten hatte.
Die Ausbrecher Dercks und Lecki fühlten sich nach ihrem Ausbruch in Belgien und Spanien so wohl und sicher, daß sie wirklich erstaunt waren, als man sie schließlich doch erwischte.
Es bedeutet tatsächlich kein Kunststück mehr, über die Grenzen zu wechseln und irgendwo in Europa oder Nordafrika unterzutauchen. Die EWG erweist sich für die erkannten und die unerkannten Straftäter als voll funktionsfähig.
So bietet der europäische Markt ohne Grenzen mancherlei Vorteile für die Rechtsbrecher. Und diese Vorteile werden in vollem Maße genutzt. Bleibt nur zu bemerken, daß die alten Grenzen für Polizei und Staatsanwaltschaft weitgehend intakt geblieben sind, ja hier und dort noch ein wenig höher wurden.

Die Zuwachsrate

Wohl dem, der auf dem Lande lebt. Und wehe dem, der dazu verurteilt ist, in der Großstadt zu wohnen. Der eine kann wesentlich ruhiger schlafen als der andere.
1970 lebte etwa jeder dritte Bundesbürger in der Großstadt, aber

in den Großstädten wurde jedes zweite Verbrechen begangen. Knapp ein Drittel der Bevölkerung siedelte noch auf dem Land – aber dort ereignete sich nur ein Siebtel aller Straftaten. Noch mehr jedoch muß in diesem Zusammenhang zu denken geben, daß die Kriminalität in den Ballungsräumen schneller steigt als die Bevölkerungszahl, während sie in dünnbesiedelten Landstrichen im Verhältnis zur Bewohnerzahl absinkt. Die Statistik zeigt das:

Anteil der Bewohner und der Straftaten in der Bundesrepublik

	1953 Einwohner	1970 Straftaten	1970 Einwohner	Straftaten
Großstadt	31,9%	43,4%	32,9%	52,0%
Mittelstadt	14,6%	15,2%	18,7%	20,0%
Kleinstadt	15,4%	10,4%	19,2%	13,4%
Landgebiet	38,1%	31,0%	29,6%	14,2%

Untersuchen wir nun die Faktoren »Zuwachs« und »Abnahme«, bezogen auf die gesamte Einwohnerschaft und die Gesamtzahl der Straftaten in der Bundesrepublik, dann ergibt sich folgendes Bild:
Die Großstädte steigerten ihren Anteil an der Gesamtbevölkerung um 0,6 Prozent, ihren Anteil am kriminellen Gesamtgeschehen aber um 8,6 Prozent. Der Straftatenzuwachs überrollte den Einwohnerzuwachs vierzehnmal!
Der Anteil der Mittelstädte an der Gesamtbevölkerung kletterte um 4,1 Prozent, der Anteil an den Straftaten um 4,8 Prozent. Die Kleinstädte erhöhten ihren Bevölkerungsanteil um 3,8 und den Straftatenanteil um 3,0 Prozent.
Dagegen sank der Anteil der Landbewohner an der Gesamtbevölkerung um 8,5 Prozent. Und der Prozentsatz der Straftaten, bezogen auf die Gesamtkriminalität, nahm um 16,8 Prozent ab. Die Verbrechenslawine rollt in den Städten. Es gibt ganz offensichtlich bestimmte Zusammenhänge zwischen der Größenordnung des Gemeinwesens, in dem man wohnt, und der Verbrechensentwicklung. Aber die Vermutung, daß der Bürger auf dem flachen Lande derzeit noch sicherer leben könne als der Großstadtbewoh-

ner, wird erst zur Gewißheit, wenn wir die jeweilige Häufigkeit des kriminellen Geschehens untersuchen. Wir wollen prüfen, wieviel Verbrechen welcher Art 1970 auf je 100000 Bürger einer Großstadt, einer Mittelstadt, einer Kleinstadt und des ländlichen Raumes entfielen.

	Großstadt	Mittelstadt	Kleinstadt	Landgebiet
Häufigkeitszahl für 1970 (Verbrechen je 100000 Einwohner)	6266	4191	2749	1883
Mord/Totschlag/Versuch	4,9	4,3	3,0	3,1
Gefährliche u. schwere Körperverletzungen	104	60	36	32
Notzucht	14,4	12,7	8,8	8,3
Raub	43,1	21,5	9,6	5,5
Schwerer Diebstahl	1820	1050	653	449

Da ist kein Zweifel mehr möglich. Das Verbrechen hat seine Schwerpunkte in den Großstädten. Der Raub ist dort achtmal so häufig wie auf dem Land, und der Städter wird dreimal so oft wie der Landbewohner Opfer einer schweren oder gefährlichen Körperverletzung.

Es erweist sich bei gezielten Untersuchungen in den Großstädten der Bundesrepublik, daß die Kriminalität dort galoppiert – wenn auch in unterschiedlichem Ausmaß. Die Straftatenhäufigkeit ist nicht in jedem Falle von der Einwohnerzahl der Städte abhängig. So ist denn zu prüfen, ob die Bevölkerungsdichte der einzelnen Bundesländer die Geschwindigkeit des Ansteigens der Kriminalität beeinflußt.

Ordnen wir die Länder nach ihrer Bevölkerungsdichte, dann ergibt sich für 1970 folgendes Bild:

	Einwohner qkm	Einwohner-Anteil an der Gesamtbevölkerung	Straftatenanteil an der Gesamtkriminalität	Über- bzw. Unterdurchschnitt
Berlin	4449	3,5%	7,3%	+3,8 =108%
Hamburg	2425	2,9%	5,6%	+2,7 =93%
Bremen	1888	1,2%	2,4%	+1,2 =100%
Norhein-Westfalen	501	28,0%	27,2%	−0,8 =2,8%
Hessen	255	8,9%	9,3%	+0,4 =4,5%
Baden-Württemberg	247	14,6%	12,1%	−2,5 =17,0%
Rheinland-Pfalz	184	6,0%	4,5%	−1,5 =25%
Schleswig-Holstein	163	4,2%	4,8%	+0,6 =14,0%
Niedersachsen	149	11,6%	10,4%	−1,2 =10,3%
Bayern	148	17,3%	15,1%	−2,3 =13,3%

Kein Zweifel. Zwischen Bevölkerungsdichte und Straftatenaufkommen gibt es Zusammenhänge. Dafür spricht die Entwicklung zwischen 1954 und 1970 in Hamburg und Bayern beispielsweise: So ging der Anteil des dichtbesiedelten Hamburg an der Gesamtbevölkerung um 0,4 Prozent zurück, der Anteil Hamburger Straftaten am kriminellen Gesamtgeschehen stieg um 1,5 Prozent – das sind 33000 Verbrechen.

Bayerns Anteil an der Gesamtbevölkerung sank um 0,5 Prozent, der bayerische Straftatenanteil hingegen um 6,6 Prozent, um rund 150000 Fälle unter den Durchschnitt.

Freilich kann die nivellierende Aussage der Statistik nicht die Rolle der einzelnen Großstädte berücksichtigen. So liegt Bayern in der Verbrechensentwicklung zwar unter dem Durchschnitt, aber die Polizei in München kämpft genau wie die anderer Großstädte gegen die Verbrechenslawine. Ähnliches gilt für Niedersachsen mit seiner Hauptstadt Hannover.

Je dichter die Bevölkerung siedelt, desto schneller wächst auch die Kriminalität. Diese Erfahrung gilt auch für die übrigen europäischen Länder. Frankreich beispielsweise – mit dem größten Zuwachs an Tötungsdelikten – erlebte zugleich den größten Bevölkerungszuwachs durch Geburtenüberschuß sowie eine Million Zuwanderer aus Algerien und dem übrigen Nordafrika. Eine ähnliche Entwicklung zeichnet sich unter vergleichbaren Bedingungen in den Niederlanden ab. Dieses Land mit dem höchsten Geburtenüberschuß weit und breit (13 Prozent in zehn Jahren) weist eine der höchsten Zuwachsraten beim Raub und beim schweren Diebstahl auf.

Die Saat der Gewalt

Ebbe und Flut

Die Eigentumskriminalität beunruhigt die Betroffenen. Aber Gewaltkriminalität erzeugt Angst und Schrecken. Sie wirkt sich nachhaltig auf das Sicherheitsempfinden weiter Bevölkerungskreise aus.

Wächst die Gewaltkriminalität, dann wächst auch der Unwille über die scheinbar untätigen und unfähigen Sicherheitsorgane. Unruhe verbreitet sich, die Angst infiziert immer mehr Bürger und schafft schließlich Hysterie. Das Leben in der Öffentlichkeit wird vom Mißtrauen gegenüber dem Mitmenschen bestimmt, die nächtlichen Straßen erscheinen so unsicher wie der Dschungel. Mancher verzichtet auf den Spaziergang oder auf abendliche Geselligkeit, um den lauernden Gefahren zu entgehen. Fremde erhalten grundsätzlich keinen Zutritt mehr zur eigenen Wohnung; jeder schließt sich ab, das mitmenschliche Leben wird vergiftet.

In den Jahren 1923 bis 1929 trat im Rheinland ein zunächst unbekannter Sexualmörder auf. Er vergewaltigte, verletzte, tötete zahlreiche Frauen. Die genaue Zahl ließ sich nie feststellen. Unter den Opfern befand sich auch ein kleines Mädchen mit Namen Hamacher. Der Verfasser vermag sich daher an die damalige Stimmung in Düsseldorf gut zu erinnern: Bei Anbruch der Dunkelheit erschienen die Straßen wie leergefegt; Kinder durften nicht mehr unbeaufsichtigt spielen; Volksfeste wurden gemieden; der Sonntagsspaziergang fiel aus. Eine dumpfe Angst beherrschte die Bevölkerung.

Als Peter Kürten am 29. April 1930 endlich in die Hände der Polizei fiel, trat spürbare Erleichterung ein. Lynchgefahr lag in der Luft. Die tiefe Erregung fand ihren Niederschlag in verballhornten Schlagertexten, die den Kindern im Rheinland heute noch geläufig sind.

Ähnliche Wirkungen verursachte Orgozow, der von 1939 bis 1941 als »U-Bahn-Mörder« Berlin in Aufregung versetzte. Er er-

schlug alleinfahrende Frauen mit einem Kabelende. Um die Benutzung der U-Bahn zu ermöglichen, wurde schließlich ein Lotsendienst eingerichtet. Jeder Passant wurde kontrolliert, ganze Gebiete abgeriegelt. Hunderte Personen mußten sich überprüfen lassen. Lähmende Unsicherheit breitete sich aus – bis Orgozow gefaßt wurde.

Ende der fünfziger Jahre entwickelte sich aus unerfindlichen Gründen das Gerücht, in der Bundesrepublik treibe ein »Autobahnmörder« sein Unwesen. Eine Flut von Veröffentlichungen rief den Eindruck hervor, jedermann sei nachts auf den Straßen von diesem Mörder gefährdet. Aus der punktuellen Angst wurde Hysterie. Der Innenminister eines großen Landes wies seine Polizisten an, wachsam zu sein, ließ Straßensperren errichten und rüstete die Kontrollposten sogar mit Maschinenpistolen aus. In der Folgezeit wurden Schüsse aus Polizeigewehren auf flüchtende Autofahrer registriert, obwohl die Flüchtenden keineswegs »Autobahnmörder« waren. Es gab Tote. Ein harmloser Traktorfahrer wurde vom Sitz geschossen – nur weil er in der Dämmerung nicht zu erkennen war. Fahrzeuge formierten sich auf der Autobahn zu Kolonnen, Nachtfahrten suchte man tunlichst zu vermeiden. Wer allein fuhr, bewaffnete sich und verriegelte die Türen. Schließlich entpuppte sich der Autobahnmörder als »Zeitungs-Phantom«. Er existierte gar nicht. Dennoch konnte sich ein Grad von Hysterie entwickeln, dem auch Polizisten und Minister nicht entgingen.

Peter Kürten, Orgozow und das Zeitungs-Phantom »Autobahnmörder« vernichteten Leben und Zusammenleben zeitweilig und in begrenzten Räumen. Sie waren echte Ausnahmeerscheinungen zu einer Zeit, in der auf dem Sektor der Gewaltkriminalität, gemessen an heutigen Maßstäben »Ebbe« herrschte.

Heute ist die Gewaltkriminalität das – täglich verwünschte – tägliche Brot der Polizei. Nichts gibt es, das nicht mit Gewalt genommen würde, und kein Tag vergeht, ohne daß geringste Werte mit größter Brutalität geraubt werden. Die Schlagzeile »Rentner ermordet, um Geld fürs Kino zu erbeuten« ist schon fast keine Schlagzeile mehr.

Zu den Gewaltdelikten zählen außer Mord auch Totschlag, Raub und Notzucht. Die Trennung zwischen Mord und Totschlag ist ohnehin problematisch, denn »nur der Laie weiß, wer Mörder ist«, konstatiert der Kriminologe Armand Mergen.

Von 1953 bis 1970 stiegen in der Bundesrepublik:

- ▶ Mord/Totschlag, einschl. Versuch um 185 Prozent, von 843 auf 2403 Fälle.
- ▶ Notzucht um 57,4 Prozent, von 4377 auf 6889 Fälle.
- ▶ Raub und räuberische Erpressung um 269,1 Prozent, von 3584 auf 13230 Fälle.

Die Gewaltkriminalität entwickelt sich im Schatten der – statistisch beherrschenden – Eigentumskriminalität ebenso sprunghaft, wenn auch nicht so offenkundig. Der Täter lauert auf den belebtesten Einkaufsstraßen oder in stillen Parks. Er schlägt sein Opfer nieder, entreißt ihm die Tasche und verschwindet. In jedem zweiten Fall entkommt er unerkannt. Die Polizei kann eben nicht allgegenwärtig sein. Opfer der schnellen Räuber sind Kinder, Frauen und Männer aller Altersstufen. Das Verbrechen wird vor den Augen der Öffentlichkeit begangen. Oft genug greifen Zeugen des Geschehens nicht einmal ein. Die Saat der Gewalt geht auf. Der Einzeltäter, der seine Mitmenschen bedroht oder mit Gewalt ausplündert, gehört ganz offensichtlich nicht mehr zu den Seltenheiten.

Zum Alltag zählte im Frühjahr 1971 noch eine andere Art Einzeltäter, die auch künftig immer wieder auftauchen wird:

Bomben krachten in Frankfurt (US-Hauptquartier), Augsburg (Polizeidirektion), München (Landeskriminalamt), Karlsruhe (Auto eines Ermittlungsrichters) und Hamburg (Springer-Verlagsgebäude). Die Anschläge forderten vier Tote und 41 Verletzte. Der Schaden ging in die Millionen.

Als auch für Stuttgart eine Bombenexplosion angekündigt wurde, versank die Stadt in tödliche Stille.

Die Psychopathen sahen ihre Stunden gekommen. Verrückte und Verärgerte, Alte und Junge, Schüler und Penner reagierten Rache- und Lustgefühle ab: Sie drohten weitere Anschläge an. Verwaltungen, Schulen, Dienstleistungsbetriebe, Gaststätten und Kinos mußten geräumt oder geschlossen werden. Polizei und Feuerwehr rückten hundertfach zu Einsätzen aus. Wirtschafts-

bosse verbarrikadierten sich und engagierten Leibwächter, Kinder anscheinend bedrohter Bürger wurden ins Ausland gebracht. Die Hersteller von Sicherungsanlagen hatten Hochkonjunktur. Ein fünfundzwanzigjähriger Hilfsarbeiter investierte 30 Mark in Telefongroschen, um Oper und Hauptbahnhof, Banken und Versicherungen zu alarmieren.
Frankfurt registrierte in drei Wochen 400 anonyme Bombendrohungen, Köln zählte 300, München 340. Die Angst und das Spiel mit der Angst feierten Triumphe.
Aber der gewalttätige Einzelgänger wird mehr und mehr von der organisierten Gewalttäterbande abgelöst. Das Verbrechen nimmt neue und wiederum bedrohlichere Formen an. Denn Bandenkriminalität läßt nicht nur die Verbrechenszahl sprunghaft ansteigen. Es tauchen auch ganz neue Verbrechensarten auf, der »Mord aus Geschäftsgründen« beispielsweise oder der »Mord aus Revanche«, schließlich der »Raub unter Gewaltdeckung«. Gangsterbanden streben auch eher als der Einzeltäter die Bindung zur »Oberwelt« an, um juristisch und geschäftlich den Anschein gesetzestreuer Bürger zu erwecken.
Der Umschlag in die Bandenkriminalität hat sich in der Bundesrepublik ansatzweise bereits vollzogen. Das zeigte sich schon bei der »Dominas-Bande«, auf deren Konto 1963/64 zahlreiche Überfälle und einige brutale Morde gingen. Eine Essener Rechtsanwältin und ihre Töchter gehörten zu den Gangstern. Man denke darüber hinaus an die Entführung des Essener Millionärs Theo Albrecht. Ein Düsseldorfer Rechtsanwalt hatte das Stück inszeniert und kassierte schließlich auch Lösegeld. Die Rasanz einer gut aufeinander eingespielten Bande zeigte sich 1970 im Rheinland:
18. Dezember, kurz vor 18 Uhr. In der Aachener Commerzbank herrscht noch reger Kundenverkehr. Das Weihnachtsfest steht bevor, viele Besucher wollen Erspartes abheben, Bargeld mitnehmen. Immerhin muß ja noch manches Geschenk für die Bescherung eingekauft werden.
Die Bescherung findet sechs Tage zu früh statt! Drei maskierte Männer stürzen in den Schalterraum der Bank. Sie tragen Maschinenpistolen und Revolver. Noch ehe Kunden und Bank-

bedienstete begriffen haben, was sich tut, feuert einer der unerwünschten Gäste in die Decke und brüllt: »Überfall! Alles hinlegen!« Vierzig Bankkunden und zwölf Angestellte folgen dem Befehl. Eine Frau fällt in Ohnmacht.

An der Tür deckt einer der Gangster den Rückzug, zwei laufen durch den Raum zur Kassenbox. Blitzschnell schwingt sich der Stämmigere der beiden über den Tresen und rafft Geldbündel in einen mitgebrachten Plastiksack. 3 Minuten und 58 Sekunden lang herrscht Totenstille, nur das Rascheln der Geldscheine ist zu hören. In die Stille schlägt die Klingel eines Telefons. Einer der Täter erschrickt und schießt; dann reißt er das Kabel aus der Wand.

»Raus jetzt!« kommandiert der »Einsatzleiter« der Räuber. Mit einem Sack voll Geld stolpern und laufen die Männer zum Seiteneingang, stoßen einen zufällig eintretenden Kunden blitzschnell beiseite und springen in einen abgestellten BMW. Bis der Wagen anfährt, bleibt einer der Gangster mitten auf der Straße stehen und feuert eine Salve aus seiner Maschinenpistole in die Luft. Dann prescht das Auto davon und verschwindet im dichten Feierabendverkehr. Die Ganoven fahren nicht weit. Ohne Maskerade steigen sie aus und trennen sich.

Wenige Stunden später sitzen die Männer in einem kleinen Dorf bei Köln zusammen. Sie zählen ihr Weihnachtsgeld. Es sind 642572 Mark. Sie teilen redlich, legen auch dieses und jenes kleinere Sümmchen für Mitarbeiter und Wasserträger beiseite.

Der Aachener Bankraub war der letzte und größte Coup dieser Bande. Die Bandenmitglieder hatten sich mehr oder weniger zufällig kennengelernt. Raubzüge planten sie wie Kommandounternehmen. Sorgfältig wählten sie die Tatorte aus, beobachteten und studierten das Objekt, legten Fluchtweg und Verhalten nach dem Überfall genauestens fest und erprobten alles nach Fernsehvorbild mit der Stoppuhr. Die Fluchtautos wurden mit einem selbstentwickelten Trick der Bande in entlegenen Gegenden beschafft und noch einmal mit präparierten oder gefälschten Kennzeichen getarnt. Die Maskerade wurde für jeden Überfall sorgfältig ausgewählt und vor dem Spiegel auf Tauglichkeit geprüft. Das alles ließ sich schließlich nicht mehr in einem Zwei-Mann-

Team bewältigen. Hilfskräfte mußten engagiert und eingesetzt werden. So wuchs die Kerntruppe auf sechs Mitglieder an.
Begonnen hatte das Spiel zwischen dem 23. und 26. Juni 1967. Damals kamen der Bundeswehr bei einem Einbruch zwölf Maschinenpistolen der Marke »Uzzi« abhanden. Nach und nach sammelte die Kripo sieben Waffen wieder ein. Fünf blieben verschwunden. Sie waren an die Unterwelt verkauft worden, eine sogar mit Preisnachlaß, weil sie einen gravierenden Mangel aufwies: Das Magazin fiel heraus.
Vier der fünf Waffen gerieten auf Umwegen in die Hand eines Kölners, der bereits seit einiger Zeit darüber nachsann, auf welche Weise er sein kleines Vermögen vervielfachen könne. Der Kauf der »Uzzis« erschien ihm dazu die rechte Investition. Gemeinsam mit einem Partner machte sich der MP-Besitzer dann auf, die angelegten Gelder zu verzinsen. Am 6. Mai 1968 stieg in Zülpich der erste Versuch. Erfolg: 25 530 Mark. Doch dabei erwies sich auch, daß zwei Mann bei einem derartigen Unternehmen überfordert waren. Das Duo wurde zum Trio. Der zweite Coup am 10. Juni 1968 in Langerwehe bei Düren brachte 25 020 Mark.
So ging es weiter:

Stadtsparkasse Plettenberg	4450 DM
Kreissparkasse Vettweiß	46 803 DM
Spar- und Darlehenskasse Hürth	23 260 DM
Firma S. in Roisdorf	Keine Beute
Deutsche Bank, Duisburg	221 206 DM.

Eingeübt und durch weitere Mittäter verstärkt, gelingt der Bande am 16. Oktober 1970 der erste größere Schlag. Diesmal schafft ein unauffälliger »Transportarbeiter« die Beute fort: ein als Geistlicher verkleidetes Bandenmitglied. Der falsche Pastor packte Geld und Waffen in seinen Koffer, nachdem er in einer kleinen Kirche auf seine Kumpane gewartet hatte. Dann ging er gemessenen Schrittes zum Bahnhof. So hingegeben war er an seine Rolle, daß er angesichts eines großen Polizeiaufgebotes die salbungsvollen Worte fand: »Seht ihr, Gott ist mit uns!«
Darauf vertrauten sie wohl alle, denn der nächste Raubzug sollte endlich das ganz große Geld bringen. Banken in Leverkusen,

Remscheid und Aachen wurden geprüft. Die Entscheidung fiel für Aachen. Das große Geld rollte. Aber das war der Anfang vom Ende. Viel Geld entzweit. Es kriselte plötzlich im inneren Kreis. So dauerte es sechs Monate, bis man wieder zum Schlag ausholen konnte. Aber man holte zu weit aus und wurde von der Kripo abgeholt. Drei der vermißten Maschinenpistolen fanden sich wieder, darunter auch die mit dem schadhaften Magazin.

Es gibt genügend weitere Fälle dieser und ähnlicher Art, und nichts spricht dafür, daß sich die Bandenbildung nicht weiter ausdehnen wird. Da gäbe es dann eines Tages – wie schon im Ausland beobachtet wird – das »Gangster-Gericht«, vor dem sich unbotmäßige Bandenmitglieder zu verantworten haben und das durchaus auch die Todesstrafe verhängt.

Was auf diesem Gebiet der Kriminalität schon möglich ist, zeigte sich 1970 in Berlin:

Im Nationalitäten-Restaurant ›Bukarest‹ versammelten sich um 21 Uhr an einem Juni-Samstag etwa 30 überwiegend jüngere Männer. Ihre Aktentaschen hielten sie in Griffnähe, als draußen auf der Straße eine andere Gruppe korrekt gekleideter Männer, acht oder zehn, mit dunklen Haaren und dunklem Teint, einem Mercedes und einem Volkswagen entstieg.

Sekunden später glich die sonst so stille Bleibtreustraße der Szenerie eines amerikanischen Gangsterfilmes.

Fünf Minuten lang knatterten MP-Salven über das Pflaster, Revolverschüsse krachten, Schützen wie Beschossene gingen hinter geparkten Autos in Deckung. Erst als sich mit Sirenengeheul Polizeiwagen näherten, brach der Gefechtslärm ab.

Zurück blieben: ein Toter, drei Verwundete, sieben zerschossene Autos, eine Maschinenpistole vom Typ Walther P 40, ein spanischer Colt, eine italienische Bernadelli.

Über die Gründe für die erste Straßenschlacht mit Schußwaffen nach dem Krieg in West-Berlin und über die beteiligten Gruppen gab es bei der Berliner Kripo keinen Zweifel. Es war der bisher letzte Akt des Bandenkrieges einer deutschen und einer persischen Gangster-Organisation um Märkte des Verbrechens, um Glücksspiel und Hehlerei, um Rauschgift- und Waffenhandel, um Erpressung und vor allem um Prostitution.

Die deutsche Bande beschäftigte sich hauptsächlich mit Zuhälterei. Sie tat sich vor allem bei Raufereien hervor, zwang Lokalbesitzern gegen Geld Bierzapfer und Rausschmeißer als »Beschützer« auf und verhökerte Diebesgut.
Die Perser-Bande erzielte vor allem aus Glücksspiel und Rauschgifthandel Gewinn. Sie kontrollierte illegale Spielhallen und setzte beispielsweise Haschisch für 2000 bis 3000 Mark je Kilo an Berliner Einzelhändler ab.
Beide Banden tolerierten einander, bis die Perser im Mai ihren deutschen Kollegen ins Geschäft zu pfuschen begannen. Sie versuchten, den Deutschen die Kontrolle der lukrativen Dirnenstandplätze abzujagen.
Für Westberlins Kripo, die bereits im März 1970 eine Sonderkommission für die Aufklärung von Banden-Delikten gebildet hatte, war es darum nicht verwunderlich, was auf der Bleibtreustraße geschah. Der mutmaßliche Chef der Deutschen, Klaus Speer bemühte sich um eine Beendigung des Zwistes, er machte den Persern ein Verhandlungsangebot. Das Friedens-Meeting schlug fehl. 40 Ganoven beider Banden gingen in einer Bar mit Messern aufeinander los.
Auf das zweite Treffen bereitete sich Speer besser vor. Er flog nach Frankfurt und holte sich Verstärkung.
Wer den ersten Schuß abgab, ließ sich nicht klären. Die Ganoven hatten sich einander den Krieg erklärt und trugen ihn auf offener Straße und mit Waffengewalt aus. (›Der Spiegel‹)
Hier schimmern amerikanische Sitten bereits deutlich durch. Was auf uns zukommt, wenn man dem organisierten Gangstertum nicht Einhalt gebietet, zeigt sich in den Nachbarländern. Die Verbrechensausführung wird immer brutaler, die Aufklärungsquoten für Tötungsdelikte und schweren Diebstahl sinken langsam, aber stetig. Sobald die Aufklärungsquote für Mord und Totschlag in einem Land unter 90 Prozent sinkt, sind Zweifel an der Leistungsfähigkeit der Polizei erlaubt, oder es prägt sich eine zunehmende Organisation im verbrecherischen Geschehen aus.
Die 90-Prozent-Marke wurde 1964 bereits in vier Ländern Westeuropas unterschritten. Die Aufklärungsquote für Tötungsdelikte lag damals in Schweden bei 83,3 Prozent, in Frankreich bei

84,4, in Dänemark bei 85,0 und in England/Wales bei 86,0 Prozent.

Eine ähnliche Grenze müssen wir für die Aufklärung des schweren Diebstahls bei einer Quote von 33 Prozent ziehen. Wird sie unterschritten, droht ebenfalls Gefahr. Aber schon 1964 lagen unter der Grenzmarke von 33 Prozent Italien (16,1 Prozent), Schweden (25,4), Deutschland (28,2), Frankreich (30,6) und Dänemark (32,8).

Die Gewaltkriminalität beginnt sich allenthalben auszuwachsen. Und in zahlreichen Ländern ist nicht nur der Fachmann, sondern auch die breite Öffentlichkeit darüber bereits stark beunruhigt. Es steht bei uns vermutlich der Umschlag in eine breit organisierte Gangsterkriminalität bevor, die sich dann in nachdrücklichster Form dem Bürger präsentiert.

Die Schnell-Kassierer

Ob sie in der abendlich-dunklen Straße einer alten Frau die Handtasche entreißen, ob sie einen späten Zecher in den Rinnstein stoßen und ihm Geldbörse oder Brieftasche abnehmen, ob sie beim Betrachten einer Schmuckkollektion plötzlich zugreifen und im Menschengewühl einer Geschäftsstraße untertauchen – oder ob sie nun maskiert und schwerbewaffnet vor dem Bankschalter stehen, allen Schnell-Kassierern ist eines gemeinsam: Ihr Geschäft beruht auf der Tatsache, daß die Polizei nicht allgegenwärtig sein kann.

Die gesamte Sparte Ganoven ist hierzulande, gemessen am herkömmlichen Einbrecher und Dieb, noch ziemlich neu. Das hindert die Herren nicht daran, zum Teil spektakuläre Coups zu landen. Namentlich die Bankräuber haben wenigstens in Einzelfällen Beute erzielt, die es einem biederen Normalverbraucher ermöglichen würde, bis an sein Ende sorgenfrei zu leben.

Bankräuber machten erstmals Ende der fünfziger Jahre ernsthaft von sich reden. Natürlich gab es diese Zunft auch vorher schon, aber echte Bankräuber waren so selten, daß sie bei der Beurteilung der Gesamtkriminalität kaum ins Gewicht fielen. Das hat sich gründlich geändert.

Im Oktober 1956 erschien in einer Geschäftsstelle der Volksbank Frankfurt/Main ein Mann. Über den Kopf hatte er sich einen Nylonstrumpf gezogen, in der Rechten trug er eine Pistole. Die richtete er auf den Kassierer und bat: »Hände hoch und stehenbleiben!« Der Kassierer gehorchte, aber ein anderer Bankangestellter entkam durch eine Hintertür und rief auf der Straße laut um Hilfe.
Der Pistolenheld feuerte einen Schuß ab, der niemand traf, und rannte vor die Bank. Dort schoß er nochmals und entkam in einem gestohlenen Personenwagen. Dann blieb es einige Monate ruhig.
Am 21. Februar 1957 tauchten zwei Männer mit einem Opel-Rekord vor der Frankfurter Stadtsparkasse auf. Blitzschnell drangen sie in den Schalterraum ein und bedrohten die Angestellten mit Pistolen. Einer nahm die Drohung nicht sehr ernst: Er schleuderte einen Aschenbecher durch das geschlossene Fenster auf die Straße, um Passanten aufmerksam zu machen. Die Ganoven feuerten Schüsse ab, rafften 2060 Mark zusammen und entkamen.
Am 26. April 1957 drangen wiederum zwei Männer mit vorgehaltenen Pistolen in eine Bank ein: in die Depositenkasse der Rhein-Main Bank in Stuttgart. Sie zwangen die Angestellten, den Tresor zu öffnen. Diesmal fielen ihnen 9270 Mark in die Hände.
Am 15. August 1957 überfielen zwei Männer eine Filiale der Dresdner Bank in Mannheim. Schon als die bewaffneten Gestalten in den Raum stürzten, hatte ein Angestellter den Alarmknopf betätigt. Die Polizei wurde alarmiert, ohne daß die Ganoven es bemerken konnten. Sie stellten alle Anwesenden vor einer Wand auf und erzwangen die Herausgabe des Tresorschlüssels. Sie packten gerade die ersten Bündel Papiergeld ein – da betrat ein Schutzpolizist den Raum. Einer der Gangster schoß sofort. Der Beamte brach zusammen. Der zweite Ganove nahm einen Polizisten unter Feuer, der vor der Bank stand. Dieser Beamte konnte das Feuer zwar erwidern und verletzte einen der Täter, stürzte aber dann tödlich getroffen zu Boden. Mit einem gestohlenen Wagen und 45 000 Mark Beute machten sich die Ganoven aus

dem Staub. Kurz ehe sie starteten, traf der verletzte Polizist, der in der Bank lag, auch den zweiten Täter mit einem Streifschuß. Monate später wurden die beiden ohne dramatisches Beiwerk festgenommen. Der Deutsche Schuler und der Engländer Cowler hatten sich in Kanada kennengelernt und dort bereits gemeinsam Raubüberfälle begangen. Bei mehreren Coups schafften sie etwa 37000 Dollar. Das reichte ihnen nicht. Sie träumten vom »Superding«. Es sollte in der Bundesrepublik steigen, weil diese Verbrechensart hier noch wenig bekannt und leichte Beute zu erhoffen war.

Der Prozeß gegen das Duo, heute schon fast vergessen, erregte seinerzeit großes Aufsehen. Nur blieb damals verborgen, daß für die Kriminalität in der Bundesrepublik eine neue Ära begonnen hatte: das Zeitalter der Schnell-Kassierer.

Die Methode Schuler/Cowler machte Schule. Heute vergeht kaum ein Tag ohne einen besonders dreisten Banküberfall oder wenigstens den Versuch dazu. Überfälle mit geringer Beute, ohne Tote oder Verletzte geben heute schon keine Meldung in bundesdeutschen Presseagenturen mehr her. Sie sind bestenfalls für die regionale Presse interessant.

Die Zahl der Überfälle auf Kassen und Banken stieg in den Jahren 1962 bis 1965 von 53 auf 202 pro Jahr. Gemessen an heutigen Maßstäben müssen diese Jahre dennoch als die »guten alten Zeiten« erscheinen. Zwei, drei, vier erfolgreiche Coups an einem Tag sind schon keine Seltenheit mehr.

Einzelne Kritiker versuchen, diese Verbrechensart mit der Erklärung zu bagatellisieren, daß der Verbrecher nur in Ausnahmefällen tatsächlich schießt. Das Alltagsgeschehen hat diese Behauptung längst überholt. Es genügt, daß die Drohung »Geld her oder ich schieße« glaubhaft klingt. Sie klingt aber glaubhaft, weil die Täter in wenigen Fällen tatsächlich geschossen haben und weil es in wenigen Fällen Tote und Verletzte gab. Diese Tatsache wirkt auf jeden, der in die Mündung einer Gangsterpistole blickt, so bedrohend, daß er die Ernsthaftigkeit der Drohung nicht anzweifelt und deshalb lieber der Erpressung nachgibt.

Das Verbrechen »Banküberfall« hat sich in unserem Alltag schon so eingenistet, daß es kaum noch als außergewöhnliche Straftat, noch weniger als Kapitalverbrechen empfunden wird. Bankraub hat sich, wenn er ohne Tote und Verletzte abgeht, in der Vorstellung des normalen Bürgers irgendwo zwischen dem einfachen und dem schweren Diebstahl angesiedelt. Die allgemeine Gewöhnung an solche Delikte aber führt schon zu dem Versuch, bei Bedarf eben »zinslose« Kredite mit dem Revolver zu beschaffen. Diese Kredite haben, wenn man nicht erwischt wird, auch noch den Vorteil, daß sie nicht zurückgezahlt werden müssen.

»Geben Sie DM 3000,– sonst passiert etwas!« steht auf einem Zettel, den ein unbekannter »Kunde« dem Kassierer einer Kreissparkasse in die Kassenbox schiebt. Der Unbekannte hat seine rechte Hand in die Rocktasche gesteckt. Offenbar will er andeuten, daß er dort eine Schußwaffe verbirgt. Der Kassierer läßt sich nicht einschüchtern: »Da muß ich erst Geld holen!« Er verläßt die Kassenbox. Der Unbekannte wartet, zögert, verläßt dann eilig den Schalterraum und entkommt.

Er hatte es offenbar auf einen ganz bestimmten Betrag abgesehen. Ähnlich wie dieser höfliche Kunde, wenn auch um einiges rabiater, verfuhr ein junger Mann, der kurz vorher aus der Strafhaft entlassen worden war und Bargeld für einen neuen Start benötigte.

Gegen 11 Uhr betrat ein unbekannter Kunde den Schalterraum einer kleinen Bank. Er wartete, bis der letzte Besucher verschwunden war, zog sich ein braunes Wolltuch vor den Mund, stellte eine Collegmappe auf den Schalter und zog eine »Null-Acht«. Dann sprang er auf den Schaltertisch, wurde aber vom Kassierer zurückgestoßen und knallte unsanft zu Boden. Im Liegen gab er einen Schuß auf den Zweigstellenleiter ab, bedrohte noch einen jüngeren Angestellten, floh aber dann zum Ausgang. Um Verfolger zu warnen, schoß er in die Decke. Zwei Angestellte hefteten sich an seine Fersen. Die Polizei war inzwischen alarmiert worden und erschien am Tatort. Kurz darauf wurde er festgenommen. Er war der Polizei nicht ganz unbekannt: Werner Sch. Der junge Hilfsarbeiter war drei Wochen vor der Tat aus dem Gefängnis entlassen worden, wo er eine Strafe wegen Diebstahls verbüßt hatte.

Obwohl in diesem Fall niemand verletzt wurde, wirken sich diese

Überfälle verhängnisvoll aus. Auch wenn Pistole und Revolver nur in Einzelfällen wirklich eingesetzt werden, schüchtern sie jeden später Bedrohten wirkungsvoll ein. Man unterläßt deshalb jeden Widerstand; die Täter kommen verhältnismäßig leicht zum Erfolg.

Gegen 12 Uhr betrat ein Unbekannter die Zweigstelle einer Commerzbank, erkundigte sich nach einem Prämiensparkonto und ging anschließend zur Kasse. Dort bedrohte er die Kassiererin mit einem Trommelrevolver. Sie sollte Geld herausgeben. Er erhielt 47740 Mark, steckte das Geld in eine Aktentasche und floh zu Fuß.

Einzeltäter dieser Art treten immer wieder auf, obwohl ihr Risiko nicht unerheblich ist. Es liegt deshalb nahe, daß sich mehrere zusammenschließen, um das Risiko für den einzelnen herabzusetzen.

Am 14. Dezember, gegen 12.15 Uhr, stürmten drei maskierte Männer in die Spar- und Darlehenskasse P. Während einer vor dem Schalter stehenblieb, sprang sein Komplice über den Tresen. Die beiden allein anwesenden Angestellten wurden von zwei Seiten bedroht. Sie konnten sich nicht von der Stelle rühren. Der dritte Ganove ging zum geöffneten Tresor und räumte aus. Ein Schuß krachte, dann spurteten die drei zu einem bereitstehenden Wagen, in dem ein vierter Komplize saß und preschten davon. Wenig später wurde das – gestohlene – Fahrzeug in K. entdeckt.

Diese Machart hat inzwischen weitere Nachahmer gefunden. Und solche Erfolge reizen natürlich auch die seltsamsten Tätergruppen zu einem Plagiat.

Als der Angestellte der Spar- und Darlehenskasse O. am 3. August kurz vor 9 Uhr die Geschäftsräume betrat, standen ihm plötzlich zwei Männer gegenüber. Der Angestellte blickte in zwei Pistolenmündungen. Er mußte den Tresor aufschließen. Dann wurde er gefesselt und gezwungen, sich die Augen verbinden zu lassen.

Die Gangster plünderten den Tresor und entkamen im Wagen des Angestellten mit 65000 Mark. Sie waren offenbar schon nachts vor dem Überfall in das Gebäude eingedrungen und hatten den Bankangestellten erwartet.

Das Tatfahrzeug wurde am selben Tag gegen 14 Uhr sichergestellt und einer Spurensuche unterzogen.
Zwei Tage später wurden die Täter festgenommen – darunter auch der Bankangestellte. Er war ein Komplize der beiden Räuber. Bisher wurden von der Beute 51 360 Mark sichergestellt.
Der Gesetzgeber verpflichtete Kassen und Banken, Sicherheitsmaßnahmen zu treffen, um derartige Überfälle zu verhindern. Tatsächlich ging ihre Zahl auch 1969 und 1970 zurück. Aber die Übung, am Bankschalter und an der Theke des Juweliers, auf der nächtlichen Straße oder im halbdunklen Park auf schnelle Weise Geld zu kassieren, hat sich so ausgeweitet, daß mit einem Verschwinden dieser speziellen Kriminalität kaum zu rechnen ist. Die Verbrecher werden weiterhin zur Kasse bitten, nicht in der feinen englischen Art, sondern mit Waffen und Gewalt.

Ende der Nachtschicht

Der europäische Verbrecher entdeckte mit der steigenden Flut der Straftaten seine Macht und die fehlende Allgegenwart der Polizei. Er wird bei seinen Raubüberfällen nicht nur in zunehmendem Maß brutaler, sondern er wird auch immer dreister. So verließ er seine angestammten »Arbeitsbereiche«, die nähere Umgebung des Wohnsitzes, und er hält sich nicht mehr an die früheren »Arbeitszeiten«, die Nachtstunden. Der Ganove wechselt in immer größerem Maß vom Dunkel der Nacht in die Helle des Tages und dokumentiert damit steigendes Selbstbewußtsein. Für den Verbrecher von Format ist die Nachtschicht zu Ende. Drei französische Gangster setzten 1969 mit einem Überfall auf ein Juweliergeschäft ein Alarmsignal. Sie eröffneten die »Saison«.
Die Täter fuhren am Vormittag auf der Prachtstraße Düsseldorfs vor ein Juweliergeschäft. Zwei Mitglieder des Trios drangen mit Maschinenpistolen und Revolvern bewaffnet in die Geschäftsräume ein, schossen wie wild um sich und rafften Schmuck im Wert von mehreren Millionen Mark zusammen. Nur die Tatsache, daß sie schon zwanzig Minuten später festgenommen werden konnten, verhinderte, daß sich sofort eine ganze Welle ähnlicher Straftaten anschloß.

Aber schon dieser Coup war auch nur eine Kopie eines in etwa gleichen Raubüberfalles an der Riviera. Der Wechsel von der Nacht ins Licht des Tages lag in der Luft. Nächtliche Einbrüche in Juweliergeschäfte, Banken, Pelzhäuser und Supermärkte erfordern viel Arbeit. Verborgene Alarmanlagen und Nachtwächter bringen zusätzliche Erschwernisse.

Tagsüber dagegen liegt vielerlei, das einen schnellen Zugriff lohnt, sozusagen offen auf der Straße. Jeder Juwelier wird einem Ganoven, der als harmloser Kunde das Geschäft betritt, bereitwillig seine Kollektionen vorführen. Bei vielen Banken ist es kein Problem, als Kreditnehmer bis zum Geschäftsführer vorzudringen, dann plötzlich die Waffe zu zücken und einen »Blitz-Kredit« zu fordern.

Der Raubüberfall am hellichten Tag ist das bevorzugte Delikt krimineller Einzelgänger.

In Köln erschien während der Geschäftszeit ein junger Mann in einem bekannten Juweliergeschäft auf der Haupteinkaufsstraße. Er bedrohte die anwesenden Kunden und das Geschäftspersonal, bediente sich mit erlesenen Stücken und verschwand im Gewühl der Fußgänger.

Gegen 11.30 Uhr betrat ein junger Mann das Juweliergeschäft P. in Berlin. Er ließ sich aus der Schaufensterkollektion drei Damenringe vorlegen. Als man ihm die wertvollen Stücke zeigte, griff er blitzschnell in seine Aktentasche, zog einen silberfarbenen Spielzeugrevolver heraus und schlug die Geschäftsinhaberin damit auf den Kopf. Dann versuchte er, sie in einen Nebenraum abzudrängen. Sie stürzte zu Boden. Der Täter packte die drei Ringe, steckte sie ein und ergriff die Flucht.

Aber nicht nur Juweliere werden Opfer solcher »Tagediebe«. Die zunehmende Absicherung der Banken und Kassen läßt den Täter auf ungewöhnlichste Objekte ausweichen. Anscheinend lohnt auch die geringste Beute noch den Raubüberfall am hellichten Tag.

Gegen 18.30 Uhr betrat ein maskierter Unbekannter das Parfümeriegeschäft Z. und bedrohte die Tochter des Inhabers mit einer Pistole, die er einer Tragetasche entnahm. Seine Forderung: »Los, tu es hier hinein! Mach, sonst schieße ich!« Auf die Hilferufe der ebenfalls anwesenden Geschäftsinhaberin hin rannte der Täter vor das Geschäft und floh mit einem Damenfahrrad, das er dort bereitgestellt hatte. Ein Zeuge konnte ihn schließlich festhalten, aber nur für Sekunden. Dann riß sich der Gangster los, ließ das Fahrrad zurück und entkam zu Fuß.

Morgens um 10.45 Uhr betrat der Arbeiter Lothar W. (23) den Kassenraum eines Pressehauses. Er bedrohte die allein anwesende siebzigjährige Kassiererin mit einem Stilett. Dann raubte er 6849 Mark und flüchtete. Allerdings ließ er eine Aktentasche mit seinem Foto zurück. Wenig später bestätigten Zeugen: »Das ist der Täter!«

Gegen 15 Uhr telefonierte die zweiundsechzigjährige Hausfrau Charlotte F. in einer öffentlichen Fernsprechzelle. Plötzlich wurde die Tür aufgerissen, Frau F. erhielt eine Ladung Tränengas ins Gesicht. Dann raubte der Täter ihre Handtasche vom Ablagefach. Zeugen des Geschehens nahmen ihn fest und übergaben ihn der Polizei.

Der Gewalttäter scheut das Licht des Tages nicht mehr. Ganz im Gegenteil: Er macht sich ganz gezielt jene Vorteile zunutze, die der helle Tag vornehmlich in einer Großstadt ihm bietet. Diese Vorteile, das sind starker Fußgängerverkehr auf den Geschäftsstraßen, der ein problemloses Untertauchen erleichtert; das ist der starke Verkehr auf den Autostraßen, der es der Polizei oft erheblich erschwert, schnell zum Tatort zu gelangen.

Regelmäßig folgt auf den Wechsel des Tatgeschehens von der Nacht ins Tageslicht der Umschlag vom Einzeltäter zur organisierten Terrorgruppe, die tagsüber gemeinschaftlich operiert. Auch dieser Umschwung hat sich in der Bundesrepublik bereits vollzogen. »Mittagseinbrecher« haben sich herausgebildet und auf bestimmte Objekte spezialisiert.

In bundesdeutschen Großstädten werden rund 50 Prozent aller Einbrüche tagsüber verübt. Die planmäßig arbeitende Gangstergruppe ist ebenfalls keine Ausnahmeerscheinung mehr.

Gegen 11.40 Uhr wurden im dritten Stock eines Parkhauses drei Bankboten überfallen, die Geld von einem Kaufhaus zur Bank transportieren sollten. Die unbekannten Täter waren mit einem VW-Transporter in das Parkhaus gefahren. Sie trugen schwarze

Masken, die von der Brust bis über den Kopf reichten. Außerdem waren sie mit olivgrünen Trenchcoats oder grauen Anoraks bekleidet. Bei dem Überfall wurden mehrere Schüsse abgegeben. Zwei Bankboten erlitten durch Schläge mit einem Eisenrohr Verletzungen.

Den dreisten Räubern fiel ein Koffer mit rund 300000 Mark in die Hände. Nach dem Überfall steuerten die Ganoven den Wagen in das Zwischengeschoß und setzten ihn in Brand. Motor und Fahrgestellnummer waren ausgebohrt, das Typenschild entfernt worden.

Der Fall steht für zahllose andere. Kassenangestellte werden entführt und gezwungen, die Tresore zu öffnen. Juweliere werden vor den Augen ihrer Kunden von Ganoven ausgeplündert, nicht einmal die Ladenkassen kleiner Geschäfte sind tagsüber vor dem schnellen Zugriff Unbefugter sicher. Kein Zweifel: Für viele Straftäter ist die Nachtschicht beendet.

Kursänderung ins Rampenlicht

Der Einzelgänger auf dem Verbrechenssektor wurde abgelöst vom Spezialisten, der im Rahmen einer organisierten Gruppe arbeitet. Das »lichtscheue Gesindel«, dem das Dunkel der Nacht Kulisse für unlautere Machenschaften und Schutz vor der Polizei bot, wurde abgelöst vom Ganoven, der am hellen Tag seinem ungesetzlichen Gewerbe nachgeht. Auch der nächste Schritt in der Entwicklung des Verbrechens, der Schritt in das Rampenlicht, wurde bei uns schon getan. Verbrechen ereignen sich vor den Augen der ganzen Nation, der ganzen Welt!

Am 20. Mai 1927 startet Charles A. Lindbergh von New York mit seiner »Spirit of St. Louis« zum Flug nach Paris. In 33 Stunden überquert er den Atlantik.

Die Welt hat einen neuen Helden; in der Geschichte der Luftfahrt ist ein neues Kapitel aufgeschlagen.

Charles Lindbergh muß für seinen Ruhm einen hohen Preis bezahlen: Der deutschstämmige Bruno Hauptmann entführt Lindberghs 20 Monate alten Sohn Charles Augustus, tötet das Kind sofort und fordert 50000 Dollar Lösegeld, die er schließlich auch kassieren kann. Das Verbrechen ist scheinbar um eine Erscheinungsform reicher – die Entführung von Menschen, um Lösegeld zu erpressen.

Das amerikanische Volk reagiert mit Empörung auf die Tat, fordert unnachsichtige Verfolgung und sofortige harte Bestrafung des Täters. Gesetze und Zuständigkeiten werden geändert, Hauptmann gefaßt und am 3. April 1936 auf dem elektrischen Stuhl hingerichtet.

Der Fall Lindbergh ging in die Kriminalgeschichte ein, aber so überraschend ereignete sich dieses Verbrechen nicht. Schon im vorigen Jahrhundert gehörte es in Sizilien zu den üblen Angewohnheiten der »ehrenwerten Gesellschaft«, Söhne rivalisierender Familien zu entführen, um Forderungen durchzusetzen. Süditaliener brachten diese Art der Problem- und Situationsbewältigung mit in die Vereinigten Staaten. Dort wandelte sich das Delikt sehr schnell zu einer Möglichkeit, mit wenig Arbeit viel Geld zu verdienen.

Im Gefolge der Prohibition und der damit verbundenen Brutalisierung des Verbrechens entwickelte sich das Kidnapping zum Alltagsdelikt. Allein in den Jahren 1930/31 registrierte die Polizei in Chicago 200 Fälle von erpresserischem Menschenraub, bei denen die verschiedenen Täter etwa zwei Millionen Dollar Lösegeld kassierten.

Die Lindbergh-Entführung konnte deshalb eigentlich nicht besonders überraschend sein. Nur die Prominenz des betroffenen Vaters ließ die Öffentlichkeit so großen Anteil am Verbrechen nehmen; eine Kursänderung in die Öffentlichkeit, die der Täter gewiß nicht wünschte, die aber künftig von immer größerer Bedeutung sein würde.

Noch 1951 beschrieb ein deutschsprachiges Standardwerk der Kriminologie die Straftat so:

»Kidnapping – Menschenraub zwecks Erpressung eines Lösegeldes. Eine in den Vereinigten Staaten häufig und geradezu sportlich geübte Gangstermethode, die in Europa kaum vorstellbar erscheint.«

Sieben Jahre später, am 15. April 1958, hält dieses Verbrechen dennoch Einzug in Europa, und dies in der Bundesrepublik.

Der sieben Jahre alte Joachim Goehner verschwindet in Stuttgart-Degerloch. Ernst Tillmann, der Entführer, tötet den Jungen sofort und verlangt 15000 Mark Lösegeld. Mit diesem Geld will er sich eine Existenz aufbauen. Tillmann wird gefaßt und begeht Selbstmord.

Der Fall erregt großes Aufsehen, mobilisiert die Polizei und führt zu taktischen Überlegungen. Aber der rasche und endgültige Ausgang des Geschehens hinterläßt nicht genügend Erinnerungsspuren. So behält der Fall zunächst den Anschein des Exotischen und Einmaligen, zumal es sich bei dem Täter offenbar um einen Psychopathen, wenn nicht um einen Geisteskranken gehandelt hat.

Nur zwei Jahre später, wieder im April, wird der vierjährige Sohn Eric des französischen Autofabrikanten Peugeot entführt. Die Eltern zahlen 500000 Franc, Eric kehrt wohlbehalten zurück, die Täter entkommen zunächst. Die Jagd nach ihnen endet 1961. Quittung: 20 Jahre Zuchthaus. Während sich die Entführer noch auf freiem Fuß befinden, ereignet sich der nächste Fall in der Bundesrepublik.

Der siebenjährige Hans Knaupp aus Friedrichshafen gerät in die Gewalt eines achtzehnjährigen Hilfsarbeiters, der sein Opfer sofort tötet, »weil man nicht weiß, wohin damit, und damit es nicht mehr redet, weil man sonst aufkommt«. Er stellt eine Lösegeldforderung. Mit dem Geld will er ein Moped abzahlen. Bei der Gerichtsverhandlung bescheinigt der Gutachter dem Täter »ein blankes Nichts« an Intelligenz. Quittung: lebenslängliche Freiheitsstrafe.

Noch einmal gelingt es der Gesellschaft, das Phänomen zu verdrängen. Ein dilletantischer Schwachkopf hatte zugeschlagen. Aber jetzt war der Keim zur Infektion entstanden. Seither gehört Kidnapping zur Verbrechensskala der Bundesrepublik.

In Wiesbaden verschwindet 1964 ein siebenjähriger Junge namens Timo Rinnelt. Beim Vater trifft eine Lösegeldforderung ein. Aber zu diesem Zeitpunkt hat der Entführer den Jungen bereits getötet.

Eine beispiellose Flut von Veröffentlichungen löst eine ebenso beispiellose Reaktion der Ermittler aus: Mit Zustimmung des Justizministers sichert die Staatsanwaltschaft dem noch unbe-

kannten Entführer öffentlich ein Lösegeld in Höhe von 50000 Mark und sechs Stunden Vorsprung zu, wenn Timo unversehrt zurückkehrt. Der Erfolg bleibt aus, das Kind ist tot. Erst 1968 entlarvt die Polizei den Täter. Quittung: lebenslange Freiheitsstrafe.

In diesem Fall führte die öffentliche Diskussion zu einer rechtlich erlaubten Zusage, die den Straftäter zum Verhandlungspartner machte. Der Täter konnte nicht auf die Angebote eingehen, weil sein Opfer längst tot war. Aber mit diesem Fall hatte der öffentliche Handel zum Schutz des bedrohten Opfers begonnen. 1969 ereigneten sich noch drei vergleichbare Straftaten, aber alle entführten Kinder überlebten. Zu dieser Zeit versuchten die Täter noch, Kinder wohlhabender Eltern auszuwählen. Da sich aber nur ein geringer Teil der Bevölkerung zu diesem Personenkreis zählt, fühlte man sich im allgemeinen nicht bedroht. Das änderte sich am 22. Februar 1971.

Der siebenjährige Michael Luhmer, Sohn eines wenig begüterten Schaffners, wird während des Rosenmontagszuges entführt. Die Täter schaffen das Kind unverzüglich von Bonn nach München. Sie fordern 200000 Mark Lösegeld. Die Forderung wird bekannt. Wenig später verkündet Nordrhein-Westfalens Ministerpräsident Heinz Kühn, das Land stelle die geforderte Summe zur Verfügung. Über Presse, Rundfunk und Fernsehen wird das Angebot veröffentlicht, und Kühn gibt der Hoffnung Ausdruck, daß sich ein solcher Fall nicht wiederholen möge. Er wird noch im gleichen Jahr einen Brief erhalten, den Entführer dem Essener Millionär Theo Albrecht diktieren werden. Im Falle Luhmer vermittelt der Münchener Rechtsanwalt Burger den Handel und bringt das entführte Kind zurück.

1971 wurden noch vier weitere Delikte dieser Art begangen. So war die Bühne vorbereitet für den Fall Albrecht, der ebensowenig überraschen konnte wie der Fall Lindbergh.

Montag, 29. November 1971. Kurz nach 18 Uhr verläßt Theo Albrecht, genau wie an jedem anderen Werktag, sein Bürohaus in Herten. Albrecht will gerade in seinen Mercedes 280 SEL steigen, um in seine Wohnung nach Essen-Bredeney zu fahren – da geschieht es. Zwei bewaffnete Männer tauchen aus dem Dunkel

auf. Der Millionär wird gezwungen, sie zu »begleiten« und verschwindet mit ihnen in der Nacht.
Um 22 Uhr ruft die beunruhigte Ehefrau einen Mitarbeiter ihres Mannes an. Der weiß nichts über den Verbleib des Chefs. Nachfragen bei den Polizeistationen zwischen Herten und Essen bleiben erfolglos. Der Anwalt der Familie verständigt die Polizei: »Mein Klient ist spurlos verschwunden!«
Am nächsten Morgen klingelt in der Wohnung der Familie Albrecht das Telefon. Ein Unbekannter meldet sich: »Wir haben Ihren Mann entführt. Machen Sie sich keine Sorgen, es geht nur um Geld. Keine Polizei, keine Presse, nichts – sonst hilft nur noch Beten!«
Tags darauf trifft ein Eilbrief ein, handschriftlich von Theo Albrecht abgefaßt: »Es geht mir gut. Ich werde versorgt. Weitere Nachricht folgt.« Nun ist kein Zweifel mehr möglich. Der Essener Millionär, Besitzer von etwa 600 Geschäften, ist entführt worden und befindet sich in der Hand einiger Erpresser. Der Polizeiapparat läuft auf Hochtouren, doch nach außen verdeckt. Im Essener Polizeipräsidium stehen rund um die Uhr 100 Kripobeamte im Einsatz. Graphologen, Kriminologen, Psychologen, Kidnapping-Experten werden herangezogen. Bergarbeiter entdecken den verlassenen Mercedes des Kaufmanns. Die Polizei schleppt das Fahrzeug ab und nimmt es buchstäblich auseinander, um Spuren der Entführer zu finden. Elf Tage gelingt es, die Presse zum Stillschweigen zu veranlassen, denn noch wissen die Erpresser nichts vom Eingreifen der Polizei, obwohl bereits fieberhaft Verdächtige überprüft, Spuren verfolgt, Beobachtungen angestellt werden. Dann bricht der Damm des Schweigens. Zeitungen, Rundfunk und Fernsehen berichten ausführlich. Das Essener Polizeipräsidium wird zur belagerten Festung. Die totale Öffentlichkeit ist hergestellt und wird beibehalten.
Die Unbekannten exerzieren eine beispiellose Zermürbungstaktik. Sie rufen die Familie an, diktieren dem Entführten Briefe – unter anderem an Ministerpräsident Kühn –, die sie teils frankiert teils unfrankiert in Essen, Gladbeck, Bottrop aufgeben. Ihre Forderung: 7 Millionen Mark Lösegeld.
Immerhin scheint die Sorge der Polizei, die Täter könnten durch

Veröffentlichungen in Panik geraten, unbegründet. Entführer und Verfolger beteiligen sich am öffentlichen Pokerspiel.
Die Fahnder versuchen, die Gangster vor unbedachten Handlungen zu bewahren. So läßt Oberstaatsanwalt Lindenberg verbreiten: »Wir räumen den Tätern einen Tagesvorsprung ein, damit Theo Albrecht gesund wiederkommt.« Auch die Familie des Entführten bemüht sich in dieser Richtung. In der ›Westdeutschen Allgemeinen‹ erscheint ein Inserat: »Nachricht 8. 12. angekommen. Bei Anruf von auswärts – dieser dringend erbeten – für beide Teile in jedem Fall Diskretion gesichert.«
Die Erpresser bringen in einem für die Öffentlichkeit bestimmten Brief politische Motive ins Spiel. In einem Büro auf der Düsseldorfer Graf-Adolf-Straße muß Theo Albrecht einen Brief nach Diktat schreiben. Darin heißt es: ». . . Unsere Aktion läuft unter der Devise ›Vermögen in Arbeitnehmerhand‹. Die Gesetze dauern uns zu lange. Sie sehen an diesem Beispiel, wie man aus einem Millionär acht Millionäre macht. Nordrhein-Westfalen braucht viel mehr Millionäre. . . . Wir wollen einem viel zu reichen Mann etwas abnehmen.« Ganz offenbar hoffen die Täter auf eine Anweisung der Landesregierung, um schneller zum Ziel zu kommen.
Die Familie will jeden Preis – auch die sieben Millionen – zahlen. Es geht nur darum, auf welche Weise das Geld übergeben werden soll. Die Familie verlangt einen Austausch Zug um Zug. Die Erpresser wollen erst das Geld, überbracht von Frau, Sohn und Geschäftsführer. Davon rät die Polizei ab. Nun stellt sich ein neutraler Vermittler zur Verfügung, der den Austausch Geld gegen Opfer zuwege bringen soll. Schließlich gelingt der Tausch. Die Familie zahlt, Theo Albrecht wird aus der Gewalt der Täter entlassen. Die versprochene 24-Stunden-Frist wird eingehalten, dann schaltet der Fahndungsapparat um auf »Jagd frei«. Die zugebilligte Wartefrist löst große Diskussionen aus, aber ganz so neu waren ja weder dieses Angebot noch der Fall von Menschenentführung.
Doch während die Verbrechensart des Kidnapping einem Höhepunkt zustrebte, hatte sich in der Bundesrepublik schon wieder eine neue Verbrechensart herausgebildet – der Raub mit Geisel-

nahme. Bemüht sich der Kidnapper noch, anonym zu bleiben und nur mittelbar die Öffentlichkeit einzuschalten, geht der Räuber offen auf sein Opfer zu und stellt erst eine kleine, im Extremfall aber auch eine weltweite Öffentlichkeit her, und zwar ganz bewußt.

30. Dezember 1968, 17.45 Uhr.

Ein etwa fünfunddreißigjähriger Mann betritt die Zweigstelle Badenweiler der Bezirkssparkasse Mülheim. Um den Kopf gewickelt trägt er einen Wollschal, die Augen sind freigeblieben. Im Raum befinden sich der achtundvierzigjährige Zweigstellenleiter, zwei weibliche Angestellte und ein Kunde.

Der Vermummte zieht eine Pistole, Kaliber 7,65, und verlangt Papiergeld. Er erhält 9500 Mark. Dann fordert er den Zweigstellenleiter auf, ihn als Geisel zu begleiten. »Wenn bis 20 Uhr die Polizei nicht benachrichtigt ist, passiert nichts, anderenfalls werden wir beide sterben!« droht er, als er mit der Geisel den Raum verläßt. Sie durchqueren den Kurpark. Ein Kurgast wird wenig später gezwungen, seinen Personenwagen zu übergeben. Der Einspruch des Wagenbesitzers wird mit einem Warnschuß beantwortet. Die Geisel muß sich ans Steuer setzen, hinter ihr nimmt der Gangster Platz. Die Fahrt führt auf die Autobahn nach Offenburg.

Derweilen hat die Polizei eine Großfahndung ausgelöst. Verkehrspolizisten sichten das geraubte Fahrzeug vor Rastatt. Es durchbricht eine schnell aufgebaute Sperre, schleudert zwei Kilometer weiter gegen eine Leitplanke und kommt zum Stehen.

Der Täter flüchtet in ein Waldstück, liefert den Verfolgern ein heftiges Feuergefecht, entkommt dann zunächst. Vor dem Verlassen des Fluchtwagens hat er seine Geisel erschossen.

Wer vermag sich an dieses Ereignis eigentlich noch zu erinnern? Neun weitere Fälle dieser Art gab es in der Bundesrepublik noch, bis es zu dem aufsehenerregenden Coup auf die Deutsche Bank in München kommt – am 4. August 1971.

Die Münchner Bankräuber spekulierten von Anfang an auf die totale Öffentlichkeit. Es war Bestandteil ihres Planes, die Geisel vor einer möglichst großen Kulisse abzutransportieren, doch das Vor-

haben mißlang, hinderte aber andere Straftäter nicht an der Wiederholung.
Die planmäßig handelnden, auf Geiselnahme und breite Öffentlichkeit programmierten Geiselgangster von München inspirierten am 27. Dezember 1971 die Bankräuber von Köln, als sie sich in einer ausweglosen Lage sahen. Kurt Vicenik und seine Komplizen kopierten das Münchner Beispiel plan- und ratlos, nahmen und tauschten Geiseln und versuchten schließlich ebenfalls die Flucht im vollen Licht der Öffentlichkeit. Der Haupttäter Vicenik sonnte sich im Gefühl, einmal im Mittelpunkt zu stehen.
Das Ergebnis bleibt immer gleich: Rammelmayr tot, Vicenik tot, Todorov lebenslänglich hinter Gittern, Viceniks französische Komplizen für zehn Jahre im Gefängnis.
Doch der Bazillus der Gewalt, verbunden mit dem Bestreben, einmal die öffentliche Szene zu beherrschen, wirkt weiter und steckt immer wieder neue Täter an.
Im November 1972 erobert ein Geisteskranker eine kanadische Verkehrsmaschine auf dem Frankfurter Flughafen und hält eine Stewardeß 24 Stunden lang als Geisel fest. Ergebnis: Täter erschossen, Geisel frei.
Mit diesem Ereignis schließt sich in beinahe tragischer Weise die Kette der Gewalt, die mit der Ozeanüberquerung des Charles Lindbergh ihren spektakulären Anfang nahm. Sein Bravourstück wirkte auf den Luftverkehr wie eine Initialzündung. Das Flugzeug entwickelte sich zum Massentransportmittel. Doch blieb es bis auf den heutigen Tag ein kompliziertes und empfindliches Gerät, das – einer Insel gleich – während des Fluges eine Welt für sich bildet. Ein solcher von außen kaum angreifbarer Körper von hohem Wert und stets mit völlig hilflosen Passagieren besetzt, mußte irgendwann Gewalttäter auf den Plan rufen.
Das Unvermeidliche geschieht am 28. November 1963: Vier Angehörige einer venezolanischen Untergrundorganisation bringen während des Fluges eine Maschine der Fluggesellschaft Avensa unter ihr Kommando. Sie zwingen die Cockpit-Besatzung, vom Kurs auf Bolivar abzudrehen und in Trinidad zu landen. Mit der Drohung, die Geiseln zu töten, fordern sie die Freilassung inhaftierter Kampfgenossen.

Wieder erweist sich die Infektionswirkung der Gewalt. Drei Monate nach der ersten derartigen Tat entführen zwei Exilkubaner eine US-Chartermaschine nach Havanna. Kuba nimmt die Entführer als Helden auf. Es folgt eine ganze Serie dramatischer Kursänderungen in Richtung Zuckerinsel. Doch in Europa nimmt kaum jemand Notiz vom Geschehen; Coups politischer Fanatiker, so glaubt man, mit einer Spur operettenhaften Charmes, weit weg. Man registriert mehr oder weniger amüsante Kursänderungen, die alle unblutig verlaufen.

1968 bekommt das Geschehen epidemischen Charakter. In diesem Jahr werden bereits 33 geglückte Entführungen und fünf mißlungene Entführungsversuche gezählt. Und in diesem Jahr etabliert sich die Straftat »Hijacking« als taugliches Mittel für Erpressungen aller Art.

Der erste Gangster betritt die Szene in der Maske eines politisch motivierten Täters.

Am 21. Februar 1968 hebt eine Maschine der Delta Airlines mit 102 Passagieren an Bord in Chicago ab und nimmt Kurs auf Miami. Kurz vor der Landung dringt ein bewaffneter Mann in die Pilotenkanzel vor und erzwingt eine Kursänderung nach Havanna. Er wird von der Polizei gesucht und will sich auf diese Weise der Festnahme entziehen.

Eine neue Qualität erlangt dieses Verbrechen am 23. Juli 1968. Die palästinensische Befreiungsfront schlägt zu. Fünf Mitglieder dieser Organisation bemächtigen sich auf dem Flug von Rom nach Tel Aviv einer Boeing 707 mit 38 Passagieren und erzwingen die Landung in Algier.

Wieder führen besondere Bedingungen dazu, daß erst dieser Fall die Weltöffentlichkeit erregt. Algerien weigert sich zunächst, Geiseln und Flugzeug freizugeben. Die Vereinten Nationen schalten sich ein; der Weltverband der Piloten kündigt einen Boykott Algeriens an; die arabischen Staaten drohen mit Gegenboykott. Schließlich gibt Israel nach. Die letzte Chance, durch weltweite Solidarität der Entwicklung Einhalt zu gebieten, ist vertan – bei der 71. bekanntgewordenen Flugzeugentführung.

1969 ereignen sich dann 70 Entführungen und zwölf Versuche. Außer Gangstern und politisch motivierten Tätern treten nun auch – ganz folgerichtig – Psychopathen und Geisteskranke auf den Plan.

Am 6. August 1969 versucht ein dreiundsiebzigjähriger Mann, eine Maschine der amerikanischen Eastern Airlines zu kapern. Grund: Er ist verwitwet, allein und einsam. Das will er ändern.

Im Oktober des gleichen Jahres erzwingt der Italiener Minichiello eine Schnitzeljagd über mehrere Kontinente. Ganz allein erobert er eine TWA-Boeing 707 in den USA und dirigiert sie in einem aufregenden Zick-Zack-Kurs bis nach Rom. Sein Grund: Heimweh – in Verbindung mit verminderter Zurechnungsfähigkeit.

Jetzt werden auch europäische Flughäfen und -linien Orte des Geschehens. Zwei DDR-Bürger erzwingen am 19. Oktober 1969 die Landung einer polnischen Maschine in West-Berlin. Sie bitten um Asyl.

Die Bundesrepublik wird am 10. Februar 1970 Kampf- und Schauplatz der Auseinandersetzung. Bei einem Versuch, eine El-Al-Maschine zu entführen, kommt es in München zu einer Schießerei. Ein Israeli wird getötet, neun andere Personen zum Teil schwer verletzt.

Die Meldungen über geglückte und versuchte Entführungen nehmen in den Zeitungen immer weniger Raum ein; sie werden alltäglich. Erst ein fast unglaublicher Knalleffekt bringt die Diskussion um das »Hijacking« wieder in Gang.

Am 5. September 1970 entführen Palästinenser innerhalb weniger Stunden vier Großmaschinen, drei davon müssen in der jordanischen Wüste bei Zarka landen, die vierte wird in Kairo gesprengt.

Nun werden die Motive der Täter immer unentwirrbarer.

1971 entführt ein »Mr. Cooper« eine amerikanische Maschine, läßt sich 200000 Dollar auszahlen, springt mit einem Fallschirm ab und verschwindet auf Nimmerwiedersehen.

Im November 1972 entführen vier farbige Amerikaner eine Verkehrsmaschine, fordern zwei Millionen Dollar Lösegeld und drohen: »Wenn die Forderung nicht erfüllt wird, lassen wir die Maschine auf ein Atomforschungszentrum abstürzen!« Sie entkommen mit dem Lösegeld nach Kuba.

Die Täter in der Deutschen Bank in München versuchten den Eindruck zu erwecken, sie handelten aus politischen Beweggründen. Todorov und Rammelmayr waren Kriminelle. Am 22. Februar 1972 wird ein Lufthansa-Jet auf dem Flug Frankfurt–Neu Delhi in Richtung Aden umdirigiert. Unter den Passagieren: Joseph Kennedy jr. Nach tagelangen Verhandlungen über die Freilassung der Gefangenen zahlt die Bundesrepublik 16 Millionen Mark Lösegeld. Lagen bei den Tätern wirklich politische Motive vor?

Auch die Entführer des Theo Albrecht erweckten vorübergehend den Eindruck, ihr Handeln sei politisch motiviert. Kurz vorher waren noch etliche »Enteignungsaktionen« – sprich Banküberfälle – der Gruppe »Baader-Meinhof« zu verzeichnen.

Die Geschichte der öffentlich praktizierten Gewaltverbrechen demonstriert zweierlei ganz klar:

- einmal die Infektionswirkung der Gewalttat auf Nachahmungstäter,
- zum zweiten die Hilflosigkeit der Sicherheitsorgane, wenn es um das Leben unschuldiger Menschen geht, die sich in den Händen der Gangster befinden.

Politisch motivierte Täter geraten in die Sparte »Verbrechen« und Kriminelle bedienen sich des politischen Alibis. Einer lernt vom anderen. Die Grenzlinien zwischen Politik und Verbrechen verwischen sich so stark, daß schließlich eine Differenzierung kaum noch möglich ist. Beim Geiseldrama im Olympischen Dorf vermengten sich Motiv, Handlung und Reaktion zum unentwirrbaren Knäuel.

Kein Zweifel, das Gewaltverbrechen liegt auf neuem Kurs. Der Staat wird, ohne es zu wollen, Teilhaber am Geschehen. Verbrecher kalkulieren bei ihren Aktionen die Reaktion der Öffentlichkeit ein. Sie spekulieren auf die Pflicht des Staates, im Zweifelsfall die Erhaltung eines Menschenlebens über die Staatsräson zu stellen, und steuern bei ihren Taten ganz bewußt »ins Rampenlicht«.

Räuber und Gendarm

Das falsche Alibi

Es erhöhte sich die Zahl der Verbrechen schneller als die Bevölkerungszahl. Schwere Gewaltdelikte verunsicherten Bankangestellte und -direktoren, Manager und Rentner, Reiche und Arme. Keine Schicht blieb verschont. Innerhalb weniger Jahre wandelte sich das Bild des Verbrechens.

Keine Straftat fällt vom Himmel. Jedes Gangsterstück hat seinen Täter, hinter jedem Verbrechen steht der Mensch, der es ausführt. Das allgemeine Bewußtsein siedelt diesen Menschen, den Straftäter, in der »Unterwelt« an. Der Verbrecher gilt als abartiges Menschenwesen aus einer ebenso abartigen Welt. Schnell ist der Bürger daher bereit, die ganze Entwicklung der letzten Jahre und Jahrzehnte Fremden zuzuschreiben. Und »Fremde« haben wir ja in immer stärkerem Maße ins Land geholt: Die Gastarbeiter.

Hier muß nun endlich ein längst entstandenes Vorurteil ausgeräumt werden.

Der wirtschaftliche Aufschwung der letzten 15 Jahre führte zu einem ungeahnten Arbeitskräftebedarf. Ausländer wurden für die Arbeit in der Bundesrepublik angeworben. 1967 wurden rund eine Million Gastarbeiter registriert, 1970 waren es fast zwei Millionen – 1,4 Millionen Männer und etwa 600000 Frauen.

Viele sind der Versuchung erlegen, diesem Personenkreis einen erheblichen Anteil der Schuld an der Straftatenlawine zuzuschreiben. Rechtsextremisten schüren das Vorurteil und versuchen, auf dem Feuer dümmlicher Vermutungen und plakativer Behauptungen ihr eigenes Süppchen zu kochen.

Jeder wird einsehen, daß eingewanderte Volksgruppen auch ihre Sitten, Gebräuche und Gewohnheiten mit in die fremde Umgebung bringen. Leben die Ausländer bei uns – wie meist – auch noch in großen Gruppen zusammen, erhalten sich die heimischen Sitten und Gebräuche über Jahre hinweg.

Die Hauptgruppen der »Einwanderer auf Zeit« stellen Bürger südeuropäischer Nationen. Menschen, deren Temperament schneller durchschlägt als das des Mittel- oder Nordeuropäers.

Außerdem aber stammen die ausländischen Arbeiter vielfach aus Staaten mit unterentwickelten Schulsystemen. Die Folge: Die Menschen reagieren instinktiver, ursprünglicher, als man es in unseren Breitengraden gewohnt ist. Kurzschlußreaktionen liegen ihnen näher als dem Durchschnitt unserer Bevölkerung. Noch eines sollte man nicht vergessen: Die große Mehrheit der Gastarbeiter ist jugendlich oder jung, steht aktiv im Produktionsprozeß und befindet sich im »straftatenaktiven« Alter. Der Anteil straffälliger Gastarbeiter an der Gesamtzahl der ausländischen Arbeitnehmer müßte also normalerweise höher sein als der Anteil deutscher Straftäter an der Gesamtbevölkerung der Bundesrepublik.
Er ist es in der Tat. Der Anteil der ausländischen Arbeitnehmer an der männlichen Gesamtbevölkerung liegt bei fünf Prozent, ihr Anteil an den ermittelten Straftätern indes bei 6,85 Prozent.
Also ist das Vorurteil doch gerechtfertigt? Nein. Die temperamentvollen Südländer neigen eher als der durchschnittliche Bundesbürger dazu, eine »Straftat im Affekt« zu begehen. Sie sind in der Täterstatistik deutlich überrepräsentiert, wenn es um Mord/Totschlag (einschließlich Versuch) geht (17,36 Prozent der Gesamttäterzahl). Sie sind ebenso überrepräsentiert bei der Tötung neugeborener Kinder (25,8 Prozent), bei Körperverletzung mit tödlichem Ausgang (18,4 Prozent), bei gefährlicher und schwerer Körperverletzung (11,8 Prozent).
Auch bei den Sittlichkeitsdelikten im weitesten Sinne ist eine Überrepräsentation ausländischer Täter festzustellen: Bei der Notzucht (15,4 Prozent der Gesamttäter), bei unzüchtigen Handlungen mit Kindern (8,8 Prozent), bei der Zuhälterei (9,0 Prozent) und bei der Erregung geschlechtlichen Ärgernissen (10,4 Prozent). Doch da muß man auch die Ursachen und die Folgen richtig sehen. Die Ursachen, das sind sprühendes Temperament, mangelhafte Schulbildung, Denkweisen, Sitten und Gebräuche, die von den unseren abweichen. Ursachen sind aber auch die gruppenweise jahrelange Isolierung fern der eigenen Heimat, das Leben in Behausungen, die bundesdeutsche Familien ablehnen würden, schließlich auch der mangelnde Kontakt zum weiblichen Geschlecht. All das führt beim Menschen, der aus dem Süden

nach hier verschlagen wird, leicht zur Explosion. Die Folgen, das sind zum einen Todesopfer, Verletzte und anderweitig Geschädigte. Folgen sind aber auch die Überrepräsentation ausländischer Straftäter in der Täterstatistik. Die Delikte, die bei ausländischen Arbeitnehmern besonders häufig vorkommen, werden auch zu einem besonders hohen Prozentsatz aufgeklärt. Das bedeutet: Straffällig gewordene Ausländer schlüpfen bei weitem nicht so schnell durch die Maschen der Gesetzeshüter wie deutsche Straftäter.

Die Neigung zur Gewaltkriminalität ist sicherlich zu beklagen. Doch ist hinzuzufügen, daß eine Vielzahl derartiger Straftaten sich gegen die eigenen Landsleute der Täter richtet. Das ist für die ausländischen Opfer nicht sehr beruhigend, berührt jedoch das Sicherheitsinteresse der deutschen Bevölkerung kaum.

Da wir die Gastarbeiter selbst ins Land geholt haben, müßte unsere Gesellschaft auch bereit sein, die Besonderheiten zu dulden, die nur im Einzelfall zum kriminellen Verhalten führen. Das geschieht aber nicht. Tatarenmeldungen wie »Deutschland – Paradies für schräge Vögel« (›Bild am Sonntag‹) und »Immer mehr lichtscheue Elemente aus dem Ausland strömen in die Bundesrepublik« (›Frankfurter Abendpost‹) bestärken den Bürger in der Annahme, daß den Gastarbeiterzügen lauter fremdartige Dunkelmänner entsteigen: italienische Messerstecher, türkische Sittenstrolche, griechische Langfinger.

»Wer als Gastarbeiter in Deutschland jedoch straffällig wird, riskiert Ausweisung. Wer im deutschen Arbeitshaus mal Pause macht, ohne sich an die Vorschriften zu halten, riskiert Ausweisung. Und Ausweisung endlich riskieren auch diejenigen, die als Familienangehörige von Gastarbeitern keine angemessene Wohnung nachweisen können.« (›Der Spiegel‹)

Da, wo der ausländische Arbeiter aber den festen Wohnsitz nachweisen muß, erhalten die Vermietungshyänen ein großes Betätigungsfeld. Für ärmliche Schuppen, fensterlose Löcher und abbruchreife Ruinen müssen die Ausländer vielfach Wuchermieten bezahlen.

Ein ähnlich übles Geschäft mit den Ausländern betreiben die Gastarbeiter-Verleiher. Ihre »Ware«: vorwiegend Ausländer, die illegal oder als Touristen über die Grenzen gekommen sind und nicht auf eine amtliche Arbeitserlaubnis hoffen können. Die »Gastarbeiter-Makler« vermieten diese Arbeitskräfte hauptsächlich an Baufirmen. Oft genug führen sie für ihre illegalen Arbeiter weder Krankenkassen- noch Unfallversicherungsbeiträge ab, oft genug zahlen sie ihnen die Löhne unpünktlich oder überhaupt nicht, oft genug kassieren sie auch die Pässe der Arbeiter, um sie bei der Stange zu halten. Die Tüchtigsten dieser Branche verdienen am Gastarbeiter-Verleih bis zu 100000 Mark pro Woche.

Derlei ist natürlich das Gegenteil einer sinnvollen Integrationspolitik. Und es dürfte eigentlich nicht erstaunen, wenn die so ausgebeuteten Menschen angetanes Unrecht durch einen schnellen Griff in die Kasse anderer zu kompensieren versuchten. Sie versuchen es nicht.

Zwar zeigt sich bei den ausländischen Arbeitnehmern ein stärker ausgeprägter Hang zum Gewaltdelikt als bei uns, aber der rasante Anstieg aller Straftaten – insbesondere der Eigentumskriminalität – geht nicht zu ihren Lasten. Dafür ist die bundesdeutsche Gesellschaft ganz allein verantwortlich.

Die Gastarbeiter bieten insgesamt das Bild einer disziplinierten Minderheit, die am schnellen Gelderwerb durch ehrliche Arbeit interessiert ist und eher im Affekt zur Gewalttätigkeit neigt, als planmäßig zu stehlen. Das häufig vermutete Alibi unserer Gesellschaft für die zunehmende Kriminalität »Die Gastarbeiter« ist ein falsches Alibi.

Die Amateure

Bei dem alten Kinderspiel »Räuber und Gendarm« spielt es keine Rolle, welcher soziologischen Schicht die Spielbeteiligten angehören; über die Rollenverteilung – Räuber oder Gendarm – entscheidet der Wille der Mitspieler oder der Zufall. Die Rollen bleiben zwischen den Teilnehmern des Spiels beliebig austauschbar.

Ganz ähnlich ist es heute bei der Kriminalität. Die Rolle des Verbrechers bleibt nicht mehr den sozial Schwachen vorbehalten. Sie ist zwischen Angehörigen aller Volksschichten austauschbar geworden. Beispiele dafür gibt es in Hülle und Fülle.

Sie beweisen: Nicht nur das Vorurteil gegen die Gastarbeiter erweist sich als falsch, auch die Vorstellung vom Verbrecher aus der Unterwelt, einer typischen sozialen Schicht, stimmt längst nicht mehr. Die Straftäter kommen aus allen Kreisen der Gesellschaft. Den einfachsten – wenn auch für den Laien vielleicht weit hergeholten – Beweis liefert die Verkehrskriminalität. Hier prägt sich die Radikalisierung ganzer Lebensbereiche, insbesondere aber der zunehmende Verlust des Gefühls für Fremdwerte, schon deutlich aus. Da fährt ein Autofahrer einen Fußgänger an und prescht mit Vollgas davon. Den Verletzten läßt er liegen, nicht selten auch sterben.

Würde sich der Fahrer um den Verletzten kümmern, am Unfallort bleiben, hätte er im Regelfall mit einer verhältnismäßig geringen Strafe zu rechnen. Diese geringe Strafandrohung im Verhältnis zum Schaden, der an Leben und Gesundheit des anderen entsteht, müßte doch jeden normal empfindenden Bürger veranlassen, sofort anzuhalten und sich um den Verletzten zu bemühen. Schließlich gibt es in jedem Menschen so etwas wie einen Instinkt des Helfenmüssens in Notsituationen, der sich in anderen Lebenslagen auch durchaus zeigt.

Es wird nun viel psychologisches Wissen eingesetzt und verstreut, um darzutun, daß der Unfallschock den Fliehenden nicht einsichtig handeln läßt. Von Panikflucht, Fluchttrieb und Bewußtseinsstörungen wird gesprochen, die dieses Vorgehen erklären sollen. Aber häufig genug bestimmen sehr »vernünftige« Erwägungen das Verhalten eines Autofahrers, der einen Verletzten auf der Straße liegen läßt: Angst um die gesellschaftliche Reputation, Angst vor Schadenersatz, Angst vor vielerlei Verwicklungen, die sich zwangsläufig aus der Beteiligung an einem Unfall ergeben. Und leider führt die unterbliebene Hilfeleistung nach einem Unfall häufig genug ebenso gewiß zum Tode des völlig unbeteiligten und ganz und gar unschuldigen Opfers wie der gezielte Messerstich bei einer Wirtshausschlägerei. Nur reagieren die Totschläger im Wirtshaus oft in »blinder« Wut und ohne Tötungsabsicht; der fliehende Autofahrer aber handelt aus »niederen Motiven«, die den Totschlag gesetzlich zum Mord stempeln.

Der fünfundvierzigjährige Fabrikant A. befindet sich mit seinem Fahrer auf Geschäftsreise. Man besucht Kunden des Hotel- und Gaststättengewerbes. Es wird gezecht. Schließlich tritt man angetrunken die Heimreise an. Beim Zick-Zack-Kurs über eine Landstraße geschieht es: Zwei Radfahrer, die auf der rechten Straßenseite vorschriftsmäßig hintereinander fahren, werden erfaßt und zu Boden geschleudert. Einer ist tot, einer schwerverletzt. A. und sein Fahrer steigen aus, räumen die Unfallopfer zur Seite, fahren heim und legen sich ins Bett.
Der Fahrer wird mit einem Jahr, der Fabrikant mit zwei Jahren Gefängnis bestraft. A. nimmt das Urteil nicht an. Er legt bis zur Strafverbüßung kein Schuldbekenntnis ab und sieht nicht ein, warum man ihn so hart bestraft hat.
»Ich weiß nicht mehr ... Da war nur ein harter Schlag. Dann habe ich einen Luftzug verspürt, und ich habe Glassplitter weggemacht beim Fahren. Aber ich habe nicht bemerkt, daß da ein menschlicher Körper war.« Das erklärt der Maschinenarbeiter Walter Sch. (60) aus dem Kreis Fallingbostel vor dem Schwurgericht. Er muß sich wegen Mordes verantworten.
Am 11. Dezember 1967, nachmittags gegen 17.30 Uhr, hat Sch. mit seinem Wagen auf der Kreisstraße in Wittorf den Handelsschüler Heinz Sp. erfaßt. Der Fünfzehnjährige war mit dem Fahrrad unterwegs, um sich noch rasch einen Füllfederhalter zu kaufen. 200 Meter vom elterlichen Bauernhof entfernt hat man später sein Fahrrad entdeckt. Doch Heinz Sp. schien verschwunden.
Hätte Sch. nach dem Unfall, bei dem der Schüler nur unerheblich verletzt worden ist, sofort angehalten und Hilfe geleistet – er wäre längst von einem Schöffengericht oder gar lediglich durch Strafbefehl zu einer verhältnismäßig geringen Strafe verurteilt worden. Statt dessen fuhr der wegen Trunkenheit am Steuer wiederholt vorbestrafte Mann neun Kilometer weiter zu seinem Häuschen. Erst dort will er den Jungen entdeckt haben – tot.
Experten sprechen von einer Alkoholkonzentration von 1,76 Promille, die Walter Sch. zur Unfallzeit gehabt habe. Sch. hatte sich der Trunkenheit am Steuer und der fahrlässigen Körperverletzung schuldig gemacht – zunächst. Aber dann kamen Unfall-

flucht – und Mord! Der Kopf des Jungen war durch die Windschutzscheibe geschlagen und dann festgehakt, der Körper hing seitlich nach außen weg. Neun Kilometer Fahrt genügten, Heinz Sp. sterben zu lassen.

Diese Beispiele stehen für zahllose andere. Aus welchen Gründen auch immer die Täter handelten, die Erklärung »Schockeinwirkung« trifft die Sachlage nicht. Sie würden es weit von sich weisen, kriminell gehandelt zu haben, und leider stimmen viele Bürger dieser Haltung zu, weil sie morgen in die gleiche Lage geraten können und daher die Täter verstehen. Doch »verstehen« heißt nicht gleich verzeihen oder entschuldigen. Und – ob man es wahrhaben will oder nicht – es sind Verbrecher, die einen Menschen töten – aus keinem anderen Grunde als dem der Reputation. Ganz offensichtlich setzt bei kriminellen Handlungen mit dem Kraftfahrzeug die moralische Bewertung aus.

Das ist aber nur eine Seite der Medaille. Das Bild des modernen Verbrechers weist jedoch noch ganz andere überraschende Züge auf.

Der einundzwanzigjährige Fritz H. und seine Frau Ingrid erwachen unversehens im Besitz von 100000 Mark, die ihnen ein reicher Onkel aus Amerika vererbt hat. Aber bei den großgeplanten Investitionen verspekulieren sich die Eheleute so gründlich, daß statt Reichtum und Wohlleben eine Pleite und lebenslange Verschuldung drohen.

Der Ehemann und seine siebenundzwanzigjährige Frau wissen Rat: Sie heuern zwei Komplizen an. Dann soll ein Geldtransport überfallen werden.

Schnell sind die Rollen verteilt. Ehefrau Ingrid wird von einem Beobachtungsstand aus über ein Handfunkgerät den Startbefehl erteilen. Ihr Ehemann wird anschließend den Geldtransporter rammen, Feuer legen und das Startsignal zum Ausplündern des Wagens geben.

Das ganze Unternehmen scheitert. Nicht zuletzt deshalb, weil die aufgeregte Ingrid den Startbefehl gibt, ohne die Sprechtaste des Funkgerätes gedrückt zu haben. Fritz verspätet sich infolgedessen mit dem Rammfahrzeug, die Komplizen geraten in zu abgelegene Stellungen. Das Quartett kann zwar fliehen, wird aber

kurz darauf gefaßt. Jetzt stellt sich auch heraus, daß der erste Überfall nur dazu gedacht war, einen größeren zu finanzieren: den Raub von 6,5 Millionen Mark an Lohngeldern.
Oder betrachten wir den Fall des sechsundzwanzigjährigen Manfred B. Der junge Mann wurde kurz vor Weihnachten 1972 festgenommen, nachdem er sich überreichlich mit »Weihnachtsgeld« eingedeckt hatte. Sein Motiv: Er wollte seine bildhübsche Frau wiedergewinnen, die sich von ihm hatte scheiden lassen. Wesentliche Grundlage für eine erneute Heirat schien ihm eine mit allem Komfort ausgestattete Wohnung. Er rechnete bis auf den Pfennig genau aus, was sie kosten würde, und kam auf rund 240000 Mark. Dann machte er sich ans Werk. Er überfiel eine Bank, kassierte aber dort nur 7000 Mark. Und der Hochzeitstermin rückte immer näher. Manfred B. landete den zweiten Coup: In einem Kaufhaus erbeutete er 126000 Mark. Er investierte zügig: Stereoanlage und Farbfernseher, teure Möbel, kurz alles, was er sich für ein Leben zu zweit wünschte. Doch er investierte allzu zügig für einen Mann, der nur 1000 Mark netto im Monat verdient. Das fiel auf.
Noch ein 100000-Mark-Raub, und das Ziel der Planung wäre erreicht gewesen. Manfred B. hätte für das weitere Leben zurückgefunden in die Rolle des unauffälligen, biederen, treusorgenden Ehemannes.
Hier waren ausgesprochene Amateure am Werk. Aber selbst deren Auftreten ruft in der breiten Öffentlichkeit nur noch mäßiges Interesse hervor. Das ändert sich erst wieder, wenn Spezialisten aus der falschen Richtung auftauchen – Schutzmann Alffke als Bankräuber zum Beispiel. Es sind eben nicht mehr die alten Berufsverbrecher, die den spektakulären Coup landen. Frauen mit ihren Verlobten lassen als Räuber schön grüßen, Ehepaare gliedern sich in die Armee der Straftäter ein. Im Münsterland machten sich gleich zwei Verlobtenpaare gemeinsam auf, Kassen zu plündern.
Neuerdings scheint es sich auch einzubürgern, mit Frau und Kind in der Nähe einer Sparkasse anzuhalten und eben einen kleinen Banküberfall auszuführen, um dann in den Schoß der Familie zurückzukehren.

Gemeinsam mit Ehefrau und Tochter reist S. (35) von Frankfurt/Main nach Stuttgart. Dort will er angeblich den Wagen reparieren lassen und trennt sich von seiner Familie. Wenig später entnimmt er dem Kofferraum des Wagens ein blaues Klappfahrrad, fährt zur Städtischen Girokasse Stuttgart, sondiert die Lage und betritt gegen 12 Uhr mittags den Schalterraum. In der Rechten hält er einen großkalibrigen Revolver, zwischen den Zähnen eine Spielzeug-Eierhandgranate, in der Linken eine blaue Segeltuchtasche. S. hat dem Kassierer kaum »Geld her«, gesagt, als der befiehlt »Alles hinlegen!« Dann löst er den Alarm aus. S. flieht, wird verfolgt und festgenommen. In Mannheim hatte er einen Bankraub nach ähnlichem Strickmuster verübt.
Bei seiner Festnahme besaß S. unter anderem ein blaues Päckchen mit weißen Saugnäpfen. Es sollte ein Sprengstoffpäckchen darstellen, das S. bei der Flucht an der Tür des Schalterraumes befestigen wollte. Es sollte Verfolger bremsen. Benutzt wurde es vom Täter jedoch weder in Stuttgart noch in Mannheim.
Es gibt noch zahlreiche weitere Fälle dieser Art. Doch auch Frauen haben sich so weit emanzipiert, daß sie auf eigene Faust losziehen, um die Haushaltskasse aufzubessern.
Karin K. (26) aus Hamburg erscheint unaufgefordert in einer Sparkassenfiliale nahe Flensburg, gibt eine Pistole zur Besichtigung frei und läßt sich erst mit 16000 Mark zum Verlassen der Örtlichkeit bewegen. Sie besteigt ein Taxi, das vor der Bank auf sie wartet, und verschwindet. Die Quittung wird ihr später ausgehändigt: zwei Jahre Gefängnis.
Eine halbe Stunde wartet Ilse G. (18) im Kassenraum der Volksbank Marktredwitz, bis der letzte Kunde gegangen ist. Dann läuft die junge Frau auf den Kassierer zu, zieht eine Spielzeugpistole und ruft: »Vor der Tür stehen meine Brüder mit Maschinenpistolen – 500 Mark her!« Der Kassierer schlägt Alarm, die Frau flieht. Sie wird gefaßt. Mit dem Geld wollte sie eine längst fällige Möbelrate begleichen. Ihr Ehemann ahnte nichts von dem Überfall.
Gisela W. (34) ging als »Banklady« in die Geschichte des bundesdeutschen Bankräuberunwesens ein. Sie operierte mit einem männlichen Räubertrio zusammen im norddeutschen Raum.

Meist suchte Ehemann W. die Überfall-Objekte aus. Mit Ehefrau Gisela fuhr er in gestohlenen Autos vor. Die beiden plünderten, fuhren einige hundert Meter weit weg, stiegen dann in die Taxen der Mittäter um und erfuhren dort häufig schon, wie hoch die Beute war. Denn die Komplizen hörten den Polizeifunk ab.
Über ihre Mittäter hatten W. & W. vor Gericht wenig Gutes zu sagen: Die »Weihnachtsmänner« seien ängstlich und nur zu Weihnachten oder vor Urlaubsbeginn zu Überfällen bereit gewesen. Beim Überfall auf die Kreissparkasse Bad Segeberg kam das Ende. Mittäter W. berichtete später vor Gericht, Gisela und er seien per Taxi nach Bad Segeberg gefahren. Dort hätten sie einen Volkswagen gestohlen und hätten ihn etwa 30 Meter vom Bankgebäude entfernt abgestellt.
Mit zwei Trommelrevolvern und einer Maschinenpistole hielt das Paar die Bankangestellten in Schach. Dennoch schrie ein Kassierer laut um Hilfe. »Ich geriet jetzt in Panik. Ich habe gar nicht gedacht, daß die Menschen so zusammenhalten«, erzählte W. dem Richter. Immerhin erbeuteten die beiden 99 880 DM.
Als sie zum Volkswagen flohen, wurden sie von mehreren Angestellten verfolgt. W. gab »einen Warnschuß« ab, der drei Menschen verletzte. Der Bankräuber: »Das kann nur durch einen Querschläger passiert sein!« Ein Mädchen, das von einem zweiten Warnschuß getroffen wurde, hatte W. »überhaupt nicht gesehen«.
Kurz darauf stellte eine Funkstreife die Bankräuber. Obwohl die Polizisten W. dreimal nach Waffen abtasteten, blieb sein Revolver im Schulterhalfter unentdeckt. »Ich wollte dieses Mal endgültig Schluß machen«, behauptete der »Banklady«-Kumpan vor Gericht. »Ich machte mir in letzter Zeit viel Gedanken über meine Zukunft und habe zwei Tage vor dem Überfall eine hohe Lebensversicherung abgeschlossen.« Für diese Versicherung habe er noch einmal viel Geld benötigt.
Schlechte Beispiele verderben auch hier die guten Sitten. Eine bürgerliche Lebensversicherung wird durch Mordversuche finanziert. Alffke ersteht bei Raubüberfällen die Aussteuer für die Tochter; Wechselschulden werden durch Gewalttaten beglichen, Familienausflüge dienen der Tarnung für Überfälle. Nichts ist

undenkbar. Amateure greifen in das verbrecherische Geschehen ein. Sie zählen nicht mehr zu den Ausnahmen, man muß bei jeder Gewalttat mit ihnen rechnen. Der Kreis der möglichen Täter erweitert sich für die Ermittlungsbehörden ins Unüberschaubare. Jeder kann Täter sein.
Das Erstaunliche an dieser Entwicklung ist die Tatsache, daß in immer breiteren Schichten der Bevölkerung gelegentlich der Gedanke aufkommt, akute oder auch langfristige Schwierigkeiten durch ein Verbrechen – Überfall, Raub, Einbruch – zu beheben. Es gibt offenbar weder eine Erziehungsregel noch ein Moralempfinden, das eine Straftat ausschließt.
Diese Entwicklung darf als Signal für eine Umwälzung moralisch bedingter Verhaltensweisen betrachtet werden. Ganz neue Tätergruppen mischen sich unter die Heerscharen der Verbrecher und verändern das Erscheinungsbild des herkömmlichen Verbrechens ganz entscheidend.

Die angestaubten »Weißen Kragen«

»Bruch«, »Knacken«, »Raub« und »Vergewaltigung« sind Vokabeln, die jedermann dem »echten« Verbrechen zuordnet. Die allgemeine Vorstellung vom Verbrechen in Deutschland beschränkt sich damit weitgehend auf brutale, gewaltsame und mühsame Tatausführung. Mit derartigen Handlungen stellt sich der Täter außerhalb der Gesellschaft, kein »anständiger« Bürger will sich mit »so etwas« identifizieren; solche Verbrechen sind für ihn aufsteigende Blasen aus der bösartigen Unterwelt. Das brutale und oft gefährliche Vorgehen bei einer Tat schreckt ab und führt zur verurteilenden Ablehnung. Ganz anders reagiert der Bürger auf das Verhalten eines Steuerschwindlers.
Über die Hälfte der Bundesbürger stellt einen Steuerschwindler moralisch auf die gleiche Stufe wie einen raffinierten Geschäftsmann oder höchstens einen Verkehrssünder. Den Vorwurf Betrüger, Hochstapler oder gar Dieb machen sich nur 27,7 bzw. vier Prozent der Bevölkerung zu eigen. 76 Prozent haben nichts gegen den Schwindler, würden ihn ohne weiteres in ihr Haus einladen oder sogar als Geschäftspartner akzeptieren. Bekanntlich ist aber

die Strafverfolgung um so leichter und erfolgreicher, je mehr sich die Bevölkerung über den Täter (ehrlich) entrüstet, je mehr sich der Täter durch seine Tat außerhalb der Gesellschaft stellt.
Dieser Tätertyp steht aber keineswegs außerhalb der Gesellschaft, er bleibt ihr anerkanntes Mitglied und darf sich bei einer Entdeckung durch Steuerfahnder oder andere Behörden des Verständnisses der Mitbürger sicher sein. Er kann es, weil sich eine stille Komplizenschaft entwickelte – weil es ihm eigentlich fast jeder gleichtun möchte.
Diese Feststellung führt nun unmittelbar zu einer Verbrechensart, die das öffentliche Bewußtsein bisher kaum erreicht hat: die »Weiße-Kragen-Kriminalität«.
Neuerdings gerät dieser Begriff zwar vermehrt in die öffentliche Diskussion, aber er blieb doch schemenhaft und mißverständlich. Der Laie sucht hinter dem Stichwort »Wirtschaftskriminalität« insbesondere Personen aus der Industrie, die den Staat um Steuern betrügen. Dabei fällt das Wort »Betrug« nur selten; man spricht von Steuerhinterziehung, und man denkt dabei an einen Vorgang der List erfordert, um einen übermächtigen »Gegner« – eben den Staat – zu übertölpeln. Aus diesem Mißverständnis erklärt sich auch die weitgehende schweigende Zustimmung.
Otto Normalverbraucher gönnt »denen da oben«, daß scheinbar clevere Mitbürger den Staat überlisten, und er bemüht sich nur selten, einmal hinter die Kulissen zu blicken oder gar die Konsequenzen derartigen Verhaltens zu überdenken. Selbst wenn die »Weiße-Kragen-Kriminalität« nur aus der Steuerhinterziehung bestünde, müßte die Funktionsfähigkeit des Staatsapparates erlahmen, wenn das Delikt überhand nähme. Die weitverbreitete Gleichgültigkeit gegenüber dieser Spielart der Kriminalität beruht nicht zuletzt auf der Unkenntnis der Öffentlichkeit über die mannigfachen Möglichkeiten, den Staat und die Mitbürger zu schröpfen. Die Steuerhinterziehung ist nur ein Farbtupfer auf der bunten Palette des Wirtschaftsverbrechens.
Aber selbst dieser kleine Teil eines großen Übels bietet einige interessante Aspekte, die uns alle angehen.
»Bei Steuerdelikten wird das Dunkelfeld auf 20 Prozent aller gezahlten Steuern geschätzt.« – Es werden also rund 20 Prozent zu-

viel Steuern erhoben. (›Zeitschrift für Zölle und Gebrauchssteuern‹, 1960)
Ein Bürger mit einem Monatseinkommen von 1000 Mark zahlt damit Monat für Monat etwa 40 Mark als Ausgleich für Steuerbetrüger an den Staat. Das sind – allein für diesen einen Fall – 480 Mark im Jahr und im Laufe eines normalen Berufslebens 19200 Mark, die Zinsen nicht eingerechnet. Dieser Betrag reicht heute als Startkapital zum Bau eines soliden Häuschens. Es ist kaum anzunehmen, daß die Betrogenen – die Lohnsteuerzahler – diese Tatsache mit großer Begeisterung zur Kenntnis nehmen.
Die Bewohner eines großen Miethauses etwa »spenden« auf diese Art gemeinsam im Laufe eines normalen Berufslebens eine runde Million in die verkehrte Tasche. Der ehrliche Steuerzahler muß an einem Staat verzweifeln, dessen komplizierte Steuergesetzgebung illegale Geldschöpfungen enormen Ausmaßes ermöglicht und darüber hinaus durch halb- oder völlig legale Steuervergünstigungen und -verkürzungen den weiteren Verlust von jährlich zehn bis zwölf Milliarden Mark zuläßt.
Es ist möglich, auf ein Jahreseinkommen von mehreren hunderttausend Mark bis zu Millionenhöhe durchaus legal keine oder wenig Einkommensteuer zu zahlen: Das meint der Vorsitzende des Steuerbeamtenbundes, Fredersdorf.
Zahlreiche Mittel – und Großverdiener der Bundesrepublik erinnern sich beispielsweise alle Jahre wieder der alten Reichshauptstadt Berlin. Denn Vater Staat lockt mit beachtlichen Steuervorteilen für den, der seine Spargroschen oder Gewinne in Berlin investiert. Bürger, die neue Wohnungen und Betriebe in Berlin mitfinanzieren, werden von Bund und Ländern jährlich mit Steuernachlässen von rund 265 Millionen Mark belohnt. Das Verfahren, Steuern über Westberlin einzusparen, ist völlig legal und nicht zu tadeln. Aber das Ausnutzen etlicher Gesetzeslücken, um nicht vorgesehene Gewinne zu erzielen, entspricht zumindest nicht den Ehrbegriffen des guten alten Kaufmanns. Und bei der Berlin-Hilfe fließt tatsächlich manche Mark in Töpfe, in die sie eigentlich nicht hineingehört. Nun vermag das Gebiet der Steuervergünstigungen gerade im Falle Westberlin dazu führen, daß man »nicht so genau hinsieht«. Doch wer genau hinsieht, muß

bemerken, daß allenthalben das reine Erfolgsdenken über den alten Kaufmannsgeist obsiegt.
»Das reine Erfolgsdenken verleitet immer mehr Angehörige höherer soziologischer Gruppen zum Wagnis einer sozialwidrigen Bereicherung.« (Staatsanwalt Dr. Schaefgens, Koblenz, zit. n. ›Der Spiegel‹, Nr. 14/1966)
Für den Kundigen gibt es zahllose Möglichkeiten, auch ohne Berlin-Gesetzgebung Steuern zu sparen und den Staat zu betrügen:
► Da werden Kosten der normalen Lebenshaltung als angebliche Betriebsausgaben verbucht. Es ist wohl kein Geheimnis, daß zahlreiche feudale Restaurants nur durch die »Spesenritter« existieren.
► Da werden Privatbauten mit Mitteln und Arbeitskräften des Betriebes erstellt, der Material- und Lohnaufwand fällt unter die Betriebsausgaben.
► Da werden Wochenend- und Sommerhäuser als »Betriebsferienheime« geführt und als solche von der Steuer abgesetzt.
► Da werden betrieblich und privat genutzte Fahrzeuge zu überhöhten Sätzen auf das Konto der gewinnmindernden Betriebsausgaben geführt.
► Da werden werkseigene Wohnungen zu Niedrigst-Mietsätzen an leitende Angestellte vergeben, ohne daß irgendwo ein Quasi-Mehreinkommen der Mieter versteuert würde.
Es ist kaum zu erwarten, daß diese Praktiken sich verlieren werden; im Gegenteil, das Zeitalter der Computer hat seinen Einzug gehalten. Alle Geschäftsunterlagen lösen sich mehr und mehr vom Gegenständlichen und verschwinden in geheimnisvollen Maschinen, die nur dem Kundigen noch ihre Auskünfte erteilen.
Die illegale Steuerverkürzung im Rahmen einer Firma bietet also schon eine erkleckliche Zahl von Möglichkeiten. Findet der Firmenchef oder -buchhalter aber einen Partner im Ausland, kann es richtig losgehen.
Eine *Ertragsminderung* und damit ein verknappter Gewinn ergibt sich beispielsweise durch Gewährung eines Scheinrabatts bei einer Auslandslieferung. Leistet der Lieferant eine Scheingarantie für die Auftragsware, kann er eine Rückstellung vornehmen und erzielt dadurch eine *Betriebsvermögensminderung*. Mahnt der

Partner gar einen fiktiven Schaden an und wird dadurch ein Preisnachlaß oder eine Garantieleistung fällig, tritt noch eine *Kostenerhöhung* hinzu – und das alles verringert die zu zahlenden Steuern, wenn es nur raffiniert genug eingefädelt wurde.

Dazu bedienen sich die Geschäftspartner der erstaunlichsten Methoden:

► Ganze Ordner mit fingierter oder chiffrierter Korrespondenz blühen auf.

► Waren verwandeln sich in den Unterlagen zu anderer Qualität und Quantität, und

► schließlich treten noch Strohmänner hinzu, die für die Vermittlung irgendwelcher Aufträge (steuerverkürzende) Provisionen erhalten.

Solche Manipulationen unterliegen keineswegs der Geheimhaltung. Tageszeitungen und eine besondere Fachpresse verbreiten ständig die neuesten »Gewinnmöglichkeiten«. Bestimmte Institute propagieren diese Winkelzüge; regelmäßig leiten sie ihre Tips an potente Steuerzahler weiter. Gegen angemessenes Entgelt – versteht sich.

Der Versuch, diese steuerlichen Schonungen wirksam zu durchforsten, scheitert nicht selten an ausländischen Gesetzen. So verbieten das Schweizer Wirtschaftsspionagegesetz wie auch das Liechtensteinsche Staats-Schutzgesetz alle Fahndungsmaßnahmen auf diesem Sektor. Mit Strafandrohungen bis zu 20 Jahren schweren Kerkers verschaffen sich diese Gesetze Respekt.

Der Steuerbetrüger erregt bei der Mitwelt nur selten Abscheu und Verachtung. Das Geschehen bleibt undurchsichtig, es wird kein einzelner Mitmensch geschädigt, kurz, das Ganze spielt in einer abstrakten Zahlenwelt und verwirklicht sich durch einige Jongleurkunststücke in den Buchhaltungen. Wer will da von Verbrechen sprechen. Und dennoch, es sind handfeste Betrügereien mit allen Vorzeichen. Außenstehende werden getäuscht und am Ende einer gelungenen Transaktion fließt klingende Münze auf das Konto des Straftäters. Nur geht dieser hochqualifizierte Betrüger kaum ein Risiko ein, hat kaum eine Strafverfolgung zu befürchten – und macht mehr Beute als der »normale« kleine Gauner, der alte Omas um ihre Spargroschen bringt.

Aber der Steuerschwindel ist von der echten Weißen-Kragen-Kriminalität doch noch um einiges entfernt. Das Schwergewicht dieser Verbrechensart liegt nicht beim Steuerbetrug.
Die immer etwas schwierige Definitionssprache versucht den Kriminellen dieser Art und sein Verhalten so zu fassen:
Ein sozialwidriges, auf Bereicherung gerichtetes Verhalten, das von Personen in Stellungen von sozialem Ansehen innerhalb ihres Berufes dadurch praktiziert wird, daß sie unter gleichzeitiger Voraussetzung des gesetzestreuen Verhaltens aller übrigen das ihrer Gruppe notwendig entgegengebrachte öffentliche Vertrauen enttäuschen, wobei sie sich bemühen, im Bereich des Legalen oder wenigstens Scheinlegalen zu bleiben. Dabei ist ihnen und auch der Öffentlichkeit weithin das Kriminelle ihres Tuns nicht bewußt oder dieses Bewußtsein wird verdrängt.
Tatsächlich hinken Strafgesetzbuch und Prozeßordnung hinter den Wirtschaftskriminellen hinterher, wie ein Greis einem Hochleistungssportler mit schier unerschöpflichen Kraftreserven. Wer bei einem Angriff auf eine Bank auf Schweißbrenner und Pistole verzichtet und statt dessen mit frisierten Bilanzen und anderen Tricks operiert, darf auf sicheren und großen Erfolg hoffen. Der aufgeklärte Bundesbürger weiß längst, daß ein gehöriges Maß an Schulden und die Forderung nach einem Millionenkredit für Kreditwürdigkeit sprechen. Das standesgemäße Auto und die Zahl der umlaufenden Wechsel deutet eher auf einen gewandten Geschäftsmann als auf einen Luftjongleur, der weniger Kredit und mehr Mißtrauen verdiente. Denn der Möglichkeiten sind viele und die werden auch weidlich genutzt.
Steuerschwindel- und -verkürzung, Scheingeschäfte im EWG-Raum, Abmelken von Ausgleichskassen und Subventionsfonds, Gründung von Gesellschaften mit eingeplantem und terminiertem Konkurs, oft verbunden mit marktschreierischer Übertölpelung beim Angebot von Grundstücken, undurchschaubare Kredit- und Umschuldungsgeschäfte mit selbstmörderischer Zinsverpflichtung, Rentner- und Heimarbeitsbetrug übelster Art, Wechselreiterei, betrügerische Automatenvermietung; der Weißen-Kragen-Kriminalität steht ein nicht eingrenzbares Feld offen.
Und all dem stehen unzulängliche Gesetze gegenüber, die auch

noch in vielen unscheinbaren Verordnungen verstreut sind und die kaum einer kennt. Und falls wirklich eine Bestimmung die Handlung kriminalisiert, sie zur mit Strafe bedrohten Tat macht, dann ist die Strafhöhe zu gering, wenn es durch die Kompliziertheit des Geschehens überhaupt zu einer Verurteilung kommt. Eine Expertenkommission hat sich nun die Aufgabe gestellt, neue Bestimmungen zu erarbeiten und alte zu systematisieren. Aber selbst wenn dieses Vorhaben gelingt, können die Polizeibehörden nicht an der Aufdeckung umfangreicher Spielarten dieses Geschehens interessiert sein. Sie ersticken derzeit in einer Flut von Straftaten, die sich selbst offenbaren und nach dem Legalitätsprinzip einer sofortigen Bearbeitung bedürfen. Ihre Zahl ist weder durch organisatorische Maßnahmen noch durch eine Rationalisierung der Arbeitsmethoden zu verringern. Der Personalbestand der Kriminalpolizei reicht gerade, die völlige Kapitulation vor dem offenkundigen Verbrechertum zu vermeiden und sich mit rudernden Bewegungen über Wasser zu halten.
Das Aufgreifen wirtschaftskrimineller Tatbestände, die regelmäßig eine schwierige, personalzehrende und langwierige Bearbeitung mit sich bringen, würde das nur mühsam aufrechterhaltene Gleichgewicht zerstören. Eine Lähmung der kriminalpolizeilichen Arbeit wäre die Folge. Denn abgesehen davon, daß die tägliche Verbrechensflut kaum noch zu kontrollieren wäre, wenn die Kripo bei der Wirtschaftskriminalität »groß einsteigen« würde, wird beim Vorgehen gegen Weiße-Kragen-Kriminelle jeder Ermittlungsschritt sofort mit massiven Beschwerden und Interventionen abgeblockt. So läßt man einstweilen alles im alten Zustand.
Immerhin gibt es schon einige Beispiele für die Existenz einer echten Weißen-Kragen-Kriminalität in der Bundesrepublik.
Es beginnt ganz »harmlos«:
Da gibt es einen weltbekannten Seifenhersteller, der sowohl den Einzelhandel wie auch Kaufhäuser beliefert. Nun sind die Stücke in den Kaufhäusern meist um zehn Pfennig billiger als in kleineren Geschäften. Der Käufer hat im Kaufhaus den Eindruck einer »guten Gelegenheit«, greift zu und legt sich vielleicht sogar einige Stücke in Reserve. Tatsächlich hat er ein schlechtes Geschäft ge-

macht. Denn die Kaufhausstücke sind auch leichter als die übrigen, und dieser Nachteil ist durch bauschige Verpackung »ausgeglichen«. Das augenscheinlich billigere Stück ist das teurere!
Wappen und Namen etlicher alter Adelsgeschlechter zieren preiswerte Konsumweine, obwohl durchaus nicht jeder der »Taufpaten« Rebstöcke sein eigen nennt. Die Blaublütigen stört das wenig. Für sie ist meist mit der gut honorierten Patenschaft das Geschäft erledigt. Der Verdacht, hier solle dem Käufer durch die Namen mehr suggeriert werden als gehobene Gefühle, ist nicht von der Hand zu weisen.

Kaufleute sprechen in derartigen Fällen von Verkaufspsychologie, und in der Tat ist dieses Geschäftsgebaren nicht verboten. Aber hier zeichnen sich Linien einer kaufmännischen Grenzmoral ab.
Diese Grenzmoral prägt sich schon deutlicher bei den Kaffeefahrten aus, die landauf, landab vornehmlich für alte Leute organisiert werden.

Bei der Bremer Staatsanwaltschaft läuft seit 1967 ein Ermittlungsverfahren mit mehr als 100 Anzeigen gegen den Geschäftsmann Kurt K., der gemeinsam mit seiner Frau Erika einen »Vertrieb moderner Geräte für Haus und Heim« betreibt. Dem Kaufmann, der 1961 bereits mit einem Unternehmen Konkurs machte, geht es ausgezeichnet. Vierzehn bis achtzehn Stoßtrupps von jeweils fünf oder sechs harten jungen Männern bringen bei Kaffeefahrten jährlich Geräte im Wert von mehreren Millionen Mark mit Vorliebe an ältere Frauen. Wie gut die Familie K. dabei verdient, zeigt ein Blick auf die Handelsspannen. Seine »Gesundheitsdecke mit Plaid« kauft K. für durchschnittlich 25 Mark pro Stück ein. Von seinen Kunden fordert er 119 Mark. Die Wäschezentrifuge »Consul Luxus« kostet ihn im Einkauf rund 80 Mark. Seine Kunden müssen 259 Mark berappen. Den Elektroofen »Adria Luxus« schlägt K. für 236 Mark los, obwohl er selbst nur etwa 70 Mark an seinen Lieferanten zu zahlen braucht. Ob das Verfahren gegen K. und einige seiner Vertreter je zu einer Anklage führt, scheint fraglich. (›STERN‹ 16/1969)

Weiße-Kragen-Kriminalität sozusagen für den kleinen Mann bieten Kilometerstand-Kosmetiker an, wenn es darum geht, den Wiederverkaufswert alter Autos zu erhöhen.

Redakteure der Kölner »Auto-Zeitung« machten die Probe aufs Exempel. In Düsseldorfer Servicestationen eines bekannten deutschen Tachometerherstellers ließen sie die Zählwerke eines Opel-Commodore von 62384 auf 40000 Kilometer und eines BMW 2002 von 19395 auf 8000 Kilometer, also in die Garantiezeit, zurückspulen. Kosten: 20 bis 25 Mark.

Natürlich wird der durchschnittliche Autobesitzer immer wieder von cleveren Geschäftsleuten geschröpft. Wundermittel für alten Lack, gegen hohen Benzinverbrauch, gegen die Altersschwäche alter Batterien werden angepriesen. In aller Regel nützen sie nur einem: dem Hersteller.

Daß im Auto noch vielerlei andere Möglichkeiten schlummern, das Geld anderer Leute zu übernehmen, bewiesen die »Versicherungs-Hyänen«.

Im Verkehrsgewühl der Großstadt kreischen plötzlich Bremsen. Das erste von drei hintereinanderfahrenden Autos hat plötzlich gebremst. Der zweite Fahrer – offenbar ein reaktionsschneller Zeitgenosse – steht ebenso schnell. Der dritte fährt auf. Derweilen hat sich der Unfallverursacher schon aus dem Staub gemacht, der zweite Fahrer schimpft, der dritte muß zahlen. Schließlich ist er aufgefahren. Meist ahnt er nicht, daß er Opfer eines Komplotts wurde.

In Zusammenarbeit mit Werkstätten und nicht selten auch Sachverständigen wird dem »Schuldigen« und seiner Versicherung eine hohe Schadensrechnung präsentiert. In Wirklichkeit wurde der beschädigte Wagen notdürftig geflickt und wieder auf Jagd geschickt. Ähnliche Betrugsmanöver werden verübt, wo die Vorfahrtregelung »rechts vor links« gilt. Probat sind auch schnelle Schwenk-Manöver, die einen Überholenden auffahren lassen oder plötzliches Gasgeben beim Überholtwerden. Das sieht später so aus, als habe der Überholer das Gaunerauto geschnitten. Die Betrüger haben stets Zeugen parat, und sie achten peinlich darauf, daß ihre Opfer allein sind.

Wie dem kleinen Ganoven, so bietet in unseren Tagen der europäische »Markt ohne Grenzen« natürlich auch dem Verbrecher des Wirtschaftssektors manche Gelegenheit zu einem Nebenverdienst. So garantiert die EWG ihren Bauern beispielsweise für be-

stimmte Erzeugnisse auch bestimmte Preise, selbst wenn diese Erzeugnisse wegen eines Überangebots auf dem EWG-Markt vernichtet werden müssen.
Die vernichtete Ware wird ihren Erzeugern dann aus EWG-Töpfen bezahlt. Das weitere ergibt sich dann wie von selbst.
Tüchtige Händler in Südtirol sammelten Massen minderwertiger Äpfel ohne besonderen Marktwert, transportierten sie nach Ferrara und meldeten sie als »hochwertige Qualitätsware« zur Vernichtung an. Die Verdienstspanne war so hoch, daß auch nach Abzug der Transportkosten noch ein erklecklicher Gewinn für die Beteiligten übrig blieb.
Eine Zeitlang zahlte der Staat Subventionen für sogenannte Frischeier. Geschickte Geschäftsleute fälschten Sammellisten und kassierten die Subventionen gleich mehrfach. Oft existierten die Produkte fleißiger Hennen nur als »Lufteier« in den Büchern oder wanderten als »Karusselleier« bei den Händlern reihum. Sie wurden vorgezeigt, dann gab es Prämien. In Nordrhein-Westfalen verschaffte sich ein Eierhändler auf diese Art 300000 Mark Zusatzeinkommen.
Mit der Zunahme von Außenhandel und Wohlstand wandelte sich auch der Typ des Schmugglers. Aus dem Rucksackträger von einst, der nachts über die Grenze schlich, ist ein Manager geworden, der seine Geschäfte vom Schreibtisch aus abwickelt. Unwahre Zollanmeldungen und falsche Rechnungen, gefälschte Herkunfts- oder Ausfuhrpapiere bringen sehr viel mehr und sehr viel schneller Gewinn als ein Zentner illegal eingeführten Kaffees. SPIEGEL und STERN boten Beispiele in ausreichender Zahl.
Geschäfte dürfen mit der DDR nicht in bar, sondern nur – über Sonderkonten bei der Ostberliner Deutschen Notenbank und der Frankfurter Bundesbank – in sogenannten Verrechnungseinheiten abgewickelt werden. Mit dieser Vorschrift hatten die Initiatoren des Interzonenhandels das für Ostberlin ungünstige Kursgefälle zwischen D-Mark-Ost und D-Mark-West ausgleichen und den von Austrocknung bedrohten innerdeutschen Warenverkehr erhalten wollen.
Doch was einst als kommerzielle Klammer zwischen West- und

Ostdeutschland ersonnen war, erregte alsbald die Phantasie profitsüchtiger Kaufleute. Denn wenn es gelänge, so spekulierten die Handelspartner in Ost und West, die über den Verrechnungsweg aufgewertete Ost-Mark anschließend in D-Mark-West oder eine andere Westwährung ohne Kursverlust umzutauschen, eröffneten sich ungeahnte Quellen neuen Reichtums.

Die Masche war bald gestrickt:

Ein westdeutscher Kaufmann veräußert eine beliebige Ware, die beispielsweise 150000 Mark wert ist, zum überhöhten Preis von einer Million DM an die DDR und läßt dann die Überweisung der Million in Verrechnungseinheiten vertraglich zusichern;

anschließend verkauft die DRR diese Ware zu einem ähnlichen Preis an einen im westlichen Ausland – etwa Belgien – residierenden Geschäftsfreund des westdeutschen Lieferanten; dieser Geschäftsfreund, der nur als Strohmann fungiert, erklärt die Ware für schlecht, verweigert die Zahlung des Kaufpreises und macht die DDR für den Schaden regreßpflichtig;

die DDR verweist auf eine bis dahin geheimgehaltene Klausel des Kaufvertrages mit ihrem westdeutschen Lieferanten, wonach dieser den Schaden zu tragen habe;

der westdeutsche Kaufmann, der hierauf nur gewartet hat, überweist den Schadenersatz an seinen belgischen Strohmann, den dieser sogleich – in harten Devisen – an die DDR weiterleitet;

anschließend erfüllt auch die DDR ihren Vertrag und überweist die zugesicherte Million per Verrechnungskonto an den westdeutschen Kaufmann, dem die Bundesbank den Betrag in D-Mark-West gutschreibt.

Nach genau diesem Muster, so warf die Staatsanwaltschaft dem Hamburger Kaufmann St. vor, habe er gehandelt, als er reichlich 300 Tonnen Käse zum stark überhöhten Preis an die Ostberliner Zentral-Kommerz veräußerte. Der Reingewinn aus Steuermitteln war beträchtlich.

Zunächst gründete er in Stuttgart die »Elasin-Werke Lack- und Chem. Fabriken«, rührte ein Jahr lang in drei Garagen Abfälle von Lackfarben zusammen und vertrieb das Zufallsgemisch erfolgreich unter dem Namen »Rosttod«.

Dann erfand er eine Apparatur, von der er kundtat, sie könne

Benzin und Dieselöl wieder voneinander trennen, wenn beide Treibstoffe zusammengeflossen seien. Er begnügte sich indes damit, die Mixtur mit weiterem Benzin anzureichern und bot die Brühe als Treibstoff an.

Der nächste Schritt des Kaufmanns S. auf dem Weg zur Hochfinanzkarriere war auch einer der letzten: Er mietete Tanklager in Bayern, Hessen, Baden-Württemberg, kaufte Tankstellen und führte Kraftstoff aus der Sowjetunion ein, den Liter für sechs Pfennig. Beim Weiterverkauf hätte S. nun 32 Pfennig Mineralölsteuer pro Liter aufschlagen und an den Fiskus abführen müssen. Doch ihm fiel Besseres ein. Bei Nacht und Nebel ließ er die Tankschiffe aus der UdSSR leerpumpen und mit Rheinwasser auffüllen. Die Wasserladung, die durch einen Mineralölzusatz nach Benzin stank, führte er als »verunreinigtes Aromatengemisch« rheinabwärts wieder aus dem Bundesgebiet aus.

S. brauchte die 32 Pfennig Mineralölsteuer pro Liter nicht zu zahlen. Zahlen aber mußten seine Kunden. Für jeden Liter Sechs-Pfennig-Sprit ließ er sich von seinen elf Tankstellenpächtern acht Pfennig plus 32 Pfennig Mineralölsteuer zahlen. S. kassierte an Stelle des Finanzamtes. Als das Geschäft platzte, setzt er sich ins Ausland ab. Seinen Grundbesitz hatte er schon vorher an Scheinfirmen in Zürich und Vaduz veräußert. Auch für legale Benzineinfuhren hatte er von seinen Kunden die Mineralölsteuer kassiert, ohne sie an das Finanzamt abzuführen. Selbst seine Festnahme wird seinen Gläubigern kaum zu ihrem Geld verhelfen. Der Konkursverwalter glaubt, aus dem Nachlaß des Finanziers, der in neun Monaten Karriere machte, »höchstens eine Million Mark« auftreiben zu können. An Schulden aber hinterließ der clevere Manager

- *elf Millionen Mark beim Bund,*
- *vier Millionen Mark beim Land Baden-Württemberg,*
- *fünf Millionen Mark bei einer Heerschar privater Gläubiger.*

Für den horrenden Betrug beim Angebot von Grundstücken im Ausland seien zwei Fälle angeführt:

Der Angeklagte hatte in Brasilien liegende Ländereien in Deutschland zum Verkauf angeboten. Seinen Offerten zufolge lag das Gelände am Rand einer Industriestadt. Tatsächlich han-

delte es sich um dichtesten Urwald, in dem Hütten für acht Eingeborene standen. Auf sein Angebot hin hatten sich 270 Interessenten gemeldet. Innerhalb von zwei Monaten schloß er Kaufverträge über 189000 DM ab.

Auf der Industriemesse in Hannover verschenkte eine Firma Land. Das Gelände lag in Costarica und wurde in Parzellen von jeweils 1000 Quadratmetern vergeben. Die großzügigen Spender forderten lediglich 250 Mark Einschreibegebühren. Auch hier lagen die Grundstücke in völlig unzugänglichen Regionen, und die Gebühr überstieg den tatsächlichen Wert des Bodens erheblich. Der Grundstücksvermittler war wegen Konkurses vorbestraft.

Die krachenden Konkurse nach dem Verkauf von Grundstücken für Ferienhäuser im sonnigen Süden kennt ohnehin jeder aus den Tageszeitungen.

Internationale Ganoven führten neue Betrüger-Tricks in die Bundesrepublik ein, und fanden hier binnen kurzem eine ganze Zahl einheimischer Nachahmer.

Vertreter und Inserate versprachen Geld. Ein Kreditinstitut schien hinter ihnen zu stehen. Davon gingen auch die Interessenten aus, die bei diesem Institut Darlehen aufnehmen wollten. Doch die Firma besaß keinerlei eigenes Kapital. Sie vermittelte ihren Kunden lediglich Adressen von Banken und Geldinstituten, zu denen sie keinerlei Geschäftsbeziehungen unterhielt. Dazu bedurfte es natürlich weder des Kapitals noch irgendwelcher Kenntnisse. 15900 Kreditsuchende wandten sich an das Unternehmen, zahlten insgesamt 670000 Mark Bearbeitungsgebühren. Doch nur in 16 Fällen wurde nachweisbar ein Kredit vermittelt. Die Verträge zwischen Institut und Kunden waren so geschickt formuliert, daß die Täter freigesprochen wurden.

Und schließlich steigt mit jedem Aufschwung der bundesdeutschen Wirtschaft auch die Zahl jener Firmen, bei deren Gründung die Pleite gleich mit einkalkuliert ist.

Moshe Rabinovic empfahl sich deutschen Textilfabrikanten als Verkaufsgenie. Schwer absetzbare Mäntel, Anzüge, Hemden und Strickwaren wollte er ihnen zu Höchstpreisen abnehmen und auf eigene Rechnung weiterverkaufen. Etwa 100 Firmen vertrauten dem redegewandten Geschäftsmann gegen Wechsel Textilien im

Wert von über zwei Millionen Mark an. Rabinovic schlug die Waren in aller Eile zu Schleuderpreisen los, dann reiste er mit dem Geld ins Ausland. Er reiste ab, wohl wissend, daß die Strafverfolger ohnehin durch unterschiedliche Gesetzgebung in den einzelnen Ländern behindert sind und daß ihre Haftbefehle nicht überall gelten. So darf sich Moshe Rabinovic in Tel Aviv ganz sicher fühlen: Israel übernimmt kein ausländisches Strafverfahren. Dennoch baute der kluge Kaufmann vor. Er meldete Konkurs an und leistete den Offenbarungseid. Auf die Frage des israelischen Konkursrichters, wo das Geld geblieben sei, antwortete Moshe achselzuckend: »Ich habe eine große Familie!«

In den Akten bundesdeutscher Staatsanwälte häufen sich die Betrugsfälle nach Art der Rabinovic-Coups. »Stoßbetrug« nennen die Strafverfolger diese Art von Verbrechen. Die Gauner wickeln ihre Geschäfte nach dem Prinzip »Hit and run« ab. »Zuschlagen und abhauen« lautet ihre Devise. Der Trick ist einfach, aber erfolgreich: Die Betrüger lassen eine Firma mit seriösem Namen ins Handelsregister eintragen, versorgen die Auskunfteien mit besten Referenzen und bestellen dann. Sie ordern Teppiche aus der Schweiz, Schuhe aus Italien, Fleisch aus Belgien, Koffer, Pelze, Strickwaren und Textilien aus der Bundesrepublik. Nicht selten schreiben dreiste Ganoven den Lieferanten sogar Qualität und Verpackung der Ware vor. Aber wenn die Wechsel fällig werden, sind die Firmenbüros längst verwaist, die Verantwortlichen abgereist. So verramschte ein Frankfurter Betrüger noch kurz vor dem Abflug Wein im Einkaufswert von mehr als 90000 Mark für bare 3200 Mark. Der Käufer, ein Düsseldorfer Großhändler, blieb ungeschoren. Seine Erklärung, er habe den Wein im guten Glauben erworben, war nicht zu widerlegen: Das Angebot war als »Notverkauf« deklariert worden.

Der Aufschwung aus der Talsohle endete für 20 westdeutsche Firmen mit dem Konkurs. Sie folgten dem Münchner Industriemakler Rudolf D. in eine 30-Millionen-Pleite.

Die gutgläubigen Firmeninhaber lieferten an D. allein für fünf Millionen Mark Goldschmuck, Edelsteine und Uhren. Ebenso nahm der Makler riesige Mengen Hemden, Teppiche und Möbel ab – aber auch Butter und Kasseler Rippenspeer.

Die Waren verschwanden – und für die Wechsel, mit denen D. zahlte, gab den Lieferanten niemand auch nur einen Pfennig. Die Geschäftspartner des cleveren D. fielen auf einen Handels-Akrobaten herein, der seine Seiltricks auch noch wiederholen konnte, nachdem er 1951 mit einer Armaturenfabrik einen Viereinhalb-Millionen-Konkurs hingelegt hatte. Die Justiz hatte ihm dafür eine Quittung von drei Jahren und acht Monaten Gefängnis erteilt.

Danach traf es sich gut, daß D. den fünfunddreißigjährigen Kaufmann Alfred B. kennenlernte. B. gilt unter Eingeweihten als der Erfinder des Scheck-Revolving, das nach dem Motto funktioniert: »Hast du kein Geld, mußt du Geld machen zwischen den Konten!« Als Armaturenfabrikant hatte D. ein ähnliches Verfahren der Geldschöpfung aus der hohlen Hand praktiziert: Mit ungedeckten Schecks holte er von einer Bankfiliale in Traunstein größere Beträge ab und zahlte sie bar auf sein Konto bei der Laufener Filiale derselben Bank ein. Damit glich er am Ultimo sein Defizit aus und war weiterhin kreditwürdig. D.'s Geldumsatz von 33 Millionen Mark stand damals nur ein Warenumsatz von nur 5,6 Millionen Mark gegenüber.

Von dem erfahrenen B. beraten, war D. schließlich bereit, eine Finanzhilfe zu beanspruchen, die nicht von allererster Bankadresse kommt. Diese Hilfe wird von einer Art Wechselbörse geleistet, deren Mitglieder im Jargon der Kripo Wechselhaie heißen und deren Namen in vielen Gerichtsakten verewigt sind. Sie fahren zur Börsenstunde mit schwerem Wagen samt Chauffeur bei renommierten Frankfurter Hotels vor. Zweck der Börse: der Austausch von Anschriften notleidender Firmen, die dringend auf einen Kredit angewiesen sind.

Rolf D. erfuhr von den Experten, er brauche nur Wechsel zu akzeptieren. Dafür würden dann Waren angekauft, für die wiederum einzelne Banken sofort 50 Prozent des Wertes als sogenannte Lombard-Darlehen einräumen würden. Diese 50 Prozent sollten D. überlassen bleiben. Den Kredithelfern sollte der Mehrerlös aus dem Weiterverkauf der Ware gehören, um den sich D. nicht zu kümmern brauchte. Rolf D. setzte seinen Namen hundertfach auf Wechselpapiere. Tatsächlich bekam er beispiels-

weise für Wechsel über 6,3 Millionen Mark, die er dem Kaufmann Heinz S. für Schuheinkäufe überließ, lediglich 1,6 Millionen in bar. Wo der Rest des Geldes und die Schuhe blieben, weiß D. nicht zu sagen.

Ein Hanauer Juwelier (»Die Auskunft der Bank war zweihundertprozentig!«) nahm von D. Wechsel über eine Million Mark. Die ersten wurden eingelöst, alle anderen platzten.

Damit ist die Blütenlese der letzten Jahre aber noch keineswegs erschöpft.

55 Millionen Mark fordern vierhundert Gläubiger von dem Bad Homburger Bauunternehmer Werner F., dem die Staatsanwaltschaft betrügerischen Bankrott vorwirft.

23 Millionen kassierten acht Manager und Rechtsberater der Kölner Firma »Real-Boden-Kredit AG« innerhalb von zwei Jahren von privaten Darlehensgebern. Das Geld ist zum größten Teil verschwunden.

Einer Summe von 15 Millionen trauern 213 Geschäftsleute nach, die Waren an Abraham F. geliefert haben. F. soll die unbezahlte Ware – Fahrräder, Pelze, Möbel, Textilien – verramscht haben und nach Tel Aviv geflohen sein. Drei seiner Mitarbeiter wurden verhaftet.

3,7 Millionen Mark soll der Münchener Steuerberater Ernst Q. bei der Firma Hormon-Chemie für sich beiseite geschafft haben. Er sitzt im Gefängnis Stadelheim in U-Haft.

Kriminalbeamte, Staatsanwälte, Richter brauchen im günstigsten Fall Monate, in aller Regel aber Jahre, um die Täter zu überführen. Es ist ungeheuer zeitraubend, sich durch die verschlungenen Labyrinthe tausendfachen Scheck-, Wechsel- oder Kreditbetruges zu arbeiten. In den Amtsstuben türmen sich die Ermittlungsakten.

Mit dem Ankauf alter Bruchbuden startete N. eine kurze, aber erfolgreiche Maklerkarriere. Nach einigen Monaten ließen sich N. und einige Strohmänner von Architekten, die an dem Geschäft beteiligt waren, Gefälligkeitsgutachten ausstellen. Über Nacht wurden die Bruchbuden zu Traumhäusern. Ihr Wert stieg bis zum Zehnfachen – natürlich nur auf dem Papier. Bestochene Kreditsachbearbeiter bei 80 Banken machten anschlie-

ßend die überhöhten Hypotheken auf die »Traumhäuser« lokker.
Oberstaatsanwalt Werner Kny: »Das Verfahren übersteigt alles, was wir in der Bundesrepublik an Wirtschaftsprozessen verhandelt haben.«
Und schließlich eine ganz andere Spielart des Wirtschaftsbetrugs, die eine ganze Zeit lang vielerorts praktiziert wurde, ehe man sie überhaupt als kriminell erkannte.
Arbeiter, kleine Angestellte und Rentner witterten die Chance, ohne viel Arbeit einen ansehnlichen Gewinn einstreichen zu können. Eine Firma bot Warenautomaten an. Gegen eine Kaution von 4000 bis 8000 Mark und eine Automatenmiete sollte sich damit viel verdienen lassen. Das erklärten jedenfalls die Vermieter.
Spätestens sechs Monate danach gingen den Mietern die Augen auf. Der versprochene Umsatz war nicht zu erreichen. Oft deckte der Gewinn nicht einmal die Miete für den Automaten. Was lag also näher, als den Mietvertrag zu kündigen.
Nach einigen Spiegelfechtereien akzeptierte die Automatenfirma die Kündigung auch, machte dem Kunden aber eine Rechnung auf, die die gesamte Kaution verschlang.
Eine Klausel im Mietvertrag lautete nämlich: »Sollte die Vermieterin oder deren Partner diesen Vertrag nicht korrekt erfüllen, so zahlt der Schuldige 40 Prozent Konventionalstrafe sowie die entstandenen Unkosten aus diesem Vertrag.« Gewöhnlich erklärten die Firmenvertreter ihren Opfern bei Vertragsabschluß: »Eine Firma, die so kulant ist, 40 Prozent nebst Unkosten für den Fall zu bieten, daß sie den Vertrag nicht erfüllt, müssen Sie sich erst einmal suchen!«
Daß die Klausel von vornherein gegen den Mieter gerichtet war, erwies sich erst später: als der Mieter erkannte, welch schlechtes Geschäft er mit dem Automaten machte. Die meisten Opfer büßten bei Vertragskündigung die gesamte Kaution ein. Kaum einer zog gegen den Betrug zu Felde. Man hatte Angst, noch mehr Geld einzubüßen. Die Verleihfirma nahm die Geräte zurück und vermietete sie gleich an neue Opfer weiter. Zeitweilig arbeiteten in der Bundesrepublik hundert Schwindelfirmen nach diesem

Prinzip. In mehreren tausend Fällen beschritten die cleveren Unternehmer rücksichtslos den Klageweg gegen zahlungsschwache oder -unwillige Kunden. Jahrelang ließen sich die Gerichte auch täuschen. Erst als die Zahl der Geschädigten auf über 50000 angestiegen war, erkannten die Gerichte den Schwindel und änderten ihre Einstellung.

Auch Fernunterrichts-Institute verstehen es, die Gunst der Zeit zu nutzen. Da wird Volksschülern in bunten Farben eine Zukunft als Programmierer mit 2000 Mark Einkommen prophezeit, obwohl nur 15 Prozent von ihnen eine echte Erfolgschance haben. Jugendliche Monteure und hochbetagte Rentner erfahren, daß sie eine ungeheure Begabung für die Schriftstellerei besitzen, die doch eigentlich – per Fernkursus – nur noch ein wenig gefördert werden müsse, um dann reiche Früchte zu bringen. Immer häufiger müssen sich bundesdeutsche Gerichte mit dubiosen Fortbildungs-Firmen befassen.

Zum Sachgebiet der Weißen-Kragen-Verbrechen zählt schließlich auch noch die Korruption, die viel häufiger vorkommt, als der Normalverbraucher annimmt. So mußte die Staatsanwaltschaft in Koblenz, am Sitz der Bundeswehrbeschaffungsstelle, zum Beispiel eine eigene Korruptionsdienststelle einrichten. Abgesehen davon sind beim Bundesverteidigungsministerium zahlreiche Beamte ebenfalls nur für die Bekämpfung der Korruption zuständig.

Leiter und Bedienstete eines städtischen Bauaufsichtsamtes im Ruhrgebiet lehnen wiederholt und unberechtigt Bauanträge ab. Anschließend werden Architekten, Bauherren und Bauunternehmer veranlaßt, den Beamten und Angestellten der Baubehörde die Bauzeichnungen und Statiken in Auftrag zu geben und zu bezahlen. Baugebühren werden »entgegenkommenderweise« zu niedrig berechnet. Der Verdacht besteht, daß sogar öffentliche Gelder nach sachfremden Gesichtspunkten verteilt worden sind.

Um rund eine Million sollen vier Bundeswehrangehörige ihre Dienststelle geschädigt haben, bevor man ihnen auf die Spur kam. Kölner Werkstätten reichten nach Reparaturen für die Bundeswehr überhöhte Rechnungen ein, die von den vier Soldaten

wohlwollend geprüft und abgezeichnet wurden. Als Gegenleistung erhielten die Uniformträger Bargeld und Geschenke für rund 50000 Mark. Die Schwindelgeschäfte flogen erst auf, nachdem das Quartett »geradezu dämliche« Rechnungen angenommen hatte.
Die Anklagebehörde in Koblenz bemüht sich herauszufinden, wie es dem im Bonner Dienst stehenden Diplom-Ingenieur Erwin Helmut F. (45) gelungen ist, bei einem Monatsgehalt von 2000 Mark ein Eigenheim für eine halbe Million zu bauen. F. hatte die Vergabe von Nachtragsaufträgen zu kontrollieren und über die ordnungsgemäße Abnahme der Bundesbunkerbauten zu wachen. Unter den Bunkerbauern fand er so viele hilfreiche Freunde, daß er in Oberbreisig seine Traumvilla mit Schwimmbad und allem sonstigen Komfort bauen konnte. Als er die Möbel anfahren ließ, hatte er Geld und Waren für fast 500000 Mark eingesammelt.
An diesen Vorgängen erstaunt weniger das Bemühen einzelner Staatsdiener, das eigene Konto aufzubessern. Viel eher sollte man sich darüber wundern, daß Weltfirmen oder zumindest Firmen mit hohem Umsatz sich bereitfanden, diese Bemühungen zu unterstützen, weil sich die Auftragsvergabe und die Auftragslage offenbar auf diese Art günstig beeinflussen ließen. Meist bleibt das Treiben derartiger Elemente unbemerkt, weil kaum jemand persönlich geschädigt wird. Alle Beteiligten profitieren von derartigen Manipulationen – nur einer hat den Schaden: der Staat. Aber die wenigen Beispiele zeigen doch recht klar, daß immer wieder einzelne öffentliches Vertrauen zu Unternehmern oder anderen Berufsgruppen schamlos mißbrauchen und zum eigenen Vorteil ausnutzen.
Welche grotesken Auswirkungen ein solches Vertrauen haben kann, zeigt ein Münchener Fall.
Per Fernschreiber wurden bei mehreren Firmen Elektrogeräte, Textilien, Spirituosen und andere Güter bestellt. Wert: über eine Million. Die Firmen lieferten anstandslos. Ein Unternehmen, das seine Ware per Fernschreiber ordere, müsse auch über größere Geldreserven verfügen – meinten sie. In Wirklichkeit stand der gemietete Fernschreiber nur wenige Wochen in einem Büro, und

als die Gläubiger kassieren wollten, waren Fernschreiber und gelieferte Güter verschwunden.

Es entwickelt sich eine neue Art von Berufsverbrechern. Diese Täter setzen ihre einmal errungene Startposition als Kapital ein und vertrauen darauf, daß ihr »guter Name« sie vor Nachforschungen schützt.

»Der Kriminelle von heute ist nicht mehr der Außenseiter der Gesellschaft, der Asoziale. Gefährlich ist heute gerade der Angepaßte, der die Praktiken der Gesellschaft übernimmt und besser beherrscht als die Masse. Er schlägt die Gesellschaft mit ihren eigenen Waffen.« (Hellmer in ›Kriminalistik‹, Juni 1966)

Wenn Otto Normalverbraucher nur wenig Interesse für die Wirtschaftskriminalität an den Tag legt, liegt es sicherlich zum Teil an seiner Auffassung, die Reichen und der Staat würden sich gegenseitig das Fell über die Ohren ziehen. Er als »kleiner Mann« sei davon nur wenig betroffen.

Es betrifft ihn doch.

Ein junger Arzt kehrt nach mehrjähriger Tätigkeit in den USA heim und übernimmt in der Bundesrepublik die Praxis eines verstorbenen Kollegen. Ungewollt erhält er dann Kenntnis von den Praktiken seines Vorgängers. Bei den Krankenkassen hatte der Nachtbesuche abgerechnet, die er nie absolviert hatte. Hausbesuche waren frei erfunden. Krankenscheine ganzer Familien waren mit Phantasiediagnosen ausgefüllt. Der Arzt hatte für Behandlungen kassiert, die niemals stattgefunden hatten; Patienten mit großen »Krankengeschichten« lagen ein, die der Arzt nie selbst gesehen haben konnte.

Als diese Tatbestände 1968 in einem deutschen Nachrichtenmagazin veröffentlich wurden, erhob sich keine Stimme der Empörung. Nicht einmal die Krankenkassen murrten. Offenbar haben diese Praktiken schon soviel Verbreitung gefunden, daß sie als selbstverständlich gelten. Aber – davon beißt keine Maus einen Faden ab – das ist Betrug zu Lasten der Kasse, die ihr Geld dann gegebenenfalls durch Beitragserhöhung bei den Mitgliedern wieder hereinholt. Am Ende zahlt der Normalverdiener die Zeche.

Er zahlt sie beispielsweise auch, wenn 4000 Tonnen ekelerregendes Abfallfett aus Amerika zu Schleuderpreisen eingeführt, bei uns raffiniert und mit zehn Prozent Schweineschmalz versehen plötzlich zu »hochwertigem Speisefett« werden. Das geht nun für teures Geld weiter an den Verbraucher.

»Im Freihafen von Antwerpen mixten Küfer der Firma Vinidock NV bulgarischen Traubensaft und griechischen Wein mit belgischem Wasser und neutralem Alkohol. In dieses ›Mengsel‹ – so die Deklaration bei der zollamtlichen Abfertigung zum Export – quirlten sie Pottasche, Phosphat und Glycerin. Anschließend ernannte die Geschäftsleitung das brisante Gemisch zu Wein.

Nach einem anderen Vinidock-Rezept wurde mit Weinstein angereichertes Wasser mit Milchsäure und Schwefelsäure getauft. Klarheit und Glanz erhielt der so gewonnene Labetrank durch Beigabe von Kohle, Eisen-Zyankali und Bentonit, in dem wiederum sich Spuren von Arsen und Blei finden. Das Endprodukt, ebenfalls ›Wein‹ genannt, ist erstklassig gearbeitet: Seine Formel erwies sich bei allen amtlichen Untersuchungen als absolut analysenfest.

20 Millionen Liter solcher Vinidock-Kreszenzen strömten allein im vergangenen Jahr unbeanstandet als Verarbeitungswein in die Bundesrepublik.« (DER SPIEGEL)

Banken und Aktienfonds genossen ehedem jedenfalls hierzulande einen guten Ruf, und der Bürger vermutete in den Bankdirektoren die letzten edlen Hüter des alten Kaufmannsgeistes. Aber auch hier beginnen sich Außenseiter einzuschleichen.

Hunderttausenden kleiner Sparer werden Aktien und andere Wertpapiere unter der Vorspiegelung ungewöhnlicher Rendite verkauft. Und eines Tages erfährt der kleine Mann, daß die Hüter seiner Spargroschen sich mitsamt den Millionen abgesetzt haben und daß seine Aktien nicht mehr wert sind als das Papier, auf das sie gedruckt wurden.

Zugunsten der 15 besten und engsten Geschäftsfreunde ließ die größte Maklerfirma der Welt, Merril, Lynch, Pierce, Fenner & Smith, heiße Börsentips für den Rest ihrer 1,1 Millionen Kunden unter Verschluß, bis sie nichts mehr wert waren. Während kleine Merril Lynch-Sparer noch Douglas-Aktien kauften, stießen die großen sie bereits ab – und zwar auf Anraten von Merril-Lynch. Denn die Börsenmanager wußten, daß die Douglas-Aktien sehr bald fallen würden. Amerikas Börsenaufsicht beschuldigte die Makler damals des Betruges an ihren 1,1 Millionen kleinen Kunden.

Aber wer es wagt, dieses und ähnliches Verhalten öffentlich anzuprangern, geht beträchtliche Risiken ein. Der kleine Dieb schämt sich, wenn man ihn einen Dieb nennt. Er nimmt das hin. Der Wirtschaftskriminelle läßt nichts unversucht, einer öffentlichen Bloßstellung zu entgehen. Da wird mit Klagen wegen Geschäftsschädigung gedroht, Prozesse wegen Verleumdung angestrengt. Bevor man einen Wirtschaftskriminellen auch so nennen darf, muß ein Gericht rechtskräftig geurteilt haben.

Doch der Verurteilung eines Weiße-Kragen-Gangsters steht so mancherlei entgegen, das in anderen Strafverfahren kaum Bedeutung erlangt. Der Wirtschaftsganove unterscheidet sich nämlich höchst vorteilhaft von der Vielzahl der »normalen« Verbrecher: Er ist in der Regel gebildet, beherrscht alle Umgangsformen, weiß sich sehr korrekt auszudrücken – und erschwert damit manchem Richter den Schuldspruch. Denn welcher Richter vermag schon zu sagen »in vollem Umfang schuldig«, wenn der Angeklagte in beredten Worten dartut, er habe sich nur unwissentlich an der Gesellschaft vergangen. Hinzu kommt, daß gerade die Täter mit den weißen Kragen über Gesetzeslücken bestens im Bilde sind, daß sie sich der besten Rechtsberatung erfreuen und daß sie sogar aus ihrer Stellung heraus auf die Ermittlungsbehörden einwirken. Da nur selten am Beginn eines Ermittlungsverfahrens ein klarer Gesetzesvorstoß vorliegt, muß man vorsichtig ermitteln. Die Neigung der Behörden »durchzugreifen« ist bei der Wirtschaftskriminalität denkbar gering.

Der Kriminologe Geerds kommt zu dem Schluß: »Wir kämpfen in der Strafrechtspflege zu einem nicht unwesentlichen Teil immer noch mit verkehrten Fronten. Laien und selbst manche Experten schauen nach wie vor auf kleine Diebe und Einbrecher oder sogar auf Bettler, Landstreicher und Prostituierte als Prototypen des Unsozialen, während die eigentlichen Schwerverbrecher, zu denen ersichtlich viele Wirtschaftsdelinquenten gehören, nach wie vor im trüben fischen können und unter Umständen sogar noch als Stützen der Gesellschaft gefeiert werden. Erst wenn diese Erkenntnis sowohl den Fachleuten als auch der breiten Öffentlichkeit wirklich aufgegangen sind, dürfen wir augenscheinlichere Erfolge bei der Bekämpfung dieser Kriminalität erwarten.«

Die Taten der Wirtschaftsverbrecher haben vielfältige Auswirkungen. Zunächst einmal verliert der »kleine Mann auf der Straße« das Vertrauen in die Rechtsprechung, weil man wieder einmal die Kleinen hängt und die Großen laufenläßt, obwohl gerade die viel mehr Schaden anrichten als »gemeine Verbrecher«. Schließlich aber setzt der Weiße-Kragen-Gangster auch ein verhängnisvolles Karussell in Bewegung, das durch seine Zentrifugalkraft eine ganze Gesellschaft korrumpieren kann.

Der »vollendete Typus des raffinierten, rücksichtslosen und verantwortungslosen Egoisten«, wie der Nationalökonom Götz Briefs den Wirtschaftsverbrecher nennt, vermag seine gesamte »anständige« Konkurrenz wirtschaftlich mühelos zu überwinden, weil er bis an die äußerste Grenze des Erlaubten vordringt. Die Konkurrenten können nur überleben, wenn sie sich ebenfalls schmutzigster Methoden bedienen. Und hier entwickelt sich die Sogwirkung des Wirtschaftsverbrechens. Nicht die Mehrheit der Anständigen gibt schließlich den Ausschlag und bestimmt die Entwicklung; vielmehr können einige menschliche Wölfe, die keine Hemmungen kennen, eine ganze Gesellschaft vor die Alternative stellen – Mittun oder Untergang.

Diese etwas schwer faßbare Behauptung wurde von dem britischen Abgeordneten Macauly bei einer Parlamentsdebatte verdeutlicht. Er ging vom gesetzlichen Sonntagsschutz aus und fragte, was wohl geschehen würde, wenn man das Gesetz aufhebe. Macauly selbst war der Auffassung, 98 Prozent aller Londoner Geschäftsleute würden freiwillig die Sonntagsruhe wahren. Allerdings würden die zwei Prozent »Außenseiter« sonntags so gute Geschäfte machen, daß ihr Erfolg immer mehr Läden zur Nachahmung zwingen würde – und die allerletzten, die nicht mitmachten, die müßten eben zugrunde gehen.

Das Beispiel zeigt die verheerende Sogwirkung abweichenden Verhaltens. Wer als Geschäftsmann seine Konkurrenten dadurch unterbietet, daß er sich in seinen Geschäftspraktiken dichter an

die Grenze des Verbotenen herantastet, erhält im scharf kalkulierten Gefüge soviel Vorsprung, daß die Konkurrenz nur mit gleichen Praktiken aufholen kann oder aber kapitulieren muß.
Es ist nicht nur denkbar, sondern tatsächlich geschehen, daß sich ein Geschäftsmann zunächst der radikalen Steuerhinterziehung schuldig machte, die erzielten Gewinne in Ausstattung und Werbung investierte und damit die gesamte Konkurrenz vom Markt fegte. Als sein Unternehmen ein regelrechtes Monopol erreicht hatte, meldete sich der Steuersünder bei den Behörden, zahlte einige Millionen Strafe, behielt aber seine marktbeherrschende Stellung. Keiner konnte die zahllosen kleineren Betriebe wieder ins Leben rufen, die steuerehrlich geblieben und der schmutzigen Konkurrenz zum Opfer gefallen waren.
Wenn derartige Praktiken auch noch als geschäftstüchtig und nicht als verbrecherisch bezeichnet werden, bleibt der Betrug am Finanzamt ein fröhlicher Sport. Allerdings führt dieser Sport dazu, daß der zunächst ehrliche Konkurrent eines Steuerschwindlers nun auch beginnt, die Bilanzen zu fälschen, weil er nur so überleben kann. Ungewollt entwickelt sich zwischen den rivalisierenden Geschäftsleuten eine Komplizenschaft. Gibt dann die Finanzamtskuh keine Milch mehr, wird der Konsument abgemolken. Klappt doch ausnahmsweise einmal eine Behördenfalle zu, murmelt der Betroffene im Vollbesitz seines guten Gewissens: »Pech gehabt«, während sein Konkurrent voll Überzeugung schmunzelt: »Glück gehabt.« Sind aber Recht und Unrecht erst einmal zu Ersatzbegriffen für Pech und Glück geworden, ist der Zersetzungsprozeß schon weit vorangeschritten.

Die schrecklichen Kinder

Bei uns zulande . . .

»Unsere Jugend liebt den Luxus, sie hat schlechte Manieren, mißachtet Autorität und hat keinen Respekt vor dem Alter. Die heutigen Kinder sind Tyrannen.
Sie stehen nicht mehr auf, wenn ein älterer Mensch ins Zimmer

tritt, sie widersprechen ihren Eltern, schwatzen in Gesellschaft anderer, schlürfen beim Essen und tyrannisieren ihre Lehrer.«
Das sagte Sokrates vor 2300 Jahren. Solche und ähnliche Töne finden sich in der europäischen Literatur durch alle Jahrhunderte. Sie beweisen, daß sich die Jugend zu jeder Zeit auffällig verhielt oder daß ihr Verhalten von den Erwachsenen als störend und unangepaßt empfunden wurde.
Vergleichen wir allerdings die Klagen des Sokrates – Respektlosigkeit, Trotz, Schwatzen, Schlürfen, Schulstreiche – mit den wirklichen Lebensbedürfnissen einer Gesellschaft, dann dürfen wir festhalten: Die Vorwürfe des alten Philosophen kennzeichnen ein harmloses Fehlverhalten, das zwar den reibungslosen Ablauf des Familienlebens beeinträchtigt, aber die Gesellschaft oder ihre einzelnen Mitglieder nicht schädigt. Solche Probleme werden in der Familie ausgetragen. Die Gesellschaft bleibt davon unberührt. Ganz anders wird die Situation, wenn Jugendliche kriminell werden, sich gar zu Banden zusammenschließen und gemeinsam Straftaten begehen. Einzelne werden oft erheblich geschädigt, und schließlich – wenn die Taten sich mehren – wuchert die Jugendkriminalität zum echten gesellschaftspolitischen Problem aus. Zeigt sie sich erst einmal in deutlicher Form, bedarf auch die Vorstufe zur Kriminalität – die Verwahrlosung – bereits der Aufmerksamkeit.
Schon der Begriff »Jugendkriminalität« umreißt den Tatbestand, den wir erfassen wollen, nur sehr schemenhaft. Den gesetzlichen Bestimmungen folgend, gelten Straftaten von Personen bis zu 21 Jahren als Jugendkriminalität. Es steht aber keineswegs fest, ob die vielfältigen Ursachen und Umstände, die das Verhalten eines Jugendlichen in einem anderen, meist milderen Licht erscheinen lassen, mit dem 22. Geburtstag ihre Wirkung verlieren oder ob sie nicht noch weit über diesen Tag hinausreichen. Auf der anderen Seite ist in unseren Tagen ein junger Mann von 16, 18 oder 20 Jahren nur noch auf wenigen Lebensgebieten mit den Jugendlichen der Jahre 1950 oder 1955 zu vergleichen.
Darüber hinaus erweist sich bei der Betrachtung der Jugendkriminalität noch der Mangel, daß häufig nur die Zahl der jugendlichen Straftäter im Verhältnis zur Zahl der erwachsenen Täter gesehen

wird. Es bleibt unberücksichtigt, daß der Anteil der Jugendlichen an der Gesamtbevölkerung von Jahr zu Jahr wechselt, und unberücksichtigt bleiben die unentdeckten Straftäter.
Es ist nicht leicht, die Jugendkriminalität allein auf der Grundlage der ›Polizeilichen Kriminalstatistik‹ richtig zu bewerten.
Und im Gegensatz zum Ausland gibt es in der Bundesrepublik Deutschland nur wenige Untersuchungen außerpolizeilicher Stellen. Großzügig angesetzte Umfragen und deren Ergebnisse würden gewiß ein wirklichkeitsnäheres Bild des gegenwärtigen Zustandes liefern als polizeiliche oder gerichtliche Unterlagen.
Ein Ausschnitt aus dem Alltagsgeschehen soll nun zeigen, wie Jugendliche Straftaten begehen und welche Art von Straftaten sie verüben.
Samstags gegen 14 Uhr wurde der Kaufmann Manfred F., der vor seinem Lebensmittelgeschäft stand, von einem vorüberfahrenden Moped aus beschossen. F. erlitt eine Schußverletzung an der Lippe und mußte sich das Geschoß bei einem Arzt entfernen lassen. Als Täter ermittelte die Polizei zwei Jugendliche, Rolf L. und Peter Josef G., beide 16 Jahre alt. L. hatte das Moped gefahren, G. hatte vom Beifahrersitz aus den Geschäftsmann unter Feuer genommen. Der Sechzehnjährige, zugleich Eigentümer des Luftgewehrs, hatte die Wirkung eines Geschosses erproben wollen.
Gegen 22 Uhr versuchten zwei unbekannte junge Männer der Hausfrau Jutta U. (25) die Handtasche und einen Einkaufsbeutel zu entreißen. Jutta U. hatte sie kurz vorher an einer Trinkhalle gesehen. Sie entkam, die Täter flohen auf einem Fahrrad. Kurz darauf wurden sie vom Ehemann der Überfallenen an der Trinkhalle gestellt. Es handelte sich um die Lehrlinge Joachim Arno Z. (15) und Paul Willi M. (18).
50 Auto- und Zubehördiebstähle wurden einem siebzehnjährigen Hilfarbeiter nachgewiesen. Der Jugendliche wurde gefaßt, als er gemeinsam mit seinem sechzehnjährigen Bruder und einem gleichaltrigen Freund einen gestohlenen Personenwagen verkaufen wollte. Bevor das Trio den Wagen verkaufte, hatte es noch Dieselkraftstoff aus einem anderen Fahrzeug gezapft und aus dem gestohlenen Pkw das Radio ausgebaut.
Nicht weniger als 253 Straftaten gehen auf das Konto einer ein-

undzwanzigköpfigen Bande jugendlicher Gangster. Die Bandenmitglieder im Alter zwischen 13 und 18 Jahren ließen sich von einem zweiundzwanzigjährigen Autoknacker ausbilden und einweisen. Der Zweiundzwanzigjährige, der auf die Erfahrung von 150 Straftaten zurückblicken konnte, baldowerte die »Dinger« aus und teilte bei Lagebesprechungen jedem seine Aufgabe zu. Als die städtische Bande, die ihre Streifzüge immer weiter auf das Land ausdehnte, schließlich Konkurrenz aus dem Landkreis bekam, arrangierten sich die beiden Bosse auf dem neutralen Boden des Hauptbahnhofes: Dort teilten sie ihre Bezirke brüderlich auf; dies allerdings erst, nachdem es zwischen beiden Gruppen regelrechte Straßenschlachten mit Verletzten gegeben hatte.
Auf unbegleitete Sparziergängerinnen hatten sich drei Lehrlinge, 14 und 15 Jahre alt, spezialisiert. Binnen einer Woche überfielen sie in der Merheimer Heide, einer größeren Grünanlage, zahlreiche Frauen. In wenigstens vier Fällen gelang es ihnen, den Opfern die Handtaschen zu entreißen und mit zufriedenstellender Beute zu entkommen.
Vier Unbekannte tauchten nachmittags gegen 15 Uhr an einer Tankstelle auf. Sie setzten den Tankwart und einen Kunden blitzschnell mit Flüssigkeit aus einer Spraydose matt. Dann raubten sie zwei Kassetten mit über 800 Mark Inhalt und flohen mit ihrem Wagen. Kurz darauf wurden sie gefaßt: die Gebrüder Peter (20) und Karl Heinz K. (18), Heinrich T. (20) und der zwanzigjährige Rainer M.
Der fünfzehnjährige Hanswilli K. brach in einen Bauernhof ein, fand eine Geldkassette und knackte sie fachgerecht. Als eine achtzigjährige Frau ihn dabei entdeckte, sprang er sie an, riß sie zu Boden und würgte sie, bis sie sich nicht mehr rührte.
Im November 1967 flog in Hamburg die »Tiger-Bande« auf, eine Gruppe von 28 Jugendlichen im Alter von 17 bis 21 Jahren. Die Bandenmitglieder hatten über 200 Raubüberfälle auf ihrem Sündenregister.
In München kamen zehn Mitglieder der »Mercedes-Stern-Bande« hinter Gitter. Sie hatten innerhalb weniger Monate 147 Autos demoliert, geplündert und aufgebrochen sowie 23 weitere

Fahrzeuge gestohlen. Der sechzehnjährige Bandenchef nahm zu den Taten nur kurz Stellung: »Wenn andere schwere Limousinen fahren, sehen wir nicht ein, warum wir auf Mopeds herumkutschieren sollen.«

Es ist kein Zufall, daß hier hauptsächlich Raubstraftaten angeführt werden. Diese Variante der Gewaltkriminalität hat sich als typisches Jugenddelikt erwiesen. Und erst vor diesem Hintergrund gewinnen die Zahlen der Statistik ein wenig Leuchtkraft.

Im Jahre 1954 lag der Anteil der männlichen Jugendlichen an der Gesamtbevölkerung bei 3,5 Prozent, ihr Anteil bei den festgenommenen Straftätern machte aber 5,9 Prozent aus.

1970 stellten die männlichen Jugendlichen immer noch 3,5 Prozent der Bevölkerung – aber ihr Anteil an der Gesamtzahl der Täter hatte die 11-Prozent-Marke überschritten. Er lag bei 11,4 Prozent.

Die Achtzehn- bis Zwanzigjährigen, die »Heranwachsenden« also, stellten 1954 ganze 2,3 Prozent der Bevölkerung. Im Straftäterverzeichnis aber waren sie mit 6,9 Prozent vertreten. 1970 hatte ihr Bevölkerungsanteil 2,5 Prozent erreicht, aber ihre Beteiligung an den Straftaten war auf 11,0 Prozent geklettert.

Prozentangaben mögen etwas blaß erscheinen, wenn dahinter nicht das eigentlich verbrecherische Geschehen deutlich wird. Aber immerhin wird sehr klar erkennbar, daß die Verbrechenslawine schon die Altersgruppe der Vierzehn- bis Achtzehnjährigen erreicht hat. Hier liegen die größten Steigerungsraten.

Der Kölner Souvenirhändler Fritz D. (78) mußte sterben, weil zwei Jugendlichen das Geld zum Kinobesuch fehlte. Vier Wochen, nachdem die beiden den alten Mann erstochen hatten, wurden sie als Täter ermittelt. Sie saßen wegen zahlreicher Autoeinbrüche in Untersuchungshaft.

Nach ihrer Entlassung aus der Schule hatten die beiden zunächst einmal Ladendiebstähle begangen und Autos ausgeplündert. Sie büßten dafür mit vier Arresten. Kaum entlassen, setzten sie die Serie der Diebstähle fort. Sie hatten bereits einige Dutzend Autos geknackt, als ihnen wieder einmal Geld fehlte. Da besuchten sie einen flüchtigen Bekannten: Fritz D., der nahe dem Kölner Hauptbahnhof einen Souvenirladen betrieb. D. wurde mit 27

Stichen niedergemetzelt, die beiden Täter, 14 und 15 Jahre alt, teilten die Kasse unter sich auf und gingen ins Kino. D. starb zehn Stunden nach dem Überfall. Erst als die Polizei die jugendlichen Räuber wegen der Autodiebstähle festgenommen hatte, klärte sich auch der Mordfall auf.

Man mag sich nun mit der Feststellung trösten, daß der Anstieg der Jugendkriminalität wohl auf das Konto der Bagatellfälle gehe. Man mag vermuten, eine Unzahl kleiner Diebstähle belaste in der Statistik auch den Buchungsposten »Jugendstraftaten« so sehr, daß er das wahre Bild verfälsche.

Gewiß, die Zahl jugendlicher Straftäter auf dem Gebiet des kleinen Diebstahls hat in den letzten 15 Jahren stark zugenommen. Aber die Zahl der jugendlichen Gewalttäter ist noch weit schneller angestiegen als die Zahl der jugendlichen Diebe. Den einfachen Diebstahl mag der Betrachter der Zustände noch unter die Jugendsünden rechnen, den geplanten Raub oder gar den vorher verabredeten Mord wird man gewiß nicht zu den Bagatellen zählen können.

So stieg zwischen 1954 und 1970 die Zahl der Straftaten männlicher Jugendlicher:

- beim einfachen und schweren Diebstahl um 161,8 Prozent (von 29099 auf 76203),
- bei der Notzucht um 126,8 Prozent (von 284 auf 644) und
- beim Raub um 616,4 Prozent (von 232 auf 1662).

Und ähnlich stiegen in diesem Zeitraum die Delikte der Heranwachsenden:

- beim einfachen und schweren Diebstahl um 125,6 Prozent (von 24122 auf 54423),
- bei der Notzucht um 149,5 Prozent (von 402 auf 1003) und
- beim Raub um 350,8 Prozent (von 500 auf 2254 Fälle).

Die Raubkriminalität insgesamt stieg in diesem Zeitraum »nur« um 269,1 Prozent, die Notzuchtsdelikte insgesamt nahmen um 57,4 Prozent zu. Keine Zuwachsraten, über die man einfach hinweggehen könnte, aber geringe Zuwachsraten im Vergleich zum Straftatenanstieg bei den Jugendlichen und Heranwachsenden.

Rund sechs Prozent der Bundesbevölkerung wurden 1970 zur Gruppe der männlichen Jugendlichen und Heranwachsenden gezählt, aber diese sechs Prozent der Bevölkerung brachten es auf 22,4 Prozent aller von der Polizei ermittelten Straftäter. Das bedeutet: Jeder fünfte festgestellte Täter ist noch keine 21 Jahre alt. Bei all diesen Betrachtungen bleibt noch unberücksichtigt, daß auch Kinder unter 14 Jahren schon Straftaten begehen. Jene Generation also, deren Verhalten noch gar nicht mit Strafe bedroht ist, wächst in das Verbrechen hinein und läuft damit natürlich auch Gefahr, sich demnächst in das Heer der Straftäter einzureihen. Wer weiß schon, daß 1970 immerhin sieben Jungen unter 14 Jahren an Mord und Totschlag, daß 20 an Notzuchtsverbrechen und 661 an Raubüberfällen beteiligt waren?

Auf der Straße wurde die dreiundvierzigjährige Hausfrau Dorothea K. nachmittags von einem zwölfjährigen Knirps nach der Uhrzeit gefragt. Noch ehe sie antworten konnte, hatte der Junge ihr bereits die Handtasche mit 140 Mark Bargeld entrissen und floh auf ein benachbartes Grundstück.

Genau nach Plan führten die Schüler Anton G. (15) und Günter St. (11) einen Raubüberfall aus. Sie besuchten den achtjährigen Sohn einer alleinstehenden Frau, von dem sie wußten, daß er sich allein in der Wohnung aufhielt. Kaum waren sie unter dem Vorwand »Wir wollen ein Transistorgerät reparieren« in die Wohnung gelangt, da sperrten sie den Achtjährigen ins Badezimmer und durchsuchten die Zimmer. Betten wurden ausgeräumt, Schubladen und Schränke durchwühlt. Mit einem Fotoapparat, einem Plattenspieler, einem Fernglas und mit Spielzeug suchten die beiden Freunde das Weite.

Bei den Eltern seiner dreizehnjährigen Spielgefährtin Erika kundschaftete Wilhelm D. (14) den Aufbewahrungsort der Wohnungsschlüssel aus, entwendete sie und ließ Nachschlüssel fertigen. Als sich die Eltern seiner Freundin nicht im Hause befanden, drang er mit Hilfe der Nachschlüssel in die Wohnung ein und erbeutete 1000 Mark.

Einem vierjährigen Mädchen lauerten zwei Kinder, sieben und acht Jahre alt, vor einem Geschäft auf. Als die Vierjährige den Laden verließ, wurde sie geschlagen. Einer der beiden Angreifer entriß ihr die Tasche, dann flohen die beiden mit der Beute.

Mit dem Fahrrad fuhren der dreizehnjährige Albert und sein

Freund Gerhard (14) auf Raubzug. In wenigstens fünf Fällen hatten sie mit ihrer Taktik Erfolg: Sie rasten dicht an allein gehenden älteren Frauen vorüber und entrissen ihnen die Handtaschen. Der Erlös wurde später brüderlich geteilt.
38 Mitglieder zählte die Hamburger »Dulsberg-Bande«, als sie aufflog. Die Bandenmitglieder, Kinder und Jugendliche, hatten Einbrüche begangen, Autos geknackt, vornehmlich Homosexuelle erpreßt, Passanten zusammengeschlagen und Spezialtricks zum Ausräumen aller möglichen Automaten entwickelt.
Es bieten sich genügend weitere Beispiele an, man muß dazu nur den Lokalteil einer beliebigen Großstadtzeitung aufschlagen. Und so kann denn aufgrund des täglichen Geschehens und aufgrund der statistischen Unterlagen die These vertreten werden: Die Jugendlichen tragen nicht nur einen gehörigen Teil zum Anschwellen der Verbrechenslawine bei, sondern sie sind auch aktiv an der Brutalisierung des Geschehens beteiligt.
Die Zahl der Verbrechen, so haben wir erfahren, steigt weit schneller als die Bevölkerungszahl – aber die Zahl jugendlicher Verbrecher nimmt prozentual noch schneller zu als die Zahl der Straftaten insgesamt. Um das Maß vollzumachen, nur noch dies: Der Anteil Jugendlicher an den Gewalttaten wächst noch weit schneller als ihr allgemeiner Anteil am Verbrechensgeschehen. Während die Zuwachsrate jugendlicher Täter bei »harmlosen« Eigentumsdelikten nicht wesentlich höher als die der Erwachsenen ist, eilt die Jugend ihren erwachsenen Kumpanen bei den brutalen Verbrechen weit voraus. Hier wird klar erkennbar, wie die menschliche Würde, das Leben und die Gesundheit mißachtet werden können. So ereignete sich das Delikt der Gruppennotzucht, ein Auswuchs der äußersten Menschenverachtung, inzwischen in fast allen bundesdeutschen Großstädten.
Die »Rocker«, oder wie immer man sie bezeichnen will, blieben auch in der Bundesrepublik nicht unbekannt. Sie verkündeten in ihrem Verhalten den totalen Autoritätsverlust der Erwachsenen. Sie erregten mit ihrer Verachtung des älteren Menschen Aufsehen, sie provozierten bewußt – sie schockten die Öffentlichkeit. Früher hätten sie sich vielleicht in Bockigkeit oder Isolierung geflüchtet.

Und anfangs griffen sie auch nur denjenigen an, der sich gegen sie stellte. Später veränderten sich die Gruppen, es kam zu brutalen Angriffen gegen Personen, zu verrücktesten Übergriffen auf fremdes Eigentum. Die Auswahl der angegriffenen Menschen oder Sachen blieb dem Zufall überlassen. Man nahm, was sich gerade anbot. Schließlich suchten Rockergruppen die Herrschaft über ganze Stadtteile zu erlangen. Die Skala gemeinsam begangener Verbrechen reichte bis zum schweren Raub. Passanten wurden vor den Augen entsetzter und verängstigter Mitbürger zusammengeschlagen und ausgeplündert.

Diese Gruppengrausamkeit wirkte wieder auf die einzelnen Beteiligten zurück und veranlaßte sie auch im Alleingang zu brutalem Verhalten gegenüber den Opfern.

Mit dem Tod des siebzehnjährigen Elektriker-Lehrlings Werner E. endete in einem Lehrlingsheim, was als harmlose Schlägerei begonnen hatte. Werner und der gleichaltrige Hans-Georg D., Lehrling in einem Großhandelsbetrieb, gerieten sich in die Haare, weil Werner Schallplatten auflegte, die Hans-Georg nicht mochte. Er fühlte sich gestört – und schon war eine Keilerei im Gange. Da sie vorzeitig abgebrochen werden mußte, wollten die Kontrahenten sie am nächsten Tag fortsetzen. Hans-Georg D. ließ es nicht soweit kommen. Als Werner E. die Treppe hinaufging, verfolgte ihn »der Lange«. Und was dann geschah, schilderte einer der übrigen Jungen: »Werner hielt sich am Treppengeländer fest, Hans-Georg stand zwei Meter davon entfernt, hielt die Pistole mit beiden Händen fest und drückte immer wieder ab.« Kurz darauf wurde der Todesschütze festgenommen. Ob es bei der Keilerei und den Folgen wirklich nur um Beatmusik ging, war vorläufig nicht zu klären. Ebenso blieb unklar, wie D. an die schwere Waffe und die Munition kam.

Mit einem Schlachtermesser stach ein elfjähriger Hamburger Oberschüler in Bergedorf die sechsundsiebzigjährige Aufwartefrau einer Bedürfnisanstalt nieder. Sie mußte lebensgefährlich verletzt in eine Klinik gebracht werden. Gegenüber Kriminalbeamtinnen gestand der Elfjährige später die Bluttat. Er begründete sie mit Geldmangel.

Als Mörder der fünfundsiebzigjährigen Wilhelmine J. wurde ein sechzehnjähriger Jungarbeiter festgenommen, von dem Kripo und Staatsanwaltschaft nur den Namen Manfred bekanntgeben. Manfred hatte die alte Frau ermordet, um Geld für die Flucht aus dem Elternhaus zu erbeuten. 600 Mark hatte er bei der alten Frau entdeckt und an sich genommen.

Das Geld hatte er erstmals gesehen, als er von seinem Chef zu Wilhelmine J. geschickt wurde, um ihr etwas auszurichten. Tags darauf kehrte er während der Mittagspause in ihre Wohnung zurück, meldete, der Chef habe etwas mit ihr zu besprechen, und wartete, bis sie ihm den Rücken zuwandte. Sein Vorsatz: Sie zu berauben und zu erwürgen – sonst hätte sie ihn verraten können.

Er sprang sie an, warf sie zu Boden und drückte ihr die Kehle zu. Sie wehrte sich verzweifelt. Der Sechzehnjährige griff nach ihrem Krückstock und preßte ihn mit solcher Gewalt gegen ihren Hals, daß er zerbrach. Anschließend prügelte er mit einer Stockhälfte auf das röchelnde Opfer ein, bis es die Besinnung verlor.

Nun schleppte der jugendliche Arbeiter die schmächtige Fünfundsiebzigjährige ins Bad, ließ die Wanne vollaufen und drückte den Kopf unter Wasser. Aus ihrem Mund stiegen Luftblasen auf. Doch der Täter wollte sichergehen: Er schleppte aus der Küche ein halbes Dutzend Obstmesser herbei und stach auf die Frau ein; so stark, daß sich die Klingen aller sechs Messer verbogen. 600 Mark entdeckte er, als er die Schränke durchwühlte.

In der Gerichtsverhandlung – zehn Jahre Jugendstrafe wegen Mordes – sagte der Vorsitzende bei seiner Urteilsbegründung: »Der ewige Streit der Eltern, der unausgeglichene, autoritäre, unter Alkohol zur Aggressivität neigende Vater, die Außenseiterstellung des Jungen, als Kind evangelischer Ostpreußenflüchtlinge im streng katholischen Lande bei Oldenburg, die geistige Minderbegabung, das alles mag zu der Tat und zur brutalen Tatausführung beigetragen haben, aber ein ungeklärter Rest bleibt.«

. . . und anderswo?

Beschränken sich die steigende Jugendkriminalität und die zunehmende Radikalisierung des Verbrechens auf die Bundesrepu-

blik? Oder findet bei uns auch nur statt, was anderswo längst seinen Lauf genommen hat und schon zum Alltag zählt?
Bevor wir einzelne Länder wenigstens flüchtig betrachten, sei das Ergebnis schon festgehalten: Der Anstieg der Jugendkriminalität ist nicht nur ein bundesdeutsches, auch keineswegs nur ein europäisches, sondern vielmehr ein weltweites Problem. Im Nachbarland *Frankreich* stieg der Anteil Jugendlicher an der Gesamtzahl der Straftäter von 1959 bis 1963 insgesamt um 300 Prozent. Bei den Tötungsdelikten vermehrten die Jugendlichen ihren Anteil im gleichen Zeitraum sogar um 606 Prozent, bei den Sittlichkeitsdelikten um 300 Prozent, beim schweren Diebstahl um 310 Prozent und bei den Autodiebstählen um 825 (!) Prozent.
Bemerkenswert ist in Frankreich beispielsweise die Entwicklung auf dem Gebiet der Notzucht. 1959 machte der Anteil jugendlicher Täter (14 bis 21 Jahre) an der Gesamtzahl der ermittelten Notzüchter 15,72 Prozent aus. Dieser Anteil stieg bis 1960 auf 18,11 Prozent, erreichte 1961 schon 22,54 Prozent, kletterte im Jahr darauf auf 29,6 Prozent und steigerte sich 1963 bis auf 62,82 Prozent.
Die *Schweiz* meldet für das Jahr 1967, daß 16 Prozent aller inhaftierten Personen Jugendliche sind.
Aus *Polen* ist zu erfahren, daß sich von 1964 bis 1967 der Anteil der Vierzehn- bis Siebzehnjährigen an der Gesamtkriminalität um 40 Prozent steigerte.
In *Finnland* hat sich die Jugendkriminalität von 1955 bis 1963 ungefähr verdreifacht.
Nach Auskunft des Generalstaatsanwaltes Dr. Streit wurden in der *DDR* etwa 50 Prozent aller bekanntgegebenen Straftaten von Jugendlichen ausgeführt. Die Jugendkriminalität der DDR besteht zu einem wesentlichen Teil aus Eigentumskriminalität. So etwa sind 42 Prozent der Rückfalldiebe Jugendliche im Alter von 14 bis 18 Jahren. Allerdings stieg allein im Jahre 1967 auch die Zahl der Tötungen und der Notzuchtsdelikte gegenüber 1966 merklich an. 1966 verübten jugendliche DDR-Bürger 113 Tötungsdelikte, ein Jahr später waren es 149. Und wenn 1966 noch 763 Jugendliche als Täter bei Notzuchtverbrechen ermittelt wurden, waren es 1967 bereits 799. Die Hälfte aller registrierten

Straftaten wurde von Personen begangen, die noch keine 25 Jahre alt waren.
Auch in der *UdSSR* umfaßt die Jugendkriminalität ein Viertel aller Verbrechen. Allein in den ersten Monaten des Jahres 1966 erschlugen kriminelle Jugendliche an verschiedenen Orten sechs Polizisten, so auch einen Wachtmeister, der bei Archangelsk eine Gruppennotzucht verhindern wollte.
Jugendliche Kriminelle bedrohten die sowjetische Gesellschaft so massiv, daß 1966 ein neues Ministerium errichtet wurde. Gleiche Ministerien haben sich in allen Sowjetrepubliken etabliert. Das »Ministerium für öffentliche Ordnung« und seine Dependancen haben die Aufgabe, »entschlossen die Ausrottung des Rowdytums (Huligansko) und anderer gesellschaftsfeindlicher Erscheinungen« zu betreiben. So meldete es die ›Prawda‹ im Juli 1966.
Diesem Bericht zufolge gilt es als bösartiges Rowdytum, wenn Verbrechen »mit außergewöhnlichem Zynismus und besonderer Dreistigkeit« ausgeführt werden. Bestrafen kann die sowjetische Justiz die Täter mit ein bis fünf Jahren Haft; benutzten die Rowdys Waffen, dann erweitert sich der Strafrahmen auf drei bis sieben Jahre.
In den *USA* wuchs sich die Jugendkriminalität zum alles überschattenden Übel aus. Einige Untersuchungen außerhalb der polizeilichen Zahlensammlung führten zu dem Ergebnis, daß über 90 Prozent aller Jugendlichen Taten begehen oder begangen haben, für die sie vor Gericht gestellt werden könnten. Anders: Bei »perfekter« Polizeiarbeit (die es nicht gibt und nicht geben soll!) kämen neun von zehn amerikanischen Jugendlichen vor den Richter. Natürlich ist die Zahl der erfaßten jugendlichen Straftäter weit geringer. Doch spricht vieles dafür, daß das von Soziologen ermittelte Neun-zu-eins-Verhältnis der Wirklichkeit entspricht.
In einem Bericht des Nationalen Polizeibüros *Japans* heißt es wörtlich: »Nach dem Zweiten Weltkrieg sah sich unser Land einem schnellen Anwachsen der Jugendkriminalität gegenüber. – Es ist ein deutliches Ansteigen festzustellen, besonders in den Fällen schwerer Gewalt- und Sittlichkeitsverbrechen, und zwar nicht nur in den Stadtzentren und den Elendsvierteln, sondern

auch in den ländlichen Gebieten, in den wohlhabendsten Familien und bei durchschnittlich und überdurchschnittlich begabten jungen Leuten.«

Die Japaner fahren fort: »Typisch ist jedoch, daß ein Jugendlicher ein schweres Vergehen ohne jedes erkennbare Motiv verüben kann. Ein Jugendlicher sticht einen Fremden nieder und trifft ihn tödlich, nur weil dieser ihm auf der Straße ins Gesicht gesehen hat.

Es hat den Anschein, daß jugendliche Straftäter dazu neigen, ihr Verhalten leicht zu entschuldigen. Das geht aus einigen Erklärungen hervor:

›Ich habe nur getan, was ich tun wollte!‹

›Die anderen machen es auch!‹

›Ich bedaure nichts, außer daß die Polizei mich schnappte!‹

›Ich habe den Beweis meiner Existenz erbracht!‹

›Ich habe bewiesen, daß ich wirklich lebe!‹«

Das selbst im kleinen *Österreich* die Jugendkriminalität bedrohliche Formen angenommen hat, daß auch dort kleine und große Gangster immer dreister werden, zeigt ein Ereignis aus dem Wiener Alltag:

Ein Tourist hatte seinen fast neuen Wagen zum Wiener Prater gesteuert und dort auf einem der halbleeren unbewachten Parkplätze abgestellt. Da eilte ein junger Mann auf ihn zu. Höflich, aber bestimmt forderte er eine »Gebühr von nur fünf Mark«. Als der Besucher die ungesetzliche Forderung ablehnte, ließ der Junge ihn wissen, unbewachte Autos könnten aber sehr leicht Schaden nehmen. Dabei wies er auf eine Szene, die sich einige Meter weiter abspielte: Zwei andere jugendliche »Parkplatzwächter« umkreisten wie bei einem Fangspiel einen Wagen mit deutschem Kennzeichen, und wie durch Zufall kratzten sie dabei mit ihren Spielzeugpistolen tiefe Schrammen in den Lack.

Die Verhandlung vor dem Jugendgericht deckte später ein wohlorganisiertes System von Nachwuchs-Gangsterbanden auf. Die Jung-Ganoven hatten sich darauf spezialisiert, Touristen auszunehmen; der »Parkplatztrick« war das einträglichste Geschäft dieser Art.

Diese Beispiele dürften genügen. Der unverhältnismäßig starke

Anstieg der Jugendstraftaten, die zunehmende Brutalisierung des Verbrechens gerade bei Jugendlichen, der außergewöhnliche Zynismus jugendlicher Täter und die häufig vorkommende völlige Motivlosigkeit jugendkriminellen Verhaltens, die Ausdehnung der Jugendkriminalität auf alle Schichten der Gesellschaft sind so deutliche Alarmzeichen, daß internationale Organisationen sich mit dieser Erscheinungsform des Verbrechens befassen. Und nur selten ist heute noch ein Gespräch über die Jugendkriminalität und ihre Auswüchse möglich, ohne daß dabei auf eine der Hauptursachen eingegangen wird: auf das Rauschgift. Der teure »Stoff« wird gekauft, gestohlen – aber um ihn beschaffen zu können, werden auch Einbrüche verübt, Menschen niedergeschlagen, Autos ausgeplündert.

Stoff für 50 Millionen Träume

In den Vereinigten Staaten von Amerika gehört der Rauschgiftkonsum seit mehr als 20 Jahren zum täglichen Bild der Polizeiarbeit. Erste Anzeichen für eine schnelle Verbreitung der Sucht gab es bereits 1953, als die Verrohung in den Slums überhand nahm. Vor zwei Jahrzehnten rollte in den USA auf eine völlig unvorbereitete Polizei zu, was auch bei uns inzwischen den Apparat der Polizei – und auch der Zollbehörden – wie eine Dampfwalze überrollt. Aber erst als diese Walze kaum noch zu bremsen war, wurde man hierzulande auf die Gefahren aufmerksam, die auf dem Gebiet der Rauschgiftkriminalität lauern.
Rauschgiftsüchtige – das waren ganz früher und noch in den späten fünfziger Jahren bei uns vereinzelte Ärzte, Zahnärzte, Arzthelferinnen, die sich verbotenerweise Morphium injizierten, die den Patienten Morphium verschrieben, um sich selbst die notwendigen »Trips« zu verschaffen. Man munkelte über ihre Sucht wie man auch über die – ebenso verbotene – Abtreibung einer stadtbekannten Lebedame munkelte. Aber Gefahr für Jugend, Sitte oder Gesetzmäßigkeiten vermutete man auf diesem Gebiet keineswegs. Rauschgiftsüchtige – das sind heute Kinder von 13, Jugendliche von 15, Heranwachsende von 20 und »Erwachsene« von 25 Jahren. Keine deutsche Großstadt gibt es, die nicht ihre

Rauschgifttoten hätte. Was ehedem als das Privatvergnügen einiger exzentrischer Akademiker galt, ist heute als Volksseuche so gefährlich, daß es die Kriminalstatistik direkt und indirekt ganz deutlich belastet.

In »der guten alten Zeit«, wie die Rauschgiftexperten sagen, nämlich im Jahre 1960 wurden in der Bundesrepublik ganze 1,3 Kilogramm Haschisch beschlagnahmt. Fünf Jahre später waren es noch 45,4 Kilogramm. Aber schon 1970 hatte sich die Menge ungefähr verhundertfacht: Es wurden 4332 Kilogramm sichergestellt. 1971 waren es 6482 Kilogramm Haschisch – aber hinzu kamen noch 407 Kilo Morphinbase, 60,3 Kilo Rohopium und zwei Kilo Heroin. Geht man nun davon aus, daß die Polizei und der Zoll bestenfalls zehn Prozent der illegal eingeführten oder hergestellten Rauschmittel beschlagnahmen, dann ergibt sich für die Bundesrepublik: Allein im Jahre 1970 konsumierten »Hascher« und »Fixer« Stoff für etwa 50 Millionen »Träume«.

Schon ein Jahr darauf wurde so viel Rauschgift an die meist jugendlichen Abnehmer gebracht, daß man jedem Bundesbürger – vom Säugling bis zum Opa – einen umwerfenden »Trip« hätte verschaffen können.

Den bundesdeutschen Markt beherrschen noch die Halluzinogene Haschisch und LSD. Aber »härtere« Drogen sind im Vormarsch. Und wie der Rauschgiftkonsument heute bereits an jedem Flecken der Bundesrepublik Haschisch zu einem relativ normalen Preis erwerben kann, wird er vielleicht auch eines Tages Heroin kaufen können. Die Voraussetzungen dafür sind geschaffen; es ist ein ausgedehnter Markt vorhanden, überlagert von einem gut organisierten Verteilernetz.

Zehn repräsentative Untersuchungen im Jahre 1971 brachten einen alarmierenden Überblick über die Situation:

- Jeder vierte Jugendliche zwischen 13 und 19 Jahren hat Drogenerfahrung.
- Berufsschüler und Lehrlinge sind ungewöhnlich hoch, mehr als es ihrem Bevölkerungsanteil entspräche, in den Reihen der Konsumenten vertreten.
- Im Altersaufbau der Rauschgiftkonsumenten stellen die Sechzehnjährigen den größten Anteil.

- Über 70 Prozent der männlichen und über 80 Prozent der weiblichen Konsumenten nahmen schon vor dem 16. Lebensjahr zum ersten Mal Rauschgift.

Es sieht so aus, als sei der modische Boom für das Rauschgift vorbei. Zumindest in den Oberschulen ist es nicht mehr unbedingt »in« zu haschen. Neuere Untersuchungen des Jahres 1972 wiesen einen Rückgang der Zahl der Gelegenheitshascher aus.

Doch eine steigende Zahl Drogenabhängiger bringt auch eine immer rauher werdende Folgekriminalität mit sich. Der Süchtige, der in aller Regel nicht mehr zu normaler Arbeit anzuhalten ist, verschafft sich den »Schuß«, den er benötigt, eben notfalls auf illegalem Wege – direkt oder indirekt.

Seit 1968 macht die direkte Beschaffungskriminalität der Polizei große Sorgen. Zunächst wurden Rezepte gestohlen und anschließend gefälscht. Dann aber beschafften sich die Süchtigen auch Drogen durch Apothekeneinbrüche.

Die Polizei registrierte

- 1968 noch 31 Apothekeneinbrüche,
- 1969 bereits 128,
- 1970 sogar 820 und
- 1971 schließlich 2713.

Wie weit die Drogenabhängigkeit alle normalen Hemmungen abzubauen vermag, erhellt am besten ein Kölner Fall, in dem die Polizei vier junge Mädchen aus solidem Elternhaus bei einem Apothekeneinbruch auf frischer Tat ertappte.

Inzwischen allerdings wurden die Apotheken besser gesichert, die Apotheker sind davon abgegangen, größere Mengen gängiger Drogen offen in den Räumen aufzubewahren. Ob sich nun nicht die Raubüberfälle auf Apotheken und Ärzte häufen werden, ist noch nicht abzusehen, aber vieles spricht dafür.

Für die Profis der Einbrecherzunft tun sich nun neue, herrliche Horizonte auf: Bei normalen »Brüchen« erhielten sie etwa 20 Prozent des Warenwertes vom Hehler. Ganz anders beim Drogengeschäft. Eine Ampulle Morphin kostet 38 Pfennig, wird aber auf dem Drogenmarkt für 10 bis 14 Mark gehandelt. Ein Gramm Kokain zum Preis von elf Mark bringt 25 Prisen, die für jeweils fünf bis 25 Mark abgesetzt werden können.

Ebensoviel Sorgen wie die direkte Beschaffungskriminalität bereitet der Polizei die indirekte Variante dieses Verbrechens. Drogenabhängige lügen, betrügen, stehlen, rauben und prostituieren sich, wenn sie Geld für den Ankauf neuer Drogen benötigen. So kommt es, daß Süchtige in die Untersuchungshaftanstalten eingeliefert werden. In Köln-Ossendorf werden durchschnittlich fünf bis sechs Prozent der Eingelieferten als süchtig erkannt. Bewährte Geldbeschaffungsmöglichkeiten sind der Verkauf gefälschten Materials als Rauschgift (»Klappermann-Ticket«) und das »Trampeln«. Dabei wird einem Drogenlieferanten ein Scheinangebot unterbreitet. Liefert er, schlägt man ihn zusammen oder tötet ihn sogar.

Birgitt, 14 Jahre alt: »Wir schnorren Leute um Groschen fürs Telefonieren an. Das bringt in 30 Minuten sechs Mark. Das reicht für einen Schuß. Wenn das nicht klappt, linken wir die Leute an, wir verkaufen Trips. Ich habe auch schon Seifenpulver als Schuß verkauft. Als wir merkten, Dieter hatte einen Klappermann, haben wir das Zeug weiterverkauft.«

Insgesamt vierzehnmal ließen zwei Süchtige ihre Lieferanten zu einem Parkplatz kommen. Dort zwangen sie die Händler mit Waffengewalt, Haschisch, LSD oder auch Bargeld herauszurükken. Dann schlugen sie die Opfer mit dem Pistolenknauf zusammen.

Drei amerikanische Soldaten erschlugen im Oktober 1972 zwei junge Deutsche, um Drogen zu erbeuten, die sie nicht bezahlen konnten oder wollten. Die Täter, 17 und 18 Jahre alt, steinigten ihre Opfer und erschossen sie schließlich. Um diese Tat zu verdecken, begingen sie noch in der gleichen Nacht ein brutales Notzuchtverbrechen.

Im Mai 1972 ermittelte die Kölner Polizei eine Gruppe von sechs jugendlichen Straftätern, unter ihnen die Söhne eines Kaufmannes, eines Ingenieurs, eines Arztes und eines Universitätsprofessors. Innerhalb von fünf Monaten brachen die jungen Männer 70 Personenwagen der Marke BMW auf, montierten Zubehör heraus und verkauften es. Vom Erlös kauften sie Drogen.

Die steil ansteigenden Zahlen der kleinen Raubüberfälle und der Diebstähle aus Personenwagen deuten darauf hin, daß mehr als

eine Gruppe Süchtiger sich die Mittel zum Erwerb des Stoffs durch Verbrechen erwirbt.
Unmittelbar mit dem steigenden Drogenkonsum ist aber auch eine neue Form der Hochkriminalität verbunden – mit bedeutsamen Folgen. Einfuhr und Absatz von Rauschgift ermöglichen gewaltige Geschäfte. Wenn Händler beispielsweise 1970 in der Bundesrepublik 50 Millionen Trips an den Mann brachten, betrug ihr Jahresumsatz runde 500 Millionen Mark. Wenn eine Bank, in der 500000 Mark lagern, die Ganoven schon zum Zugriff reizt, dann erst recht ein illegaler Markt mit 500 Millionen Jahresumsatz und Gewinnspannen, von denen normale Geschäftsleute nur träumen. Von Herstellern in Asien oder Afrika für etwa 200 Mark verkauft, ist das Kilo Opium bei seiner Ankunft in Marseille schon 1600 Mark wert. Hier wird die Ware in Heroin verwandelt, und der Preis klettert auf 16000 Mark, amerikanische Grossisten zahlen bereits 80000 Mark. Das abgefüllte und mit Zusätzen gestreckte Material bringt über den Kleinhandel bei Fixern 1,5 Millionen Mark. Daß diese Verdienstmöglichkeiten internationale Gangstersyndikate mit magischer Kraft anziehen, liegt auf der Hand. Bringen die Ganoven nur ein Siebtel der Ursprungsmenge auf den Markt, wirft ihr Geschäft bereits Gewinn ab. Man muß davon ausgehen, daß ein großer Teil der Rauschgifte auf dem bundesdeutschen Markt von gut organisierten Banden eingeführt wird. Was damit begann, daß einzelne Ausländer 1962 bis 1964 geringe Rauschgiftmengen für den eigenen Bedarf mit nach Deutschland brachten, was etwa um 1965 als Nebenerwerb lukrativ wurde, führte schließlich um 1967 auch in Kreisen der bürgerlichen Jugend zu einer mäßigen Nachfrage. Konsumiert wurde vornehmlich Haschisch. Seit 1967 rollt allerdings die Drogenwelle. Doch zunächst wurde sie weder von Laien noch von Fachleuten wahrgenommen. Die Entwicklung bei uns entsprach genau jener in anderen Zentren des Drogenmißbrauchs in aller Welt. Und niemand vermag zu übersehen, daß im Gefolge des Mißbrauchs nicht nur die Beschaffungskriminalität und Schmuggel blühen, sondern daß wir auch einige zehntausend junger Frühinvaliden werden versorgen müssen, die Opfer der Sucht.
München meldete 1970 bereits drei Tote, in Frankfurt wurden

vier gezählt, in Köln drei. Alles deutet darauf hin, daß die Zahl der Todesfälle nach Drogenmißbrauch noch wachsen wird. Ein sprunghaftes Ansteigen ist mit Sicherheit zu erwarten, wenn die Süchtigen erst einmal auf »harte« Drogen umgestiegen sind.

Wie die Entwicklung weiter verlaufen wird, wenn man der Welle nicht Einhalt gebieten kann, ist am Beispiel der USA deutlich abzulesen. Die Zahl der echten süchtigen Jugendlichen (Heroin-Tripper) wurde dort bereits 1970 allein für New York auf 90000 geschätzt. Schon 1969 hatte die Stadt über 800 Heroin-Tote, die entweder an einer Überdosis oder an Entkräftung starben. 210 der Toten waren zwischen 12 und 18 Jahren alt.

1963 wurden in den USA etwa 8000 Personen wegen Vergehens gegen Rauschgiftgesetze festgenommen; 1968 betrug ihre Zahl bereits 80000; ein Jahr später lag sie allein in Kalifornien bei 50000.

Das niederschmetterndste Ergebnis bei den Untersuchungen des FBI auf der Rauschgiftszene war aber dies: Rund 70 Prozent der jungen amerikanischen Süchtigen waren vom Haschisch auf die verheerende Droge Heroin umgestiegen.

In Schweden hat das Verlangen nach Drogen große Teile der Jugend ergriffen. Wie schwerwiegend das Rauschgiftproblem dort ist, mag aus der Tatsache erhellen, daß im schwedischen Fernsehen fast täglich Berichte über Rauschgiftschmuggel gesendet werden. Hauptabnehmer der falschen Glücksbringer sind vierzehn- bis fünfzehnjährige Schüler. Einer der Hauptumschlagplätze des Nordens befindet sich in Dänemark.

In Großbritannien schätzt man die Zahl derer, die bereits einem schweren Rauschgift verfallen sind, auf etwa 30000. Weitere 300000 Personen gehen zweimal wöchentlich »auf Trip«.

Auf dem bundesdeutschen Rauschgiftmarkt spielt die »Superdroge« Heroin noch keine Rolle, jedenfalls in den Jahren bis 1973. Aber es kann kein Zweifel daran bestehen, daß im Bedarfsfalle Heroin auch bei uns auf den Markt gebracht werden kann. Der bundesdeutsche Markt wird noch vom Haschisch beherrscht, aber auch Rohopium, Morphinbase (Berliner Tinke) und Suchtmitel aus der legalen Medikamentenproduktion haben schon Marktanteile erobert. Die üblichen »Geschäftskosten« stellen den Preis für einen Ersttrip mit Heroin auf etwa sechs Mark. Die Gewöhnung und totale Abhängigkeit erfordern allerdings schnell ein Steigern der täglichen Rauschgiftdosis. Das kostet bald 100, wenig später sogar 200 Mark pro Tag. Diese Beträge verdienen sich nicht mit Handarbeit, sie verdienen sich nur mit Zwischen- und Kleinhandel. Damit beginnt ein verhängnisvolles Schneeballsystem zu wirken: Die Händler brauchen Abnehmer, um ihren eigenen Bedarf an Stoff decken zu können. Schließlich wird es weit mehr »Dealer« geben, als der Rauschgiftmarkt verkraften kann. Die Kleinhändler finden nicht mehr genügend Abnehmer. Dann bleibt nur noch der schnelle Griff in fremde Kassen, und es bleibt die brutale Gewalt, will man Bargeld erlangen.

Die Rauschgiftkriminalität ist also keine Randerscheinung der Verbrechenswelt. Sie drängt vielmehr in nahezu alle Bereiche des Verbrechens und führt sehr schnell zu einer ausgeprägten Gewaltkriminalität.

Die zunehmende Jugendkriminalität ohne Berücksichtigung der Rauschgiftkriminalität ist schon bedrohlich genug. Aber die Verbrechenswelle bei Jugendlichen wird durch die Drogen mit Sicherheit noch mehr als bisher an Rasanz gewinnen.

Schon seit mehr als einem Jahrzehnt bemühen sich die verschiedensten Institutionen um eine Erklärung für dieses Phänomen. Doch sosehr sich alle Aussagen auch ähneln – sie erklären im Grunde nichts. So hieß es in der Schlußresolution der 11. Internationalen Konferenz der UNO zum Ursachenkatalog für die Jugendkriminalität:

- Die fiebererregende Eigenschaft der schnellen technischen Entwicklung,
- Förderung der Vermassung durch eine neue Umwelt, insbesondere durch Rundfunk, Film, Presse, Fernsehen und Reklame,
- weitgehende Freiheit ohne echte Unabhängigkeit,
- Unsicherheit gegenüber einer neuen Umwelt bei Jugendlichen und Erwachsenen gleichermaßen,
- neue Formen des Generationskonflikts.
- Und abschließend wörtlich: »Es sei bemerkt, daß das gefährliche Anwachsen der Jugendkriminalität von vielen Leuten in Abrede gestellt wird!«

Zum gleichen Thema stellten Vertreter aller Staaten bei der UNO in Tokio 1957 fest:

- Eine ausgeprägte Landflucht und eine dadurch bedingte Vereinsamung und Bindungslosigkeit in den Städten;
- zwangsläufiger Anschluß an und Verbindung mit kriminellen Elementen;
- rapide soziale Veränderungen in wirtschaftlicher, industrieller, sozialer und kultureller Hinsicht, verbunden mit dem Verlust traditioneller Werte und
- allgemeine Abnahme des elterlichen Einflusses auf die Kinder durch Verlust der Achtung und Höflichkeit der Jugend gegenüber Eltern, Lehrmeistern und anderen Autoritätspersonen.

Wie wenig sich danach änderte, zeigt eine weitere Entschließung, die nach dem Vierten UNO-Kongreß zur Verbrechensbekämpfung und zur Behandlung von Straftätern 1970 in Kyoto (Japan) gefaßt wurde:
»Ausgehend von der Verstädterung, der Industrialisierung, dem technologischen Fortschritt und deren Auswirkungen auf alle Lebensbereiche, in denen Ursachen der Kriminalität liegen können, wurde die Notwendigkeit zur internationalen Kooperation auch auf dem Gebiet der Verbrechensbekämpfung unterstrichen.«
Das alles klingt einleuchtend und richtig, schildert aber als Verbrechensursache immer bestimmte äußere Zustände, die zweifellos ihre Auswirkungen auf den Menschen haben. Die Diagnose erinnert ein wenig an die Feststellung: »Der Patient ist krank, weil er Fieber hat« oder »Die Kinder sind schlimm, weil sie gar so schrecklich sind.«

Warum nur – warum?

In der Bundesrepublik erfährt die Polizei jährlich von über zwei Millionen Straftaten. Eine ungleich höhere Zahl von Verbrechen bleibt ihr verborgen. Fast zwei Millionen Eigentumsdelikte werden jetzt schon in der Statistik erfaßt, und der prozentuale Anteil dieser Delikte an der Gesamtkriminalität nimmt ständig zu.

Die Unterwelt beginnt, sich nach wirtschaftlichen Gesichtspunkten zu organisieren. Das Gesetz von Angebot und Nachfrage findet hier seine Variante im Diebstahl auf Bestellung. Der gutorganisierte Absatz des Stehlgutes über Hehlerringe auf internationaler Ebene und ein zunehmendes Maß an straffer Organisation lassen geschäftsmäßige Praktiken und den Einstieg von Intelligenztätern erkennen.
Das bodenständige Verbrechertum beginnt auszuwuchern; der Ganove verläßt den angestammten Platz und nimmt die Vorteile des »Landes ohne Grenzen« in Anspruch. Diese Berufsgruppe hat die Vorteile der EWG – freie Wahl des Arbeitsplatzes und Abbau der Grenzen in diesem Wirtschaftsraum – erkannt und nutzt sie aus.
Die Kriminalität entwickelt sich in dichtbesiedelten Regionen schneller als auf dem Lande. In den Städten gehen die Gangster in zunehmendem Maße brutaler vor. Die Gewaltkriminalität erreicht im Schatten der zahllosen Eigentumsdelikte bedrohliche Ausmaße. Früher fast unbekannte Verbrechen wie Raubüberfälle auf Banken und Kassenboten häufen sich.
Aus dem schützenden Dunkel der Nacht tritt der Gangster in den hellen Tag, vor eine gaffende Menschenmenge und vor die Fernsehkameras der ganzen Nation. Er entführt unschuldige Unbeteiligte und zwingt den Staat, um des Schutzes seiner Bürger willen, mit ihm zu verhandeln, ihm Fluchtautos zur Verfügung zu stellen und die ungehinderte Flucht zu gewährleisten.
Neue Tätergruppen formieren sich. Frauen werden zu Bankräubern, Angehörige der »Oberwelt« gliedern sich in die Armee der Verbrecher ein, Amateure landen 100000-Mark-Coups. Die klaren Konturen zwischen dem gesetzestreuen Bürger und der Unterwelt verwischen sich. Aus ehrbaren Kaufleuten werden Steuerbetrüger und Konkursschwindler. Das Alter der Straftäter sinkt beständig ab, und selbst Kinder vergrößern das Heer der Kriminellen. Noch liegt der Schwerpunkt der Jugend-Verbrechen in der Eigentumskriminalität. Aber die Gewaltdelikte wie Mord, Raub und Notzucht weisen beängstigende Steigerungsraten auf. Unter dem Einfluß der Rauschgiftwelle werden sie noch schneller wachsen.

Diese Erscheinungen zeigen sich deutlich in der Bundesrepublik, aber in ähnlicher, wenn auch unterschiedlich stark ausgeprägter Form in allen europäischen Industriestaaten.
In der Zeit von 1950 bis 1964 wandelte sich das verbrecherische Geschehen vollkommen unbemerkt. Irgendwann in diesem Zeitraum begann die Eigentumskriminalität zu galoppieren. Und ebenso deutlich hat sich ein weiterer Umschlag bereits vollzogen: Der Wandel zur Gewaltkriminalität. Es droht die öffentliche Verrohung, eine Ausprägung der Gewaltkriminalität. Der bekannte Soziologe und Kriminologe Bader vertritt die Auffassung vom Strukturwandel der deutschen Nachkriegskriminalität. Und er ist der Meinung, daß das Verbrechen aus einer »natürlichen Begleiterscheinung des sozialen Lebens zu einer destruktiven Lebensform« geworden ist. Wenn wir die gesamte Entwicklung überblikken, insbesondere an die Verbrechen denken, die aus Rohheit und Verantwortungslosigkeit begangen werden, kommen wir nicht umhin, Bader zuzustimmen.
Um so dringlicher muß sich die Frage nach dem »Warum« erheben.

2. Die Kriminalität unter der Lupe

Die alten Wurzeln, 162

Abschied aus dem Paradies 162
Was Du ererbt von Deinen Vätern 164
Das »Milieu« 168
Die Feigenblätter 170
Gestern war die Welt noch in Ordnung 174
Die »soziale« Lehre 185

Die neuen Triebe, 200

Der Reiz der Großstadt 201
Erste Natur – zweite Natur 201
Arena mit vielen Möglichkeiten 205
Die einsame Heimat 208
Überall und nirgendwo 218
Mit Schirm, Schock und Methode 221
Die Schirm-Technik 221
Die Methode 227
Der Schock 230
Glauben und Wissen 238
Die Ersatzfamilie 242
Die ausgekuppelte Moral 249
Geliebt von Millionen 249
Das Volk der Richter und Lenker 254
Gelegenheit macht Diebe 260
Die motorisierte Steinkeule 269

Die alten Wurzeln

Abschied aus dem Paradies

»Der Humanismus orientiert sich am Bild des Menschen, wie er sein soll. Es ist der Mensch der Zehn Gebote. Religion und Moral richten ein Ideal auf, dem es nahezukommen gilt. Aber Humanismus ist es auch, den Mensch so zu sehen, wie er wirklich ist. Es ist der Unterschied zwischen Sein und Sollen.« (Pierre Bertaux)

Platos Entwürfe eines perfekten Staates, in dem alle Bürger in vollkommener Harmonie miteinander leben und gleichzeitig dem Gemeinwohl freiwillig verpflichtet bleiben, entsprach der Idealvorstellung vom Menschen, wie er sein soll. Das angebotene Rezept, immer wieder neu als optimistische Utopie angestrebt und verordnet, brachte nie den gewünschten Erfolg, weil es nicht zum Menschen paßt, so wie er ist.
Stets gab es Menschen oder ganze Gruppen, die die gemeinsame Wertskala mißachteten, sich über die Lebensinteressen der Bürger hinwegsetzten und so die Einfügung in die Gemeinschaft verweigerten. Sie wichen von allgemein anerkannten Regeln ab und erwiesen sich damit als störend, lästig oder gar gefährlich. Damit forderten sie Gegenmaßnahmen der Mitbürger heraus. So kam es, daß bestimmte Formen abweichenden Verhaltens mit Strafen geahndet wurden – Vergeltung und Abschreckung zugleich. Der »Abweichler« wollte offenbar eine Übereinkunft der Gemeinschaft durch sein *Ver*halten *brechen.*
Hatte ein Verbrecher schließlich nachhaltig gegen die jeweilige Gemeinschaftsordnung verstoßen, dann hatte er sein Leben verwirkt – Elimination und Rache zugleich.
Schon immer sollten derartige Maßnahmen Vorbeugung durch Abschreckung bewirken. Tatsächlich aber erwies sich dieses System in allen Jahrhunderten als relativ wirkungslos. Körperliche Züchtigungen, gräßliche Verstümmelungen und Hinrichtungen als öffentliche Schauspiele schreckten den Verbrecher nicht ab. Zu keiner Zeit war die Zahl der Taschendiebstähle höher als

beim öffentlichen Foltern der Taschendiebe. Nie zeigte sich die Raubkriminalität grausamer als während der Räuberhinrichtungen auf dem Rad oder anderer Grausamkeiten, die zu erfinden die Menschen nicht müde wurden.
Zu deutlich zeigten sich die Ausbrüche der Aggressionen auf beiden Seiten – beim Täter und beim Richtenden –, als daß zu hoffen gewesen wäre, auf diese Art das Verbrechen aus der Welt zu schaffen. Vermutlich erwartete in all den Jahrhunderten auch niemand ernsthaft, einen so grundlegenden Erfolg zu erzielen, denn der Mensch der Frühzeit und des Mittelalters wähnte sich in der Gewalt des Höheren. Er stand in der Hoffnung auf überirdische Kräfte, die für Gut und Böse in dieser Welt verantwortlich waren.
Stets erwuchs dem Menschen die unklare Vorstellung, das Leben im irdischen Jammertal müsse doch einen tieferen und endgültigeren Sinn haben als das Durchleiden der Spanne zwischen Geburt und Tod. Nur das Vertrauen auf höhere Mächte verhieß ein besseres Leben. Diese Mächte sandten nach früherer Vorstellung alle Übel in die Welt, um den Menschen zu prüfen, und so forderten Pestilenz und Verbrechen keine Ursachenforschung, um sie an der Wurzel packen zu können. Der Gedanke, daß der Mensch selbst diese Welt ändern und ihre Übel verkleinern könne, war dem Menschen früherer Tage fremd.
So rückte denn auch niemals die naheliegende Frage in den Vordergrund, was den Menschen denn nun – trotz der furchtbaren Strafandrohungen – dazu treibe, die ihm überlieferte Wertskala zu mißachten. Nur so aber hätte man die Ursachen beseitigen können.
Erst in der Renaissance begann das blinde Vertrauen in die höheren Mächte zu zerbröckeln. Lebte man bis dahin in der Hoffnung auf die ewige Seligkeit, die jedes Leiden rechtfertigte, so wurde der Mensch nun endgültig aus dem Paradies vertrieben: Er fand sich in dieser Welt.
Hier sah er sich nun zur Einsicht verurteilt und mit den Unzuträglichkeiten der Mitmenschen konfrontiert. Was vordem als Prüfung für ein ewiges Leben galt und angeblich Trampelpfade durch das Fegefeuer schlug, entpuppte sich nun als schiere Bosheit, Grausamkeit und Gemeinheit.

Nicht zufällig unternimmt man in dieser Zeit der aufdämmernden Erkenntnis für ganz Europa überall den Versuch, die Strafgesetze oder das Landrecht neu zu fassen. Und auch nicht zufällig gab es gerade damals die ersten ernsthaften Bemühungen, demokratische Staaten und demokratische Verfassungen zu schaffen – Ausfluß der Erkenntnis, daß der Mensch einen Anspruch auf menschenwürdiges Dasein und Glück in dieser Welt besitze.
Nur so ist im übrigen die Aussage von Karl Marx zu verstehen, Religion sei Opium für das Volk, nur geeignet, durch den Blick auf die ewige Glückseligkeit die Erkenntnis des Elends dieser Welt zu verhindern. Es schwindet der blinde Glaube an eine ferne Erlösung, und der Mensch beginnt, den Verstand gezielt für die Lösung irdischer Probleme einzusetzen.
»Es ist die Geschichte des Übergangs von dem Glauben, daß Gott die Wahrheit ist, zu dem Glauben, daß die Wissenschaft, die menschliche Vernunft, die Wahrheit ist, als der Übergang vom Christentum zum humanistischen Rationalismus.« (Ortega y Gasset)
Und erst jetzt wurde Antwort auf die Frage gesucht, warum denn Menschen trotz schwerer Strafen die allgemeine Übereinkunft mißachten, warum sie also Verbrechen begehen. Es entstand die These vom »geborenen Verbrecher«, aber auch die Erklärung, jede Gesellschaft schaffe ihre Verbrecher selbst. Die einen vermuteten die Hauptursachen für Kriminalität im Menschen mit seinen ererbten Anlagen, die anderen machten die Umwelteinflüsse verantwortlich dafür, daß Menschen straffällig werden.

Was Du ererbt von Deinen Vätern

Als erster versuchte der Turiner Irrenarzt Lombroso (1853–1909) die Zusammenhänge zwischen Vererbung und Verbrechen zu beweisen.
Bei seinen Untersuchungen über die Ursachen des Verbrechens kam er zu der vermeintlich sicheren Feststellung, daß der Mensch verbrecherische Neigungen ererbe. Von Lombroso stammt auch der heute noch bekannte Begriff vom »geborenen Verbrecher«

(delinquente nato). Nach seiner Meinung sollte ein späterer Straftäter schon in der Wiege mit allen Charakterdispositionen behaftet sein, die zum verbrecherischen Lebenswandel führen mußten. Sogar am deutlichen äußeren Zeichen sollten diese Menschen nach Lombrosos Meinung erkennbar sein.

So merkwürdig diese vereinfachende Aussage heute anmutet, so lebhaft wurde sie diskutiert. Und als ganz abwegig erwies sich die Ausgangsthese auch keineswegs. Spätere Untersuchungen erwiesen Zusammenhänge zwischen Körperbau und Charakter, die in der Literatur längstens bekannt waren. »Laßt dicke Männer um mich sein«, sagt Caesar und vermutet, aufgrund ihres Körperbaues seien sie relativ harmlos. Falstaff signalisiert durch seinen Körperbau Lebensfreude und -bejahung. Der »Wurm« in Schillers ›Kabale und Liebe‹ würde als tatsächlich hinterhältiges Wesen unglaubwürdig, wäre er wohlbeleibt.

Tatsächlich ist die Vererbung für den Werdegang eines Menschen bedeutsam. Größe, Haar- und Augenfarbe, Geschlecht, Konstitution und vieles andere unterliegen unkorrigierbar bestimmten Erbgesetzen. Ein besonders klein geratener Junge mit feuerrotem Haar hat schon in der Wiege den halben Weg zum gesellschaftsfeindlichen Verhalten hinter sich gebracht. Er kann wenig dagegen tun.

Die neusten Untersuchungsergebnisse zu diesem Thema lieferte Szondi: Er geht davon aus, daß jede menschliche Triebkonstellation erblich bedingt und daß jeder ererbten Trieben und Affekten schicksalhaft ausgeliefert sei. In über 6000 Testserien will der Wissenschaftler ermittelt haben, daß rund sechs Prozent aller Menschen eine Veranlagung zum Töten und zur Grausamkeit ererbt hätten, die sie zu potentiellen Mörden mache (Kain-Erbe).

Wie sehr der Mensch trotz aller technischen Errungenschaften noch von und mit seinen Instinkten lebt, die das Erbgut der gesamten Menschheitsgeschichte widerspiegeln, haben in jüngster Vergangenheit die Verhaltensforscher bewiesen. So schreibt Köhler:

»Falsch ist die Formel, Tiere lebten nach dem Instinkt und Menschen nach dem Verstande. Der menschliche Säugling kommt als reines Instinktwesen zur Welt (Atmen, Husten, Niesen, Saugen,

Schlucken, Verdauen u. v. a.). Alle diese Instinkte sind angeboren. Ausgeübt werden sie nur bei rechter Stimmung, die Balz in der Brunst, Essen bei Hunger, Trinken bei Durst, Müdigkeit gehört zum Schlaf, Angst zur Flucht, der Hungrige ißt sich satt, der Müde schläft sich aus. So werden sie frei für neue Stimmungen und ihre Wechsel. Die sogenannte Stimmungshierarchie ist der Instinktanteil des höchst komplexen Tatbestandes, den man Willen nennt.«

Oder welcher Kategorie des menschlichen Bewußtseins soll man die folgende Beobachtung zurechnen, wenn nicht den angeborenen Instinkten:

»Für jeden Unbefangenen ist eine Schnecke weniger lebendig als eine Eidechse, ein Regenwurm weniger als eine Biene – und jeder Naive leidet weniger mit, wenn er einen Frosch, als wenn er einen Vogel durch Überfahren tötet. So gilt also das Bewegende als ein uns näherstehendes Wesen.« (B. Grzimek)

Dieses verschiedenartige Mitempfinden kann kein Produkt individueller Erziehung sein, weil es allen Menschen gleichermaßen eigen ist. Es ist damit ein allgemeines Charaktererbteil. Selbst verhältnismäßig hohe Gefühle wie Sympathie, Trauer und Verbundenheit haben also ihre Grundlagen im Unbewußten, im ererbten Instinktgefüge des Menschen.

Es ist die Anlage, die einen Menschen in seinem Verhalten mitbestimmt, die ihn mit zahllosen Bedingungen vorbelastet. Der eine kann aufgrund seines Temperaments, seiner starken Triebe und vieler anderer Gegebenheiten der Versuchung zum abweichenden und gesellschaftsfeindlichen Verhalten weniger Widerstand entgegensetzen als der andere. Das Ererbte bildet die Grundlage für die Persönlichkeit des Menschen, für die Persönlichkeit, auf die nun die Umwelt mit ihren unzähligen verschiedenartigen Einflüssen wirkt. Das Instinktwesen Mensch mit all seinem Erbgut ist zugleich auch das Nachrichtenwesen Mensch – mit Vernunft, mit Wollen und Willen.

Aber was wissen wir schon von Vernunft, vom Wollen und Willen?

»Das Nachrichtenwesen Mensch arbeitet mit verschiedenen Teilen:

mit Sinnesorganen, die Signale erzeugen, mit Nerven, die Signale leiten,
mit Gehirn, der Zentrale, die selber Befehle gibt, Signale empfängt, schaltet und verarbeitet,
mit Muskeln, die Befehle ausführen.
Keines dieser Organe ist in allen seinen Eigenschaften bekannt, ein Vorgang zum Beispiel, der noch in völliges Dunkel gehüllt ist, ist die Speicherung der empfangenen Nachrichten. Das Gehirn stellt ja nicht nur ein Schaltwerk, sondern auch ein Archiv des Erlebten dar.« (H. Autrum)
Unsere Kenntnis vom Wollen und Willen ist demnach gering, und dennoch richten wir so, als seien alle Geheimnisse entschlüsselt.

Jürgen Bartsch aus Langenberg gestand am 21. Juni 1966, der langgesuchte »Kirmesmörder« zu sein. Seit 1962 hatte er vier Schüler im Alter zwischen acht und elf Jahren ermordet. Er hatte seine Opfer in einem alten Luftschutzstollen bei Kerzenschein zu Tode gefoltert.

Bartsch erregte durch seine Straftaten ungeheures Entsetzen. Wer einiges von ihm weiß, kann die Intensität der inneren Antriebe erahnen, die zu solch scheußlichen Taten führten. Aber niemand weiß etwas über die Stärke der ererbten oder anerzogenen Gegenkräfte in Bartsch, die ihn hätten befähigen können, sich selbst in die Hand zu nehmen, die Antriebe zu unterdrücken und die Morde nicht auszuführen.

Soweit die Tatsachen bekannt sind, erklärt nichts die unheimliche Triebstärke, die den jungen Mann veranlaßte, andere Menschen so grausam zu foltern und zu töten. Die Vermutung, daß diese Neigung ererbt ist, kann mindestens auf Anhieb nicht widerlegt werden. Und so steht plötzlich wieder die Vision vom geborenen Verbrecher vor uns.

Ganz ähnlich argumentierte der Verhaltensgenetiker Steven-Vandenberg beim 12. Internationalen Genetiker-Kongreß in Tokio. Er meint nachweisen zu können, daß Ausmaß und Intensität des aggressiven Verhaltens in hohem Maße erblich bedingt seien. Und im Grunde bestätigt Szondi durch seine Untersuchungen diese Aussage.

Ein Jürgen Bartsch ist keineswegs einmalig. Ähnliche Täter hat es vor ihm gegeben, und es wird sie nach ihm geben. Eine Wiederholung derartiger Taten scheint nicht nur möglich, sondern wahrscheinlich. Vermutlich leben viele Bartschs unter uns, ohne daß sie solche Taten ausführen, weil sie in sich selbst die Kraft finden, dem Trieb zur strafbaren Handlung nicht zu folgen. Oder haben ihnen Erziehung und Umwelt den Schlüssel geliefert, sich selbst zu beherrschen?

Das Milieu

Umwelt, das ist Elternhaus, das ist Freundeskreis, das sind aber auch Landschaft und Klima, vor allem jedoch gesellschaftliche Anschauungen und Wertvorstellungen.
Von jeher bis in die Gegenwart vermuteten Ärzte, Geistliche, Rechtskundige und Dichter in der Umwelt die eigentliche Ursache für die Kriminalität.
Kirchenlehrer Thomas von Aquin hielt Armut für die Wurzel aller Verbrechen. Voltaire und Martin Luther teilten diese Auffassung.
Der Italiener Cesare Beccaria verkündete am Ende des 18. Jahrhunderts: »Arme Leute stehlen.«
Karl Marx vermutete im Eigentum die Wurzel der Kriminalität – im ungerecht verteilten Eigentum, das wenige begünstigte und die Masse der Proletarier durch Ausbeutung in Armut stürzte. »Beseitigt das Eigentum, dann endet die Ausbeutung, und das Verbrechen verschwindet.«
Aber erst durch Lacassagne (1834–1904) entstand in Lyon eine kriminalsoziologische Schule. Lacassagne entwickelte bei der Suche nach den Ursachen des Verbrechens die »Milieutheorie«. Die Quelle allen Übels vermutet er im Schoße der Gesellschaft. Er geht davon aus, daß keine menschliche Gemeinschaft ohne Moral und Erwartungsnormen existieren kann. Ein gewisses Maß an Ordnung muß herrschen, sonst bricht die Anarchie und damit das Faustrecht des Stärkeren über den Schwächeren herein. Dieses Maß an Ordnung wird unter anderem gesichert durch bestimmte Grundvorstellungen, die zum Teil mit Strafen vor Verletzung geschützt, zum Teil im Erziehungsprozeß als Verhaltensregel über-

mittelt werden und sich im menschlichen »Gewissen« verfestigen.
Entsteht die Versuchung, die Grundregeln zu übertreten, sollte sich normalerweise das Gewissen melden und allzu häufige oder allzu grobe Mißachtungen verhindern. Die Regeln entwickeln eine bestimmte Hemmkraft.
Diese Hemmungsmechanismen müssen aber versagen, wenn sich die menschliche Existenz in ihren Grunderfordernissen durch die Umweltgegebenheiten bedroht fühlt. So vermutet Lacassagne die Hauptursache für das Verbrechen in der Armut und in den menschenunwürdigen Lebensverhältnissen.
»Jede Gesellschaft hat die Verbrecher, die sie verdient«, oder anders formuliert: »Jede Gesellschaft erzieht sich ihre Verbrecher durch Gleichgültigkeit oder Ausbeutung.«
Diese einseitig orientierte Aussage konnte zunächst überzeugen. Lacassagne stellte fest: Die miserablen Lebensumstände bringen große Teile der Bevölkerung in eine Art Notwehrsituation, aus der sich die Menschen nur durch Reaktions-Straftaten befreien können.
Tatsächlich lieferten die damaligen Lebensverhältnisse viele Indizien für die Richtigkeit dieser Behauptung. Diese Umstände waren es ja auch, die den großen revolutionären Bewegungen zu Ausgang des vorigen und Beginn dieses Jahrhunderts den Zulauf sicherten, denn die »Proletarier aller Länder« hatten wirklich nichts anderes zu verlieren als »ihre Ketten«.
Franz von Liszt, um die Jahrhundertwende Deutschlands prominentester Strafrechtler, meinte, das Verbrechen sei nur durch eine fortschrittliche Sozialpolitik, durch Beseitigung von Slums und durch Bekämpfung der Arbeitslosigkeit einzudämmen.
Bert Brecht formulierte es in den dreißiger Jahren kurz und bündig: »Erst kommt das Fressen, dann die Moral!«
Und noch 1970 stellte eine Kommission in den USA in einem Bericht an den Präsidenten fest: »Es ist die Armut in den Slums, die das Verbrechen zahlenmäßig so anschwellen läßt.«
Unbestreitbar wirken die Gegebenheiten der Umwelt fördernd oder hemmend auf den einzelnen Menschen ein. Der Bewohner einer einsamen Insel, von der Überfülle der Naturprodukte gese-

gnet, kann keine Vorstellung vom Verhalten in einer Gemeinschaft entwickeln. Er kennt keine Rücksichten und keine gesetzlichen Tabus; er kann sein Gewissen nicht für ein sozial angepaßtes Verhalten entwickeln; er kann aber auch nicht wirklich »Böses« tun. Der Frieden der Umwelt zwingt ihn zu einem friedlichen Verhalten. Daher ist Verbrechen immer soziales Geschehen, Unrecht am Mitmenschen.

Die Feigenblätter

Und dennoch kann die Armut nicht die alleinige Ursache für die ansteigende Flut der Verbrechen in der Bundesrepublik sein, denn in den Slums haust heute bei uns kaum noch einer. Arbeit hat, wer arbeiten will, sein »Fressen« hat jeder.

Die Arbeitnehmer in der Bundesrepublik überschritten im Januar 1969 die statistische Marke von durchschnittlich 1000 Mark Monatseinkommen. Sie haben damit seit 1950 trotz der Preissteigerungen ihr Einkommen vervierfacht.

Von fünf Arbeitnehmerhaushalten mit mittlerem Einkommen besitzen mindestens vier ein Fernsehgerät und eine Waschmaschine, und jede zweite dieser Familien leistet sich ein Automobil, jeder dritte Bundesbürger fährt regelmäßig in Urlaub, Sparkonten sind in der Bundesrepublik zahlreicher als Einwohner.

Natürlich weisen diese Tatsachen nicht auf einen allgemeinen Wohlstand hin. Aber man darf davon ausgehen, daß große Teile der Gesellschaft in vermehrtem und noch steigendem Maße die Möglichkeit erlangt haben, einfache und gehobene Konsumgüter zu erwerben.

Da sollte man doch eigentlich annehmen, die Zahl der Verbrechen – und vornehmlich der Diebstähle – würde zurückgehen oder schlimmstenfalls mit dem Anwachsen der Bevölkerung Schritt halten. Wer hat es denn noch »nötig« zu stehlen, um sich selbst, Frau und Kinder am Leben zu erhalten? Wen zwingt denn noch der Hunger, sich am fremden Eigentum zu vergreifen? Wen veranlaßt die bittere Not, aus dem Kaufhaus einen Mantel mitgehen zu lassen?

Eigentlich kaum einen. Aber es wird heute mehr gestohlen, mehr geraubt, häufiger eingebrochen als je zuvor. Wir haben die Blößen der Armut nur mit Feigenblättern bedeckt.
Das Kennzeichen des echten Wohlstandes, ohne Anstrengung Schönes und nicht nur Nützliches erwerben zu können, trifft eben noch lange nicht auf den Durchschnittsbürger zu. Und in einer Industriegesellschaft sind mehr oder weniger langlebige Gebrauchsgüter noch lange kein Luxus, sie gehören vielmehr zum kulturellen Existenzminimum. Nicht nur das Notwendige, auch das »Überflüssige« muß man sich leisten können, um in einer Welt zu existieren, die sozialen Rang nur noch nach dem Besitz bewertet. Der Mensch wird nicht schon geachtet, wenn er nur lebt, sondern er wird danach beurteilt, welche technischen und teuren Hilfsmittel er sich leistet.
Wäre allgemeine Armut eine entscheidende Ursache für das Verbrechen, dann müßte die Zahl der Straftaten in der Bundesrepublik fallen. Und doch steigt sie an.
Maßgebliche Mitarbeiter des Bundeskriminalamtes bieten für die Lawine der Verbrechen folgenden Deutungsversuch an:
»Anders als die Not wirkt der Wohlstand jedoch nicht als Zwang, sondern als Versuchung. Er weckt Begehrlichkeitsneurosen, die zur Wohlstandskriminalität führen können. Sozialpsychologisch interessant ist dabei, daß sich die heutige subjektive ›Not‹ des einzelnen nicht aus der Sorge um das Existenzminimum, sondern aus überhöhten Ansprüchen ergibt. Es geht zur Zeit um das Zivilisationsminimum bzw. um das sogenannte Anspruchsniveau, die Überwindung der sozialen Unzufriedenheit.«
Und der als »modern« anerkannte Kriminologe Armand Mergen spricht in diesem Zusammenhang von einer »relativen Not«. Solche Hinweise versagen freilich völlig bei der Weißen-Kragen-Kriminalität. Der Gangster mit Diplomatenkoffer könnte auch ohne Betrug und Steuerhinterziehung in Saus und Braus leben. Das trifft jedenfalls für die Mehrzahl dieser Fälle zu. Sutherland, der Pionier in der Erforschung dieser Verbrechensart, erklärt denn auch kategorisch:
»Die Theorien der Kriminologen, die besagen, Verbrechen sei auf Armut oder psychopathische und sozialpathische Bedingungen

zurückzuführen, die statistisch mit der Armut korrelieren, sind ungültig.«

Für jeden Autounfall und für jedes Verbrechen finden sich nachträglich äußere, zufällige Ursachen; Übermüdung des Fahrers, schlechte Straßen oder Nichtbeachten der Verkehrsregeln, Vorhandensein eines geeigneten Opfers, aufgestaute Aggressionen und vieles andere. An sich könnte und müßte jeder Unfall und ebenso jedes Verbrechen verhütet werden – jedenfalls aus der Betrachtung heraus, die nach dem Geschehen einsetzt.

Die Häufigkeit der Verkehrsunfälle, aber auch der Verbrechen, scheint trotz aller vorbeugenden Bemühungen einer statistischen Gesetzmäßigkeit zu gehorchen, die der Zahl der Unfall- und Verbrechensgelegenheiten folgt.

Man kann beispielsweise ziemlich genau die Zahl der Verkehrstoten für Ostern, Pfingsten oder Ferienbeginn voraussagen. Und ähnlich genau kann man die Zahl der Straftaten für kommende Jahre prophezeien, wenn sich die Grundlagen der statistischen Erfassung nicht ändern. Es sieht ganz so aus, als sei die Unfallhäufigkeit von der Verkehrsdichte ähnlich abhängig wie die Straftatenhäufigkeit von einer Situation des relativen Wohlstands. Die Tatsache, daß man in einem Auto fährt, schließt ein erhöhtes Unfallrisiko ein, die Tatsache des relativen Wohlstands schließt wachsende Begehrlichkeit und erhöhte Zugriffsmöglichkeiten ein – und damit ein erhöhtes Verbrechensrisiko. Echte Armut und bittere Not können als Ursache für die Kriminalität in unseren Tagen nicht gelten. Aber es gibt eine Wohlstandskriminalität, deren Ursachen in der Umwelt des einzelnen wurzeln.

Da nun jedermann offenbar stärker oder schwächer ausgeprägte Anlagen zum abweichenden Verhalten besitzt und die Umwelt mehr oder minder zufällig Gelegenheit zum strafbaren Tun schafft, würde eine Straftat mehr oder minder »zufällig« begangen und könnte vom Täter im Grunde nicht verantwortet werden. Dieser Gedanke führt konsequent zu der Vorstellung vom Verbrecher, der den Anreizungen nicht widerstehen kann, auch zu der Vorstellung von der Gesellschaft, die ihre Einzelmitglieder durch überstarke Anreize und Versuchungen schuldig werden läßt. Das wäre dann die Gesellschaft, die ihre Verbrecher verdient.

Dem steht entgegen die Konstruktion des Menschen, der sich frei für Gut und Böse entscheiden kann. Ist diese Möglichkeit, sich frei für oder gegen das Verbrechen zu entscheiden, denn noch vorhanden, oder sind kriminalitätsfördernde Faktoren so stark, daß die unheilvolle Wirkung zwingend eintreten muß?

Kein Mensch kann sein Elternhaus und seine Familie auswählen, er wird in ein Milieu hineingeboren. Über die Schulbildung wird meist ohne sein Zutun entschieden, die Umwelt bietet manche Gelegenheit und Versuchung – auf all das also hat er keinen Einfluß.

Und es ist beispielsweise schon ein Unterschied, ob ein Mensch als Sohn eines steinreichen Potentaten oder als Sohn eines armen Landarbeiters geboren wird. Was der eine sich gefahrlos beim eigenen Vater erbetteln kann, muß der andere sich erst verdienen – oder aber durch Verbrechen erbeuten. Abgesehen davon kann der Sohn des Armen eher als sein reich geborener Zeitgenosse unversehens in solche Not geraten, daß er stehlen muß. Dann aber läßt die Gesellschaft ihn schuldig werden.

Die Entscheidung über die Unwertigkeit eines Antriebs kann nur auf dem Boden einer geordneten Erziehung und einer genügend großen Bildung getroffen werden. Ein Kind aus einer unvollständigen Familie indes erhält einfach kein genügend ausgeprägtes Wertmuster der Gesellschaft vermittelt, und ein ungebildeter Junge unterliegt im wirtschaftlichen wie im erotischen Wettbewerb leichter und neigt daher auch leichter zu heftigen Reaktionen.

Selbst wenn Gesellschaft und Familie anscheinend genügend Stützkräfte gegen verbrecherische Neigungen vermitteln, ergeben sich beim einzelnen unterschiedliche Auswirkungen. Die Empfänglichkeit für solche Lehren ist eben durch die Anlage verschieden stark ausgeprägt.

Und hier entsteht für die Gesellschaft die Verpflichtung: Sie hat, um ihre Mitglieder nicht schuldig werden zu lassen, jede Bildungschance zu vermitteln, die Wertskalen dauernd zu überprüfen, jedem gleiche Startbedingungen zu schaffen und Verbrechensanreize auch für weniger gefestigte Charaktere – insbesondere für die Jugend – zu vermeiden. Es gelten die einfachen

Formeln: »Und führe uns nicht in Versuchung«, denn »Du sollst der Hüter deines Bruders sein«.
Die absolute Willensfreiheit, die völlig unbeeinflußte Entscheidung für das Gute und gegen das Böse gibt es nicht. Wer immer noch daran glaubt, geht von falschen Voraussetzungen aus.

Gestern war die Welt noch in Ordnung

Anlage und Umwelt, so erfuhren wir, bestimmen das Verhalten des Menschen und müßten demnach auch in irgendeiner Form als Ursachen für die Verbrechenslawine bei uns in Frage kommen. Nun allerdings haben sich die allgemeinmenschlichen Anlagen und Instinkte in den letzten zehntausend Jahren nur so geringfügig verändert, daß wir nicht annehmen können, sie wären seit 20 Jahren grundlegendem Wandel unterworfen. Was der Mensch ererbt von seinen Vätern hat gestern wie heute tatauslösende oder – verhindernde Kraft. Wenn sich auf diesem Feld wenig änderte, sollten wir uns vielleicht der Umwelt zuwenden. Liegen hier die Ursachen für die Verbrechenswelle?
Die Welt, in der wir leben, hat sich tatsächlich gewaltig verändert – viel schneller als das Bewußtsein der Menschen. Es ist die Gesellschaft des 18. und 19. Jahrhunderts, die uns vieles, vielleicht allzuviel an Lebens- und Verhaltensvorstellungen hinterlassen hat. Wir leben mit Denkvorstellungen aus einer Zeit, in der die Welt noch »in Ordnung« war.
Über Jahrhunderte hinweg existierte der Mensch in der scheinbaren Abhängigkeit von transzendentalen Mächten. Ein festes Gefüge zwischen Kirche und Thron ließ keine erheblichen gesellschaftlichen Veränderungen zu. Lebensform und Lebensgestaltung wandelten sich nur langsam und selten einmal radikal während einer Generation. Jede heranwachsende Generation übernahm ein feststehendes Weltbild mit starren Bezugspunkten.
Die Mehrheit der Bevölkerung arbeitete in der Landwirtschaft oder in kleinen Handwerksbetrieben. In dieser gegliederten Gesellschaft kannte jeder seinen Platz und stellte sich in seinen Erwartungen darauf ein. Die Produktion deckte nur den wichtig-

sten Lebensbedarf und erlaubte keine Ansammlung »überflüssiger« Güter.
Der Produzent stand in unmittelbarer Beziehung zu den Erzeugnissen seiner Arbeit. Das Produkt war sein Werk, oft genug ein einmaliges Stück, und er fühlte sich als Hersteller ganz und gar dafür verantwortlich. Das bot im Beruf mancherlei Befriedigung. Bei der Lehrlingsausbildung gab der Ältere, Erfahrene sein Wissen, seine Erfahrung und seinen Berufsstolz weiter. Es war eine klar gegliederte, überschaubare Berufswelt, die den sozialen Status oft schon bei der Geburt festlegte und den steilen Aufstieg wie auch den krassen Abstieg nur selten erlaubte. Geburt und mehr oder weniger Schulbildung bestimmten das ganze Leben im voraus.
Der einmal erlernte Beruf galt folgerichtig auch als Lebensberuf. Ein Berufswechsel wurde von der Gesellschaft meist mit einem Versagen gleichgesetzt. Unmittelbare Konkurrenz bis zur Existenzvernichtung gab es in Handwerk und Landwirtschaft kaum. Das Einkommen reichte meist gerade zum Leben, wenn tüchtig gearbeitet und nicht allzuviel Zeit mit »unnützem« Freizeitgestalten vertan wurde. Leben und Beruf waren zumindest für den Mann weitgehend identisch.
Das Leben spielte sich in der dörflichen Gemeinschaft und im Rahmen einer fest miteinander verbundenen Großfamilie ab. Kaum ein Angehöriger der arbeitenden Schichten verließ einmal die engere Umgebung seines Wohnortes. An den Ereignissen der kleinen und großen Welt nahm er – mäßig informiert – kaum interessierten Anteil.
Fürst und Pfarrer als Vertreter der weltlichen und geistlichen Macht galten als gottgegebene Stützen dieser verhältnismäßig stabilen oder starren Ordnung. Man schuldete Gott und dem Herrscher Ehrfurcht und Gehorsam. Über das, was sittlich und moralisch recht und unrecht war, bestanden feste Vorstellungen.
Die dörfliche Gemeinschaft zeichnete sich durch ihre Überschaubarkeit aus. Es war ein umgrenztes Stück Heimat. An jedem Stein, an jedem Flecken Erde befand sich ein Stück eigenen Erlebens. Jeder kannte jeden. Besonders moralisches oder besonders unmoralisches Verhalten wurden in der ganzen Dorfgemeinschaft bis

hin zur sonntäglichen Kanzelpredigt erörtert. Außergewöhnliche Ereignisse erhielten sich über Jahrhunderte hinweg im Bewußtsein und im Gespräch der Dorfbewohner und konnten für Generationen die Einstellung ganzer Familien zueinander bestimmen. Eine solche Durchsichtigkeit des sozialen Verhaltens baute starke Hemmungsmechanismen gegen strafbares Tun auf.
Über diese »heile« Welt brach der Sturm der Industrialisierung herein. Die Städte mit ihren Fabriken lockten Arbeitskräfte an. Noch 1871 lebten mehr als 62 Prozent der Bevölkerung in Dörfern mit weniger als 2000 Einwohnern. Hundert Jahre später waren es nur noch 20 Prozent. In drei Generationen verließ ein ganzes Volk die angestammten Siedlungsplätze und zog in die Städte. Die Menschen mußten enger zusammenrücken, zumal sich die Einwohnerzahl im gesamten Land verdreifachte.
Auf dem gegenwärtigen Territorium der Bundesrepublik lebten
1871 – 20,4 Millionen,
1910 – 35,6 Millionen,
1950 – 50,0 Millionen und
1970 – 60,0 Millionen Menschen.
Die Bevölkerungsdichte stieg in diesem Zeitraum von 82 auf 235 Einwohner pro Quadratkilometer.
Doch ausgerechnet dort, wo die Menschen auf immer engerem Raum angesiedelt wurden – in den Ballungsräumen und den Städten – ging zusehends verloren, was als wesentlicher Bestandteil des dörflichen Lebens galt: die gute Nachbarschaft. Und damit verloren sich auch zahlreiche natürliche Hemmungen gegen abweichendes Verhalten. Je dichter die Menschen zusammenrückten, desto größer wurde die Vereinsamung. Die »Anonymität in der Wüste der Stadt« ist kein Schlagwort, sondern ein echtes Problem.
In der modernen Berufswelt ergibt sich eine ähnliche Situation. Der »Produzent« steht nur noch selten in unmittelbarer Beziehung zum Endprodukt der Fertigung. Der Mann am Fließband kann den fertigen Volkswagen nicht mehr als sein Werk bezeichnen. Der Beruf bringt häufig keine andere Befriedigung als den Zahltag. Die ganze Beziehung des Menschen zur Arbeitswelt besteht in Lohn oder Gehalt, das nicht einmal ihm, Hans Müller,

sondern der Kontonummer XY ausgezahlt wird. Und der anweisenden Stelle ist es gleich, ob hinter der Kontonummer Hans Müller oder Fritz Schneider steht. Bezahlt wird Leistung, ganz gleich, wer sie erbringt. Berufsstolz ist mäßig gefragt. Die mechanisierte Lehrlingsausbildung läßt das Weitervermitteln althergebrachter Berufserfahrung nicht mehr zu.

Der Mensch, gleich, wo er arbeitet, ist austauschbar und ersetzbar geworden. Doch geblieben sind das Bedürfnis, als Einzelwesen anerkannt zu werden, die Suche nach dem festen Punkt im gesamten Universum. Der jederzeit Austauschbare, der Anonymus – er muß sehen, wo er bleibt und wo sein Platz ist, er muß sich behaupten. Diese Arbeitswelt muß Egoismus fördern und zu der Haltung führen: »Jeder sorge für sich selbst!«

Dabei ist der Verstädterungsprozeß noch keineswegs abgeschlossen. Es ist vielmehr damit zu rechnen, daß im Raum der gesamten EWG noch einige Millionen Bauern ihre Höfe verlassen und in der Industrie Arbeit suchen werden.

In diesem Zusammenhang soll jedoch nicht unerwähnt bleiben, daß die Verstädterung viele neue Möglichkeiten brachte. So ist Bildung nicht mehr unbedingt ein Privileg bestimmter Volksschichten – auch wenn die Startlöcher für den Sohn aus »gutem Hause« immer noch besser plaziert sind als die der anderen Kinder. Und so ist es jedem Mädchen unbenommen, den reichsten, bedeutendsten und vermögendsten Mann zu angeln. Es hat sich eine Gesellschaft herausgebildet, die wenigstens im Übergang jedem theoretisch die Chance bietet, jeden Platz und jedes Vermögen zu erobern. Daß dabei die Gefahr der rücksichtslosesten Ellbogenpolitik droht, zeigt sich täglich aufs neue. Wir begegnen uns im allseitigen Wettstreit immer noch mit Verhaltens- und Erziehungstechniken aus dem vorigen Jahrhundert.

Diese Behauptung bestätigt sich auch für den Zusammenhang zwischen Arbeit und Freizeit. Die Gesellschaft unserer Tage dürfte so weit sein, daß der Beruf im Leben des einzelnen nicht mehr die beherrschende Rolle spielt. Dennoch wird die zunehmende Freizeit vor allem von der älteren Generation heimlich immer noch als unlauteres Geschenk empfunden.

Eine Soziologie der Freizeit müßte sich entwickeln, damit aus der anonymen Nummer der Berufswelt wenigstens in der Freizeit ein ganzer Mensch werden könnte, denn die 32-Stunden-Woche für 1980 ist keine Utopie mehr, und für das Jahr 2000 rechnet man sogar mit einer 25-Stunden-Woche für die Mehrzahl der Arbeitenden. Den Freizeitsoziologen wird sich ein breites Tätigkeitsfeld bieten.

An ihnen fehlt es. Freizeit bringt für unsere Jugendlichen heute in vermehrtem Maße Langeweile und damit Betätigungsdrang mit sich. Unkanalisiert führt der nicht selten zum Alkohol- und Rauschmittelkonsum, zur Gruppen- und Bandenbildung und zu Übermutsstraftaten.

Ältere Menschen, noch dem inhaltslosen Ethos der Arbeit verpflichtet, neigen eher zu erhöhtem Erwerb, zur Schwarzarbeit oder zur Beschäftigungstherapie, um nicht sinnlos herumzusitzen.

Ebenso falsche Leitbilder steigen aus der Mottenkiste, wenn jemand den Beruf wechselt. Obwohl der schnelle technische Wandel häufig ganze Berufsgruppen schlagartig überflüssig macht, herrscht immer noch die Auffassung vor, wer mit 30 oder 40 Jahren noch einmal die Schulbank drücke oder eine Lehre absolviere, habe im erlernten Beruf versagt. Dabei hat die Treue zum erlernten Beruf ihren Eigenwert längst verloren. Hier zeigen sich Vorstellungen, die recht deutlich erkennbar noch aus vorigen Jahrhunderten stammen. Damals stand Berufstreue für Beständigkeit und Zuverlässigkeit.

Unsere Zeit fordert geradezu das entgegengesetzte Verhalten. Und doch machen Berufswechsler viele Arbeitgeber mißtrauisch. Kündigt ein Arbeitnehmer, nachdem er vergeblich um eine Gehaltserhöhung nachgesucht hat, wird das häufig keineswegs als Zeichen des Selbstvertrauens bewertet, sondern als eine Art Querulantentum abqualifiziert.

Berufliche Beweglichkeit ist eigentlich nur bei Top-Managern und Verwaltungsjuristen selbstverständlich und wird in diesen Sparten nicht als Unbeständigkeit empfunden. Ganze Betriebe werden aufgegeben, ganze Berufszweige überflüssig – und dennoch begegnet den Betroffenen während einer Umschulung die ganze überkommene Mißachtung und Verkennung des Lehrlingsstandes. Ist

es ein Wunder, wenn sie dann verbittert über ehemalige Arbeitgeber, Staat und Gesellschaft sind, die ihnen offenbar »den ganzen Mist aufgeladen« haben?
Die Empfindungen unserer Großeltern wirken heute noch in die tägliche Auseinandersetzung hinein und führen fast zwangsläufig zum Aufbau von Aggressionen.
Tritt der moderne Mensch schließlich aus dieser zermürbenden und verzehrenden Berufswelt in seinen scheinbar privaten Bereich, dann gerät er nicht zur Ruhe und Selbstbesinnung. Er muß vielmehr andauernd weitere Konkurrenzsituationen bewältigen.
In der dörflichen Gemeinschaft endete die Welt in einem Umkreis von etwa 10 Kilometern. Viele, viele haben damals diesen Bannkreis nie verlassen, niemals darüber hinaus gesehen und nie anderes zu sehen gewünscht. Wer damals eine Reise tat, der konnte was erzählen – und als Reise galt schon der Besuch einer größeren Stadt in der Umgebung. Heute ist es nahezu jedem möglich, den unmittelbaren Lebensbereich nach Belieben zu verlassen. Der Tagesradius für Autobesitzer liegt bei 100 Kilometern und mehr rund um die Garagen. Und in diesem Umkreis liegt mindestens eine Großstadt mit ihren vielfältigen Erlebnismöglichkeiten.
Doch damit diese vielfältigen Möglichkeiten auch genutzt werden können und damit – aus dem Blickwinkel des vorigen Jahrhunderts – möglichst viele Reisen unternommen werden können, bedarf es eines Kraftwagens. Das Fahrzeug wird über seine Funktion als Hilfsmittel hinaus zum Demonstrationsobjekt im wirtschaftlichen und erotischen Wettbewerb, zum echten Kampfmittel. Nur noch ein schneller Wagen gilt als »Auto«, und nur noch sehr viele Kilometer auf der Haben-Seite gelten noch als Reise. Nur wer genug »abgerissen« hat, kann »noch was erzählen«. Und doch holt ihn auch die fernste Ferne ein.
15 Millionen Fernsehgeräte durchdringen die Gesellschaft mit der totalen Information. Kaum ein Bürger hat nicht die Möglichkeit, das Geschehen auch in den entferntesten Winkeln der Erde mit eigenen Augen zu verfolgen. Die Ferne ist nicht mehr fern. Das Abenteuer kommt ins Wohnzimmer, wann immer der Bürger das wünscht. Jeder Ort der Erde – und sei er noch so unbedeutend –

kann unversehens zum Mittelpunkt der Erde werden. Der Mensch wird mit Hilfe seiner Technik fast allgegenwärtig.

Zugleich machen Wissenschaft und Technik atemberaubende Fortschritte. Viermal hat sich das Wissen der Menschheit allein in diesem Jahrhundert schon verdoppelt. Gegenwärtig verdoppelt es sich alle zehn Jahre. 90 Prozent aller Wissenschaftler, die je die Erde bevölkerten, sind unsere Zeitgenossen. Die Menschheit unserer Tage ist von der des Jahres 1870 etwa so verschieden wie der Bürger von 1870 von dem des frühen Mittelalters. Väter von 1870 und 1970 können kein Gespräch von gemeinsamen Standpunkten aus führen.

All das muß Probleme mit sich bringen; für die Gesellschaft wie für den einzelnen. Diese Probleme können nicht reibungs- und konfliktlos verarbeitet werden. Neue Verhaltensweisen bilden sich heraus, neue Bewertungsmaßstäbe entstehen. Ist nun die Verbrechenslawine eine Folge neuen Verhaltens und neuer »Moral«? Soziologen, Kriminologen und Psychologen glauben fest an einen Zusammenhang zwischen dem Verlust der alten Werte und dem Anwachsen der Kriminalität.

»Mit der Lockerung der sozial-moralischen Leitideen und der Auflösung der alten Bindungen sind Brauch, Sitte, Gewohnheiten, Standespflichten, gesellschaftliche Konventionen und Institutionen ins Wanken geraten. Die alten Rangordnungen sind beseitigt. Es hat sich eine neue wirtschaftliche Machtelite gebildet. Das wirtschaftliche Geschehen hat – ähnlich wie die Technik – den Trend zu einer Eigenständigkeit, bei der man am Ende nicht mehr weiß, wer noch verantwortlich Handelnder ist und wer bereits Getriebener.« (Helmer)

»Die Wertbilder der modernen Industriegesellschaft sind: Sachlichkeit, Profitstreben, Freizeitgestaltung, Vergötzung des Lebensstandards (Geltungskonsum usw.), das heißt mit anderen Worten: Individualismus und Materialismus.« (BKA »Kriminologie«)

Profitgier, Geltungskonsum und Besitzstreben mögen einen allgemeinen Zustand kennzeichnen, sie erklären nicht, warum vielen Menschen binnen einer Generation das Gefühl für des Nächsten Eigentum abhanden kam. Sie erklären erst recht nicht,

warum sich im Gefolge der Eigentumskriminalität das Gewaltverbrechen so entwickelte.
Mit dem Fortschritt der Technisierung rückte für die breite Masse der Menschen erstmals in greifbare Nähe, was ihnen zuvor nie greifbar erscheinen war: ein nennenswerter Anteil an den schönen und nützlichen Gütern dieser Welt. Dinge, die es früher überhaupt nicht oder vielleicht nur für eine dünne Oberschicht gegeben hatte, wurden durch die Massenfertigung so billig, daß jedermann sie erwerben konnte.
Just zu dieser Zeit rückte auch für die Vorstellung vom Menschen in Gottes Hand der Wunsch nach Glück auf dieser Welt ins Blickfeld. So ergab sich das starke Bestreben, möglichst schnell und möglichst dauerhaft das erwünschte Erdenglück zu verwirklichen. Dieser Wunsch hat sicherlich auch bei den sozialrevolutionären Bewegungen des vorigen Jahrhunderts eine Rolle gespielt und diesen Bewegungen drängenden Schwung verliehen. Hatte der Mensch früher sein Glück im Glauben gesucht, so suchte er es nun im Besitz.
Gleichzeitig entstand ein neuer Mittelstand. Beamte und Angestellte, mit dem weißen Kragen als Symbol ihres Standes ausgestattet, lebten aufgrund ihres schmalen Einkommens immer weiter an ihrer Lebenserwartung vorbei und mußten ihr Sozialprestige mit Äußerlichkeiten und Affektiertheiten demonstrieren. Bescheidene Statussymbole entwickelten sich, um die Zugehörigkeit zum Mittelstand darzutun. Von der standesgemäßen Heirat über die Aussteuer bis zur Plüsch-und-Nippes-Welt sollte gezeigt werden: »Wir können es uns erlauben!« – obwohl sie es nicht konnten. Der verschuldete Offizier vor dem Ersten Weltkrieg bildet ein ideales Beispiel dafür, daß eine Standesfassade dringend einer materiellen Stütze (durch eine reiche Heirat) bedurfte.
Große Teile der europäischen Gesellschaft lebten in den letzten hundert Jahren in der Erwartung vermehrten Besitzes. Besitz war das neue Glücksideal und die neue Erlösung dieser Welt. Aber zunächst kamen die Glückssucher ihrem Ziel kaum näher, wenn auch die Industrieproduktion Fortschritte machte.
»Durch die Industrialisierung entwickelte sich die Gütererzeu-

gung nicht nach dem Bedürfnis, sondern nach dem Verbrauch, was meiner Überzeugung nach eine Verdrehung der natürlichen Ordnung ist. Denn Reichtum ist nur das Mittel zum Erwerb dessen, was man haben muß oder haben möchte. In der natürlichen Reihenfolge hat man zuerst das Bedürfnis oder den Wunsch, ein Ding zu besitzen, und dann sieht man zu, sich die dazu nötige Summe zu verschaffen. Aber der moderne Mensch strebt zunächst nach Reichtum, also nach dem, was nur Mittel zum Zweck sein sollte. Er vergrößert die Produktion unbegrenzt, nicht weil er Produkte braucht, sondern um Reichtümer anzusammeln. Die Folge ist, daß die Ware zum Mittel und der Reichtum zum Endzweck wird.« (Ortega y Gasset)

Geld entwickelte sich in einer Welt ohne Orientierungspunkte zu einer Art Ersatzreligion, die nicht nur sorgloses Leben, sondern auch das Glück auf dieser Erde zu garantieren schien. Doch erst nach der »Nacht über Europa« vermochte die Produktion die Besitz- und damit Glückserwartungen der Menschen in etwa zu erfüllen.

Ab 1953 erblühte in nahezu allen westlichen Industriestaaten zunächst ein ausreichender Lebensstandard, schließlich sogar ein bescheidener Wohlstand. Die jahrzehntealte Sehnsucht nach Besitz ließ sich allmählich erfüllen. Es entstand das neue Glaubensbekenntnis von der Allmacht des Besitzes. Wie die alte Religion Leitbilder und Normen lieferte, so prägte auch die Ersatzreligion Besitz den Menschen und setzte Maßstäbe von allgemeiner Gültigkeit.

Da jedem jede Möglichkeit offensteht, da es Hindernisse für den Aufstieg nicht mehr durch Geburt oder Stand gibt, bestimmen die erfolgreichsten Zeitgenossen die Maßstäbe. Wer clever ist, kann über Nacht ein Vermögen machen und ist des höchsten Ansehens bei den Mitmenschen sicher. Nicht nur das: Er wird auch die Wünsche seiner Zeitgenossen beeinflussen; selbst wenn er Fritz Müller von nebenan ist, den man schon als Kind beim Sandkastenspiel regelmäßig besiegte.

Unser Besitzstreben wird deutlich vom Besitzstreben der übrigen Zeitgenossen gesteuert, und es ist ebenso deutlich bei allen auf Repräsentation nach außen gerichtet. Nicht mehr der innere Wert eines Menschen ist für sein Ansehen entscheidend, auch nicht der Nutzwert seines Besitzes. Man wird ihn vielmehr daran messen, wieweit er fähig ist, seine Begabungen auch in bare Münze umzusetzen. Es genügt keineswegs, daß man bestimmte Güter besitzt, sondern Herr Schmitz von nebenan muß sie auch augenfällig zur Kenntnis nehmen können.

Es entwickeln sich allgemeine Statussymbole, die Signale der hohen oder niedrigen Stellung in einer Gesellschaft: Die Villa mit Swimming-pool, der 300er, die kostspielige Freundin.

Da aber im Wettlauf zu den höchsten Gütern dieser Welt nicht jedermann mithalten kann, entstanden Statussymbole für die breite Masse – genügend differenziert, um weitere Rangunterschiede deutlich werden zu lassen. Der Nippes der Jahrhundertwende wurde durch den Personenwagen ersetzt, der das »Einschleichen in höhere Kreise« erlaubt. Und damit lebt unsere Gesellschaft wieder einmal über ihre Verhältnisse, denn vielfach wird bei unseren Autos die Zahl der Räder noch von der Zahl der Wechsel übertroffen.

Der Anstieg des Volkseinkommens zeigt sich nicht nur in der Möglichkeit, mehr Güter erwerben zu können. Er führt auch zu neuen Verhaltens- und Verbrauchergewohnheiten. Früher war der Mensch darauf bedacht und auch darauf angewiesen, einmal Erworbenes möglichst lange und über Generationen hinweg zu erhalten. Die Aussteuer beispielsweise sollte fürs Leben reichen.

Als nach dem Krieg amerikanische Verbrauchergewohnheiten importiert wurden, kam es den Deutschen wie strafbare Verschwendung vor, zerrissene Damenstrümpfe wegzuwerfen, Socken nicht -zigmal zu stopfen, ausgefranste Ärmel nicht zu säumen, die jüngeren Kinder nicht mit den Kleidungsstücken der älteren auszustaffieren. Einmal Erworbenes besitzt heute keinen Ewigkeitswert mehr. Der Besitz, als vorweisbares Kennzeichen eines sozialen Standortes, muß makellos sein. Er stellt nicht mehr allein einen Nutzwert, sondern auch – und vielleicht sogar in erster Linie – einen Repräsentationswert dar. Der früher selbstverständliche sittliche Bezug zum einmal Erworbenen geht verloren. Die feste Bindung zwischen Eigentum und Eigentümer löst sich auf und führt dazu, die Eigentumsrechte anderer zu mißachten.

Die makelanfälligen Güter werden immer schneller umgeschlagen, das aber führt schnell und ziemlich zwangsläufig zum Kreditwesen. Es ist eine Erscheinung der wirtschaftlichen Blüte, daß der Kredit immer geringere Beträge umfaßt und schließlich auch dem letzten Bürger zugänglich wird. Kredit – das ist der Vorgriff auf das vermeintliche Besitzglück. Und die Psychologen wissen, daß sich erst ein Empfinden für fremdes Eigentum ergibt, wenn sich das Gewissen und die Moral an der Erkenntnis bilden, daß vor dem Besitz oder dem Erwerb die Leistung steht.

Entfällt aber diese vorrangige Leistung im täglichen Leben, dann verliert sich die in Kindestagen anerzogene Gewissensbildung in bezug auf die Eigentumsrechte anderer.

Ein Gesellschaftssystem, das auf Besitzbedürfnis und Befriedigung ohne vorherige Leistung aufgebaut ist, hebt die Hemmung vor dem Verletzen fremden Eigentum unmerklich, aber dauerhaft auf.

»Eigentum und Vermögen haben in einem Gesellschaftssystem, in dem jeder zum ›Besitzer‹ gemacht werden soll, eine besondere Bedeutung. Sie haben keinen Bezug mehr zur Sittenordnung. Die von Fleiß und Arbeit oft nicht mehr abhängigen Erwerbsmethoden und die Einseitigkeit des Strebens nach mehr Wohlstand haben das Band zwischen Eigentum und sittlicher Selbstverwirklichung zerrissen. Besitz ist nicht mehr Mittel zu einem ideellen Zweck, Durchgang zu einem höheren Ziel, sondern selbst höchstes Ziel. Infolgedessen ist auch die Verletzung von Besitz und Eigentum nicht mehr Verletzung des sittlichen Anspruchs des Individuums auf persönliche Freiheit, sondern nur noch Eingriff in wirtschaftliche Dispositionen, in materielle Abläufe. Dadurch hat das Eigentum an ethischer Substanz verloren und ist wertneutralen, sogar unwertigen Manipulationen leichter zugänglich als früher.« (Hellmer)

Die »Regulierung materieller Abläufe« zeigt sich nirgendwo deutlicher als auf dem Gebiet der »Weißen-Kragen-Kriminalität«. Die Maßstäbe des guten Gewissens haben sich in Kreisen sogenannter cleverer Geschäftsleute längst geändert und sind vielfach durch eine Grenzmoral ersetzt worden. Da erscheinen denn Taten noch als unbedenklich, die an den äußersten Grenzen des Erlaub-

ten und schließlich jenseits dieser Grenzen liegen. Diese Verschiebung der Wert- und Moralvorstellungen hat sich in den vergangenen 20 Jahren vollzogen. Sie weist sich in vielen Vorgängen aus.
So stand noch vor 15 Jahren der Universitätsprofessor an der Spitze der allgemein anerkannten Berufe. Heute rangiert an erster Stelle der erfolgreiche Industrielle oder Manager, der Villa, Straßenkreuzer und Swimming-pool sein eigen nennt. Der früher belächelte, sogar verachtete oder bemitleidete Gigolo hat sich zum Leitbild des Playboys gemausert, und das leichte Mädchen firmiert nicht ohne Stolz unter der Bezeichnung Partygirl. Es signalisiert die kostenlose Teilnahme an Sonne und Sex.
Nicht das gutbestandene Abitur oder der erfolgversprechende Studienabschluß erregen den Neid der Umwelt. Bewundert wird der vielleicht lebensuntaugliche und sogar asoziale Junge aus »gutem« Hause, der rassige Sportwagen steuert und damit Symbole der Tüchtigkeit vorweisen kann.
Die klassische Formel der Erziehung »Leistung bringt Erfolg und Zufriedenheit« wird ersetzt durch den Leitspruch »Hast du was, dann bist du was«! Den letzten kann man übrigens getrost durch die Worte »gleichgültig, woher es kommt« ergänzen. Denn nach der Herkunft eines Besitzes kräht kein Hahn – Hauptsache, man kann Besitz vorzeigen. Diese Unbedenklichkeit gegenüber der Herkunft der Güter setzt Leitlinien, die unmittelbar in das Verbrechen führen.
Diesen Weg nahm die Entwicklung, leicht zeitlich versetzt, in allen Industrienationen und stets mit gleichem Resultat: Anstieg der Eigentumskriminalität. Zunächst wurde die Achtung vor dem Eigentum aufgehoben, dann bewiesen die Idole unserer Tage, daß Besitz auch ohne nennenswerte Leistung glücklich machen kann, und schließlich zeigte sich, daß Besitzerstolz auch noch am Platze ist, wenn der Besitz unredlich erworben wurde.

Die »soziale« Lehre

Das Durchschnittsalter unserer Straftäter sinkt ständig. Immer größer wird der Anteil der Jugendlichen am verbrecherischen

Geschehen. Irgendwo haben sich in unserer Gesellschaft binnen zweier Jahrzehnte Faktoren ergeben, die es besonders den jungen Menschen heute schwerer als früher machen, straffrei durchs Leben zu gehen. Fachleute spüren den Ursachen dieser Entwicklung schon seit geraumer Zeit nach. So unterschiedlich die Einzelergebnisse ihrer Untersuchungen auch sein mögen, in einem Punkt herrscht volle Übereinstimmung: Die Familie, aus der ein Mensch ins Leben wächst, ist von größter – wenn nicht sogar ausschlaggebender – Bedeutung für seine Zukunft.

In der dörflichen Gemeinschaft bestand die Familie aus Eltern und zahlreichen Kindern, häufig unter einem Dach mit Großeltern und ledigen Geschwistern der Eltern. Die Schwierigkeiten des Lebens und der Zwang, alle ohne Not durch die Zeiten zu bringen, verband die Generationen fest miteinander und machte sie zur echten Lebens- und Leidensgemeinschaft. Ungenügend staatliche Vorsorge für die Alten, Kranken und Hilflosen trieb jeden dazu, für jeden mitzusorgen.

Die geringen Bildungsmöglichkeiten begünstigten einen Erziehungsprozeß, der vorwiegend auf Erfahrung aufbaute. Der Vater behauptete die Führung in der Familie, weil er durch seine physische Kraft den Hauptbeitrag zum Lebensunterhalt leistete, im Beruf stand und damit auch jene Lebenserfahrung besaß, die den Kindern zu vermitteln war. Ebenso eindeutig herrschten aus diesem Grunde die Älteren über die Jüngeren.

Der Erzieher, der Vater, sie waren immer die Autoritäten, die Erfahrenen. Sie kannten die Welt. Die Kinder übernahmen Vorstellungen und Leitbilder; fast immer fanden sie die Erfahrungen der Alten bestätigt. Nur selten übertraf ein Sohn das Bildungsniveau des Vaters. Und hätte er es übertroffen – die Lebensgemeinschaft verpflichtete ihn dazu, im Kreise der Familie auszuharren.

In den Großfamilien wuchsen Kinder selbstverständlicher und unauffälliger als heute heran. Man kümmerte sich nicht mehr als notwendig um sie, zumal meist eine ganze Schar vorhanden war. Eine große Kinderzahl war aber auch notwendig, sollten die Arbeiten in Haus und Hof erledigt werden. So wurden Kleinkinder noch in der Obhut der alten Familienmitglieder gelassen, die Schulkinder aber wurden schon in den Arbeitsprozeß eingeschal-

tet. Sie mußten sich von Kindesbeinen an in einen bestimmten Tages- und Arbeitsrhythmus einpassen. Individuelle Begabungen und Wünsche konnten nicht berücksichtigt werden. Ein Abweichen von festgefahrenen Vorstellungen, Ansichten, Bindungen war so gut wie unmöglich.
Die Kinder wuchsen buchstäblich im Schoß der Familie in die Gesellschaft hinein. Erziehungsvorbilder waren die Eltern – andere Einflüsse konnten kaum wirksam werden. Erziehungsformen waren die Prinzipien Kommandieren, Zucht, Disziplin, Ordnung und Unterordnung.
Dieses scheinbar gottgewollte Erziehungsverfahren überlieferte sich vom Land auf die Stadt, vom Bauern mit der Landflucht auf den Städter, auf den Fabrikarbeiter, den Händler und den Beamten. Und es hat sich weitgehend erhalten, obwohl es in krassem Gegensatz zur veränderten Umwelt steht. Die Großfamilie wurde ersetzt durch die »Zweizugfamilie«, in der nur noch die Eltern mit ihren Kindern zusammenleben. Die Sorge und Fürsorge für Alte und Kranke hat sich weitgehend auf die Gesellschaft mit ihren Versicherungen und Pflegeheimen verlagert.
»Was auf den Tisch kommt, wird gegessen!« – »Wenn ältere Leute reden, haben Kinder zu schweigen!« – Der Knicks des Mädchens als Überbleibsel höfischen Zeremoniells, der »Diener« des Jungen, all das sind Stereotypen und Gewohnheiten, die schablonenhaft von einer Generation zur anderen weitergegeben werden.
Der Erziehungsstil des Kommandierens, der zu allen Zeiten bestenfalls zur Überredung oder zur Dressur taugte, konnte sich nur als wirksam erweisen, solange die Erziehenden unangetastete Autorität besaßen.
Diese Autorität der Älteren ist aber binnen zweier Jahrzehnte beinahe aus allen Richtungen unterminiert und bis zum völligen Verlust ausgehöhlt worden. Erzieher sind heute nicht mehr nur die Eltern, sondern in viel größerem Umfang der Film, die Literatur, die Presse, der Rundfunk und vor allem das Fernsehen. Darüber hinaus wirken früher unbekannte Einflüsse einer Straße, eines Stadtviertels, einer Arbeitsstelle auf den jungen Menschen ein.
All diese Faktoren verstärken oder hemmen die Erziehung. Viel

schwerer als früher ist es heute, demoralisierende Einflüsse abzublocken, im jungen Menschen Kräfte gegen abweichendes Verhalten aufzubauen. Mehr noch als früher setzt der Erziehungsprozeß heute die intakte Familie voraus, denn nur sie kann die erschwerte Erziehungsarbeit leisten.

Von welcher Bedeutung Elternhaus und Familie für den Werdegang eines Menschen sind, untersuchte schon 1950 das amerikanische Forscherehepaar Sheldon und Eleanor Glueck. Bei ihrer Testgruppe (500 soziologische »Zwillinge«) prüften die Forscher:

- ► Zuneigung der Mutter zum Kind,
- ► Zuneigung des Vaters zum Kind,
- ► Beaufsichtigung durch die Mutter,
- ► Bestrafung durch den Vater und
- ► Zusammenarbeit der Familien.

Nachdem sie diese Details überprüft hatten, sagten die Psychologen 33 Kindern der Testgruppe kriminelle Laufbahnen voraus. Bei späteren Kontrollen ergab sich, daß 28 von ihnen bis zum 17. Lebensjahr tatsächlich schwerer Delikte schuldig geworden waren. Für 243 Kinder stellten die Forscher günstige Prognosen: 236 blieben in der Tat ohne jeden Konflikt mit den Gesetzen. Für 25 Jungen waren die Chancen »50 zu 50« bezeichnet worden. Neun davon wurden straffällig.

Außerdem ermittelte dieses Ehepaar, daß die Beziehung beider Elternteile zum Kind Meilensteine auf dem Weg zum Verbrechen setzen kann:

- ► Von jeweils 100 Kindern, die sich von der Mutter ungeliebt fühlten, wurden 86 kriminell.
- ► Von 100 Kindern, die sich dem Vater gleichgültig wähnten, entwickelten sich 75 zu Verbrechern.
- ► In Familien, in denen überhaupt kein Zusammenhalt mehr bestand, erhöhte sich die Zahl der späteren Kriminellen auf 97 von 100.

Anschließend verglich das Forscherehepaar 500 jugendliche Rückfallverbrecher mit der gleichen Zahl nachweislich nicht krimineller Jugendlicher. Paare wurden zusammengestellt, und zwar aus einem kriminellen und einem straflosen Jugendlichen. Übereinstimmung gab es jeweils im Alter, im Intelligenzgrad, in der rassischen Herkunft und in der fürsorgebedürftigen Großstadtumgebung.

Verhältnis der Eltern zueinander	beim späteren Kriminellen	beim späteren Nichtkriminellen
gut	35%	70%
schlecht	35%	20%
offener Bruch	30%	10%
Scheidung, Trennung	60%	30%

Und schließlich gaben nur 20 Prozent der späteren Kriminellen, aber 70 Prozent der Nichtkriminellen an: »Wir haben die Sorge der Eltern um uns gespürt!«

Pläne für die Zukunft der Kinder hatten bei den späteren Kriminellen nur 35 Prozent der Eltern – bei den Nichtkriminellen aber 60 Prozent geschmiedet.

Außerdem gaben 60 Prozent der Kriminellen, doch nur 10 Prozent der Nichtkriminellen an: »Die Mutter hat unsere Unarten nie beachtet!«

Durch übertriebene Strenge des Vaters waren 30 Prozent der Kriminellen und 10 Prozent der Nichtkriminellen betroffen.

Das Ehepaar Glueck wollte beweisen: Die intakte Familie kann den Jugendlichen eher vor abweichendem Verhalten bewahren als ein »kaputtes« Elternhaus. Damit ist nicht gesagt, daß eine gestörte Familie die Kinder zu Verbrechern werden lassen muß. Aber daß die Familie heute noch eine bedeutsame Funktion erfüllt, dürfte sehr klar bewiesen sein. Mehr denn je vermag das Elternhaus heute jene Stützen zu liefern, die es früher wie selbstverständlich geliefert hat. Nur – welches Elternhaus ist heute noch mit dem von früher vergleichbar?

Unbestreitbar hat sich schon die Bedeutung einer Heirat gewandelt. Früher lag einem solchen Entschluß die Vorstellung zugrunde: »Wir wollen eine Familie gründen!« Mehr und mehr jedoch steht am Beginn einer Ehe nicht die Vision einer Verpflichtung auf Lebenszeit, sondern einer »Jugend zu zweit«. Zwei Einkommen vereinen sich, um gemeinsam zu leben und zu erleben. Diese Grundhaltung muß nicht unbedingt zu Erziehungsmängeln bei den Kindern führen. Doch es erhöht sich die Gefahr, daß die Geburt eines Kindes als ungewollte Einschränkung der Berufstätigkeit und als lästige Behinderung empfunden wird. Das kann denn dazu führen, daß die Mutter nach der Geburt des Kindes ihre berufliche Tätigkeit wieder aufnimmt und daß ein Kind als »Schlüsselkind« aufwächst oder von Großmutter, Kusinen und Tanten großgezogen wird.

Die verstärkte Eingliederung der Frau in den Erwerbsprozeß zeitigt auch noch andere Wirkungen: Während die Ehefrau des Jahres 1910 sich in voller Abhängigkeit vom Ehegatten – oder bestenfalls noch von den Eltern – befand, kann die berufstätige Ehefrau des Jahres 1973 ohne Rücksicht auf materielle Gesichtspunkte den Entschluß fassen, eine Ehe zu beenden. Ihren Lebensunterhalt verdient sie ohnehin selbst. Die Scheidungsquoten steigen denn auch.

60000 Ehen werden Jahr für Jahr geschieden. Ehe und Familie stehen heute als Stützen der Gesellschaft wackliger als je zuvor. Die Institution, die dem Menschen den ersten und den nachhaltigsten Bezug zur Umwelt vermittelt, die Weichen stellt für ein ganzes Leben, erfüllt ihre Aufgabe nur noch unvollkommen. Kinder scheitern vielfach in den ersten Schuljahren nur deshalb, weil die Eltern im Erziehungsprozeß versagen – wenn sie überhaupt noch erziehen.

Zu welchen Fehlentscheidungen es im Erziehungsprozeß kommen kann, und welche Folgen diese Fehler haben können, zeigte der Fall Fuchs/Ditz:

»Der eine, Hans-Jürgen Fuchs, 27, wollte Psychologie studieren. Der andere, Wolfgang Ditz, 27, träumte von einer Karriere als Modezeichner. Doch die Eltern, brave Bürger der pfälzischen Kleinstadt Landau, waren dagegen. Fuchs wurde Bankkaufmann, Ditz Justizsekretär – und beide hatten fortan ihre Träume vom anderen, besseren Leben.

Seit 1963 verfolgten die homosexuellen Freunde, die sich auf der Handelsschule kennengelernt hatten, ein gemeinsames Ziel: Sie wollten eine Lebensgemeinschaft außerhalb der Gesellschaft gründen, die ihnen schlecht und verlogen vorkam. Fuchs und

Ditz drangen in der Nacht zum 20. Januar 1969, mit zwei Pistolen bewaffnet, in ein Bundeswehr-Munitionsdepot bei Lebach ein und töteten vier schlafende Soldaten. Dann verbreitete das Paar Furcht und Schrecken mit Erpressungsversuchen großen Stils.« (DER SPIEGEL)

Zugegeben, nicht jeder Erziehungsfehler führt zu so katastrophalen Folgen, aber diese Folgen sind möglich geworden. Das Kind und der Heranwachsende bedürfen in unseren Tagen weit stärkerer Stützen als früher. Was früher als Erziehung im großen Rahmen einer geordneten Familie und einer Dorfgemeinschaft vollzogen wurde, soll heute von den Eltern bewältigt werden. Und während die Eltern als Autoritäten früher unbestritten waren, sind sie heute täglich der Konkurrenz aller möglichen Medien ausgesetzt, die ein Kind auch beeinflussen.

Das neugeborene Kind ist ein »Nesthocker«. Die Geborgenheit der Familie, der Schutz des Vaterhauses sind Voraussetzungen dafür, daß es überhaupt überleben kann. Darüber hinaus aber muß das Kind die liebende Zuwendung und Bejahung spüren, um ein Urvertrauen begründen zu können. Nur auf dieser Grundlage kann ihm die Fähigkeit erwachsen, später einen Bezug zur Umwelt herzustellen und damit in der Gemeinschaft zu leben. Fehler oder Mängel der ersten drei Lebensjahre können zu schweren Schäden führen.

In der Kindheit sollen dem Menschen Vorstellungen darüber vermittelt werden, was sein muß und was nicht sein soll. Ein Gewissen soll sich bilden. Erziehung bestimmt die spätere Einstellung zur Gemeinschaft, zur Arbeit, zum Beruf, zur Liebe, zur Familie und zur Religion, zu vielen anderen Dingen des Lebens. Diese Empfindungen, dieses Gewissen findet der Mensch nicht in der Wiege vor. Das Neugeborene bringt nur Anlagen mit, die sich unterschiedlich entwickeln können – je nachdem, welche Angebote die Umwelt liefert.

Erzogen also wird der Mensch vom Augenblick seiner Geburt an. Schon der Säugling muß an die regelmäßige Befriedigung seiner Bedürfnisse gewöhnt werden, das Kleinkind erlernt die Ordnung, das Spielkind das Einhalten einer Tagesordnung, all das, was Pestalozzi als »Wohnstubenerziehung« hoch gelobt hat.

Unabhängig davon aber muß der Mensch erlernen, daß er einer Unzahl sozialer Verbindungen angehört: Familie, Staat, Gesellschaftsschicht, Kirche und vieles andere. Diese Gruppen stellen konkrete Ansprüche an ihn. Sie erwarten – und müssen erwarten–, daß er sich in Grenzen diesen Regeln fügt und den Ordnungen unterwirft.

Natürlich kommt das Kind nicht aus sich selbst zu den Grundzügen des sozialen Verhaltens. Es benötigt »Entwicklungshilfe«, in Form der Erziehung.

»Im Menschen liegen komplizierte Signalfolgen, mit versiegelten Aufträgen zu vergleichen, von Geburt an im Zentralnervensystem vorbereitet. Sie können nur dann ablaufen, wenn durch ein Lösungswort – einen Schlüsselreiz – das Signal gelöst wird. Hierher gehören die Instinkthandlungen, für die die Signalfolge wie ein gestanzter Streifen eines Fernschreibers zum Abruf bereitliegt, bereit, aber blockiert, falls nicht das passende Signal sie auslöst.« (Autrum ›Nachrichtenwesen Mensch‹)

Einer dieser Schlüsselreize ist die mütterliche Zuneigung. Ihre Wirkung ist mit Händen nicht zu greifen, aber wenn sie fehlt, bleibt die Signalfolge für mitmenschliches Empfinden aus. Blind geborene Kinder entwickeln sich unter dem Einfluß mütterlicher Liebe völlig normal. Sie lächeln ebenso früh wie sehend geborene Babys. Aber sehend geborene Kinder, die mütterliche Zuneigung entbehren müssen, können lange Zeit nicht lächeln. Vielfach erkranken sie an »Hospitalismus«: Sie erleiden körperliche Schäden, kränkeln dahin und entwickeln sich ungewöhnlich langsam. Die körperlichen Anzeichen verdeutlichen wahrscheinlich nur annähernd, welche seelischen Schäden diese Kinder davontragen, und es ist fraglich, ob sie wichtige und wertvolle Empfindungen bestimmter Art überhaupt entwickeln können.

1960, 1962, 1963, 1965 stiehlt und raubt Klaus Gosmann aus Nürnberg und erschießt unschuldige Menschen. Am 1. Juni 1965 wird der »Mittagsmörder« gefaßt und vor Gericht gestellt. Dort mißt man einigen seiner Angaben offenbar keine große Bedeutung bei, denen über sein Empfinden bei den Mordtaten. Wörtlich erklärt Gosmann: »Ich habe fremde Menschen gar nicht als Menschen aufgefaßt. Obwohl es komisch klingt, fremde Men-

schen waren für mich wie Sachen. Es war vielleicht irgendwie schlecht, daß ich Menschen mit Schüssen getötet habe. Mit Schießen – das geht so schnell. Im nächsten Moment, da geht der Schuß los. Das ist nicht rückgängig zu machen.«

Es ist erstaunlich, daß diese bemerkenswerte Aussage so wenig Resonanz bei den Kriminologen, Psychologen und Verhaltensforschern gefunden hat. Ganz offenbar hatte Gosmann kein Gefühl für den Wert fremden Lebens entwickelt. Entweder fehlte ihm im Erbgrund die Fähigkeit, ein solches Mitempfinden zu entwickeln, oder es fehlte in seinem Leben der Schlüsselreiz, der diese Signalfolge entblockt hätte. Schon vor der Geburt oder aber in der Kindheit wurde bei ihm möglicherweise der Grund für späteres verbrecherisches Verhalten gelegt. Wie vielen Kindern mag Ähnliches widerfahren?

Erzogen wird indes nicht nur in der Kindheit. Der Erziehungsprozeß setzt sich beim Jugendlichen fort. Er endet gemeinhin erst mit der »sozialen Reife«, mit der Bereitschaft oder der Notwendigkeit also zur Einordnung in ein soziales System.

Noch vor einem halben Jahrhundert begann die Pubertät mit etwa 15 Jahren und endete etwa im 20. Lebensjahr, mit dem Ende der Berufsausbildung. Körperliche Ausformung und geistiges Wachstum stimmten einigermaßen überein. Heute dagegen setzt die körperliche Entwicklung wesentlich früher ein als die geistige Ausformung. Unter den Begriff »Jugend« fallen heutzutage mindestens zehn Jahrgänge, fast ein Sechstel der Bevölkerung, zudem der körperlich leistungsstärkste Teil der Gesellschaft. Der zahlenmäßige Anteil der Jugend hat sich in 25 Jahren mehr als verdoppelt. Und jeder einzelne aus dieser Gruppe muß während dieser Entwicklungsstufe zwei wesentliche Aufgaben lösen: die der körperlichen Ausformung und die der sozialen Einformung. Die Schere zwischen beiden Vorgängen klappt immer weiter auseinander, und schon diese Tatsache bringt eine Fülle von Erziehungsproblemen und Konflikten mit sich.

Die Kluft zwischen dem körperlichen Vermögen, dem »Können«, und der gesellschaftlichen Erlaubnis, dem »Dürfen«, verbreitert sich. Die Gesellschaft räumt dem körperlich erwachsenen Jugendlichen nicht den Platz ein, den er aufgrund seiner körperlichen Möglichkeiten einnehmen zu können glaubt. Der Jugendliche gerät mit seinen physischen Möglichkeiten schon früh in Verbotszonen, die von Erwachsenen für Jugendliche errichtet wurden. Bestätigung und Anerkennung findet er nur bei seinen Altersgenossen.

Daraus ergibt sich ein Gemeinschaftsempfinden. Die Jugendlichen solidarisieren sich gegen die Erwachsenen. Und gemeinsam versuchen sie, jene überlieferten Ketten zu sprengen, die man ihnen anlegte, als Jugendliche körperlich wirklich noch Jugendliche waren. Aus diesem Gemeinschaftsempfinden entstehen die Übermutstaten, die im Kollektiv begangen werden und oft den Anschein bitterer Heiterkeit erwecken. Hinzu kommt ein Erlebnishunger, der durch die körperliche Entwicklung ständig neue Maße gewinnt, aber infolge gesellschaftlicher Schranken nicht gestillt werden kann. Der Reiz des Verbotenen lockt in das Abenteuer, ins Grenzgebiet der Übergriffe auf fremdes Eigentum, wie aber auch zum sexuellen Erlebnis. Abenteuerlust und Geltungssucht werden jedoch nicht zuletzt durch die finanziellen Gegebenheiten so stark eingeschränkt, daß für den Jugendlichen der Versuch naheliegt, die Schranken mit Gewalt zu durchbrechen. Gleichzeitig entsteht ein Hang zur Nestflucht (Fernweh), der von lebhaftester Abscheu gegen den Nestgeruch begleitet ist. Diese Umstände finden ihren Niederschlag in einem ausgeprägten Kameradschaftsgefühl der Jugendlichen untereinander. Selbst wenn Erwachsene einen einzelnen dieser Altersgruppe verurteilen, kann er des Mitgefühls seiner Altersgenossen sicher sein. Während der körperlichen Ausformung werden überschüssige Kräfte entwickelt, deren Grenzen dem Jugendlichen noch nicht so recht bewußt sind. Ebenso muß er die Grenzen des Erlaubten erst durch Experimente an der Umwelt erleben. Auch daraus ergibt sich der Hang zum sexuellen Erlebnis und zum Versuch, die Umwelt durch Abenteuer in den Griff zu bekommen.

Die gesellschaftliche Einformung war seit jeher mit Schwierigkeiten verbunden. Für den Jugendlichen wechselt die Umwelt ständig ihr Bild. Er erlebt immer größere Lebensbereiche, sieht sich in immer größere Gemeinschaften hineinversetzt. Aus der Familie heraus wächst er in die Schule, in einen Betrieb, in eine

ganze Gesellschaft. Sein inneres Weltbild erweitert sich fast täglich, die Verständnisebene wird breiter.
Und auch hier kollidiert der Jugendliche mit der Welt der Erwachsenen: Scheinbare Wahrheiten verkehren sich in ihr Gegenteil, erweisen sich als Heuchelei. Der junge Mensch erlebt den furchtbaren Erziehungsgegensatz: »Macht das, was ich sage, aber nicht das, was ich tue.«
Gewiß, der Bruch mit der Autorität des Elternhauses ist eine Notwendigkeit, der kein Mensch entgeht. Die Anerkennung der allmächtigen Autorität des Vaters oder des Lehrers mit ihrem scheinbaren Allwissen weicht langsam der Skepsis. Die Erkenntnis, daß auch Vater und Lehrer »nur« Menschen sind, wandelt sich um in die eigene Beurteilung der gesamten Umwelt.
Dieser Bruch vollzieht sich niemals schmerzlos und muß Aggressionen auslösen. Diese Aggressionen richten sich regelmäßig gegen die Kraft, die den Jugendlichen in der Bewahrung halten möchte, in erster Linie also gegen Schule, Lehrherrn und Elternhaus. Sind aber Schule, Lehranstalt und Elternhaus keine echten Autoritäten mehr, dann richtet sich die Aggression auf andere Bereiche und stößt schließlich an die Grenzen der gesellschaftlichen Toleranz; an jene Grenzen, die der Staat durch Gesetze errichtet hat und mit seiner Autorität bewacht.
Die Jugend der westlichen Länder findet eine Welt vor, in der die ältere Generation aus diesen oder jenen Gründen schwer an der Last verhängnisvoller Fehler trägt. Ein Weltkrieg mit 55 Millionen Toten, die Existenz der Wasserstoffbombe, die permanente Bedrohung durch den Ost-West-Konflikt, der Gegensatz zwischen Überfluß und Wohlstand im Westen, Hunger und Seuchen in der Dritten Welt – all das stellt der Erziehergeneration kein gutes Zeugnis aus.
Für die Jugend der Bundesrepublik leuchtet zudem das Fanal der totalen Menschenverachtung aus der Zeit des Nationalsozialismus in unsere Tage herüber. Millionen Menschen wurden aus unbegreiflichen Gründen in den Tod geschickt, scheinbar mit Zustimmung der Personen, die sich heute um Wertvorstellungen zu bemühen scheinen und dabei Wertvorstellungen nachgelaufen sind wie »Du bist nichts, Dein Volk ist alles« – und die heute

kopfschüttelnd zugeben müssen, daß man sie zumindest »mißbraucht« hat.
Eine solche getäuschte, mißbrauchte und schuldig gewordene Generation hat sich um jede Glaubwürdigkeit gebracht – und sie weiß es. Daher rührt die unbewußte Unsicherheit beim Umgang mit der nachwachsenden Generation. Da überkommene Erziehungsformeln ohnehin leergelaufen sind, verzichtet man vielfach auf neuartige Versuche, oft genug aus Hilflosigkeit.
Das Erziehungsideal »Früher, zu unserer Zeit ...« reicht einfach nicht aus. So ergeben sich aus Heuchelei, Unglaubwürdigkeit und Unsicherheit im Erziehungsstil Diskrepanzen und Mißverständnisse. Schließlich lehnt der junge Mensch die angebotenen Verhaltensweisen und -normen ab. Der uralte Generationskonflikt gewinnt neue, schärfere Konturen, nicht zuletzt auch infolge der totalen Denk- und Wissensrevision der letzten zwanzig Jahre. Noch unseren Großvätern genügte eine Schulbildung für das ganze Leben. Heute verändert sich das Wissen so schnell, daß jedermann mindestens alle zehn Jahre seinen Wissensstand den veränderten Gegebenheiten anpassen und auffrischen müßte. Das geschieht indes nur in geringem Maße. Und so nimmt es nicht wunder, wenn die Erziehergeneration mit ihrem Wissen zwei Jahrzehnte hinter der Zeit herhinkt, vielfach nicht einmal mehr in der Lage ist, den Sechs- bis Zehnjährigen bei den Schulaufgaben zu helfen. Daraus ergibt sich ein Überlegenheitsgefühl schon der Kleinen gegenüber der Elterngeneration, das seinen Ausdruck in der Verachtung für die alten Gesellschaftsformen findet.
Der junge Mensch sieht nicht mehr die Eltern, nicht mehr den Lehrer als Vorbilder – er läuft Leitbildern aus anderen Informationsquellen nach. Doch diese Leitbilder wollen in der Regel nicht erziehen, sondern zum Konsum verführen. Die Erziehung unserer Tage führt zur Konsumgier.
»Jeder achte Deutsche ist älter als 65 Jahre, jeder dritte älter als 45. In der westdeutschen Werbung hingegen sind ältere Menschen eine Rarität.
Die Generation der Fünfzehn- bis Fünfunddreißigjährigen ist Konsum-Leitbild für Zahnpasta, Kognak, Fußbodenreiniger, Käse, Banken, Waschmaschinen. Selbst für Pfandbriefe, Kopf-

weh-Tabletten und Gebißhaftkreme muß heute jugendlicher Charme herhalten.
Die übermäßige Zurschaustellung der Jugend in Deutschlands Werbung ist nach Auffassung vieler Werbepsychologen ein getreues Spiegelbild der heutigen Gesellschaft, in der Alter und Krankheit immer mehr verdrängt werden.« (›Düsseldorfer Nachrichten‹)
Zwar mögen Eltern immer noch versuchen, ihre Kinder unter den Leitmotiven »Achtung, Beständigkeit, Bescheidenheit« zu erziehen, aber diese Ideale werden nicht mehr anerkannt. Sie zerbrechen an dem Vorurteil, daß Altsein weitgehend identisch sei mit rückständig sein. Das außerelterlich vermittelte Gesellschaftsbild ist offenbar besser auf den jungen Menschen zugeschnitten: auf einen Menschen mit der optimalen Fähigkeit, sich einer ständig sich wandelnden Welt anzupassen.
Außerdem hat die Jugend das Bewußtsein ihrer Eigenart gewonnen. Sie empfindet sich als eine Daseinsform mit eigenem Wert, das Leben als Jugendlicher wird zum Selbstzweck. Hier wird nicht mehr Jugend als Übergangsphase gesehen mit dem Ziel, möglichst bald erwachsen zu werden, im Gegenteil! Wer erwachsen ist und allmählich in die Jahre kommt, bemüht sich darum, möglichst lange jugendfrisch zu bleiben und zu erscheinen. Die »Rüpel«, die »Rocker«, die »Halbstarken« und die »Mods« sind konkretisierte Halluzinationen des bürgerlichen Blicks, der das Neue dieser Lebensformen und ihre Tragweite nicht anerkennen will.
»Und in ihren Konzerten wird ein halbes Jahrhundert süßlicher Unterhaltungsmusik einfach zerstampft.
Eine Schallmauer von hunderttausend Elektrogitarren trennt einen Großteil der heute Vierzehn- bis Fünfundzwanzigjährigen von der Schlagermusik der Erwachsenen – und zudem von allem, was ihren erfolgreichen Vätern wertvoll erscheint. Denn Beat und Rock und Pop sind mehr als nur Musik: Sie artikulieren eine mächtige Jugend- und Kulturrevolution.
Während Eltern und Erzieher sich noch bemühen, den Nachwuchs auf die Ideale der Leistungsgesellschaft, auf Konsum und Kommerz, einzuschwören, ziehen die ›Kinder von Karl Marx und

Coca-Cola‹ (Filmregisseur Godard) in Kaftans und Saris, afghanischen Felljacken und Maximänteln durch einen von Haschischwolken und Drogenphantasien erfüllten Underground.
Je stärker der berufliche Leistungsdruck – bei verkürzter Arbeitszeit – in den westlichen Industrienationen anwächst, je mehr sich Lehrlinge, Schüler und Studenten auf komplizierte Produktions- und Lernprozesse konzentrieren müssen, desto größer wird offenbar ihr Bedürfnis nach Freizeit, in der außer Eintrittsgeld nichts von ihnen gefordert wird.
Deshalb pilgern die jungen Arbeiter und Akademiker nach Feierabend aus Fabrikhallen und Hörsälen in Beatschuppen und Popkonzerte; deshalb suchen sie am Wochenende unter der Lärmglocke der Rock-Festivals Asyl. Dort haben sich die verlorenen Söhne und Töchter zu einer jugendlichen Anti-Gesellschaft mit neuen Wertnormen und Verhaltensweisen formiert. Dort gilt das Lust- und nicht mehr das Leistungsprinzip.« (DER SPIEGEL).
Eine zahlenmäßig starke, umworbene Gruppe, die sich ihrer Eigenarten wohl bewußt ist, ausgestattet mit Freiheiten und Aktionsmitteln nie gekannten Ausmaßes, muß die neue Welt verarbeiten und bewältigen – ohne Kanalisierung des Tätigkeitsdranges und ohne sanktionierte Kraftentladungen.
In einer gründlichen Untersuchung, die alle wesentlichen Forschungsergebnisse zu diesem Thema berücksichtigt, kommt Monahan zu der Feststellung:
»Im großen und ganzen steht fest, daß die Stabilität und Kontinuität des Familienlebens einer der wichtigsten Faktoren des Jugendlichen ist. Eine große Minderheit innerhalb der Bevölkerung zeigt durchgehend die doppelte Durchschnittsrate gesellschaftlich unvollständiger Familien und die doppelte Durchschnittsrate von Delinquenz (Straffälligkeit).«
»Die Familie überträgt nicht nur sozial akzeptierte Werte auf die nächste Generation, sie schützt darüber hinaus das Kind vor dem Einfluß abweichender Verhaltensweisen. Je besser eine Familie integriert ist, desto erfolgreicher ist sie in der Abwehr antisozialer Einflüsse.« (Toby)
An der Integrationskraft der Familie fehlt es aus vielerlei Gründen ganz und gar. Oft ist das Elternhaus nur noch ein Platz, an dem

die Autoschlüssel aufbewahrt werden, selbst wenn die Familie äußerlich intakt erscheint.
Die Einflüsse der Umwelt, Begehrlichkeit aus allgemeinem Wohlstand, Besitzwechsel als natürliches Lebensprinzip und die verlorengegangene Erziehungskraft der Familie lassen die Reaktion der Jugend verständlich werden: Die jungen Menschen reagieren durchaus »normal« – durch abweichendes Verhalten gegenüber den Normen einer vergangenen Ordnung.

Die neuen Triebe

Die alten Wurzeln des Verbrechens ziehen Säfte, beschleunigen das Wachstum und lassen schließlich neue Triebe sprießen. Dem alten Wurzelwerk entsproß in den letzten 20 Jahren überall eine neue Kriminalität. Seit die neue, die technische Umwelt breite Bevölkerungsschichten erreicht, rollt die Verbrechenslawine. Sie wächst in dichtbesiedelten Gebieten schneller an als in ländlichen Bereichen, sie wächst seit jenen Tagen, da Film, Comic strips, Fernsehen den Menschen erreichen. Und schließlich überflutete genau während der kritischen Jahre eine Welle von Kraftfahrzeugen die Industrienationen. Ursprünglich ein Gegenstand zur schnelleren Fortbewegung, ein Hilfsmittel, wandelte sich das Auto immer schneller zum Gegenstand heftigster Bewunderung und schwärmerischer Sehnsucht.

Damit sind die wesentlichen Faktoren der neuen technischen Umwelt schon aufgezählt, soweit sie jeden Tag in das Leben des einzelnen eingreifen. Damit soll die technische Revolution im unmittelbaren Lebenskreis – in der Küche, bei der Arbeit – nicht geleugnet werden, damit wird auch die Eroberung des Mondes nicht geringgeschätzt. Doch in den unmittelbaren Lebenskreis sind diese Faktoren nicht so stark integriert wie Fernsehen, Auto und zunehmende Besiedlungsdichte. Diese neuen Triebe der technisierten Umwelt verdienen eine genauere Betrachtung, wenn man den Ursachen des Verbrechens auf die Spur kommen will.

Die zunehmende Besiedlungsdichte läßt den eigenen Nachbarn in der Großstadt zum Fremden werden, sie baut Aggressionen auf, fördert den Hang zum Gewaltverbrechen. Denn wo die Menschen enger zusammenrücken, schlägt die Zuwachsrate des Verbrechens wahre Purzelbäume. Hier also liegen mit Sicherheit Gründe dafür, daß Menschen die Normen mißachten.

Darüber hinaus dürfte ein Blick auf die Zusammenhänge zwischen Verbrechen und Motorisierung lohnen, nachdem sich bereits herausgestellt hat, daß ein gewaltiger Prozentsatz der Verbrechen entweder mit dem Auto, am Auto oder für die Anschaffung eines Autos begangen werden.

Endlich aber soll auch ein Blick »hinter« die TV-Scheibe geworfen werden. Der Streit der Gelehrten – und der weniger Sachkundigen – über Wert oder Unwert der totalen Information und Beeinflussung ist zwar noch in vollem Gange, doch zeichnen sich Ergebnisse zumindest schemenhaft ab.

Der Reiz der Großstadt

Erste Natur – zweite Natur

Je stärker eine Region städtischen Charakter trägt, desto höher ist das Verbrechensrisiko. Die Kriminalität wächst den dichtbesiedelten Regionen zu, sie wächst dort weit schneller als die Bevölkerungszahl. Diese Erkenntnisse, die in der amerikanischen Kriminalsoziologie längst als gesichert gelten, haben sich auch für die Bundesrepublik als gültig erwiesen.
Die Gefahr, ausgeraubt zu werden, ist in bundesdeutschen Großstädten achtmal so hoch wie auf dem Land. Der Großstadtbewohner wird dreimal häufiger als der Landbewohner Opfer einer schweren Körperverletzung. Kraftfahrzeugdiebstähle ereignen sich in der Großstadt siebenmal häufiger als in Landgebieten.
Natürlich spielt dabei die Zahl der Gelegenheiten zur Ausführung von Verbrechen eine bedeutsame Rolle, doch die Vielzahl der Möglichkeiten allein erklärt noch nicht den Sachverhalt.
Nirgendwo in der Welt zeichnet sich beim Großstadtverbrechen eine rückläufige Tendenz ab. In Millionenstädten klettert die Zahl der Straftaten weiter und wächst sich dort regelmäßig zur Gewaltkriminalität aus. New York, London und Tokio unterscheiden sich äußerlich und atmosphärisch so stark voneinander, daß man sie kaum miteinander verwechseln wird. Außer der ungewöhnlich großen Fläche und der hohen Einwohnerzahl haben sie nicht viel miteinander gemeinsam – bis auf die spezielle Großstadtkriminalität. Sie beherbergen meist aktive Gangsterbanden, leiden in ungewöhnlich starkem Maße unter dem organisierten Verbrechen und zeichnen sich durch überdurchschnittlich viele Jugendstraftaten aus.

Allenthalben bestätigt sich also die Behauptung, daß dichtes Siedeln, Zusammenleben auf engem Raum, die Verbrechensraten in die Höhe schießen läßt. Vor diesem Hintergrund gewinnt die Tatsache Bedeutung, daß die Weltbevölkerung so schnell wie nie zuvor anwächst.

Während des letzten Jahrhunderts hat sich die Erdbevölkerung verdoppelt; aus 1,2 Milliarden Menschen des Jahres 1850 wurden bis 1950 bereits 2,5 Milliarden. Die Gesamtzahl aller gegenwärtig lebenden Menschen ist so hoch wie die Zahl aller Menschen, die jemals zuvor auf der Erde gelebt haben.

Das Leben von morgen wird ein Stadtleben sein. In Mittel- und Westeuropa wachsen die Kleinstädte zu Mittelstädten, die Mittelstädte zu Großstädten, und die Großstädte wachsen untereinander zusammen. Im gegenwärtigen Stadium entstehen im Einzugsbereich der Großstädte riesige »Wohnschwämme«, Eigenheime und Massensiedlungen werden aus dem Boden gestampft. Amerikanische Erfahrungen lehren, daß die bisherige Großstadtkriminalität wie ein Krebsschaden in diese Siedlungen hineinwuchert und dort ähnlich ausufert wie bisher in den Großstädten. Die allgemeine Verstädterung des Lebens wird sich fortsetzen. Schon in den nächsten Jahren werden weitere Arbeitskräfte aus Land- und Forstwirtschaft frei und vermehren dann das Heer der Industriearbeiter. Städtische Produktions- und Absatzmethoden greifen immer weiter um sich, die Lebensführung wird immer stärker vereinheitlicht. Große Unterschiede zwischen Stadt- und Landleben gibt es infolge des Einflusses der Massenmedien schon jetzt nicht mehr. Auch in den Kleinstädten und auf dem Land »verstädtern« die Lebensgewohnheiten. Das läßt auch auf dem Sektor der Kriminalität großstädtische Entwicklungen befürchten.

Vor hundert Jahren lebten auf dem Gebiet der heutigen Bundesrepublik nur fünf Prozent aller Bürger in den Städten, im Jahre 1980 werden voraussichtlich nur noch sieben oder acht Prozent auf dem Lande leben. Diese gewaltigen Veränderungen müssen zwangsläufig zu einer anderen Kultur führen. Die überlieferten Verhaltensnormen, Gruppenwerte und Gruppenziele überstehen einen so radikalen Wandel innerhalb weniger Generationen nicht unbeschadet. Der Mensch unserer Tage ist für das, was diese Zeit ihm abfordert, vermutlich nicht gut genug gerüstet.

Die Jäger der Frühzeit benötigten einen Lebensraum von acht bis zehn Quadratkilometern, um existieren zu können. Für sie bedeutete dieser Raum zugleich Fleischvorrat, den es einzubringen galt. Ein bestimmtes Gebiet konnte auch nur eine bestimmte Zahl von Menschen ernähren. Zu viele hungrige Mäuler führten zum Raubbau an den Vorräten der Natur und schließlich zur Hungersnot. Die Folge – Unterernährung – stellte das Gleichgewicht zwischen Angebot und Nachfrage wieder her. Als »moralisch« galt der Schutz des eigenen Lebensraumes gegen das Eindringen fremder Jäger. Eingriffe in das Tierreservoir eines anderen erwiesen sich als Verletzung elementarer Lebensbedürfnisse – als Kapitalverbrechen.

Die später folgenden Hirten konnten auf einem Quadratkilometer bereits zehnmal soviel Menschen ernähren wie die Jäger. Doch sie benötigten Weideland und Stallungen, damit ihre Tiere überleben konnten. Nun erwies sich eine unberechtigte Benutzung fremden Weidelandes oder die Vernichtung der Ställe als todeswürdiges Verbrechen. Wieder wurden Unrechtshandlungen am Maßstab der möglichen Existenzvernichtung gemessen.

Die Einführung des Ackerbaues erlaubte es schon, 50 bis 70 Menschen auf einem Quadratkilometer anzusiedeln. Als auch diese Dichte überschritten wurde, entstanden Raubkriege und Eroberungsfeldzüge, oder die Bevölkerung wanderte aus. Zugleich entstand der Handel. Nun wurde der Bruch einer Abmachung oder eines Vertrages mit Sanktionen versehen. »Ein Mann, ein Wort«, der Handschlag oder ähnliche bindende Versprechen fanden Eingang in die moralische Wertskala.

Die industrielle Zivilisation erlaubt die Existenz von 300 und mehr Menschen auf einem Quadratkilometer. Dieses enge Zusammenleben erfordert aber auch wieder neue Verhaltensweisen, die sich zu neuen Anschauungen über Gut und Böse ausformen.

Hier zeigt sich nun, daß die Strafgesetze in ihrer heutigen Form aus vorindustrieller Zeit stammen und im Grunde das Landleben dieser vorindustriellen Epoche regulieren sollten.

Diese Feststellungen der Soziologen finden eine Ergänzung in den Aussagen der Verhaltensforscher. Morris (›Der nackte Affe‹) überprüfte das Verhalten moderner Großstadtbewohner und suchte nach Ursachen dafür in der ererbten Instinktausrüstung des Menschen. Ein Geländeausschnitt mit einem Durchmesser von 30 Kilometern war ehedem das Revier von etwa 60 Leuten. Eine Million Jahre lang lebte der Mensch in kleinen Stämmen. Er gehorchte seinem Führer, liebte seine Frau, zog seine Kinder groß und ging mit den Stammesgenossen gemeinsam auf die Jagd.
Heute leben auf einem ebenso großen Gelände in der Großstadt sechs Millionen Menschen. Sie bilden einen »Superstamm«. Auf jedes Individuum vom Schauplatz Altsteinzeit kommen heute 100000 Individuen.
Mit einer Instinktausrüstung für das Jägerleben in kleinen Horden versehen, findet sich der Mensch im selbstgeschaffenen komplizierten Leben der zivilisierten Massengesellschaft. Blieben die Spannungen der Kämpfe um Rang und Ansehen, um den Status in Horden und Herden begrenzter Größenordnung noch erträglich, so wird im Superstamm auf engem Raum um den Superstatus gerangelt. Begnügte sich der Stammesangehörige der Jägerhordenzeit noch mit schlichtem Sex, so gelüstet es ihn im Superstamm nach Supersex.
Für den primitiven Menschen waren Nahrungs- und Schutzsuche, Aufzucht der Nachkommen und Verteidigung des Reviers noch eine anstrengende Ganztagsbeschäftigung. In der Stammesgemeinschaft als Jäger war der Mensch ein »Überlebens-Arbeiter«, nur vergleichbar den wilden Tieren, die auch Tag für Tag neu auf Beutesuche gehen mußten. Im Menschen-Zoo unserer Tage dagegen sind die elementaren Überlebensprobleme gelöst: »Wie ein gigantisches Muttertier schützt die Welt des Zoos ihre Insassen.« Aber die tierischen wie die menschlichen Gehege-Bewohner betreiben eine ausgeklügelte Suche nach Ersatzbestätigung und -beschäftigung.
Der Briefmarken- und Bierdeckelsammler jagt eifrig papierenes Wild. Eine große Industrie deckt den Bedarf an Reizen, die das »gefährliche Leben« immer noch ausstrahlt: Sie produziert Kriminalromane, Filme, Fernsehspiele, die es dem Nachfahren der

Jäger erlauben, in Verführung, Schändung, Ehebruch, Hunger, Raub, Mord und Totschlag zu schwelgen, ohne daß er seinen Sessel verlassen müßte.
Immer ergaben sich durch zunehmende Verdichtung, durch neue Formen der Besiedlung auch Veränderungen der Sitten, des Denkens und des Verhaltens. Die Beziehungen der Menschen untereinander organisierten sich nach neuen Plänen, es entstanden neue Prinzipien und neue Motive für abweichendes Verhalten.
Doch die zunehmende Verdichtung durch den Beginn des industriellen Zeitalters blieb lange Zeit ohne die Folge des Bewußtseinswandels. Erst jetzt wirkt sich auf diesem Gebiet aus, was schon vor Jahrzehnten seinen Anfang nahm. Plötzlich verlieren die alten Etiketten für Gut und Böse ihre Wirklichkeitsbezogenheit und Überzeugungskraft, aber nicht etwa in einem demonstrativen, bewußten Akt der Provokation, sondern vielmehr als Reaktion auf die neue technische Umwelt.

Arena mit vielen Möglichkeiten

Die Besiedlungsdichte der Bundesrepublik läßt keine sprunghaften Entwicklungen mehr zu. Dem Menschen bleibt gerade noch die Wahl zwischen verschiedenen Formen des Stadtlebens. Und hier muß er nun ein völlig anderes Leben führen, als er aus Erziehung und Erlebnis vermutet.
Schon der tägliche Lebensrhythmus ist nicht mehr den natürlichen Anforderungen angepaßt, sondern orientiert sich am Rhythmus der Produktion. Die Stadt kocht über, wenn sich Arbeitsbeginn und Arbeitsende abzeichnen. Aufstehen und Zubettgehen hängen einzig und allein von den Forderungen der Produktion ab, keineswegs vom natürlichen Schlafbedürfnis oder vom Lebensrhythmus des einzelnen. Der Nachtarbeiter muß sich mit dem Aufstehen den Erfordernissen der Produktion anpassen, der Spätschichtler kann keine Rücksicht darauf erwarten, daß seine beste Arbeitszeit eigentlich in den frühen Morgenstunden liegt.
All das zwingt den Betroffenen eine technisierte Umwelt auf, in die sich die Vorfahren oder der Mensch selbst mehr oder weniger unfreiwillig begeben haben.

Für den Stadtzuwanderer ist diese städtische Welt zunächst nur verlockendes Ziel, nach der Ankunft wird sie zur fremden Wüste, dann Kampfplatz um die Existenz – niemals aber in der ersten Generation Heimat.

Bei dem Sprachverschleiß durch mißbrauchtreibende Diktaturen ist es leider notwendig hinzuzufügen, daß der Begriff Heimat ohne Sentimentalität und ohne falschen Glanz verwendet wird. Im ursprünglichen Sinne verband sich mit dem Wort Heimat die Vorstellung von Geborgenheit, von Bekanntem, Vertrautem und Liebgewordenem, von dem sich der Mensch ungern trennt.

In der kleinen, oft engen Heimat handelte der Bürger unter den prüfenden Blicken aller Mitmenschen. Er war in ein überschaubares System von Beziehungen eingebettet, die ihn hielten und ihn auch in Krisenzeiten vor abweichendem Verhalten bewahrten. All das fordert die Stadt nicht von ihm, aber sie gibt ihm auch keine Stütze.

Er tritt als »bindungsloser« und damit von vielen Rücksichten befreiter Gast in eine fremde Umgebung, in eine andere Gesellschaft, in der er seinen Platz erobern muß und will. Er strebt an die Futterkrippe, aber er erreicht sie nur im Alleingang. In der Gesellschaft, in der jeder mit jedem konkurriert, müssen die Ellenbogen zum Einsatz kommen. Läßt der Zuwanderer es aber am Willen zur Selbstbehauptung fehlen, rutscht er bald in das Heer der Gescheiterten und Gestrandeten ab. Damit steht er schon an der Pforte zum Verbrechen.

Der andere aber, der sich durchsetzt, muß frei sein von allzu kleinlicher Rücksichtnahme und eben aus diesem Grunde auch fünf gerade sein lassen. Jeder Zuwanderer bedarf einer gewissen Härte und eines gewissen Egoismus, um sich durchzusetzen, zumal diese Eigenschaften ihm in der industriellen Berufswelt fast automatisch aufgezwungen werden.

Härte und Egoismus kennzeichnen den Typ des Zu- und Auswanderers. Als im vorigen Jahrhundert die Armen und Ausgebeuteten Europas die Chance zum Übergang in die Neue Welt erhielten, zogen die vitalsten und aktivsten Vertreter dieser Klassen aus. Die Entschlußlosen und Leistungsschwachen fanden sich auch unter den erbärmlichsten Umständen nicht dazu bereit, den angestammten Platz zu verlassen. So bildet jeder zusammengefaßte Kreis von Zuwanderern eine Gesellschaft mit erheblicher Aktivität. Diese aktiven und energischen Charaktere treffen nun im Konkurrenzkampf wieder aufeinander, und sie bestimmen dann auch sehr bald die Form der Auseinandersetzung – eine ziemlich rauhe Gangart ist die Folge. Der Wilde Westen war nicht zuletzt deshalb so wild, weil die Einwanderer eine zupackende und rauhe Art haben mußten, um zu überleben und gleichzeitig die Konkurrenten zu besiegen. Scheitern solche Charaktere durch die Ungunst der Verhältnisse, neigen sie leichter als der Entschlußschwache zum Grenzverhalten gegenüber dem Erfolgreicheren. Dann wiegt das Eigentum des anderen notfalls weniger, und Menschenleben werden billiger als gewöhnlich gehandelt.

Ähnlich wie die Amerika-Auswanderer fühlt sich der Einwanderer in eine Großstadt. Die Stadt bietet sich ihm als Kampfplatz dar. Und hier findet er »Gegner« vor, die nicht – wie die Mitbewohner eines Dorfes – aus einem langen Zusammenleben gewisse Rücksichten erwarten dürfen. Diese traditionelle Hemmung des Landbewohners fällt sofort aus. Darüber hinaus aber unterliegt die Auswahl der Mittel und Methoden nur noch seiner eigenen Kontrolle, da kein Nachbar sein Verhalten überprüft und keine unredliche Handlung sich über Generationen als Gesprächsstoff erhält.

In dieser Fremde trifft der Neuankömmling auf ein faszinierendes, buntes Leben. Wer Geld hat, kann hier unbeschwert vielen Verlockungen folgen und den verschiedensten Vergnügungen nachgehen. Aber gleichzeitig trifft er auch auf eine ungeahnte Fülle von Gelegenheiten, Straftaten scheinbar ohne Risiko auszuführen und sich damit sofort in die rechte Startposition für das glitzernde Leben zu bringen. Überall stehen Fahrzeuge, häufig genug ungesichert, zum schnellen Einsteigen bereit. Zudem verlokken Wertgegenstände in den Autos dazu, sie mit schnellem Griff in Besitz zu nehmen.

Wertvolle Ware, angepriesen durch eine überredende Reklame, liegt in Selbstbedienungsläden scheinbar unbeaufsichtigt herum und führt selbst Charakterstarke in Versuchung. Automaten aller Art bieten sich in dunklen Straßenzügen zum Aufbrechen an.

In Hochhäusern mit zahllosen Büroräumen kann, wer Beute machen will, Etage um Etage heimsuchen und nach dem Motto »Kleinvieh macht auch Mist« alles einstecken, was irgendwie Gewinn verspricht. Neubauten und halbfertige Häuser laden dazu ein, Heizkörper, Kücheneinrichtungen oder Badezimmer auszubauen und abzutransportieren. Halbe Häuserblocks und zahllose Eigenheime stehen in den Ferien oder an Wochenenden leer. Wenn die Besitzer vergessen haben, Milchmann und Zeitung abzubestellen, ist es kein Problem zu erkunden, welches Haus unbeaufsichtigt und unbewohnt ist. Schließlich sind noch zahllose Schaufenster bis zum Platzen mit Waren gefüllt. Hier genügt als wirksames Einbruchswerkzeug ein schlichter Pflasterstein.
Daß der geschickte Ganove sich in der Großstadt auch von Kuppelei und Zuhälterei, vom Geschäft mit dem Rauschgift und vom Betrug ernähren kann, sei nur der Vollständigkeit halber erwähnt.
So bietet die Stadt mancherlei Gelegenheit zur Straftat: Mädchen, Sachen, Fahrzeuge, Gebrauchsartikel, Geld. Und all das scheint nur darauf zu warten, daß jemand zugreift. Wem es nicht gelingt, sich in der Stadt auf ehrliche Art durchzusetzen, dem kann es leicht geschehen, daß er einer der zahllosen Versuchungen erliegt.

Die einsame Heimat

Es kommt also darauf an, die verbrechensfördernden Faktoren schon in ihrem Anreizwert auf den jungen Menschen so weit wie möglich zurückzudrängen. Eine Erziehung zum sozialen Verhalten ist erforderlich und sollte durch enge persönliche Beziehungen zum einzelnen Mitmenschen oder zu Gruppen noch verstärkt werden. Der Jugendliche soll sich dazugehörig und mitverantwortlich fühlen, das Sozialverhalten der Gruppe soll ihn binden und ihn schließlich hemmen, wenn er Gefahr läuft, einer Versuchung zur Straftat zu erliegen.
Auch in der Stadt könnte so die spezifische Wirksamkeit der Heimat oder des Heimischseins zum Tragen kommen. Aber einen derartigen Erziehungs- und Eingliederungsprozeß erschwert

schon die Baugestaltung unserer Städte erheblich. Zuweilen gewinnt man den Eindruck, die Wohnmaschinen würden absichtlich so geplant und gebaut, daß nur ja niemand des anderen Freund oder guter Nachbar werden könne. Schon für den Augenschein bieten die kastenförmigen, uniformen und aussageschwachen Städte nur Unterkunft, eher Wohnhöhlenlandschaft als Heimat – Wüsten aus aufeinandergetürmtem Beton, Einsiedelei auf Zeit für große Menschenmassen.

Erst kommt die Arbeit und dann kein Vergnügen. Der Berliner Schriftsteller Peter Schneider schreibt: »Ich sehe Fenster, hinter denen Leute wohnen, die ich nur von daher kenne, daß sie die Vorhänge zuziehen, wenn sie mich am Fenster sehen, und die mich nur daher kennen, daß ich die Vorhänge zuziehe, wenn ich sie am Fenster sehe.«

1968 gab es einige weithin beachtete Auseinandersetzungen um das Märkische Viertel in Berlin.

»Die tristen Betonfassaden, wo Kinder wieder wie auf Zille-Hinterhöfen spielen und sich ein einziges Hochhaus über fast 100 Meter Breite hinzieht, sind ein Musterbeispiel für asozialen Wohnungsbau . . .

Bis 1972 sollen dort 16000 Wohnungen für mehr als 60000 Menschen errichtet werden . . .

Tatsächlich zählt diese Mammutsiedlung im Norden Berlins zu den trostlosesten Gewächsen der Beton-Architektur. Ganze vier Wochen(!) nahmen sich die Planer Zeit für den städtebaulichen Entwurf.

Als einzige größere Grünfläche auf dem insgesamt 370 Hektar großen Gelände blieben einige Schrebergarten-Areale unangetastet. Die Würstchenbuden sind vorerst die umdrängten Treffpunkte der Hochhausbewohner.« (DER SPIEGEL).

Solche Bilder kennt jeder neue Stadtbewohner längst. Er hat sich daran gewöhnt und damit abgefunden. So sollte man glauben. Im Falle des Märkischen Viertels erläuterten einige Bewohner auf präzise Fragen ihr Verhältnis zur neuen »Heimat«:

»Wenn ick dahinten um die Ecke komme, graust et mir schon, dann würd ick am liebsten wieder kehrtmachen – allet so tot und so leer.«

»Brutal sieht det hier aus, janz jemein, det stumpft doch ab – irjendwie.«

»De Kegelbahn, die haben se. Det bringt ja noch Jeld. Aber wat Vernünftjet für die Kinder – det is ja unwichtig.«

Solche Antworten, wenig durchdacht, aber doch zutreffend, zeigen in aller Deutlichkeit, daß eine Beziehung zwischen Lebensraum und Mensch vielfach kaum entstehen kann. Tausende, Hunderttausende werden in knapp dimensionierten Wohnmaschinen zusammengewürfelt. Hier müssen zwangsläufig Erziehungsfehler auftreten, deren Folgen dann womöglich ganz anderen Ursachen zugeschrieben werden.

Denn schon die erziehende Generation, die Eltern, wird von der Stadt geprägt. Schon die Voraussetzungen, unter denen ein junger Mensch erzogen wird, sind heute in der Stadt anders als früher auf dem Land. Heute stehen meist beide Elternteile aktiv im Arbeitsprozeß, müssen anders planen, als dies früher der Fall war. Frühehen, eine erhöhte Scheidungsquote, die strenge Trennung von Berufs- und Freizeitwelt sind äußere Kennzeichen der Veränderungen.

Zugleich bietet die Stadt jungen Eheleuten mancherlei Abwechslung und Annehmlichkeit, die ungern aufgegeben werden.

Hier setzt die Überlegung des Soziologen Alexander Mitscherlich an:

»Eine Mutter, die es lernen muß, mit ihrem ersten Kind zusammenzuleben, das ihr so viele Freiheiten, die ihr gerade unsere Zivilisation bisher gewährt hat, wieder nimmt, eine solche Mutter ist außerordentlich belastet, mehr als eine, die in ländlichen Verhältnissen mit den Hilfsmöglichkeiten einer Sippe diese Erfahrung zu bestehen hat.«

Verfolgen wir den Weg des Kindes weiter, so folgt der Phase der extremen Abhängigkeit eine zweite, in der Autonomiebestrebung und Abhängigkeit nebeneinander herlaufen. Damit fängt eine neue Leidensperiode der städtischen Kinder an. Denn ihre noch unkontrollierte Aktivität ist unausgesetzt ein Stein des Anstoßes, einfach schon deshalb, weil die Räume für kindliches Spiel sowohl in der Enge der Wohnung wie in der Enge großstädtischer Wohnareale fehlen. Aber Eigenraum für das Kind ist nun unerläßlich; ist für das Kind kein Eigenraum in der Wohnung gegeben, dann kollidiert es ununterbrochen mit der Mutter und mit anderen Erwachsenen bei deren Tätigkeiten. Die wachsenden Lebenskosten, die immer mehr Investition bezahlter Arbeit von Vater und Mutter notwendig machen, bewirken bei der Mutter zusammen mit dem Gefühl, daß ihre Tätigkeit in dieser Gesellschaft unterprivilegiert ist, leicht einen permanenten Zustand der Gereiztheit. Sie reagiert dann auch gar nicht aus der Einfühlung in ihr Kind, was ihr leicht möglich wäre, wenn sie gelassen zuschauen könnte, sondern sie zwingt es frühzeitig zu einer Überangepaßtheit, die seinem Alter nicht entspricht, vielmehr frühzeitig Autonomiebestrebungen durch Strafandrohungen zum Erlahmen bringt.

Doch die Anpassung an unwirtliche Städte, die dem erwachsenen Bürger zumeist noch gelingt, fällt Heranwachsenden zunehmend schwerer. »Im Winter oder wenn es regnet wissen wir kaum, wohin«, schrieb der Jugendliche Randolf Retzlaff über das Hamburger Neubauviertel Osdorfer Born an seinen Bürgermeister, »nirgends wollen sie uns haben ... Abends gammeln wir entweder draußen rum, oder wir müssen zu Hause vorm Fernseher hokken.«

Ähnlich die Klageschrift von acht Jungbürgern aus der Nürnberger Trabantenstadt Langwasser (in der insgesamt 8500 Kinder und Jugendliche wohnen) an ihren Pfarrer: »Wir dürfen nicht laut sein, wir dürfen nicht dort spielen, wo es uns Spaß macht ... Wir müssen auf die Erwachsenen und auf die Grünflächen Rücksicht nehmen und sollen möglichst überall verschwinden.«

Tagsüber allein auf sich gestellt, von der Umwelt weit stärker als früher belastet, in engeren räumlichen Verhältnissen als früher lebend, soll die Mutter nun einem Kind mehr mitgeben als früher. Und dabei muß sie diesem Kind heute Zugeständnisse und Freiheiten vorenthalten, die ehedem als lebensnotwendig oder wenigstens selbstverständlich galten. Wo das Kind früher problemlos herumtoben konnte, auf einem Bauernhof oder wenigstens einem ländlichen Einfamilienhaus, wo es auch einmal ein Loch in die Erde graben oder einen Maulwurf fangen konnte – da beginnen in der Stadt schon die Verbote, da enden in der Stadt bereits

die Möglichkeiten. Was auf dem Land zu den Bubenstreichen zählte, der Diebstahl eines halben Dutzend Äpfel aus Nachbars Garten, zählt in den »Gärten« der Stadt – den Selbstbedienungsläden – zu den kriminellen Delikten und wird als solches vergolten. Wo sollen sich jugendlicher Überschwang und natürliche Unbekümmertheit noch entfalten, wenn der junge Mensch schon in Kindestagen erfährt, daß es strafwürdig ist, den grünen Rasen vor einer Wohnmaschine auch nur zu betreten. Irgendwo muß den Grundbedürfnissen nach Betätigung und Entfaltung in ausreichendem Maße legal Platz eingeräumt werden, sonst lädt sich eine Aggressionsbatterie auf, die irgendwann der Entladung bedarf. Da genügt dann plötzlich ein unscheinbarer und kaum begreiflicher Anlaß, ungeheure Energien freizusetzen.
»Die Zahl sozial schlecht angepaßter Jugendlicher ist sehr groß. Das ist gewiß das Ergebnis vieler Faktoren, aber auch dieses einen, daß dem jungen Menschen zu wenig Bewegungsspielraum angeboten, daß er in einer übervölkerten Umwelt allein gelassen wird. Wut auf das Bestehende bricht mit großer Wildheit durch.«
»Es genügt festzuhalten, daß die späteren Charaktermerkmale der Beziehungslosigkeit, der Indifferenz der Roheit der Gefühlsbeziehungen, die Interesselosigkeit überhaupt, der intensive Zerstörungsdrang, den wir bei vielen Jugendlichen beobachten – und der als Zerstörungsdrang aller mitmenschlichen Beziehungen das ganze Leben lang erhalten bleiben kann – daß all diese antisozialen Verhaltensäußerungen ihre Wurzel in den nicht geglückten frühkindlichen mitmenschlichen Beziehungen haben.« (Mitscherlich)
Der Jugendliche vermag kein »soziales Ich« zu entwickeln, weil es dazu an Gelegenheiten und planvollen Ansätzen fehlt. »Solange das Kind in einer wenig bevölkerten Welt aufwuchs«, meint Mitscherlich, »war Spielraum eine ungefragte Selbstverständlichkeit. Das Abenteuer begann im nächsten Wald.«
Wo aber beginnt es in unseren Steinwüsten? Im Park, auf den Straßen, in der Gemeinschaft mit Gleichaltrigen. Die technische Umwelt bietet das traditionelle Abenteuer, das Erlebnis der Veränderung oder der Gefahr in völlig neuer Form. Niemand darf mehr ungestraft roden, umgraben, kultivieren, seine kleine Welt

erobern. Das Abenteuer mußte sich wandeln und fand eine Zeitlang im Sport einen Ersatz. Er fordert eine körperliche Leistung, bringt seelische Befriedigung, läßt aber die Skipisten, Fußballfelder und Schwimmbäder intakt zurück, nachdem der Mensch dort mit sich selbst und seinesgleichen gekämpft hat.
Aber schon Huxley vermutete 1930, daß bald die Sexualität den Sport als Abenteuer ersetzen würde, wenn die Möglichkeit bestände, das »Gelände nach Gebrauch intakt« zurückzulassen. Das Abenteuer der Eroberung bliebe, aber der Geschlechtsakt könne sich zum folgenlosen Abenteuer wandeln. Was Huxley nicht voraussah, war die Tatsache, daß bei der selbstverständlichen Hingabe des Mädchens die Eroberung nicht erforderlich ist und daß die Folgenlosigkeit der Beziehungen das frühere Abenteuer zu einem unterhaltsamen Gesellschaftsspiel ohne emotionellen Erlebniswert entarten ließ.
Darum erwecken Sport und Sex noch Leidenschaften, aber sie bilden nicht mehr den Ersatz für das Abenteuer der Jugend. Und so finden sich Jugendliche in Gruppierungen zusammen, um gemeinsam das Abenteuer Großstadt zu erleben, mit all seinen Reizen, Verlockungen und Gelegenheiten.
»Zu allen Zeiten und in allen Städten haben Jugendliche aus dem gleichen Wohnquartier Banden gebildet und mit denen anderer Nachbarschaften Kämpfe ausgetragen. Dabei handelt es sich um natürliche Gesellungsvorgänge in der Protestphase der Pubertät. Erst bei Zielsetzungen wie denen der jugendlichen Gangs, die New Yorks Untergrundbahnen unsicher machen, hat der Unfug einen Destruktionsgrad angenommen, der ernsthaft gefährlich ist und prognostisch im Hinblick auf diese Zeichen der Verwahrlosung beunruhigen muß ...
Das Auftreten von Süchtigkeit, die mit diesen Bandenbildungen verknüpft ist und in immer früherem Lebensalter erscheint, ist in der Tat sehr alarmierend. Eine sachverständige Untersuchung über eine Welle von Rauschgiftsucht unter Jugendlichen New Yorks hat sehr deutlich gemacht, daß es nicht ein ›pathologisches, unwiderstehliches Verlangen‹ wie beim erwachsenen Süchtigen ist, das diese Jugendlichen trieb, sondern der Wunsch nach einer abenteuerlichen Erregung ...

Die Entartung zur Süchtigkeit ist gut geeignet, zu zeigen, daß das Bedürfnis nach abenteuerlicher, ›kitzliger‹ Betätigung eine altersentsprechende Erscheinung ist . . .
So entsteht schrittweise eine Subkultur jugendlichen Verbrechertums, dessen Wurzeln in der pubertären Unruhe liegen, und die unter besseren städtischen Wohnbedingungen nicht diesen Grad von ›tödlicher Unzufriedenheit mit der Umgebung‹ annähme.« (Mitscherlich)
Die jugendliche Bande war gestern und ist heute immer noch ein Abenteuer. Doch während frühere Zusammenschlüsse sich gegenseitig mit relativ harmlosen Mitteln bekämpften und ihre Mitglieder damit sozial einformten, während früher ausreichend Raum für sozial unschädliches Austoben zur Verfügung stand, gibt es heute kaum noch ein Abenteuer, das dem jungen Menschen abenteuerlich vorkäme. Der Sport fällt als traditionelles Abenteuer aus. Die Enttabuisierung des Geschlechtlichen ist soweit fortgeschritten, daß auch der Sex nur noch mäßig Abenteuerliches bietet. Der Jugendliche muß also auf andere Art aus der »Unwirtlichkeit unserer Städte« entkommen. Er versuchte es als Rocker und äußerte seine unbewußte Wut bei sadistischen Schlägereien gegen wildfremde Personen; Mopedbanden, Gruppen von Ladendieben, Schülervereinigungen mit Gruppensex waren offenbar nur Übergangsformen. Inzwischen nehmen immer mehr junge Leute einen Fluchtweg in Anspruch, der in Amerika und den Ländern des europäischen Nordens vorgezeichnet wurde: Rauschgift! Sie entziehen sich der tristen Wirklichkeit des Städteralltags mit dem Slogan: »Morgens ein Joint, und der Tag ist dein Freund!«
Söhne der besser gestellten Kreise entwickelten noch weitere Arten des unangepaßten Verhaltens: Wilde Autorasereien, lebensgefährliche Spielchen mit Technik und Kumpel, typischer Playboy-Konsum von Freizeit und Sex, immer verbunden mit einer grenzenlosen Verachtung für die »angepaßten und verkalkten« Alten.
Und schließlich müssen in diesem Zusammenhang auch die Studenten erwähnt werden, von denen gewiß nicht wenige zwar die grenzenlose Verachtung für den »Muff von tausend Jahren« tei-

len, aber eben auch den Verlust des traditionellen Abenteuers Mensur durch die Konfrontation mit den Gummiknüppeln auszugleichen suchen.
Die Zusammenschlüsse Jugendlicher erweisen sich beim näheren Hinsehen vielfach als verzweifelte Versuche, das Fehlen des Lebensraumes für eine konfliktlose Einfügung in die Gesellschaft durch revolutionäre Akte auszugleichen. Diese Handlungen fallen verhältnismäßig leicht, weil sie sich nicht gegen einen Kreis richten, dem der junge Mensch durch persönliche Bindungen verpflichtet ist, sondern weil sich der Angriff ganz allgemein gegen Erwachsene und Umwelt richten kann.
Merkwürdigerweise führt eine erhöhte Verdichtung von Menschen auf einem begrenzten Raum nicht zu verstärkten sozialen Kontakten mit Prägekraft. Folge der zunehmenden Besiedlungsdichte ist ein so übersteigertes Maß von Begegnungen, daß der Mensch in die Beziehungslosigkeit verfallen muß, um nicht ständig und ausschließlich neue Beziehungen verarbeiten zu müssen. Für anderes bliebe dann nur noch wenig Zeit.
»Die Vielfalt der beruflichen Tätigkeiten und die Ballung in Massenbetrieben führen im allgemeinen dazu, daß sich die ›Berufskollegen‹ nach Dienstschluß kaum mehr sehen. Am Feierabend wird der Beruf im allgemeinen ›abgelegt‹, das Familienleben, die Freizeitgestaltung, das Leben als ›Mensch‹ beginnt. Die Isolierung vom Mitmenschen ist dabei oft die zwangsläufige Folge.
Das städtische Sozialleben ist gekennzeichnet durch unpersönliche Beziehungen, durch standardisierte Förmlichkeit und Anonymität.« (BKA ›Kriminologie‹)
Je mehr Menschen auf engem Raum zusammensiedeln, desto anonymer entwickelt sich das Leben des einzelnen. Dieses »Aneinandervorbeileben« gipfelt schließlich in der vollkommenen Vereinsamung. Der Mensch hat von seinesgleichen keinerlei Anteilnahme oder Unterstützung zu erwarten, geht aber andererseits auch gegenüber dem Mitbürger keinerlei Verpflichtung ein.
Bei einer repräsentativen Umfrage in 16 Großraumsiedlungen, die als besonders »geglückt« gelten, gaben Familien zu Protokoll, daß

- 40 Prozent niemals oder selten Besuch von auswärts erhalten,

► 38 Prozent abends niemals ausgehen,
► 40 Prozent auch am Wochenende ihre Wohnung nicht verlassen.

Hier schließen sich doch klar erkennbar zahllose Familien vollkommen von der Gemeinschaft ab, und ihre praktizierte Lebensweise wird immer größere Teile der Gesellschaft zu ähnlichem Verhalten veranlassen. An diesem Punkt, dem ständigen Kontakt vieler Menschen miteinander, am ständigen Gespräch der Generationen entschied sich unter anderem das Schicksal der Großfamilie vergangener Zeiten.

Auf die Frage:
»Würden Sie mit Ihren Eltern oder Schwiegereltern zusammen leben wollen, falls die Wohnung groß genug wäre?«
antworten
9,3 Prozent: »Unbedingt!«,
10,4 Prozent: »Kommt darauf an, ob mit Eltern oder Schwiegereltern!«
und
80,3 Prozent: »Auf keinen Fall!«

Daraus geht mit einiger Deutlichkeit hervor, wie weit sich der normale Stadtbewohner bereits in die Anonymität zurückgezogen hat.

Doch auch andere Ereignisse werfen Schlaglichter auf die gegenwärtigen Zustände:
ZEIT-Redakteure nach Besichtigung einer Neuzeitsiedlung auf dem grünen Felde: »Es sind Festungen für Frauen und Kinder, abgewandt von der Stadt, abgeschirmt. Man kann sich an Urzeiten erinnert fühlen: als die Männer Jäger waren und aus feindlicher Umgebung Beute nach Hause brachten. Die Beute heute sind Lohn und Gehalt. Die Öffentlichkeit kommt per Fernsehen in die Isolation: Erlebt wird sie kaum noch.«

Derzeit ist keine Änderung in Sicht. Die Stadt Köln z.B. verfügte 1971 praktisch über keine disponible Finanzmasse mehr. Von 380 Millionen DM für Investitionen blieben noch 10 Millionen Mark zur freien Verfügung: zum Bau einer Schule, einer Kapelle und zwei Arbeitsunterkünften.

Der Rentner Willi S. (69) wurde tot im Wohnzimmer gefunden,

nachdem Nachbarn und Polizeibeamte die Tür zu seiner Wohnung aufgebrochen hatten. Die Leiche war bereits stark verwest. S. mußte schon vor Wochen mit dem Kopfe auf eine Ofenkante gestürzt und dabei zu Tode gekommen sein. Zunächst war niemandem aufgefallen, daß der alte Mann seine Wohnung nicht mehr verlassen hatte.
16 Tage hatten Nachbarn von der Hausfrau Martha H. (45) nichts mehr gesehen noch gehört. Als die Wohnungstür aufgebrochen worden war, fand man die Fünfundvierzigjährige tot auf. Sie war Epileptikerin und vermutlich bei einem Anfall gestorben.
Tot und bereits von Ratten angenagt wurde die alleinstehende Rentnerin Tilly W. (65) in ihrer Kellerwohnung entdeckt. Hausbewohner hatten die Fünfundsechzigjährige etwa 14 Tage vorher zum letztenmal gesehen. Die Wohnung war total verschmutzt. Tilly W. hatte ihre Rente durch Altmaterialsammeln aufgebessert und einen Teil des Mülls in der Wohnung gestapelt. Sie war eines natürlichen Todes gestorben.
Ähnliche Fälle gibt es in jeder größeren Stadt. Nicht selten liegen Tote monatelang in ihren Wohnungen, bevor sie durch Zufall entdeckt werden. Das zeigt nun deutlich, wie weit die Vereinsamung in den Großstädten fortgeschritten ist, und es zeigt genauso deutlich, wie wenig personale Kontakte vor allem der ältere Mensch in der Stadt noch besitzt.
Eine sorgfältige Untersuchung ergab, daß auf dem Land noch 88 Prozent der älteren Menschen im Familienclan leben. In der Stadt dagegen wohnen 52 Prozent aller über Fünfzigjährigen ganz allein auf sich gestellt.
Nun sollte man nicht unbedingt glauben, der Eigenheimbesitzer im Vorort einer Stadt sei weniger einsam. Er ist der in die Isolierung geflüchtete Stadtbewohner. Das Problem der »Grünen Witwen« weist auf den Verlust der echten Nachbarschaft hin. Nur dieser Verlust der Nachbarschaft ermöglicht eine neue Spielart der Kriminalität: die Kindesmißhandlung. Sadistische Eltern bringen es fertig, ihre Kinder jahrelang zu quälen, sie schließlich sogar zu Tode zu foltern. Nur in ganz seltenen Ausnahmefällen kann eine derartige jahrelange Mißhandlung den Nachbarn verborgen bleiben. Doch angezeigt wird die Kindesmißhandlung so

gut wie nie. Man entdeckt sie oft nur, wenn ein Kind totgeprügelt wurde.

In den meisten Fällen dienen die brutalen Schläge, die dem Kind verabreicht werden, nicht einmal einem »erzieherischen« Zweck, sondern die schlagfreudigen Eltern reagieren ihre eigenen Aggressionen ab, die sie selbst unter der Last der städtischen Lebensverhältnisse aufgebaut haben. Die Kinder stehen zuweilen einem vergnüglichen Leben im Wege, stören auch eventuell eine Liebschaft oder erweisen sich einfach als lästig.

In den Jahren 1960 bis 1970 fielen jährlich etwa 15 Kinder Sittlichkeitsverbrechern zum Opfer. Hoch gingen jedesmal die Wogen der Empörung. Drastische Strafen für den jeweiligen Täter wurden gefordert, Resolutionen für die Wiedereinführung der Todesstrafe eingebracht. Der Bürger konnte sein Bedauern und sein Mitgefühl ohne tätige Mithilfe austoben.

Dieser relativ konstanten Zahl stehen Jahr für Jahr etwa 100 Kinder gegenüber, die von ihren eigenen Eltern zu Tode gefoltert werden. Und während man bei den Sittlichkeitsverbrechen davon ausgehen kann, daß jeder Fall auch erfaßt wird, gibt es bei der Kindesmißhandlung und -tötung eine große Dunkelzahl.

Der Gedanke, daß der Todeskampf eines Kindes bei einem Sittlichkeitsverbrechen meist verhältnismäßig kurz ist, kann wenig trösten, hilft auch nicht über die Abscheulichkeit des Verbrechens hinweg. Aber es sollte bei aller Empörung über derartige Verbrechen auch jener Kinder gedacht werden,die langsam und über Jahre hinweg ermordet werden. Hier fühlt sich offenbar kein Zeuge des Geschehens aufgerufen, die Polizei zu alarmieren. Nachbarn wissen nichts mehr voneinander, wollen auch gar nichts wissen. Selbst die Qual eines Kindes wird eher hingenommen, als daß man bereit wäre, »Scherereien« oder »Laufereien« auf sich zu nehmen. Der dringend erforderliche Bezug zu Personen und Gruppen verliert sich vollständig.

Überall und nirgendwo

Dabei begegnet der Mensch in einer Großstadt zuweilen mehr Menschen an einem Tag als der Landbewohner in einer Woche.

An jedem Ort und fast zu jeder Minute trifft der Stadtbewohner auf seinesgleichen; nur in seiner Wohnung darf er vor ihnen sicher sein. Und nun baut er die Wohnung zum Stützpunkt aus, sorgsam darauf bedacht, daß sich die ländliche Übung des Unangemeldet-Besuchens erst gar nicht einschleift. Seine Wohnhöhle ist seine Burg.

Aber dann muß er diese Festung wieder verlassen, um sich in der Berufswelt mit anderen Menschen auseinanderzusetzen. Nie oder nur ganz selten erlebt er das Gefühl der Exklusivität im wirtschaftlichen oder erotischen Wettbewerb. Stets muß er sich mit Konkurrenten messen, die fast immer in gleicher Güte und großer Zahl zur Stelle sind. Stets muß sich der Städter neu bewähren. Das aber reibt auf. Aggressionen entstehen, die aber infolge des allgemeinen Kontaktmangels nicht über Liebe oder Haß abgeleitet werden können. Es ergibt sich der Zustand der übersteigerten Gereiztheit, einer Verdichtung der Gefühle in der Isolation.

Die Physiker kennen diese Erscheinung. Wird eine beliebige Materie von der Außenwelt abgeschlossen und gehörig verdichtet, dann ändert sie ihren Zustand. Bei diesem Prozeß wird Wärme frei, die in der Umgebung zu einem Temperaturanstieg führt. Ähnliche Wirkungen dürfen wir vermuten, wenn Menschen immer dichter zusammen leben müssen, immer stärker »verdichtet« werden.

Stets waren die Städte Ausgangspunkte für Revolutionen, für Zustandsänderungen. Die Menschen können hier offenbar leichter mobilisiert werden, weil der erhöhte Austausch von visuellen und akustischen Reizen eine Erhöhung der sozialen Temperatur mit sich bringt. Mit der zunehmenden Verdichtung geht zwangsläufig ein Temperaturanstieg einher.

Vielleicht liegt hier die Erklärung für ein biologisches Phänomen ganz anderer Art. Die Statistiker der Weltgesundheitsorganisation stellten fest, daß der Zeitpunkt der ersten Monatsregel sich bei den Mädchen in den letzten 40 Jahren um durchschnittlich zwei Jahre vorverlagerte. Nur in den tropischen Ländern wurde diese Erscheinung nicht beobachtet, weil die Mädchen dort schon immer relativ früh geschlechtsreif wurden. Mit Sicherheit aber änderte sich in den letzten vier Jahrzehnten unser Klima nicht, wohl änderte sich die Bevölkerungsdichte und damit die soziale Temperatur. Je enger die Menschheit zusammenrückt, desto schneller steigt die Zahl der ausgetauschten Reize, die nicht ohne weiteres abzuleiten sind. Der Mensch in der hochverdichteten Großstadt gleicht dem Tier in einer Herde, die sich durch irgendwelche Ereignisse selbst erregt, dann blindlings losstampft, gleichgültig, welche Gefahren damit verbunden sind.

»So ist eine verdichtete Gemeinschaft eher eine Organisationsform wechselseitiger Erregungen, Informationen, Aktionen und Reaktionen. Es entwickelt sich ein Gruppeneffekt, dessen Auswirkung keineswegs leicht errechenbar und dessen Richtung höchst ungewiß ist« (Bertaux).

Genau dieser Gruppeneffekt scheint das kriminelle Verhalten des Großstädters ganz allgemein mitzubestimmen. Die vollkommene Vereinsamung hindert den Abbau aufgestauter Aggressionen. Aggressionen sind aber nicht einfach abstellbar oder allein mit Hilfe des Verstandes zu bewältigen. Sie entstammen der Entwicklungsgeschichte der Menschheit und wurzeln tief im Unbewußten.

Folgt man den Auffassungen des Tierverhaltensforschers Konrad Lorenz, dann hatten die Aggressionen bei Tier und Mensch ursprünglich eine arterhaltende Funktion, insbesondere zu jener Zeit, in der ein Verlust des Jagdgebietes oder des Bodens noch den Hungertod bedeutete. Die Angriffslust, durch den Fluchttrieb in einer lebenserhaltenden Balance gehalten, ermöglichte erst den Behauptungswillen, den von Zeit zu Zeit eine Auseinandersetzung, ein Kampf oder ein gefährliches Erlebnis erforderte. Die Aggressionsbatterie des Menschen wird durch die Ereignisse aufgeladen, läuft aber in der Industriekultur ins Leere. Der Kampf um ein Revier erübrigt sich, die Aggression im Instinktgefüge blieb erhalten.

Die Großstadt erschwert die soziale Eingliederung, sie läßt den Menschen einsam werden, in die Anonymität fallen, und sie baut Aggressionen auf. Sie bietet zugleich eine Unzahl unerlaubter Gelegenheiten, die Angriffslust abzuleiten.

Die allgemeine Anonymität setzt keine Gefühlsbarriere vor den Griff nach fremdem Eigentum. Niemand kennt jemanden. Der

Dieb, der in eine fremde Wohnung einsteigt, hat keinerlei Beziehung zu dem Menschen, den er bestiehlt. Er weiß nicht, ob er jemandem Sorgen bereitet, ihm großen Schaden zufügt. Er greift in eine anonyme Substanz, er verlagert Werte – weiter nichts.
Da die Nachbarschaft nichts mehr bedeutet, fühlt sich kein Bürger für des Nächsten Hab und Gut mitverantwortlich. So haben Einbrecher selbst am hellen Tag auch in Mehrfamilienhäusern leichtes Spiel. Die Familien kennen sich untereinander kaum, sie kennen noch weniger die Besucher ihrer Nachbarn. Unbekannte fallen nicht auf. Keiner fühlt sich zur Nachfrage oder zur Beobachtung verpflichtet, weil es lästig, sogar unangenehm sein könnte.
Der Jugendliche, weitgehend von der Welt der Erwachsenen isoliert und auf sich selbst zurückgeworfen, findet weder Lebens- noch Erziehungsbedingungen vor, die ihm das reibungslose Eingliedern in die Gesellschaft ermöglichen. Er wird hineingestellt in dieses Kampffeld, das tausend Anreize zum Verbotenen bietet und mit dem Unerlaubten lockt. Losgelöst von alten Vorbehalten und in keiner Weise mit der Umwelt verbunden, tritt er auf die Straße, ohne Hemmung gegenüber dem Nachbarn und Mitbürger, den er nicht kennt und für den er nichts empfindet.
Eine perfekte Konstruktion, um abweichendes Verhalten zu provozieren.
»Es könnte sein, daß die Struktur dessen, was wir gewohnheitsmäßig noch Stadt nennen, sich so verändert, daß sie kein Biotop mehr für freie Menschen ist, sondern eine soziale Umwelt, aus welcher, wie früher aus natürlichen Ursachen, unbegreifliche Katastrophen hereinbrechen« (Mitscherlich).
Die technische Umwelt setzt Bedingungen, die bisher weder erkannt noch erforscht, geschweige denn berücksichtigt werden.

Mit Schirm, Schock und Methode

Die Schirm-Technik

»Wir können hoffen, daß diejenigen, für die gewalttätige Stoffe in den Medien nicht unschädlich sind, nur eine Minderheit der Kinder der Nation darstellen. Aber wir wissen nicht, ob sie in der Minderheit sind, und in jedem Falle ist ihre absolute Zahl wahrscheinlich nicht unbedeutend.«

Zu dieser deprimierenden Feststellung kommt Klapper in einer weit ausgreifenden Untersuchung ›Über die möglichen Wirkungen der häufigen Darstellungen von Gewalt in den Massenmedien auf das Publikum, besonders auf die jungen Zuschauer‹. Dabei stützt sich der Wissenschaftler nicht nur auf eigene Forschungsergebnisse, sondern berücksichtigt auch alle ihm bekanntgewordenen Versuche aus den USA und Großbritannien. Die Befürchtung, das Fernsehen könne nicht ohne Einfluß auf Art und Zahl der Verbrechen bleiben, war in den Vereinigten Staaten schon 1955 so stark geworden, daß der Senat diese Frage von einem Komitee untersuchen ließ. Da in den USA das Fernsehzeitalter sehr viel früher und schneller als bei uns hereingebrochen war, lag eine derartige Prüfung dort nahe. Dr. Milton S. Eisenhower, ein Bruder des verstorbenen Präsidenten, konstatierte damals als Leiter der Kommission:

► Der Anteil der Abenteuer- und Krimisendungen am Gesamtprogramm war innerhalb von acht Jahren auf nahezu 70 Prozent gestiegen.

► Pro Sendestunde strahlten die TV-Anstalten in der Zeit von 19 bis 22 Uhr durchschnittlich sechs Gewaltakte aus.

► Um diese Zeit saßen über fünf Millionen Kinder unter elf Jahren noch vor den Bildschirmen.

► Das alarmierendste Ergebnis aber brachte eine Untersuchung des Kinderprogramms am Samstagmorgen: In einer einzigen Stunde zählte die Kommission mehr als 20 Gewalttaten.

Unter dem Eindruck dieser Zahlen versuchte man erneut herauszufinden, ob ein Zusammenhang zwischen Fernsehprogramm und steigender Jugendkriminalität bestehen kann.

Die Antwort auf die Frage nach der Verbindung zwischen Fernsehen und Jugendkriminalität war zumindest für Millionen Kinder ein eindeutiges »Ja«, und zwar für die Millionen, die in primitivsten sozialen Verhältnissen aufwachsen, wie auch für weitere Millionen, deren Eltern das Fernsehgerät aus Bequemlichkeit als Babysitter benutzen.

Derartige Erkenntnisse lassen es eigentlich seltsam erscheinen, daß man sich in der Bundesrepublik zumindest bis 1968 nicht sonderlich um diesen Themenkomplex bemühte. Als Eduard Zimmermann im Herbst 1968 vor dem Innenausschuß des Bundestages über mögliche Wirkungen des Fernsehens auf die Verbrechensentwicklung berichten sollte, konnte er nur auf eigene Erlebnisse und Erfahrungen hinweisen, nicht aber auf bundesdeutsche Forschungsergebnisse. Inzwischen hat allerdings auch bei uns die Diskussion über Gewalt auf dem Bildschirm eingesetzt. Allgemeinverbindliche Ergebnisse allerdings, die auch in der Programmgestaltung ihren Niederschlag finden könnten, hat die Debatte noch nicht gebracht.
Dabei erfaßt gerade das Fernsehen den Menschen wie kein anderes Nachrichtenmittel. Früher schon gab es wie heute Bücher, Plattenspieler und Rundfunk, aber sie beanspruchten immer nur einen Teil der Sinne. Der Leser, wie auch der Hörer, mußten das Gelesene oder Gehörte erst in der Phantasie verarbeiten, bevor sie eine feste Vorstellung von dem besaßen, was ihnen vermittelt wurde. Das Fernsehen erfordert keinerlei Phantasie mehr. Hier liest oder hört der Mensch nicht nur, sondern hier erlebt er mit. Er wird in das Geschehen hineingestellt, ein Vorgang, der für den Betroffenen nicht ohne Folgen ist.
Der Mensch, der Bücher liest oder Illustrierte studiert, muß nicht nur ein Buch oder eine Illustrierte auswählen, sondern er hat auch noch Zeit und Muße, die Bilder zu betrachten und sich über die Texte eigene Gedanken zu machen. Beim Fernsehen findet er dazu keine Zeit mehr. Noch ehe er die eine Information verarbeitet hat, wird schon eine weitere, neue geliefert. Der Fernsehzuschauer erhält kaum noch Gelegenheit, vom Dargebotenen Abstand zu gewinnen und es kritisch zu bewerten. Er wird vom kritischen Käufer, der zunächst einmal aus einer Vielzahl von Druckerzeugnissen nur wenige auswählt, der schließlich aus einer Vielzahl von Artikeln vielleicht nur einige liest, zum echten Konsumenten in Sachen Unterhaltung und Information.
Das Fernsehen führte zu neuen Informationsformen und prägt die Verhaltensweisen des Menschen einschneidender als alle seine Vorgänger. 1967 kam ein Fernsehgerät in den USA auf drei Ein-

wohner, in Schweden und England auf vier Einwohner, in Dänemark auf fünf Einwohner, in Japan und in der Bundesrepublik auf sechs Einwohner. Inzwischen hat die Bundesrepublik in punkto Fernsehdichte Schweden und England eingeholt. Und trotz der unterschiedlichen Dichte kann man davon ausgehen, daß das Fernsehen in den Industrienationen nahezu sämtliche Bürger erreicht.

Diese fast perfekte Form der Erlebnisvermittlung gewann ihre Kundschaft innerhalb eines Zeitraumes von 15 Jahren. Eine Generation wurde inzwischen mit dem Bildschirm groß. Und genau während des Eroberungszuges dieser neuen Informations- und Unterhaltungsart ergaben sich überall in der Welt auffallende Änderungen im Verhalten der jungen Generation. An diesen Veränderungen muß das Fernsehen nicht beteiligt sein, aber man sollte doch prüfen, ob es daran beteiligt sein kann!

Natürlich ist Fernsehen ebenso unschädlich wie Weintrinken, wenn man richtig auswählt und das rechte Maß findet. Aber es ist doch die Frage zu stellen, ob den Fernseh-Machern überhaupt daran liegt, Auswahl und Dosierung herbeizuführen. Liegt es nicht vielmehr im Interesse der Produzenten, um jeden Preis möglichst viele Zuschauer, möglichst vollständigen Konsum des Programms zu erreichen? Denn auch das Fernsehen ist dem Gedanken der Konkurrenz unterworfen. Selbst bundesdeutsche – öffentlich-rechtliche – Fernsehanstalten können es sich nicht leisten, »am Geschmack des Publikums vorbei« zu produzieren und zu senden.

Trotz aller Konkurrenz allerdings müssen die Anstalten ein Grundschema beachten: Sie sollen im ausgewogenen Rhythmus unterhalten und informieren. So ergibt sich letztlich dennoch nur ein Produktionsschema, die unterhaltende Information oder die informative Unterhaltung. Nun bleibt es angesichts der Tatsache, daß Tag für Tag stundenlang und ohne Pause gesendet wird, nicht aus, daß auch echte Programmfüller über die Schirme flimmern: Produkte für einen Interessentenkreis, der früher problemlose Schlagermusik konsumierte und heute eben das Bedürfnis verspürt, problemlose »action« zu betrachten.

Ob nun aber Unterhaltung oder Information, jede Vermittlung ist im Fernsehen durch die optische Auflösung des Dargebotenen möglich. Alles, selbst die Statistik, wird in Aktion umgesetzt und bildgerecht verkauft.

Aktion ist die erste Forderung, und sie muß erfüllt werden. Aktion heißt aber gleichzeitig: Knalleffekt, Aufreißer, Geschehen! Nimmt man einen informierenden Bestandteil des Fernsehprogramms, die Tagesschau, nur als Beispiel, dann findet man es schon bestätigt: »Aktion« ist alles.

Es genügt eben nicht, einen beliebigen Sprecher zehn oder fünfzehn Minuten reden zu lassen. Der Mann muß attraktiv sein und das Auge des Zuschauers beschäftigen. Die eingeblendeten Streifen werden in Windeseile per Flugzeug und Auto, über Kabelleitungen und Nachrichtensatelliten herangeschafft. Die Fülle des täglichen Geschehens zwingt die Nachrichtenvermittler natürlich zur Auswahl, zur Verarbeitung des Materials, zur Verkürzung und Verknappung der Information. Die eigentliche Kunst besteht darin, Nachrichten und Informationen wegzulassen, ohne daß der Zuschauer den Eindruck gewinnt, es sei ihm Wesentliches vorenthalten worden.

Stundenlanges Gegenüberstehen von Polizisten und Demonstranten gibt optisch nichts her. Erst die schließlich einsetzende Schlägerei – Ende einer langen Entwicklung, in der Schuld und Unschuld sich auf dieser oder jener Seite anhäufen – ist der optische »Aufreißer«, die erwünschte und darstellenswerte Aktion. Wenn das Niederbrennen eines Hafenspeichers in Southampton in einer »Tagesschau«- oder »Heute«-Sendung gezeigt wird, geschieht das zur Unterhaltung des Zuschauers: bombastischer Qualm, beklemmender Feuerschein, dramatisches Zusammenbrechen eines Gebäudes – eine »Nachricht« ist das nicht, und keine Zeitung berichtet über den – ohne Bild unerheblichen – Vorgang.

Wie Konferenzteilnehmer sich Zigaretten anzünden oder aus dem Auto steigen, ist wichtiger als das, was sie beraten. *Wie* sie unterschreiben, ist wichtiger als das, *was* sie unterschreiben.

Die Zeiten der Ruhe in Vietnam, das friedliche Leben in irgendeinem Lande geben optisch nichts her. Aber der Feuerball einer explodierenden Bombe, die Menschenmassen beim Ausbrechen der

Revolution und das Sterben, immer wieder das Sterben, Hunger, Elend und Protzentum – das ist Aktion und kann bildmäßig verdeutlicht werden. Niemand will den Fernsehmachern nun Böswilligkeit oder Verfälschung unterstellen. Das Medium Fernsehen fordert die Auswahl zwangsläufig. So ist selbst die informativste Sendung nicht Information in Zusammenhängen, eher Unterrichtung über mögliche Schlußsituationen.
Dies erkennt auch Helmut Greulich, Autor von ›Kindesmißhandlung in Deutschland‹:
»Ich bin nicht für eine Einschränkung von Gewaltdarstellungen, weil Brutalität und Gewalt auch in der Realität eher zu- als abnehmen. Aber ich meine, daß ihre Ursachen soweit wie möglich bloßgelegt werden müssen (Warum diese Gewalt, woher kommt sie, was soll sie bezwecken, was hat sie für Folgen?), daß man ihre soziologischen, politischen, psychologischen Bedingtheiten nicht unterschlagen darf ...
Das Fernsehen, das Motivationen nicht so leicht sichtbar machen kann wie ihre Entladungen, muß sich vor der Versuchung einer allzu vordergründigen, aus den Zusammenhängen gelösten Darstellung der Gewalt besonders hüten.«
Wie aber will das Fernsehen, wie Greulich fordert, die Hintergründe bloßlegen, die Motive schildern, die Folgen der Gewalt darlegen, wenn die Nachricht im Fernsehen immer auf den Knalleffekt, auf Aktion angelegt ist?
Daß selbst in seriösen Fernsehsendungen der Knalleffekt eine beherrschende Rolle spielt, räumt auch Wilfried Scharlau ein:
»Die selbstkritische Analyse unserer Berichterstattung aus weiten Regionen der Dritten Welt führt zu dem Eingeständnis, daß auch der ›Weltspiegel‹ nicht immer politische Hintergrundgeschichte liefern kann, daß er – gewiß ungewollt – dazu beiträgt, daß viele Länder und ganze Kontinente vornehmlich in Form von Mord- und Totschlagsgeschichten abgehandelt werden.«
Im täglichen Leben ist das Ereignis das Abnormale. Genau dieses Abnormale ist im Fernsehen »normal«. Die Alltagswelt verkehrt sich in eine Welt voller Ereignisse; es ist eine mit dem Anschein der Wirklichkeit ausgestattete verkehrte Welt.
Mehr noch fordert die Unterhaltung im Fernsehen Aktion. Da ge-

nügt es nicht, einen Schlagersänger trällern zu lassen – ein Ballett muß her, das den Bildschirm mit flotten Bewegungen in – zugegeben – angenehmer Weise aufreißt. Das bewegliche Bild in der guten Stube wirkt sich auch auf die übrigen Informationsgewohnheiten deutlich aus. Mit dem Fernsehen wurden jene Zeitungen groß, deren wesentliches Merkmal die äußerste Verknappung an Information in knalligster Verpackung ist. Die erklärenden Texte wurden immer kürzer, die Überschriften immer größer. Der Leser konnte sich schließlich mühelos mit dem Konsum der Schlagzeilen begnügen. Die Zeitung war zum Abklatsch der Fernsehgewohnheiten geworden: Ein Blick, Aktion in der Überschrift, illustriert mit vielen Fotos, finanziert durch Werbung – fertig ist ›Bild‹. Und umgekehrt siedelten sich die verdrängten Informationen, die Hintergründe der Ereignisse, nach und nach in den Illustrierten an. Hier wurde zwar auch noch verkürzt, mit Nachrichten »geknallt«, aber das seriöse Informationsbedürfnis doch mit neuartigen Stilmitteln befriedigt. Der heutige Blätterwald ist die logische Folge des Fernsehzeitalters.

Die Methode

Die Technik des Fernsehens hat also, das bleibt festzuhalten, unsere Informationsgewohnheiten eindeutig verändert. Da ist nun zu prüfen, ob Inhalt und Fülle der Fernsehinformationen auch einen allgemeinen Wandel der Auffassungen und der Wertvorstellungen bewirkt haben können.

Das weltweit gespannte Fernsehnetz spart keinen Winkel der Erde aus und berichtet jedem jederzeit alles. Und damit werden auch Gewohnheiten von Land zu Land transportiert. Das Fernsehnetz ist zugleich Denkweisen- und Verhaltensvermittler.

Das tägliche Erlebnis der Aktion kann auf die Aufnahmefähigkeit und die Bewertungskriterien der Zuschauer nicht ohne Wirkung bleiben. Der Mensch wandelt sich vom distanzierten Hörer oder Leser zum integrierten Zuschauer.

Das bewegte Bild zieht den Menschen in die Ereignisse hinein und spekuliert auf die unmittelbare Anteilnahme. Kein äußerer Verfremdungseffekt beeinträchtigt die Aufnahme. So passiert die

Nachricht die Barriere des prüfenden Verstandes unmittelbar. Der Leser kann die Zeitung oder das Buch sinken lassen und nachdenken. Das Fernsehen läßt ihm diese Chance nicht mehr – schon die nächste Aktion erfordert neue Anteilnahme. So sinken viele spontane Reaktionen ungefiltert ins Unbewußte ab, behaftet mit der emotional bedingten Bereitschaft zur Parteinahme, die jederzeit beim entsprechenden Schlüsselreiz wieder hervorbrechen kann.

Der Wechsel vom distanzierten Leser oder Zuhörer zum integrierten Zuschauer ist nicht nur ein Wechsel in den Gewohnheiten. Und die Rolle des Fernsehzuschauers ist auch nicht mehr mit der des früheren Kinobesuchers zu vergleichen. Ins Kino ging er in Erwartung, eine nicht unbedingt wahrheitsgetreue Handlung zu sehen, und dies nur für wenige Stunden. Man wollte sich »ein paar schöne Stunden« machen, man war grundsätzlich auf Skepsis gestimmt, die Vorstellung beschränkte sich auf einen verhältnismäßig kurzen Zeitraum. Außerdem wählte man selbst aus, wie häufig oder selten man Kinos besuchte, welche Filme man ansah.

Per Fernsehen aber erreicht die »action« den Bürger im eigenen Heim und unversehens. Die Schilderung – drastisch verkürzt – muß außerdem so überzeugen, daß sie jedermann versteht. Die Masse der Bürger muß folgen und soll mitempfinden können. Die Kürze der Darstellung, ein gehöriges Maß an Flachheit, an Allgemeinverständlichem sind Forderungen des Massenmediums, die aus seiner Natur selbst erhebt und zwingend durchsetzt. Die Werbefachleute zogen daraus die praktischen Konsequenzen. Jahr für Jahr investieren sie runde zwei Milliarden in die Fernsehwerbung. Offenbar ist auf diese Weise im Bewußtsein der Menschen etwas zu beeinflussen. Im geringsten Falle nimmt der Umworbene von einem Produkt, einem Markenartikel, einem Ereignis nur Notiz. Im besseren Falle merkt er sich den Namen des Produkts, die Bezeichnung des Artikels oder das Ereignis. Im günstigsten Falle schließlich kauft er ein Produkt, besucht er eine Veranstaltung, nimmt er am Geschehen teil.

Wie bringen die Fachleute ihn dazu? Der angesprochene Konsument soll sich durch die Werbung den Namen eines Produkts merken, und er soll sich später jederzeit wieder daran erinnern. Nun ist es eine einfache Regel der Psychologie, daß sich eine Erinnerung aufbaut, wenn der Mensch seelisch am Vorgang beteiligt ist. Die Werbung freilich darf kaum darauf hoffen, daß sich jemand bei Reklamesprüchen innerlich angerührt fühlt. Bleibt nur die zweite Methode, um einen »Erinnerungspool« zu begründen: die ständige Wiederholung, verbunden mit übertriebenem Pathos, mit spaßhaften Gags. »Alle reden vom Wetter« – jeder kennt diese Gesprächsfloskel, und dann kommt der Gag – »wir nicht«. Werbung, die zum Ziel hat, Bedarf zu wecken, Kauflust zu fördern, Wünsche in bestimmte Richtungen und auf bestimmte Produkte zu lenken, erfüllt ihre Aufgabe mit Hilfe der Wiederholung. Schließlich glaubt Frau Saubermann eben wirklich, sie könne des Toilettenpapiers mit Goldauflage und Starfoto nicht mehr entraten.

Sie glaubt es nicht zuletzt, weil die Werbeexperten auf bestimmte Vorgänge in Frau Saubermanns Unterbewußtsein Einfluß genommen haben, ohne daß die Angesprochene es ahnt. Man hat ihr nämlich das Gefühl suggeriert, Snob-Appeal sei für jedermann da, jedermann besitze ihn und wer ihn nicht besitze, gehöre eigentlich nicht mehr dazu. Wer bestimmte Konsumgüter nicht besitzt oder nicht erwerben kann, fühlt sich aufgrund unterschwelliger Werbeaussagen unterprivilegiert, und es entsteht der Wunsch, mit den Werbevorbildern gleichzuziehen. Der Mensch möchte leben wie die andern, vielleicht sogar ein bißchen anders. Diese geheime Verführung durch die Werbung, dieser psychologische Trick ist aber gerade auch in der verkürzten, verknappten Information irgendwo – und ungewollt – vorhanden.

Informationen über den Lebensstandard aller möglichen »Normalbürger« in aller Welt erwecken im solchermaßen Informierten den Wunsch, wenigstens so zu sein wie die Mitmenschen, wenigstens so zu leben, wie »man« auf internationaler Ebene offensichtlich lebt. Und weil das Fernsehen das Außergewöhnliche als das Normale darbietet, wird das Außergewöhnliche auch vom Normalbürger ohne Hemmung übernommen, kopiert – und schließlich noch extravaganter variiert. Der extremste Modeeinfall wird noch einmal exzentrisch aufgemöbelt und von Lieschen

Müller ebenso getragen wie von Frau Dr. Lieselotte Müller. Es gibt so etwas wie kopiertes Verhalten und damit auch wie ferngesteuertes Verhalten, das sich am täglich gezeigten Beispiel orientiert. Die Werbung läuft und läuft, ein Zeichen für die Wirksamkeit. Wäre es anders, die Werbemanager würden ihre Milliarden auf andere Weise zur Verkaufsförderung unters Volk bringen.

Mode, Haarschnitt, Musik, Konsumverhalten, Hula-Hoop-Hysterie, das alles ist praktizierte Information wie eine Springflut von Hakenkreuzschmierereien, Haschischkonsum und die Wellen von Bombendrohungen nach spektakulären Anschlägen.

Der Schock

Wenn also das Fernsehen Mode, Konsumverhalten und Verhaltensweisen beim »außengeleiteten Menschen« (Riesmann) produziert, entsteht dringlich die Frage, welche Vorbilder das Medium zur Unterhaltung anbietet.

Die Beobachtung über Tage oder Woche gibt eine erschreckend eindeutige Antwort.

In der Zeit vom 19. Oktober bis zum 15. November 1968 lieferte das Heimkino frei Haus auf nur einem Kanal:

- 26 Tötungsdelikte
- 20 Körperverletzungen, die im Ernstfall zum Tode geführt hätten, und
- 50 Verbrechen in den verschiedensten Spielarten.

In den nachfolgenden Jahren begann eine Diskussion um die Darstellung von Gewalt im Fernsehen, und manche Intendanten gelobten Besserung. Hier das Ergebnis der erklärten Zurückhaltung:

Das Audiovisuelle Zentrum Hildesheim unter Leitung von Professor Heinrichs zählte 1972 in den Unterhaltungsprogrammen des Fernsehens binnen einer Woche: 103 Morde, 52 schwere Schlägereien, 27 Schießereien, 26 Schußverletzungen, 8 Raubüberfälle. Kommentar eines Fernsehintendanten dazu: »Primitiver Zahlenfetischismus«.

Fernsehen eine Schule des Verbrechens? Immerhin kann ein

Möchtegern-Ganove Tag für Tag Anschauungsunterricht über Möglichkeiten beziehen. Das liegt sicher nicht in der Absicht der Programmgestalter, aber auf den bösen Willen kommt es wohl nicht an. Nur die Tatsachen zählen.

Angeboten wird die »reale« Gewalt, die gewalttätige Wirklichkeit unserer Tage, verkürzt und reduziert auf Bombenexplosionen, Kanonenschuß und Napalmtod.

Angeboten wird die »fiktive« Gewalt als schiere Brutalität, als Lösung des Konflikts zwischen Gut und Böse.

»Der Tod hat 24 Karat« – in der Sendung Hawaii-Fünf-Null des Ersten Programms. Ein Goldschmuggler wird von der Polizei gejagt. Er flieht, schießt auf die Verfolger. Sie drängen ihn in eine Sackgasse am Hafen, und schließlich hat er keine Munition mehr. Ein Polizist erschießt ihn. Er fällt ins Wasser, das Wasser färbt sich rot. Der Film ist zu Ende. Die Gerechtigkeit hat gesiegt. Hier wird Gewalt angeboten als beste Lösung eines Konflikts, als die optimale Möglichkeit, Recht und Ordnung wiederherzustellen, ja sogar als Sieg des Guten über das Böse.

Nach heftigen Protesten wurde im März 1972 die Brutal-Comic-Serie »Speed Racer« vom Sendeplan abgesetzt. Die Tageszeitung ›Die Welt‹ kommentierte die Streifensammlung als »pures Vergnügen einer rohen Totschlägergesinnung«. Dennoch strahlt man die Serie irgendwann wieder ins Haus, weil sie nun einmal eingekauft ist und weil wirtschaftliche Erwägungen offenbar höheren Rang einnehmen als humane oder pädagogische Bedenken.

Und nun sollte man sich jener Gesetze erinnern, die bei der Werbung eine Rolle spielen: Durch ständige Wiederholung und optische wie akustische Gags werden Verhaltensweisen erzwungen, wird der Mensch in einer bestimmten Weise nachhaltig beeinflußt.

Warum soll für andere Sendungen des Fernsehens nicht gelten, was für die Werbung gilt? Die Werbung wird beherrscht von Schlagworten, Wiederholungen. Sie provoziert ein bestimmtes Konsumverhalten!

Die übrigen Sendungen werden – wenigstens in ihren Füll- und Unterhaltungsbestandteilen – beherrscht vom abnormalen, abweichenden, verbrecherischen Verhalten. Sollte da der Fernsehkonsument nicht, ähnlich wie bei der Modereklame, plötzlich das Abnormale als normal hinnehmen?

Hier aber geht es nicht um Mode, Zahnpasta und Insektenpulver, sondern hier geht es in aller Regel um Menschenleben oder um menschliche Grundgüter. Es wird geschlagen, geschossen, gefoltert und gestorben. Es stirbt sich dabei schnell, sauber und unkompliziert. Mord und Totschlag, Folter und Vergewaltigung werden so ästhetisch angeboten wie ein neues Scheuermittel: Ein Fingersprung am Abzug, ein kurzes Aufflammen, kunstvolles Drehen, Niedersinken – und der Tod ist eingetreten!

Ein Alltagsvorgang, bei dem niemand etwas empfindet. Daß es sich in Wirklichkeit keineswegs so glatt und unkompliziert stirbt, daß sich Menschen stundenlang in Schmerz und Todesangst winden, daß ein miterlebtes Sterben den Betrachter oft jahre- und lebenslang verfolgt – all das wird verschwiegen.

Das Töten ist zu einer »sauberen« Sache geworden. Herr Saubermann ist am Werk.

Diese Verfälschung der wirklichen Gegebenheiten mag noch vertretbar erscheinen, schließlich muß man Rücksicht auf die Nerven der Zuschauer nehmen. Aber dieser ersten wirklichkeitsfernen Darstellungsart folgt zumeist eine zweite: Der Fernsehheld überlebt fast immer!

Es gibt Kriminal-Dauerserien, in denen der Held bei jeder Folge entweder in höchste Lebensgefahr gerät oder Verletzungen erleidet. In Wirklichkeit müßte sich spätestens nach zehn Folgen dem Zuschauer ein häßliches Narbenbündel präsentieren, das nicht einmal von den nächsten Verwandten wiedererkannt würde. Im Fernsehen aber erholt sich der Held binnen kurzem; schlimmstenfalls zeugt noch ein Verband von erlittener Unbill.

Da krachen Holzlatten auf Schädel, werden Äxte als Waffen benutzt, zersplittern Flaschen in Gesichtern, stürzen Menschen Treppen hinunter, werden Akteure von Balkonen auf hartes Straßenpflaster gestürzt. Merkwürdigerweise überleben Helden und gelegentlich auch Schurken diese Prozeduren ohne erkennbare Schäden. In der Wirklichkeit des Alltags würde jeder einzelne Schlag und jeder Angriff dieser Art zu schwersten Verletzungen führen. Im Film gibt's höchstens blaue Augen.

Und so verfestigt sich langam, ganz unmerklich die Vorstellung, der Pistolenschuß und alle anderen Gewalttaten seien die zeitgemäße Form der Auseinandersetzung zwischen Männern. Die Folgen, so müßte man TV-gerecht annehmen, bleiben ja gering. Menschen, in denen sich nun Tag für Tag ein derartiges Erinnerungsdepot aufbaut, sind nicht täglich in eine Schlägerei verwikkelt. Sie haben also kaum oder keinerlei Gelegenheit, eine Korrektur des falschen Fernsehbildes in der Wirklichkeit zu erleben. So verramscht das Fernsehen Menschenleben als billige Ware, schildert die Gesundheit als nahezu unzerstörbar und macht deutlich, daß Wendigkeit und robuste Natur auch Holzknüppel und Bierflaschen ohne Beeinträchtigung überdauern.
Die täglich gezeigte Gewalt fördert auch im einzelnen den Hang zur Gewalt. Welcher denn von den großen Helden unserer Krimi- und Westernserien muß nicht zuweilen Gewalt anwenden, um der Gerechtigkeit zum Sieg zu verhelfen? Der Supermann scheut nicht vor Grausamkeiten zurück, die Flucht ist ihm niemals der bessere Teil der Tapferkeit, der Held schlägt zu, um Gutes zu tun – gelegentlich schlägt er dabei sogar Frauen.
Es gehört doch wirklich nicht viel Phantasie dazu, von derartigen Darstellungen die unbewußte Erfahrung abzuleiten, daß man auch Böses tun darf, um dem Guten den Durchbruch zu sichern. Gewalt und Böses erweisen sich hier als Mittel, die ganz selbstverständlich angewendet werden dürfen.
Nun kann auch dem Naivsten nicht verborgen bleiben, daß die Fernsehschläger, die TV-Prügelknaben als Vorbilder keineswegs mit den überlieferten Erziehungsvorbildern übereinstimmen. Da sich das Leben aber auf dem Bildschirm in Form einer Serie von Gewaltakten darbietet, beginnt vor allem der jugendliche noch ungeprägte TV-Konsument an seinem eigenen, überlieferten Verhaltensmuster zu zweifeln. Er übernimmt die Vorstellungen der Fernsehwelt in sein eigenes Leben. Und er hält nun Gewalt für das Normale.
Die Fülle der Krimi- und Westernstreifen führt zwingend zu noch weiteren Umkehrungen. Der ursprüngliche Handlungsablauf, Tat, Verfolgung, Festnahme, Vergeltung, in zahllosen Klischees reproduziert, war schon vor 20 Jahren bis zum Überdruß ausge-

walzt. Nun verkehrte sich das Klischee: Helden überlisten die Häscher, die Gerechtigkeit irrt – Verbrecher gewinnen an Sympathie, der Zuschauer schlägt sich auf die andere Seite. »Dr. Kimble« floh jahrelang vor der irrenden Gerechtigkeit, sein Häscher, der Kriminalist, war alles andere als eine sympathische Erscheinung. Es konnte kein Zweifel daran bestehen, auf wessen Seite das Recht lag.

Ein noch besseres Beispiel für die Umkehrung aller Werte bot der Film über den Postzugraub in Großbritannien. »Die Gentlemen bitten zur Kasse« – und dies auf eine sehr feine englische Art. Eduard Zimmermann führte dazu vor dem Innenausschuß des Deutschen Bundestages aus:

»Wir alle kennen das uralte Erfolgsrezept vieler Schriftsteller: Die Fabel vom edlen Räuberhauptmann. Bei Robin Hood fing es vielleicht einmal an. Der Schinderhannes profitierte ebenso davon wie Bonnie und Clyde, die Gebrüder Saß und die englischen Posträuber. Das Problem vom – meist zu Unrecht – bewunderten Rechtsbrecher ist also alt. Neu sind die Dimensionen. Noch nie in der Geschichte der Menschheit sind Verbrecher dem Normalbürger in so überdimensionaler Weise als veredelte, von Neid und Bewunderung angestrahlte Helden vorgestellt worden wie eben in unseren Tagen. Das beklemmendste Beispiel aus der jüngeren Vergangenheit scheint mir die Posträuber-Serie zu sein ...

Weit mehr als die echten Akteure konnten die Fernsehposträuber, und das lag in erster Linie an der Machart des Streifens – der Sympathie des Publikums sicher sein. Hinlänglich war ihm klargemacht worden, daß die Räuber keinen einzelnen Menschen, sondern lediglich die Post um die rund 30 Millionen Mark erleichtern wollten. Das schöne Geld sollte ohnehin aus dem Verkehr gezogen werden und dem Reißwolf anheimfallen. Die Gangster haben es also im Grunde genommen nur vor der Vernichtung bewahrt.

Darüber hinaus war der Inhalt des Postzuges versichert ... Nur in echter Notwehr erteilten sie widerwillig mal einen Schlag mit der Eisenstange, die sie vorher vorsorglich – in mehreren, über 20 Sekunden langen Großeinstellungen – mit Isolierband abgesichert hatten.«

Vor allem der geistige Kopf der Gentlemen, Mister Reynolds,

konnte nach dieser Vorstellung sicher sein, als feiner Mann in die Kriminalgeschichte einzugehen. Die Wirklichkeit sah freilich ganz anders aus.

Der hier als Major vorgestellte Held konnte nicht einmal einem echten Sanitätsgefreiten Neumann das Wasser reichen. In seiner aktiven Dienstzeit war er Sanitätssoldat und beging zweimal Fahnenflucht. Er stahl von Zigaretten bis zum Auto alles, was ihm unter die Finger geriet. Von seinen elf Vorstrafen, seit dem 17. Lebensjahr, erfuhr die Presse erst bei der Gerichtsverhandlung. Nur der verfälschenden und heroischen Darstellung ist es zu verdanken, daß Horst Tappert seinem Rollenvorbild einen Beileidsbrief ins Gefängnis schrieb und viele Bundesbürger dem »Major« Blumen in die Zelle schickten, während der verletzte Lokomotivführer sein Leben lang ein Invalide bleiben wird.

Aber die Wahrheit ist auf diesem Felde eben ein scheues Blümchen. Die Glorifizierung des Verbrechens durch die Umgestaltung eines Ganoven zum Volkshelden erwies sich als besonders nachhaltig wirksam. Doch dieser gut gemachte Film steht nur als Beispiel für ähnlich tendenziöse Darstellungen. Und im Gefolge des Films stieg die Zahl der Banküberfälle beweisbar an, um erst etwa nach Jahresfrist wieder Normalmaß zu erreichen.

Als der Film einige Zeit später wieder über die Bildschirme flimmerte, stieg auch die Zahl der Banküberfälle erneut an. Schon diese Tatsachen deuten auf eine gewisse Nachahmungskriminalität hin.

Kriminalisten der Landeskriminalämter und des Bundeskriminalamtes befaßten sich schon 1966 mit der Frage, ob tatsächlich Verbrechen aktenkundig geworden seien, in denen die Täter ganz genau Film- oder Fernsehvorlagen kopierten.

Die Antwort lautete: Nein.

Stellen wir die Frage aber einmal andersherum: »Hat sich die Zahl der Gewaltdelikte in Ländern mit hoher Fernsehdichte erhöht und blieb sie in Ländern mit weniger TV-Zuschauern konstant?«

Nun lautet die Antwort: Ja.

Es bestehen klar erkennbare Zusammenhänge zwischen dem Ansteigen der Verbrechenszahlen und dem dichter werdenden Fernsehnetz.

Ein Beispiel verstärkt die Vermutung, daß die Bildschirm-Information über Gewalttaten Menschen zur Gewalttat anregt, daß mögliche Täter vom Fernseh-Vorbild zur verbrecherischen Tat beflügelt werden.

Im Oktober 1966 ermordete ein Verbrecherpärchen in Düsseldorf einen Taxifahrer. Das Bild der Täter ging durch den Blätterwald, erschien auf dem Bildschirm. Es war wieder eine jener sinnlosen Gewalttaten, bei denen die Beute in keinem Verhältnis zur Tat und ihren Folgen stand. Hier: ein paar Mark Beute. Dort: der Tod eines Menschen. Die Festgenommenen machten einen außerordentlich primitiven Eindruck. Jeder Betrachter mußte sich diesen Menschen geistig überlegen fühlen. Jeder mußte annehmen: »Dieses Verbrechen könnte ich besser ausführen!«

Es folgte eine schreckliche Serie:

12. November: In München wird der Taxifahrer Manfred von Bertoldi ermordet.

14. November: In Frankfurt ermordet man den Taxifahrer Heinz Schlund.

20. November: Der Taxifahrer Eduard Wehnert wird in Würzburg ermordet.

28. November: Mord am dem Westberliner Taxifahrer Alfons Rosenthal.

4. Dezember: Felix Reese, Taxifahrer in Osnabrück, wird ermordet.

Natürlich bestand zwischen den verschiedenen Tätern keinerlei Beziehung, sie kannten sich untereinander nicht, natürlich wies auch keiner der Mörder darauf hin, daß die Berichterstattung über voraufgegangene Taten dieser Art sie irgendwie zum Mord veranlaßt habe, natürlich wurden die Täter aber auch in keinem Falle tiefenpsychologisch untersucht.

Die Verbrechensdaten liegen so dicht beieinander, daß der pure Zufall ausgeschaltet scheint. An einem Mittwoch überfielen Todorov und Rammelmayr die Deutsche Bank in München. Am Donnerstag erfolgte die massive Berichterstattung. Am Freitag ereigneten sich sechs Banküberfälle im Bereich der Bundesrepublik. Die höchste Zahl, die sich irgendwann an einem Tage ereignet hatte. Zufall? Wohl kaum!

Verbindungen zwischen den einzelnen Taten können bei derartigen Serien nicht schlankweg geleugnet werden. Es gibt irgendwo in diesem Geschehen immer Zusammenhänge. Doch diese Zusammenhänge bestehen nicht allein darin, daß Verbrecher die Machart und die Rezeptur einfach vom Bildschirm ablesen und naturgetreu kopieren. Sie wirken dort, wo Opfer und Verbrechensarten ganz allgemein vorgezeichnet werden, wo Verbrechensmöglichkeiten gezeigt werden. Jeder Nachfolger des Düsseldorfer Pärchens hielt sich für intelligenter als die beiden, jeder ging davon aus: Die beiden waren dümmer als ich, die hat man geschnappt; ich bin klüger, also wird man mich nicht schnappen. Einen echten Beweis dafür, daß Menschen sich in ihren Tatentscheidungen von Berichten über die Taten der Mitmenschen beeinflussen lassen, lieferten die Selbstmordforscher. Sie nutzten einmalige Zufälle für ihre Untersuchungen aus.

Als sich in Prag der Student Jan Palach öffentlich mit Benzin übergoß und verbrannte, gaben sich binnen einer Woche sechs weitere junge Tschechen den Feuertod.

In der Zeit vom 17. November 1967 bis zum 10. August 1968 erschienen in Detroit (1,7 Millionen Einwohner) im US-Staat Michigan keine Tageszeitungen, mithin auch keine Selbstmordberichte. Der Selbstmordforscher Moffo verglich die Selbstmord-Rate des zeitungslosen Jahres mit den Freitodstatistiken der vier vorhergehenden Jahre und den entsprechenden Zahlen für das Jahr nach dem Presse-Streik. Resultat der Analyse: Während des 268 Tage dauernden Zeitungsstreiks lag die Zahl der Selbstmörder im Raum Detroit um 20 Prozent unter der Durchschnittsrate der voraufgegangenen vier Jahre. Im Streikjahr wählten weniger Menschen den Freitod als in jedem der vier Jahre zuvor.

Offenbar beeinflussen die Pressemeldungen Selbstmörder auch bei der Auswahl der Todesart. Während des Streiks wurden manche Selbstmordarten überhaupt nicht mehr, andere kaum noch verzeichnet – zum Beispiel Vergiften, Ertränken und Todessturz.

Schuld an derartigen Selbstmordwellen ist unter anderem sicherlich eine gewisse Labilität der möglichen Selbstmörder: Sie liegen im seelischen Widerstreit zwischen dem subjektiven Druck, der zum Freitod treibt, und der Todesangst. Erfährt der potentielle

Selbstmörder nun, daß andere Menschen die Schwelle des Todes überschreiten, läßt er sich von diesen Vorbildern zur Handlung verleiten.
In Detroit versäumte man es damals, die Wirkung des Streiks auf die Verbrechenszahlen zu untersuchen. Aber sicher ist zumindest: Verhalten, auch lebensgefährdender Art, kann durch Vorbilder gedämpft oder provoziert werden. Diese Tatsache sollte im Zusammenhang mit dem Problem Gewalt auf dem Bildschirm nicht unbeachtet bleiben.

Glauben und Wissen

Der Präsident des Bundeskriminalamtes und Chef der Interpol wurde im Oktober 1968 öffentlich befragt, ob er die Einflüsse des Fernsehens für schädlich halte. Er verwies zunächst darauf, ihm fehle die Legitimation, zu dieser Frage Stellung zu nehmen. Doch in einem Nachsatz fügte er hinzu, er glaube nicht an eine schädliche Wirkung. Schließlich habe er in seiner Jugend auch Karl May gelesen, ohne gewalttätig zu werden. Aus dieser ehrlichen Antwort ergibt sich, daß die Kommunikationsforschung in Deutschland noch schwach ausgebildet ist.
In den USA blickt die Medienforschung schon auf eine längere Geschichte zurück, und in Großbritannien legte Himmelweit bereits 1958 bedeutsame Ergebnisse vor. Waren die Ergebnisse zunächst durch Vorbehalte und Vermutungen gekennzeichnet, setzt sich nun doch allmählich gesichertes Wissen durch.
1956 bemerken die Wissenschaftler Bloch und Flynn, eine beträchtliche Zahl von Wissenschaftlern glaube, daß die Betonung der Gewalt in Massenmedien bei normalen Personen in emotional kritischen Lagen gewalttätiges Verhalten auslösen könne.
Der Experte Muhlen fragt sich, ob nicht Kinder unter Vormundschaft der Massenmedien eine Auffassung von Verbrechen und Gewalt annehmen, die diese Dinge als normal für die Welt der Erwachsenen gelten läßt. Mehrere Psychiater vertraten bei Sitzungen der Senatsausschüsse den gleichen Standpunkt, als sie über die Ursachen der Jugendkriminalität befragt wurden.
Und so fort. Alle Aussagen beruhen im wesentlichen auf Vermu-

tungen. Eindeutige Forschungsergebnisse sind nur spärlich vorhanden.

So galt denn auch jahrelang die Theorie, Gewalt im Fernsehen trage eher heilsamen als zerstörenden oder gefährdenden Charakter. Viele Fachleute neigten zu der Auffassung, durch bloßes Anschauen brutaler Gewalttaten könnten sich angestaute Aggressionen abbauen oder ganz auflösen. Wer in Film oder Fernsehen aggressive Akte erlebe, so hieß es, reagiere seine eigenen Aggressionen in der Phantasie ab. Diese Theorie hat sich inzwischen als wenig tragfähig herausgestellt, zunächst in den USA, dann auch bei uns.

Die Medienkommission der Vereinigten Staaten erklärte 1968: »Gewaltszenen in den Fernsehprogrammen stimulieren, zumindest kurzfristig, gewalttätiges Verhalten.«

Die kurzfristige Wirkung der Bildschirmkriminalität und -gewalt untersuchte der Psychologe Albert Bandura an Kindergartenzöglingen. Ergebnis: Die mit TV-Brutalität aufgeladenen Kinder ahmten das Verhalten ihrer Modellpersonen nach und droschen kreischend auf ihre Puppen ein, nachdem sie gereizt worden waren. Die Vergleichsgruppen ohne Fernsehkonsum zeigten wesentlich weniger Emotionen.

Friedrich Hacker, USA: »Ich bin der festen und, wie ich glaube, begründeten Überzeugung, daß die ständige Darbietung von Gewalt zu nachahmendem Verhalten, aber – viel wichtiger – zu einer Verinnerlichung der Gewaltmodelle führt und daher mittelbar und unmittelbar zur Brutalisierung beiträgt.«

Professor Robert M. Liebert, Psychologe an der Universität New York, berichtete von einem Aggressionsanstieg auf 200 bis 300 Prozent bei Kindern, denen an elf Tagen hintereinander aggressionsgeladene Fernsehprogramme gezeigt worden waren. Liebert: »Wir können heute ohne einen Schatten von Zweifel feststellen, daß Gewaltszenen im Fernsehen, wenn sie von Kindern auch nur ein paar Stunden oder sogar nur minutenlang gesehen werden, das aggressive Verhalten deutlich fördern.«

Deutsche Forscher sind bei ihren Untersuchungen zu ähnlichen und teilweise den gleichen Ergebnissen gelangt.

Professor Heinrichs kommt zu der Überzeugung:

»Mediengewalt erzeugt wahrscheinlich ein Suchtverhalten, das von einer immer stärker werdenden Rückkopplung angeregt wird. Und sie macht auch unfähig zur Demokratie und zur Partnerschaft. Sie ist das hervorragendste Mittel, einer Friedenserziehung entgegenzuwirken.« Der Medienexperte hatte diese Ergebnisse bei einer Versuchsreihe von 34 Kindern einer Hildesheimer Grundschule gewonnen. 17 Monate lang hatte er die Kinder systematisch beobachten lassen. In dieser Zeit wurden die Kinder mit Mediengewalt gefüttert: Sie sahen bis zu 93 Filme pro Woche. Folge: Die einschlägigen Gewaltspiele wie Bandenspiele, Kriegsspiele und Überfallspiele nahmen in der Freizeit rapide zu. Die Versuchskinder bemühten sich, die »vorbildlichen« Sendungen des Fernsehens drehbuchgetreu nachzuspielen. Sie trainierten Fesseln, Knebeln, Körperattacken und Handumdrehen. Zugleich aber lernte die Versuchsgruppe aus den Fernsehdarstellungen, daß Gewalt offensichtlich immer zum Erfolg führt. Die Kinder übernahmen das Fernsehrezept auch für ihre Freizeit: Gewaltsam setzten sie beim Spielen ihren Willen durch. Sie schlugen brutal zu in der Überzeugung, dies sei die beste Methode, zum Ziel zu gelangen. Die Kinder wurden in ihrer Wesensart zu kleinen, brutalen Tyrannen.

Der Wissenschaftliche Dienst des Deutschen Bundestages hat 1972 die Ergebnisse wissenschaftlicher Arbeit ausgewertet, soweit diese den Zusammenhang zwischen dargestellter Gewalt auf dem Bildschirm und aggressiven Neigungen oder aggressivem Verhalten betrafen. Im Fazit der Untersuchung heißt es: »Gewaltdarstellungen können unter bestimmten Voraussetzungen bei den Zuschauern vorhandene aggressive Neigungen stimulieren bzw. deren Kontrolle mindern . . .«

»Als wissenschaftlich gesichert und durch eine Vielzahl empirischer Untersuchungen mit sehr unterschiedlichen Forschungsansätzen dokumentiert, darf die allgemeine Feststellung gelten, daß Gewaltdarstellungen in Film und Fernsehen aggressionsstimulierend wirken bzw. die Hemmschwelle für aggressive oder kriminelle Verhaltensweisen herabsetzen können, wenn sie beim Zuschauer auf bestimmte ›Prädispositionen‹, das heißt Vorprägungen und Einflüsse treffen.«

Und ganz wesentlich erscheint dabei die Erkenntnis von Professor Heinrich: »Jede Fernsehproduktion, welchen Inhalt sie auch immer haben möge, erzieht, bildet, rüstet aus, prägt. Das Fernsehen ist eine gewaltige Lernmaschine. Alles, was aus ihr herauskommt, setzt einen Lernprozeß in Gang. Insofern haben alle TV-Produktionen – von der Unterhaltung bis zur Information – didaktischen Charakter.«
Danach steuert und beeinflußt das Fernsehen das Verhalten seiner Betrachter und nach dem gegenwärtigen Stand der Forschung sprechen zahlreiche, kaum widerlegte Forschungsergebnisse dafür, daß aggressive Medieninhalte beim Aufnehmenden Angriffslust und brutales Verhalten fördern oder daß sie die Kontrollschwelle im Gewissen des einzelnen herabsetzen. Die dargestellte Gewalt könnte also nicht nur wirksam werden, wenn im Charakter ein Hang zur Gewalttätigkeit vorläge, sondern sie könnte auch den Hang zur Gewalttat erst hervorrufen!
Doch Konsequenzen haben derlei Erkenntnisse bisher nicht gehabt.

▶ Das ZDF ließ von zwei Anstaltssoziologinnen einen Forschungsbericht über die ›Wirkungen von Gewaltdarstellungen im Fernsehen‹ und Vorschläge für eine langfristige Zuschauerforschung erarbeiten.

▶ Die Medienkommission von ARD und ZDF ist übereingekommen, einen großen Gewalt-Report anfertigen zu lassen.

▶ Das Bundesministerium für Jugend, Familie und Gesundheit hat eine Studie über TV-Brutalität angekündigt.

Ergebnisse liegen nicht vor.
Ließ sich Südfunk-Indendant Bausch vernehmen: »Die persönliche Verantwortung derer, die das Fernsehprogramm gestalten, muß so lange Maßstab bleiben, solange die Wissenschaft keine eindeutigen Antworten über die Zusammenhänge zwischen Fernsehbrutalität und Alltagsbrutalität zu geben vermag.«
Nun gut. Soll also die »persönliche Verantwortung derer, die das Fernsehprogramm gestalten«, noch Maßstab bleiben. Soll sie also Maßstab bleiben, bis die Wissenschaft *eindeutig* bewiesen hat, daß Gewalt und Brutalität im Fernsehen auch Gewalt und Brutalität beim einzelnen fördern.

»Erziehung« – das bedeutet Vermitteln von Wertbildern, Verhaltensmustern und Lebenshilfen. »Erziehen« – das heißt: die wachsende und heranwachsende Persönlichkeit in die Umwelt einzufügen, dem werdenden Erwachsenen die Welt so zu zeigen, daß er sie später auch bewältigen kann. Doch um die Welt bewältigen zu können, um das Leben zu meistern, bedarf der Mensch eines Weltbildes – im wörtlichen Sinne.
Früher vermittelten dieses Bild von der Welt die Alten und Erfahrenen: Der Vater kannte sich im Berufsleben aus, die Mutter in den Problemen des Alltags, die Großmutter bot beim abendlichen Plausch das, was wir heute als Unterhaltung verstehen. Darüber hinaus gab es in jedem Dorf den einen oder anderen, der Berlin als Soldat gesehen hatte oder gar beim Rußlandfeldzug Napoleons dabeigewesen war und davon erzählen konnte. Das alles war dann die Welt, in die ein junger Mensch hineinwuchs. Heute ersetzt das Fernsehen den Vater als Berufserfahrenen, die Mutter als Ratgeber in den Problemen des Alltags, die Großmutter als Unterhalterin. Und den Soldaten, der bei Preußens gedient und Berlin gesehen, den napoleonischen Kämpfer im Rußlandfeldzug – den ersetzt es allemal: Heute kommt Krieg »live« in die gute Stube. Ob es nun um den Krieg in Vietnam geht oder um die Unruhen in Alabama und Arkansas, der Fernsehbürger unserer Tage ist immer dabei, und zwar in vorderster Front. Was ehedem der Frontkämpfer erlebte und im Greisenalter noch erzählte, gehört heute zum täglichen Erlebnis selbst des kleinsten Staatsbürgers: Tote, grausam verstümmelte und jammernde Häufchen Elend, keine Opfer der blinden Naturgewalt, sondern Opfer menschlichen Fehlverhaltens.
Aus diesen täglichen Dokumentationen der praktizierten Gewalt ergeben sich beim Heranwachsenden Wertmaßstäbe, die ohne das Fernsehen undenkbar wären. Da wird vor der breitesten Öffentlichkeit nicht etwa nur dargelegt, wieviel Menschen an einem Tag wieder von anderen Menschen getötet wurden – nein, da wird auch noch genau ausgerechnet, wieviel Geld, Waffen und Munition es gekostet hat, einen anderen zu töten. Niemand nimmt

daran Anstoß, wenn zum Beispiel bei derartigen Rechnungen herauskommt, daß ein getöteter »Feind« 100000 Dollar kostet.
Der Wert des Menschen als einmaliges, als individuelles Wesen wird umgesetzt in eine wirtschaftliche Größe, die sogar eine Gewinn- und Verlustrechnung zuläßt. Überall in der Information muß sich hintergründig – und ohne bösen Willen – die Mißachtung des einzelnen Menschenlebens kennzeichnen und damit den Verfall aller menschlichen Güter beschleunigen.
Ob wir den Sektor der Information oder den der Unterhaltung nehmen – überall wird geprügelt, gefoltert und gestorben, immer wieder gestorben. Vielfach stirbt sich's sogar leicht und ohne erkennbaren Grund.
Das verantwortet die Kamera als Augenzeuge nicht, aber um der »action« willen drängt sie sich immer in die erste Reihe und liefert die bewegenden und bewegten Bilder vor die Augen der ungewarnten Betrachter.
Diese unverfälschte, durch Verknappung aber eindringliche Information erweckt eine Gewohnheit: an Sinnlosigkeit und an Grausamkeit. Und diese Gewöhnung bleibt mit Sicherheit nicht ohne Auswirkungen auf die Urteilsmaßstäbe im täglichen Leben. Es bedarf immer radikalerer Information, damit der Zuschauer überhaupt noch Interesse an den Tag legt.
1968 hatte in Nigeria ein Offizier einen Menschen erschossen. Die Szene war fotografiert und veröffentlicht worden. Ein Schnellgericht verurteilte den Todesschützen damals zum Tode. Damit die Welt aber auch wirklich von dieser schnell vergeltenden Justiz Kenntnis nehmen konnte, lud man Kameraleute des Fernsehens zur Exekution ein. Und nun ging einem Kameramann während der Vorbereitungen für die Erschießung der Film aus. Die Hinrichtung wurde aufgeschoben!
Noch vor wenigen Jahren schwenkte die Kamera wenigstens gnädig ab, wenn ein Mensch vom Leben zum Tode befördert wurde. Heute messen Kameramänner ihre Fähigkeiten am Maßstab der wirklichkeits-»gerechten« Darstellung des Sterbens. Mag der nigerianische Offizier im echten Sinne schuldig gewesen sein, mag er auch unmenschlich gehandelt haben: Noch unmenschlicher ist es, die Hinrichtung eines Menschen (wenn sie schon für notwen-

dig gehalten wird) auch noch dadurch zu einem primitiven Propagandacoup herabzuwürdigen, daß sie aufgeschoben wird, weil einem Kameramann der Film zu kurz geraten ist ...

Ein neunzehnjähriger Fixer spritzte sich für einen Fernseh-Dokumentarfilm eine hohe Dosis Rauschgift. Drei Tage nach den Fernsehaufnahmen war er tot. Das Gericht verurteilte den Regisseur des Dokumentarfilms über Rauschgiftsüchtige in erster Instanz zu 1800 Mark Geldstrafe.

In Kopenhagen starb der Hauptdarsteller eines Filmes über Rauschgiftsüchtige vor den Linsen der Kamera. Erst als der Sterbende in totale Bewußtlosigkeit versank, wurden die Aufnahmen gestoppt und die Polizei alarmiert. Ein Arzt wurde verständigt. Er konnte nur noch den Tod konstatieren. Der Streifen soll im Fernsehen gezeigt werden.

Bei einem Eisenbahnunglück in Frankreich dauerte es Stunden, bis alle Toten und Schwerverletzten aus einem Tunnel geborgen worden waren. Ein Kameramann filmte eine Frau, die auf einer Bahre sichtlich tödlich verletzt an ihm vorbeigetragen wurde. Er versuchte dennoch ein Interview mit ihr. Sie antwortete nicht. Minuten später war sie tot.

Mit diesen Erfahrungen, mit diesen Erlebnissen wächst die Jugend der Industriestaaten heran. Da werden Menschenleben – in Filmen – für Dreimarkfünfzig verscherbelt oder eben auf 100000 Dollar und 30 Kisten Munition umgesetzt, schließlich sogar für einige Meter Film noch um Minuten verlängert.

Nun sollte man in Rechnung stellen, daß der Mensch in den frühen Kindheitsjahren für sein ganzes Leben geprägt wird. Unbewußt übernimmt er in dieser Zeit alles, was an ihn herangetragen wird, ursprünglich und ungeprüft.

»Die entscheidenden Grundlagen für die spätere neurotische Entwicklung eines Menschen werden im ersten Lebensjahrfünft gelegt. Später kann er vieles auf eigene Faust. Aber bis er in die Schule kommt, muß ihm das Milieu entgegenkommen. Hier wird heute mehr zerstört, als mancher nur ahnt« (Mitscherlich).

Die Wirklichkeit der Brutalereignisse am Fernsehen können selbst Erwachsene kaum noch richtig einschätzen. Immerhin ist es ihnen möglich, derartige Dinge in ein fertiges Weltbild einzu-

passen oder wenigstens andeutungsweise Spiel und Wirklichkeit zu unterscheiden. Sie können die dargebotenen Informationen mit einem Wenn und Aber verarbeiten. Der junge Mensch kann das aber zunächst nicht. Für ihn ist »Spiel« die erlebte Wirklichkeit: Mord ist Mord, Diebstahl ein Diebstahl, der Streit und der Krieg der Erwachsenen eine Realität und nicht nur abendfüllende Unterhaltung; zumal der Krieg ja nun wahrhaftig Krieg, der dort täglich erlittene Tod wirklich Tod und die überall in der Welt sichtbare Unvernunft wirklich Unvernunft ist.
»Infratest«-Umfragen ergaben Anfang 1972, daß beispielsweise abends um 18 Uhr noch 22 Prozent der Drei- und Sechsjährigen, 28,8 Prozent der Sieben- und Neunjährigen und 29,7 Prozent der Zehn- bis Dreizehnjährigen vor dem Bildschirm hocken. Um 18.45 Uhr sehen noch 29 Prozent der Drei- bis Sechsjährigen in die Röhre. Für den Zeitpunkt 19 Uhr ermittelten die Wissenschaftler: Noch 12,5 Prozent der Drei- bis Sechsjährigen sitzen vor dem Fernsehgerät, ferner 41,5 Prozent der Sieben- bis Neunjährigen und 51,3 Prozent der Zehn- bis Dreizehnjährigen.
Genauer aufgeschlüsselte Statistiken beweisen, daß der Höhepunkt der Sehbeteiligung der Kinder im Werbeprogramm liegt. Und genau im Rahmen dieses Programms tummeln sich die Helden und die Schurken, die Sanftmütigen und die Totschläger: ein Wechselspiel von Dunkelmann und Frau Saubermann. Anfang und Schluß bestimmter Sendungen sind unverrückbare Konstanten im Zeitplan eines Tages. Amerikanische Kinder haben bis zu ihrem 14. Lebensjahr etwa 19000 Fernsehtote konsumiert. Die Kinder unserer Bundesrepublik werden da kaum zurückstehen.
Das Allensbacher Institut für Demoskopie: »61 Prozent aller Zwei- bis Sechzehnjährigen verbringen 10 bis 12 Stunden wöchentlich vor dem Fernsehapparat.«
Der Hamburger Bildungswissenschaftler Stückrath ermittelte: »Der durchschnittliche Volksschüler über zehn Jahre verbringt 28 Prozent seiner Freizeit vor dem Gerät, und die dreizehn- bis fünfzehnjährigen Volksschüler bringen dort fast die Hälfte ihrer Mußestunden zu.«
Nach Feststellungen von Alexander Weber sitzen Volksschüler doppelt so lange vor dem TV-Schirm wie Oberschüler.

Inzwischen gibt es in der Bundesrepublik über 17 Millionen Fernsehempfänger. Auf drei Einwohner kommt ein Apparat. 82 Prozent der Bevölkerung werden vom Fernsehen erreicht. Über den Schirm flimmert die »gute« wie die »böse« Gewalt. Das Weltgeschehen wird illustriert mit Schlägen und mit Foltern, mit Schießereien und mit Stechereien, mit Plünderung, Brandstiftung, mit Mord und Hinrichtung.
Welches Unterscheidungsvermögen, welche Möglichkeiten geistiger Verarbeitung, welche Verwirrung und welche Belastung muten wir jungen Menschen zu, die mit dem Fernsehen in eine Gesellschaft hineinwachsen.
Der heranwachsende Bürger soll schon im Kindesalter Schein und Wirklichkeit unterscheiden, menschliche Unvernunft erkennen und entschuldigen. Schon im Vorschulalter und in den ersten Volksschuljahren dürfen viele Kinder um des lieben Friedens willen alles, aber auch wirklich alles konsumieren, was der Bildschirm anbietet. Oft versagen wir dem Kind die Gnade des Abschaltens, weil es beim Fernsehen so schön ruhig sitzt, nicht stört und in der unkindgemäßen Großstadtwohnung aus den Füßen ist.
Dann treten die Kinder der ersten Fernsehgeneration in das Stadium der sozialen Eingliederung: mit einem Depot von Grausamkeit, das eines alten Landsknechtes würdig wäre; mit der Erfahrung schließlich, daß die Welt zerrüttet ist und daß die Erwachsenen mindestens ebenso grausam und unvernünftig handeln wie kleine Kinder. Mit diesem Erfahrungs-»Schatz« müssen sich die Jugendlichen unserer Zeit von den elterlichen Bindungen – ganz naturnotwendig – lösen, sich in größere Gemeinschaften hineinfinden und schließlich selbständig leben.
Ob sie das nach alldem noch können – danach fragt sie niemand! Der Jugendliche sieht sich mit weitgeöffneten Augen in der Gesellschaft um, und er findet bestätigt, was das Fernsehen ihm als Vor-Erfahrung vermittelte: Diese Welt ist nicht gut und nicht in Ordnung! Welche Autorität soll denn da intakt bleiben? Welcher Wert soll denn die Jugendzeit überdauern? Helden werden gesucht, und da finden sich plötzlich die Posträuber. Ganoven mausern sich zu echten Leitbildern. Die Jugend beginnt, sich ih-

ren Teil vom Leben mit Gewalt zu nehmen, wie es ohnehin überall in der Welt üblich ist.
Amerikas erste Fernsehgeneration war Anfang der fünfziger Jahre herangewachsen. Genau zu diesem Zeitpunkt setzte bei Amerikas jungen Leuten ein verstärkter Hang zur Grausamkeit ein. Die Jugendkriminalität stieg plötzlich steil an.
Die erste europäische Fernsehgeneration stand Ende der fünfziger Jahre zur Schulentlassung an. Sie rebellierte auf ihre Weise: Die Bundesrepublik erlebte eine Welle schwerer Halbstarkenkrawalle, Frankreich sah entsetzt auf seine »Blousons noirs«, in England zeigten sich die »Mods« mit ihren »Judies«, die »Rocker« mit ihren »Birds«, Italien sah auf die »Zazzeroni«, Schweden wurde von den »Raggare« verunsichert.
Familien und Schulen vermochten die Jugend nicht mehr zu halten, geschweige denn moralisch zu beeinflussen. Das Fernsehen hatte seinen Teil dazu beigetragen. Denn während Eltern und Erzieher noch Verhaltensmuster und Informationen von gestern vermitteln, ist die Mattscheibe stets auf dem laufenden. Das Argument »Aber im Fernsehen haben sie gesagt . . .« wuchs sich zur fast unüberwindbaren Waffe der Erzogenen gegenüber den Erziehern aus. Der Bildschirm entwickelte sich für weite Teile des Volkes zur neuen Autorität. Ganz selbstverständlich erkannten viele Jugendliche aber nicht nur, daß der Bildschirm die besseren Informationen besaß als die Eltern, sondern auf dem Bildschirm bot sich auch eine ganz neue Moral dar: eine doppelte Moral. Sie macht den Erwachsenen nun vollends unglaubwürdig. Schließlich verläßt sich der Jugendliche mehr und stärker auf die Fernsehinformation als auf die Wissensvermittlung durch Eltern und Lehrer: Das Fernsehen wird zur Ersatzfamilie, und die bietet Gewalt, Verbrechen, Unvernunft und eben doppelte Moral.
Um der übermächtigen Konkurrenz Fernsehen noch Paroli bieten zu können, ließen Film und Illustrierte nun kein Tabu mehr ungebrochen. Was noch nicht über den Bildschirm flimmerte, ging über die Leinwand oder fand sich auf Papier. Alles wurde Gegenstand der totalen Information, einer Information, die beispielsweise im sexuellen Bereich die meisten Eltern gnadenlos überrollte. Ihnen fehlt das Vokabular und das fundierte Wissen. Das

Gespräch zwischen den Generationen versiegt. Die Formkraft der Familie, des bedeutsamsten Hindernisses auf dem Wege zur Straftat, fällt fast völlig aus. Eine neue, verantwortungsbewußte Ersatz-Instanz hat sich noch nicht gefunden.
Darum trat Anfang der sechziger Jahre die junge Generation aus dem alten Erziehungsschema aus.
► Darum entstand eine neue Jugendmode, die mit aller Sicherheit eine Verwechslung zwischen jung und alt ausschließt.
► Darum begann das Haar zu wuchern,
► darum wurde die Kleidung papageienhaft bunt,
► darum wandelte sich die Musik so radikal, daß »Alte« nicht mehr mittanzen konnten, ohne Herzinfarkt oder Wirbelbruch fürchten zu müssen.
Kein Junge wird mehr den Anzug seines Vaters, ein »Kostüm aus der finstersten Vergangenheit« auftragen müssen.
Die Jugend entdeckte sich selbst und entwickelte nun auch eine neue Moral, die sich an der neuen Autorität Fernsehen orientierte. Gewalt gilt als Mittel, Ansprüche durchzusetzen; das Elternhaus hat keine Form- oder Hemmkraft mehr; das »Hast du was, dann bist du was«, erhielt den Zusatz »gleichgültig, woher es kommt«. Die Besitzneurose wird Zeiterscheinung, Eingriff in fremden Besitz liegt nahe. Mißverständnisse über die Folgen körperlicher Gewalt und über den einmaligen Wert fremden Lebens fördern den Hang zur Gewalttat.
Es wäre an der Zeit, mögliche Zusammenhänge zwischen der Fernsehdichte eines Landes und dem Ansteigen der Kriminalität zu untersuchen. Eine derartige Prüfung steht noch aus, aber die Statistik liefert schon Anhaltspunkte.
Bei einem Vergleich zwischen Fernsehdichte und Verbrechenszuwachs (s. Tabelle am Schluß des Buches) offenbart sich in den westeuropäischen Staaten:
Sobald mehr als 15 Prozent der Bevölkerung vom Fernsehen erreicht werden, zeigen sich meßbare Auswirkungen auf den Sektoren des schweren Diebstahls und des Raubes.
Lediglich England und Wales wiesen 1956 diese Fernsehdichte auf. Und seither hält ein jährlicher kräftiger Zuwachs beim schweren Diebstahl und beim Raub – mit einigen Schwankungen

– unverändert an. Innerhalb von zehn Jahren stieg diese Delikt-gruppe um 158 Prozent. Kein vergleichbares europäisches Land kann da Schritt halten.
Die Fünfzehn-Prozent-Fernsehdichte verzeichnete Schweden im Jahre 1961. Ziemlich genau seit diesem Zeitpunkt klettert die Zahl der schweren Diebstähle und der Raubüberfälle schneller als je zuvor. Für Dänemark gilt die gleiche Aussage ab 1962. In diesem Jahr sendeten die dänischen Fernsehproduzenten erstmals für mehr als 15 Prozent ihrer Bevölkerung.
In der Bundesrepublik wurde die kritische Marke 1963 überschritten, und schon zeigten sich auch bei uns die Auswirkungen im Straftatenzuwachs. Frankreich und die Niederlande erreichten die Fünfzehn-Prozent-Marke in unserem Vergleichszeitraum (1956–1964) nicht. Und ihre Zuwachsquoten weisen denn auch keinerlei Sprünge auf. Es hat sich ein Indiz für den Zusammenhang zwischen Fernsehen und Verbrechen ergeben, ein Indiz von hoher Aussagekraft und schon hart am Rande der Gewißheit. Das sollte Anlaß bieten, genauere Untersuchungen anzustellen. Solange wir nicht ganz genau wissen, wie das Fernsehen auf die Verbrechensrate wirkte, so lange befinden wir uns in der Rolle des stupiden Zeitgenossen, der einem Blinden ziemlich gelassen beim Jonglieren mit scharfen Handgranaten zusieht.

Die ausgekuppelte Moral

Geliebt von Millionen

»Das Kraftfahrzeug beherrscht die Welt:
- den einzelnen, der sich seiner in Gestalt des Kraftwagens bedient, um Geschäften oder seinem Vergnügen nachzugehen;
- die Kraftfahrzeugindustrie, die als Auftraggeber Millionen auf der ganzen Welt beschäftigt, welche Kraftfahrzeuge und die unendliche Fülle von Zubehör- und Ersatzteilen herstellen;
- die übrige Wirtschaft, die selbst ohne Kraftfahrzeug, dem elastischsten aller Verkehrsmittel, das bis ins letzte Dorf gelangt, nicht auskommen kann;

► die Politik, deren Zweig ›Verkehrspolitik‹ die Brücke darstellt, die Zeit, Raum und auf die Dauer auch Grenzen überwindet« (Schulz-Wittuhn: ›Das Auto – vom Traum zur Wirklichkeit‹).

»Aus Stahl und Eisen schuf sich der Mensch seine neuen Götter und wurde ihr Sklave und ihr Knecht. Das ist der Triumph der Dummheit. Die Maschine, die rastlos läuft, muß unsere Seele und unser Leben verschlingen« (Luigi Pirandello: ›Kurbeln‹).

»Wenn es diese Maschine gibt – das Automobil hat damit wenig gemein. Jenes Gebilde aus Stahl, Aluminium, Glas und Gummi, das wir als Maschine klassifizieren, nimmt eine Sonderstellung ein wie kein anderes Produkt der Technik. Für Millionen Menschen, Professoren, Minister, Arbeiter, Kaufleute und Dichter, Frauen und Kinder jeder Religion, jeder Hautfarbe und jeglicher Nationalität ist das Automobil ein ›rollendes Nest der Wünsche‹, ein geliebtes Wesen aus Stahl und Chrom geworden. Die Erfüllung der Sehnsucht, wenigstens teilweise frei zu sein von den Fesseln des Raumes, der Zeit, Herr zu sein über die Maschine, ist das Fundament, auf dem das Automobil zu seiner heutigen Bedeutung emporgestiegen ist« (Hünninghaus: ›Geliebt von Millionen‹).

»Das Auto bietet die großartige Chance zu einer in Ausmaß und Intensität noch nicht dagewesenen Erschließung der Umwelt« (Willy Brandt).

»Das Auto fördert eine gesteigerte Erlebnisfähigkeit des mobiler gewordenen Menschen« (Georg Leber).

Diese kleine Zitatenauslese zeigt zweierlei: Die Entwicklung des Kraftfahrzeuges und – als Folge – die Motorisierung der Menschheit in den Industriestaaten kann in seiner Bedeutung kaum unterschätzt werden. Das Auto beherrscht wenigstens optisch die Welt, das Bild unseres Alltags. Aber – und das ist der zweite Gesichtspunkt – kaum rückt das motorisierte Vehikel in den Mittelpunkt eines Gesprächs, in eine Beschreibung oder gar in die Schilderung eines Romanautors, da reicht die nüchterne Alltagssprache nicht mehr aus. Heftigste Verwünschungen stehen gegen hymnische Lobpreisungen. Offenbar ist es bis heute nicht möglich, dieses technische Gerät als Mittel der Ortsveränderung zu empfinden, ohne ihm sonstige Attribute zu verleihen.

Das Kraftfahrzeug als »Brücke, die Zeit, Raum und auf die Dauer auch Grenzen überwindet«, »Maschine, die rastlos läuft und unsere Seele und unser Leben verschlingt«, »rollendes Nest unserer Wünsche«, »Gerät, das uns wunderbare, individuelle Freiheit schenkt«.

Das sind Worte und Beschreibungen, die erkennen lassen, daß dem Automobil in unseren Tagen mehr als der reine Gebrauchswert innewohnen muß. Wer schwärmt denn in solchen Tönen von einem anderen Transportmittel, zum Beispiel von der Bundesbahn?

Niemand möchte bestreiten, daß das Kraftfahrzeug tatsächlich eine überragende Bedeutung im Leben des einzelnen und im volkswirtschaftlichen Bereich ganzer Nationen gewonnen hat. In den USA leben derzeit mehr als 12 Millionen Arbeiter direkt oder indirekt vom Auto. Jeder vierte Dollar wird dort für ein »automobilistisches« Produkt ausgegeben. Der Traum auf vier Rädern ernährt jeden sechsten Unternehmer und jeden sechsten Arbeitnehmer. Wie gewaltig die Finanzkraft der Autoproduzenten ist, geht aus der Tatsache hervor, daß ein Unternehmen dieser Branche, »General Motors«, schon 1969 rund 85 Milliarden Mark einnahm. Das entspricht ziemlich genau dem Staatshaushalt der Bundesrepublik.

Ein Deutscher entwickelte das erste Automobil, aber ein Amerikaner erzwang die allgemeine Motorisierung, als er das Fließband einführte. Durch diese Vereinfachung der Herstellung ermöglichte Henry Ford die Massenproduktion des Autos.

Im Jahre		
1900 gab es in den USA	2640	Automobile
1910 gab es bereits	490000	"
1920 waren es	9200000	"
1930	26700000	"
1940	32400000	"
1950	49100000	"
1960	73600000	"
1970	105000000	"

Aber – im Jahre 1899 wurde in den USA auch bereits der erste Verkehrstote infolge eines Autounfalls registriert. Seither hat das Auto allein in den Vereinigten Staaten nahezu zwei Millionen Menschen umgebracht.
1970 starben 55 000 US-Amerikaner den Verkehrstod, mehr als die USA im Vietnam-Krieg an Menschen verloren. Die wirtschaftlichen Verluste infolge von -zig Millionen Verkehrsunfällen sind so hoch, daß die Bundesrepublik davon zwei Drittel ihrer Staatsausgaben bestreiten könnte.
Es gibt natürlich auch andere Gesichtspunkte:

- Das Auto erlöste die breite Masse der Menschen in den Industriestaaten aus ihrer räumlichen Enge, es vermittelte neue Anschauungswerte und neue Erlebnismöglichkeiten.
- Das Auto mit all seinen PS überrollte die uralte Vorstellung, zwischen einer geleisteten (oft körperlichen) Arbeit und der entstehenden Wirkung müsse ein erkennbares Verhältnis bestehen.

Denn es besteht überhaupt kein Verhältnis mehr zwischen dem Kraftaufwand – Gashebeltreten – und der einsetzenden Wirkung. Diese früher unglaubliche Kraftsteigerung ist so gewaltig, daß der Mensch sie vorerst noch gar nicht als Maschinenleistung empfindet: Er sieht unbewußt in sich selbst die Quelle der ungeheuren Energien.
Das ist sicherlich einer der Gründe dafür, daß dieses schlichte Fortbewegungsmittel zum Volksliebling aufstieg. Ein weiterer: Wer Auto fährt, muß sich weder an Fahrpläne noch an Schienen halten. Aber entscheidender noch dürfte sein: Das Auto ist für weite Teile der Gesellschaft Statussymbol. Kaum etwas signalisiert der Umwelt besser den Besitzstand als das Auto. Es ist zwar mit einiger Mühe jedermann erreichbar, bietet aber so viele Variationsmöglichkeiten, daß es die Hierarchie des Besitzes noch anzudeuten vermag.
Vielleicht erklärt sich auch daraus die vielfach vorhandene fast erotische Beziehung zwischen Mensch und Maschine. Eine Allensbach-Umfrage ergab, daß noch 45 Prozent der bundesdeutschen Großverdiener mit mehr als 2500 Mark netto im Monat ihren Wagen regelmäßig selbst waschen, weitere 37 Prozent dieser Gruppe greifen wenigstens hin und wieder zu Schlauch und

Poliertuch. Man lausche nur den Gesprächen junger und alter Autofahrer. Da erfährt man denn, wie sparsam gerade ihr Auto mit dem Sprit umgeht, wie gering die Reparaturkosten sind, welcher Luxus für wenig Geld geboten wird und vieles andere. Der Mensch versucht, die Leistung des technischen Geräts mit der eigenen Vorstellung von Vollkommenheit zu verbinden, um so unbewußt auch als perfekt zu erscheinen. Doch glaubhaft mit der Maschine identifizieren kann sich der einzelne nur, wenn genügend verschiedene Autotypen zur Verfügung stehen.

Ford baute sein Modell T von 1910 bis 1925 in ständiger Verbesserung und schließlich – fast – perfekt. Das Fahrzeug wurde konkurrenzlos billig. Dennoch stockte plötzlich der Absatz. Das Modell, nur in schwarzer Farbe geliefert, hatte den Markt so überschwemmt, daß selbst der Normalbürger es nicht mehr vorzeigen konnte. Das Auto war nicht mehr Besitzsymbol – und damit verlor es seinen Wert. Die Nachfrage blieb aus.

»Nur ein Bruchteil all dieser Wagen dient reinen Erwerbszwekken. Die große Mehrheit der Amerikaner benutzte das Automobil in den dreißiger Jahren nur in der Freizeit und fuhr damit zur Arbeit. Genau wie heute in Europa sparte man schon vor dreißig Jahren in Amerika lieber am Essen, an der Wohnung oder Kleidung, ehe man auf das Automobil verzichtete. Schon damals gingen in den USA Millionen Frauen Tag für Tag allein deshalb zur Arbeit, um sich und ihrer Familie den Besitz eines Wagens zu ermöglichen« (Hünninghaus).

Das reine Businessdenken, das unsentimentale, oft sogar skrupellose Geldverdienen in den Vereinigten Staaten vor und nach dem Ersten Weltkrieg stand in einem paradoxen Gegensatz zu einer fast romantischen Liebe zum Auto. Es herrschte eine wahre Autosucht.

Inzwischen wurde auch Europa von dieser Grundeinstellung ergriffen. Das Statussymbol Auto eroberte auch hier seinen festen Platz. Nun sollte man doch annehmen, eine technische Manie vom Range der Autonarretei würde nach und nach abklingen. Weit gefehlt. Die Amerikaner, die uns in der Motorisierung immer noch weit voraus sind, stehen heute lediglich auf einer höheren Stufe der technischen Schizophrenie als wir. Elvis Presley,

Pop-Pionier, unterhielt zeitweilig bis zu zehn Cadillacs mit eingebautem Fernseher und Telefon. Das Flaggschiff seiner Autoflotte trug orientalische Muschelschalen, hatte Lack, der mit Diamantenstaub angereichert war. Wo andere Autos Chromleisten tragen, prangte eine 24karätige Goldauflage. Wer in den USA freilich »in« ist, fährt außer dem teuren Bentley oder Rolls-Royce wenigstens noch einen Chevrolet oder gar einen Volkswagen.
Kein Zweifel: Das Fahrzeug ist das Statussymbol von dauerhafter Wirkung. Vorerst ist auch für Europa nicht mit dem Abklingen des Vehikel-Fiebers zu rechnen.
Im Gegenteil: Eben steigt die Fieberkurve auch in den sozialistischen Ländern. Professor Leonid Afanastew, Chef des Zentralinstituts für Automobil- und Straßenbau, ließ die Öffentlichkeit wissen, daß die Sowjetunion die Zahl der Autowerke – derzeit 26 – erhöhen werde. Schon ab 1975 sollen jährlich zwei Millionen Personenwagen hergestellt werden. Selbst die kühlen Wirtschaftsplaner des Ostens wollen sich also dem Wunsch breiter Bevölkerungskreise nach Autobesitz nicht länger widersetzen, obwohl der Wagen in seiner heutigen Form und Konstruktion schon länger existiert, als er noch existieren kann. Die schwärmerische Begeisterung für ein technisches Gerät erweist sich im Falle des Autos als ungewöhnlich dauerhaft. Darüber hinaus ergreift sie die überwältigende Mehrheit jeder Bevölkerung. Das Spiel mit übertragener Kraft ruft die Freude an ausgeübter Macht hervor. Das technische Gerät Auto hat das Bewußtsein ganzer Völkerschaften verändert – und es liegt der Verdacht nahe, daß es auf diese Weise auch die Verbrechensentwicklung beeinflußt hat.

Volk der Richter und der Lenker

Da Europa in Sachen Motorisierung noch um einiges hinter Amerika zurückliegt, wird der Trend zum eigenen Auto wohl noch geraume Zeit andauern. Schon jetzt verdankt jeder achte Deutsche seinen Arbeitsplatz direkt oder indirekt dem Kraftfahrzeug – etwa in einer Autofabrik, an einer Straßenbaustelle, vielleicht an einer der 46000 Tankstellen oder auch als Kellner in einer Autobahnraststätte.

Vermutlich werden sie auf absehbare Zeit hin um ihre Arbeitsplätze nicht bangen müssen. Denn zuverlässige Schätzungen zum Stand der Motorisierung gehen für die Bundesrepublik von folgenden Zahlen aus:

1967 gab es	11,02	Millionen zugelassener Personenwagen,
1970 wurden	14,2	Millionen gezählt,
1975 werden es	17,4	Millionen,
1980 etwa	19,1	Millionen und
1985 schließlich	19,9	Millionen sein.

Fachleute nehmen an, daß der bundesdeutsche Markt dann gesättigt sein wird.
Schon heute kommt in der Bundesrepublik, in Frankreich, in Schweden und in Großbritannien ein Personenwagen auf vier Einwohner. In den USA ist die Quote noch höher: ein Pkw auf 2,7 Einwohner. Die Bundesrepublik wird diese Autodichte voraussichtlich um 1980 erreichen. Allerdings mit übleren Folgen als Amerika. Bei uns stoßen sich auf einem verhältnismäßig kleinen geographischen Bereich, einem knappen Straßennetz und engen Stadtkernen die Dinge buchstäblich härter im Raum. Der Einfluß, den die Motorisierung Amerikas auf die Verbrechensrate nahm, muß sich in der Bundesrepublik verstärkt zeigen.
Schon heute ist das Auto allgegenwärtig. Es gibt hierzulande kein noch so entlegenes Fleckchen mehr, das nicht von Fahrzeug-Touristen erobert wäre. Es gibt keine sichere Zuflucht mehr, an der nicht die Gefahr besteht, Herrn Müller von nebenan oder Frau Schmitz von gegenüber zu begegnen. Man versuche, abends um 20 Uhr einen Parkplatz in irgendeiner unserer Innenstädte zu finden. Ein langer Fußmarsch wird sich oft als zeitsparender erweisen. Und man denke an die endlose Schlange lärmender Vehikel vor Arbeitsbeginn und nach Feierabend. Das Auto beherrscht das Bild unserer Städte und Dörfer, es bestimmt das Verhalten des Städters wie des Dorfbewohners.
Würde man alle in der Bundesrepublik zugelassenen Personenwagen gleichmäßig auf die vorhandenen Straßen verteilen, dann blieben von Auto zu Auto immer noch 23 Meter Straße. Aber die

Fahrzeuge sind ja keineswegs gleichmäßig verteilt: Rund 8,5 Millionen drängeln sich auf dem nur 6000 Kilometer langen Straßennetz der Städte. Jeder Wagen hat ganze 71 Zentimeter Straßenraum, 1985 werden es nur noch 57 Zentimeter sein. Die Polizei muß tagsüber fast alle verfügbaren Kräfte in das Verkehrsgetümmel schicken. Nur so kann sie noch verhindern, daß der Straßenkampf Opfer in der Größenordnung einer offenen Feldschlacht fordert. Damit die Ordnung noch einigermaßen erhalten bleibt, werden die letzten Reserven mobilisiert, müssen oft auch Überstunden geleistet werden. Doch was die Polizei an Personal tagsüber in die Regelung des Straßenverkehrs steckt, wird in der Nacht eingespart. Die Nacht bietet aber all den kleinen Dieben, Einbrechern und Räubern Schutz, jenen Straftätern also, die keine kriminellen Großtaten vollbringen, durch ihre lästige Tätigkeit indes das allgemeine Sicherheitsgefühl untergraben. Das Verkehrsgeschehen wirkt sich in gerader Linie auf die Verbrechensbekämpfung aus. Die PS-Schlacht behindert die Sicherungskräfte in der Erfüllung der polizeilichsten aller Aufgaben: den Bürger in seiner Gesundheit zu sichern und für sein Eigentum eine gewisse Sicherheit zu garantieren.

Doch trotz gewaltiger Anstrengungen zum Wohle des Verkehrsteilnehmers steigt die Zahl der Unfalltoten von Jahr zu Jahr – wenn auch nicht so schnell wie die Zahl der Fahrzeuge.

1960 registrierte das Allensbacher Institut für Demoskopie sieben Personenwagen auf 100 Einwohner und rund 14000 Verkehrstote sowie 469000 Verletzte. Zehn Jahre später betrug die Pkw-Dichte 23 Autos auf 100 Einwohner. Aber es wurden auch fast 20000 Tote und 549000 Verletzte gezählt.

Zwischen 1960 und 1970 wurden aus bundesdeutschen Fahrzeugen 176000 Tote geborgen. In der Statistik der Todesursachen nimmt der Unfalltod im Verkehr inzwischen die fünfte Stelle ein. Seit 1960 sind 540000 Bundesbürger als Folge schwerer Verletzungen ganz oder teilweise erwerbsunfähig geblieben.

Beträge zwischen 120000 und 300000 Mark hat die Gesellschaft für jeden Verkehrstoten aufzubringen. 2,2 Milliarden Mark gehen als Renten an die Hinterbliebenen Verkehrstoter oder an Verkehrsinvaliden. 440 Millionen sind für die ärztliche Betreuung

Verletzter erforderlich. 9,4 Millionen Arbeitstage fallen aus, weil Unfallopfer in stationärer Behandlung verbleiben müssen. Die Gesamtschäden durch Autounfälle sind so hoch, daß von diesem Betrag alle zwei Jahre eine komplette Universität oder 1000 Hauptschulen gebaut werden könnten.

Die Todesmaschine Straßenverkehr verschlingt alle 27 Minuten ein Menschenleben, alle vier Stunden ein Kind. Ferienwochen und Feiertage bringen die verlustreichsten Schlachten auf unseren Straßen. Fast die Hälfte der Verkehrstoten sind Fußgänger und Radfahrer, fast die Hälfte aller getöteten Fußgänger ist über 65 Jahre alt – und jeder achte Verkehrstote ist ein Kind. Der Soziologe Helmut Schelsky konstatiert: »In dem Gemetzel des Guerillakrieges, den wir euphemistisch Verkehr nennen, triumphiert das Gesetz des Dschungels, das Recht des Stärkeren.«

Nun will man versuchen, der Gefahren mit der Konstruktion eines Sicherheitsautos Herr zu werden. Aber wenn wir die gepanzerten Fahrzeuge, die Kampfwagen haben, fängt das Gemetzel auf der Straße erst richtig an. Dann nämlich kann jedermann Jagd auf seine Feinde im Straßenverkehr machen, dann können sich die angestauten Aggressionen erst richtig austoben.

All diese Tatsachen und Befürchtungen, die Zahl der Todesopfer auf den Straßen wie das tägliche Verkehrschaos der Großstädte rechtfertigen einen intensiven Einsatz der Schutzpolizei. Sie machen ihn sogar zwingend notwendig.

Das wiederum bleibt nicht ohne Folgen auf das Bewußtsein des autofahrenden Bürgers – und das ist sozusagen jeder. Immerhin besitzt jeder vierte eine Fahrerlaubnis. Wer keine besitzt, kann sich immer noch als Radfahrer oder Fußgänger in den Maschen der Verkehrsgesetze verfangen. Aber meist trifft das Schicksal in Gestalt der Gesetzeshüter natürlich den Autofahrer. Die Folgen sind bis auf den heutigen Tag verheerend. Denn infolge einer stark schematischen Gesetzgebung und Rechtsprechung traf die Kriminalstrafe den fahrlässigen versagenden Verkehrsteilnehmer mit den gleichen Mitteln wie den echten Kriminellen. Wer im Straßenverkehr fehlte, wurde aus dem Strafgesetzbuch für den Kriminellen bestraft, büßte in den gleichen Gefängnissen wie der Gewohnheitsverbrecher. Verkehrsstraftäter wurden den echten kriminellen Straftätern gleichgestellt, obwohl bei ihnen vielfach nur Fahrlässigkeit und Unaufmerksamkeit, bei jenen aber echte kriminelle Energie vorlag. Was beim einen mit festem Vorsatz und klarem Ziel zum Einbruch, zum Diebstahl oder zum Raub führt, ist beim anderen häufig nur Folge eines ungenügend ausgebauten Straßennetzes, ungenügender technischer Hilfen gegen Unfälle und menschlicher Unzulänglichkeit. Beide landen im gleichen Knast.

Nur eine Minderheit der deutschen Autofahrer kann sich noch als unbescholten bezeichnen. 23 Prozent aller Kraftfahrer sind zwei- bis dreimal, 14 Prozent sogar häufiger als dreimal mit der Straßenverkehrsordnung kollidiert. Sechs von zehn sind schon mit Bußgeld belegt, fast jeder Dritte in einem einzigen Jahr. Jeder zweite war bereits in einen Unfall verwickelt, viele haben einen Verkehrstoten aus ihrem Bekanntenkreis in Erinnerung.

Unmerklich zunächst, später ganz deutlich spürbar, entwickelte sich beim Autofahrer die Auffassung: »Du stehst ja immer mit einem Bein im Gefängnis!« Und damit verlor die Gefängnisstrafe den Charakter der entehrenden, entwürdigenden und gerechten Strafe. Oft – zu oft – führte Zufall die Betroffenen in Haft, und das Verbüßen einer Gefängnisstrafe erhielt so etwas wie einen sportlichen Akzent. Im Gefängnis gesessen zu haben, schadet der gesellschaftlichen Reputation nicht in jedem Falle. Das erleichtert zwar die schnelle Resozialisierung Gestrauchelter, führt aber auch zu einem Ansteigen der Verbrechenszahl, weil eine starke moralische Hemmung verlorenging.

Immerhin machten im Gefolge der Motorisierung auch zahllose »ordentliche« Bürger Bekanntschaft mit einem Verfolgungs- und Strafsystem, das auf den Kriminellen zugeschnitten sein sollte. Der einfache Verkehrssünder empfand dabei vieles als ungerecht, übertrieben, würdelos und ließ Politiker daraus die Konsequenz ziehen: Die Vorschläge zu einer Reform der Strafprozeßordnung fielen in der Bürgerschaft auf fruchtbaren Boden. Doch nun, die Reform ist noch gar nicht so alt, genießen die echten Kriminellen mit einem Heidenvergnügen Rechtswohltaten, die der Gesetzgeber mit Blick auf den schuldhaft irrenden oder einmal versagenden Bürger geschaffen hat. Unmittelbar nach der StPO-Novelle

sank die Aufklärungsquote in der Bundesrepublik um volle drei Prozent. Das bedeutet: um 60000 Straftaten. Inzwischen hat sich die Einsicht durchgesetzt, daß die überhastet verabschiedete Regelung erneut der Reform bedarf. Damit ist indes ein weiteres Übel nicht aus der Welt, das wir gleichfalls der Motorisierung verdanken: der permanente Notstand des kraftfahrenden Bürgers. Der Mensch ist nur bedingt imstande, alle an ihn gestellten Forderungen zu erfüllen, sozusagen Rundumaufmerksamkeit walten zu lassen. Und es wäre wirklich der Prüfung wert, ob die menschliche Wahrnehmungsfähigkeit ausreicht, etwa 135 verschiedene Verkehrszeichen in korrektes Handeln umzusetzen, zumal die Verkehrssignale an Kreuzungen und Gefahrenstellen gleich rudelweise stehen.
Im Grunde müßte den Autofahrer ständig ein schlechtes Gewissen plagen, denn wer beachtet alle Verkehrsgesetze genau? Wer kann sie überhaupt genau beachten? Eigentlich keiner.
Nimmt es da wunder, daß der Mensch erst einmal in Igelstellung geht, sobald er von einem Polizisten angesprochen wird? Blitzschnell blättert er das Sündenregister der letzten Minuten durch und harrt der Ansprache. Trifft nun der Vorwurf des Beamten nicht genau ins Schwarze, wählt er eine ungeschickte Form des Ansprechens, wirkt er arrogant, belehrend oder herablassend, dann muß der Autofahrer fast automatisch aggressiv reagieren. Egal, ob nun gestraft, belehrt oder verwarnt wird, ob der Sünder noch einmal davonkommt – zurück bleibt meist eine unangenehme Erinnerung an den Gesetzeshüter. So ergibt sich nach und nach fast automatisch eine unbewußte Gegnerschaft zwischen Bürger und Polizei. Verhält sich die Polizei dann auch nur irgendwo in Europa falsch oder mißlingt eine Polizeiaktion, dann bricht der Vorbehalt durch. Biedere Hausfrauen und weniger biedere Professoren greifen zur Feder und schlagen in Zeitung und Illustrierte im heiligen Zorn der Gerechten zurück, obwohl sie über die Tatbestände nur selten vollständig unterrichtet sind. Das wäre vielleicht noch zu ertragen. Fatale Folgen ergeben sich aber dort, wo die Polizei auf die Mitarbeit des Bürgers dringend angewiesen ist: bei der Verbrechensaufklärung. Die Fronten »Hier Bürger – dort Polizei« führen dazu, daß die Polizei nur noch unter-

stützt wird, wenn eine »abscheuliche« Tat aufzuklären ist, etwa ein Kindesmord. Ansonsten läßt man die Polizisten wurschteln – gemäß dem Grundsatz: »Was soll ich denen helfen, wo mir neulich einer fünf Mark verpaßt hat, obwohl ich nur ganz kurz im Halteverbot stand.«

Diese Haltung hat mit Sicherheit dazu beigetragen, daß der Prozentsatz der aufgeklärten Straftaten von 70 Prozent im Jahre 1953 auf unter 50 Prozent im Jahre 1970 sank. Eine hohe Aufklärungsquote, die früher manchen Täter abschreckte und damit vorbeugend wirkte, ist für die Polizei der Bundesrepublik einstweilen ein ferner Traum. Mitschuldig daran ist das Auto.

Die ständig anwachsende Verkehrswoge zersplittert die Kräfte der Polizei und verhindert den intensiven Kampf gegen das Verbrechen. Darüber hinaus verbindet sie die Bürger zu einer unbewußten Front gegen Polizei und Justiz, erschwert die Verfolgung echter Straftäter, scheidet die Gesellschaft in die Lager der Verfolger und der Verfolgten, in Richter und Lenker.

Gelegenheit macht Diebe

Das Auto veränderte nicht nur das Bewußtsein ganzer Völkerscharen, brachte nicht nur den Bürger gegen die Polizei auf – es produziert ganz offensichtlich auch zahllose Straftaten. Ja, eine Reihe von Verbrechen wäre ohne Kraftfahrzeug völlig undenkbar. Zunächst einmal sind Auto, Autozubehör und Inhalt des Wagens schon wertvoll genug, einen Dieb zum Zugreifen zu bewegen. Allein der Diebstahl »an, aus und von« Personenwagen schlägt sich in der Kriminalstatistik 1970 mit 360000 Fällen nieder: Nahezu jeder dritte Diebstahlsfall steht in der Bundesrepublik im direkten Zusammenhang mit dem Kraftfahrzeug. Das ist nicht erstaunlich, wenn man bedenkt, daß zahlreiche Fahrzeuge einem Dieb jederzeit zugänglich sind.

Durchschnittlich werden in jeder Nacht etwa fünf Millionen Personenwagen an den Rändern bundesdeutscher Straßen geparkt, während der Arbeitszeit sogar rund sechs Millionen Fahrzeuge.

Schon vor über 30 Jahren entdeckte der Kriminologe Exner, welche Gefahr darin liegt:

»Das Bedenkliche aber ist, wie häufig hier gerade Jugendliche als Täter erscheinen. Für sie hat der Besitz eines Motorrades oder auch der stundenweise Gebrauch eines Autos eine faszinierende Anziehungskraft. Und was zunächst aus Erlebnishunger, technischem Interesse und Betätigungsdrang geschah, wird, wenn der Streich gelingt, leicht zum Anfang ernster Verwahrlosung.«

Diese Feststellung gilt heute noch in vollem Umfang. Die direkte Autokriminalität ist die Kinderstube des Verbrechens. Sie beginnt mit Bubenstreichen, entwickelt aber dann eine Sogkraft, die in gefährliche Regionen der Kriminalität lockt. Am Beginn steht oft der Diebstahl eines Mopeds »nur für eine kurze Spritztour«. Hier gewinnt der junge Mensch bereits die Erfahrung, daß man fremdes Eigentum ziemlich gefahrlos an sich bringen kann. Die Chance, entdeckt zu werden, ist gering.

Dann dringt man in fremde Personenwagen ein. Oft sind die Fahrzeuge offen, wertvolle Gegenstände verleiten zum Diebstahl. Man macht die Erfahrung, daß man leicht in fremde Fahrzeuge eindringen und so seinen Besitzstand mehren kann.

Nicht selten findet der Täter völlig ungesicherte Objekte: Da blockiert ein Lenkradschloß nicht, oder der Zündschlüssel steckt sogar. Der Diebstahl des ganzen Wagens ist die selbstverständliche Folge. Den Jugendlichen überkommt der Rausch der Geschwindigkeit, das Glück des Besitzens gilt als neue Erfahrung.

Wer diesen Weg einmal beschritten hat, läuft Gefahr, typische Folgedelikte zu begehen: Da wird der unerfahrene Ersttäter oder gar der Junge aus gutem Hause bei einer solchen Straftat gestellt und versucht, sich mit Gewalt zu befreien. Es kommt zur Körperverletzung – zuweilen mit Todesfolge –, zum räuberischen Diebstahl oder auch zum Raub.

Bruno L. begann seine kriminelle Laufbahn mit kleinen Diebereien, als er gerade der Schule entwachsen war. Zunächst stahl er Autoteile, wenig später auch den Inhalt der Autos. Nachdem sich der junge Mann zum erstenmal ans Steuer gesetzt hatte, packte ihn die Autoleidenschaft. Buno L. knackte serienweise Autos, wurde mehrfach erwischt, mehrfach bestraft. Das hinderte ihn nicht daran, wieder eine Spritztour zu unternehmen, kaum daß er aus der Haft entlassen war. Die Polizei kannte, erkannte und verfolgte ihn. Quer durch die Stadt ging die Jagd. Weder Sperren noch Polizisten auf der Fahrbahn konnten den Fahrwütigen stoppen. Schließlich rammte er eine Hauswand und wurde festgenommen. Ihm wäre es, wie er in der Vernehmung erklärte, »auch nicht auf einen oder zwei Tote angekommen«, zumal Polizisten ihr Risiko ja einzuschätzen wüßten. Wichtig war für ihn: Fahren zu können und – in diesem Falle – nicht in die Hände der Ordnungshüter zu geraten.

Ähnlich verlief die Laufbahn von Heinz S. Als Sechzehnjähriger geriet er in eine Gruppe Jugendlicher, deren Hobby der Diebstahl verchromter Radkappen war. Mit 17 machte sich Heinz selbständig und plünderte Fahrzeuge, drang in Geschäfte ein und versetzte die Beute, um seiner Leidenschaft frönen zu können – dem Autofahren. Mit 19 beging er den ersten Straßenraub. Dann wurde er festgenommen, als er versuchte, sich Bargeld durch einen Überfall auf ein Lebensmittelgeschäft zu verschaffen.

Willy, der Schlosser, sein Vetter Karl-Heinz, Schrotthändler, und dessen Bruder Fritz, Kraftfahrer, besaßen Mopeds und durften gelegentlich auch den klapprigen Volkswagen der Tante benutzen. Das genügte ihnen nicht lange. Sie verlegten sich darauf, schnelle Wagen zu stehlen, nachdem sie festgestellt hatten, wie leicht Autoknacken und Davonfahren ist. Heinz, der Schrotthändler, hatte auf seinem Schrottplatz lange trainiert. Die erste Fahrt im gestohlenen Auto war noch ein echtes Erlebnis. Aber dann wurde es eigentlich fade. Irgend etwas mußte passieren. Deshalb warf das Trio auf seinen nächtlichen Fahrten zunächst Fensterscheiben ein, stieß einen Prozessionsaltar um. Gelegentlich griff man wohl auch durch zertrümmerte Fenster, um Tonbandgeräte und Rasierapparte mitgehen zu heißen. Dann folgte der erste große Coup: Die drei Autonarren setzten zwei Scheunen und einen Traktor in Brand. Der Schaden wurde auf rund 100000 Mark geschätzt.

Niemand störte sie in ihrem Treiben. Ihre Dreistigkeit wurde denn auch nicht geringer. Vor den Augen des Bräutigams zogen sie in Euskirchen ein junges Mädchen in den Wagen. Dann fuhren sie in den Wald.

Schlosser Willy verfiel schließlich eines Tages auf den Gedanken, Gewehre zu stehlen. Wenig später waren alle drei bewaffnet. Erst schossen sie auf Flaschen und Schilder, dann auf Ratten und Vögel. Die größte Fahrt des Trios war auch die letzte: Fritz trug sein Gewehr bei sich, um unterwegs »Lichter damit auszuschießen«. Die ersten beiden Schüsse gab er in Bad Godesberg auf Schaufenster ab. Willy verfiel in einem kleinen Dorf bei Remagen auf die Idee, in ein hellerleuchtetes Fenster hineinzuschießen. Als er den Schuß abgab, beugte sich die Wohnungsinhaberin zufällig über ein Bett. Das rettete ihr womöglich das Leben.
Das Trio raste weiter und zerstörte in zwei Ortschaften brennende Straßenlaternen.
Der Landwirt Albert G. in Atzdorf wurde mit einem Pflasterstein überrascht, den die drei in sein Wohnzimmer schleuderten. Zornig sprang er durch das zertrümmerte Fenster, um die Täter zu fassen. Willy ließ ihn bis auf wenige Schritte herankommen. Dann erschoß er ihn.
Ungerührt setzte man die Amokfahrt fort. Am Ortseingang von Atzdorf wurden vier Jugendliche unter Feuer genommen. Bei Euskirchen feuerte einer der Schützen auf ein Arztehepaar, das im Wagen vorüberfuhr.
Kurz vor Mitternacht stoppte die Bande in Odendorf an einer Gaststätte, in der genau um 24 Uhr eine Geburtstagsfeier beginnen sollte. Willy und seine Freunde schleuderten zunächst wieder Steine durch das Fenster in die Gastwirtschaft. Der sechsundvierzigjährige Gemeindediener trat als erster auf die Straße und wurde von Willy kaltblütig erschossen.
Unerkannt entkamen die Täter nach Bonn. Der gestohlene Wagen, den sie zu ihrer Todestour benutzt hatten, wurde später am Poppelsdorfer Friedhof mit leerem Tank aufgefunden. Die grausige Bilanz der Fahrt: zwei Tote, zwanzig überfallene und von Entsetzen gepackte Personen, die nur zufällig nicht von den Kugeln getroffen wurden.
Auf Fragen nach den Motiven ihres Rowdytums und der sinnlosen Morde erklärten die jungen Männer:
»Autofahren, besonders in schnellen Wagen, war unsere große Leidenschaft. Dann waren wir wie in einem Rausch ...«

»Das alles war für uns spannend, interessant und abenteuerlich . . .«
»Wir wollten einmal sehen, wie es nachts brennt . . .«
»Es hat uns Spaß gemacht, den Abzugshebel am Gewehr als Lichtschalter betätigen zu können . . .«
Alle Aussagen zeugen mehr oder weniger davon, daß die drei mit ihren Gefühlen voll und ganz am Geschehen beteiligt waren. Wenn sie Autos fuhren, befanden sie sich in einem Rausch. Ähnlich wie ihnen ergeht es den meisten. Das Fahrzeug mit einer »Kraft-Leistung« verleiht persönliche Macht; im Auto kann der Schwächste dem Stärksten imponieren, der Dümmste den Intelligentesten überflügeln, der Jüngste den Ältesten das Fürchten lehren. Das Gerät stellt den Fahrer jedem anderen Fahrer zunächst einmal gleich, dann aber ergibt sich eine Kampfsituation. Mit Hilfe des willenlosen, aber kampfstarken Fahrzeugs kann besonders der junge Mensch nun alle Unsicherheit, Machtlosigkeit und mindere Bedeutung kompensieren. Daß die Macht über das Auto mißbraucht werden kann, zeigt sich alle Tage. Daß dieser Machtmißbrauch in andere Lebensbereiche ausufern kann, erwies sich an den Bonner Autogangstern.
Nun hält sich bei vielen Zeitgenossen immer noch hartnäckig die Vermutung, junge Leute könnten das technische Gerät besser beherrschen, besäßen die besseren Reflexe und seien deshalb nicht so häufig wie Erwachsene an Unfällen beteiligt. Legt man aber nach Schadenshäufigkeit und Schadenshöhe einen Durchschnitt fest, wie die Versicherungsmathematiker es getan haben, dann stellt sich heraus:

18–19jährige Autofahrer fuhren	4,8mal schlechter als der Durchschnitt,
20–22jährige	2,3mal schlechter und
23–25jährige noch	1,8mal schlechter.

Schweizer Versicherungsexperten fanden zu dem Ergebnis, daß bei vier Fünfteln aller Verkehrsunfälle instinktives Verhalten eine Rolle spiele. Namentlich jugendliche Unfallverursacher ließen auch im Straßenverkehr Rücksichtslosigkeit und Oppositionsgeist walten. Das Instinktgefüge und der Kampftrieb brechen leicht durch; übrigens nicht nur bei Jugendlichen aus sozialschwachen oder nicht intakten Familien, sondern auch bei sogenannten guterzogenen Kindern. In den Jugendstrafanstalten zeigt sich, daß Autodiebe häufiger als andere Straftäter aus besseren sozialen Schichten stammen.

Nun könnte freilich schon der Bürger mit dafür sorgen, daß nicht so viele junge Menschen der Versuchung, einen Wagen zu stehlen, erliegen: Ordentlich gesicherte Wagen lassen sich schwerer in Gang setzen als die, bei denen der Zündschlüssel steckt, und es können keine Gegenstände aus einem Wagen gestohlen werden, wenn sich keine Gegenstände darin befinden. Die Wirklichkeit sieht anders aus.

Acht Tage lang wies die Polizei einer Großstadt darauf hin, es würden verschärfte Kontrollen stattfinden. Man möge – bitteschön – keine Gegenstände in den Fahrzeugen zurücklassen. Kurz vor Beginn der Kontrolle wurde nochmals über Presse und Rundfunk an den Termin erinnert.

Am Abend des festgesetzten Tages ging ein Kriminalbeamter in der hellerleuchteten City auf »Diebestour«. Unter den Augen zahlloser Fußgänger kontrollierte er zwischen 23 und 24 Uhr abgestellte Fahrzeuge. Er stieg ein, startete die Wagen, nahm Sachen heraus – kurz, er verhielt sich so auffällig wie möglich.

Kein Passant sprach ihn an, kein Zuschauer verständigte die Polizei, nichts geschah, was den Autodieb – wenn es einer gewesen wäre – hätte hemmen können.

Als Beute brachte der Kriminalbeamte nach einstündigem Kontrollgang ein:

- einen Aktenkoffer mit Aktien im Wert von 10000 Mark (Koffer und Wagen unverschlossen),
- eine Münzsammlung in einem Pappkarton, Wert etwa 15000 Mark (Wagen und Karton ungesichert, Goldmünzen aus dem freien Handel),
- zwei wertvolle Fotoapparate (Wagen unverschlossen),
- Gepäck aus einem Bus, der 30 Reisende mehrere Tage lang transportierte (das gesamte Gepäck und die ganze persönliche Habe der Fahrgäste lagen im unverschlossenen Bus),

- ein Zierdegen, Kunsthandwerk aus Gold und Silber (unverschlossener Wagen),
- einen fahrbereiten Sportwagen (Zündschlüssel steckte),
- eine Brieftasche mit Führerschein, Zulassung, Personalausweis, Scheckbuch, Unterschriftsproben und Kontoauszug
- und einige Kleinigkeiten wie eine Wildlederjacke, einen Pelzmantel, Zulassungspapiere.

Geschätzter Wert der gesamten Strecke: rund 60000 Mark. Wahrhaft ein enttäuschendes Ergebnis für die Polizei, ebenso wahrhaft aber ein fürstlicher Stundenlohn für einen Autoknacker.

Wie das Fahrzeug die Beweglichkeit des einzelnen erhöht, wie es verstärkte Erlebnismöglichkeiten verschafft, so bietet es natürlich auch dem Kriminellen mancherlei Vorteile. Sie schlagen sich bei der indirekten Autokriminalität nieder. Zu diesem weiten Feld gehört:

- Der Wagen deckt den Insassen, eben auch den Ganoven, gegen neugierige Blicke, erhöht aber den Aktionsradius – früher etwa 10 Kilometer – auf rund 150 Kilometer.
- Mit dem Wagen läßt sich besseres und umfangreicheres Werkzeug an den Tatort bringen und wieder mitnehmen.
- Die Beute muß am Tatort nicht sorgfältig ausgewählt werden, sondern kann in jeder Menge erst einmal fortgeschafft werden.
- Schließlich bietet sich das Fahrzeug als geeignetes Fluchtmittel an.
- Zahllose Fahrzeuge auf unseren Straßen reizen zum schnellen Überfall. Die Skala geht vom Lastwagen bis zum Geldtransporter. Geldtransport-Coups stehen in den USA schon in hoher Blüte und werden auch hier bald den Charakter des Ungewöhnlichen verlieren.

Eine besondere Gruppe der indirekten Autokriminalität trifft die Versicherungen. Es gibt ja nicht nur die Möglichkeit, Unfälle zu provozieren, um überhöhten Schadenersatz zu kassieren, sondern Autobesitzer entfernen durchaus auch schadhaft oder unansehnlich gewordene Autoteile und melden sie bei der Versicherung als gestohlen.

In unzähligen Fällen, weit häufiger als der Laie denkt, wird das Auto als Tatwerkzeug verwendet.

Die mobile Liebeslaube, ein für ungestörte Zweisamkeit besonders geeigneter Ort, ist in steigendem Maße Mittel zur Ver- und Entführung geworden. Kalifornien, der US-Staat mit dem dichtesten Pkw-Bestand, liegt mit der Zahl der Vergewaltigungen doppelt so hoch wie der US-Durchschnitt.
Aber auch in unseren Breiten verfehlt die Faszinationskraft eines chromblitzenden Sportwagens ihre Wirkung nicht, selbst auf ansonsten brave Mädchen. Einmal den Traum von der großen, weiten Welt zu erleben – und sei es nur für Augenblicke im Paradies des Straßenkreuzers –, scheint auch mit einer Notzucht nicht zu teuer erkauft.
Der Heiratsschwindler, der etwas auf sich hält, fährt ein schickes Auto. Der große Betrüger, der eine Bank erleichtern will, fährt demonstrativ mit einer Staatskarosse vor und erscheint dabei so gelassen, als sei ihm das Gefühl für den Prestigewert solcher »Lustobjekte« schon wieder verlorengegangen.
Bereits 1928 versuchte eine Leipzigerin, einen Wanderburschen erst zu ermorden, um ihn dann in seinem Wagen zu verbrennen. Dann wollte die trauernde Witwe die Lebensversicherung kassieren. Diese Art von Versicherungsbetrug, so drastisch sie auch erscheint, hat inzwischen mancherlei Nachahmer gefunden und wird weitere finden.
Doch auch als Waffe für einen geplanten Mord bietet sich der Kraftwagen an. Der britische Corporal Frederik Pratt, inzwischen in Bielefeld zu lebenslänglichem Zuchthaus verurteilt, fuhr seine beiden Opfer bewußt mit dem Auto zusammen, um die Sterbenden anschließend in seinem Wagen sexuell zu mißbrauchen.
Aus Eifersucht fuhr ein Homosexueller in einer rheinischen Großstadt seinen Ex-Freund und zwei weitere junge Männer mit seinem Mercedes zusammen. Eines der Opfer trug von dieser Racheaktion ein verkürztes Bein davon, ein zweites einen gelähmten Arm.
Andere Straftäter rutschen fast ungewollt in die schwerste Tötungskriminalität, wenn sie beispielsweise im gestohlenen Auto auf einen Polizeikontrollposten zusteuern. Sie vertrauen darauf, daß der Beamte vor dem heranrasenden Wagen zur Seite springt. Zu diesem »Mord-Roulette« neigen vor allem Ersttäter

und Söhne aus gutem Hause, weil sie in Sekundenbruchteilen das Risiko nicht kalkulieren können oder nicht kalkulieren wollen.

Wegen versuchten Mordes wurde der achtzehnjährige Marcel P. morgens gegen vier Uhr verhaftet. P. hatte im gestohlenen Personenwagen eine regelrechte Amokfahrt durch die Stadt unternommen und war jedesmal, wenn man ihn anhalten wollte, mit Vollgas auf die Polizisten losgerast.

Im Bereich einer Großbaustelle mit Geschwindigkeitsbegrenzung wurde der Streifenwagen 54 plötzlich von einem Opel Admiral überholt, dessen Fahrer Verkehrszeichen offenbar keine Bedeutung beimaß. Er fuhr etwa 150 Stundenkilometer. Der Streifenwagen nahm die Verfolgung auf, wurde aber – als er an das Fahrzeug herangekommen war – mehrfach auf den Mittelstreifen und die Gegenfahrbahn abgedrängt. Haltezeichen anderer Polizisten wurden vom Admiral-Fahrer ebenfalls nicht beachtet. Er raste auf die Beamten zu. Auf der Autobahn zerschoß die Polizei einen Reifen des Wagens. Wenig später wurden die Insassen festgenommen, zwei Siebzehnjährige und ein Neunundzwanzigjähriger. Der Wagen war gestohlen.

Nach der allgemein anerkannten Rechtsprechung qualifiziert sich ein derartiges Verhalten als vorsätzlicher Mordversuch oder Mord. Im Laufe der Zeit entwickelte sich aber über die direkte und indirekte Autokriminalität noch eine dritte Spielart, sozusagen eine Unter-Kriminalität.

Hier genügt ein Hinweis auf die Praktiken beim Handel mit Autos aus zweiter und dritter Hand, wenn nicht seriöse Fachhändler ihn betreiben. Ansonsten liegt der Vergleich mit den früheren Pferdehändlern oder Roßtäuschern nahe.

Nicht unwichtig scheint in diesem Zusammenhang freilich auch der Handel mit gefälschten Führerscheinen oder Fahrzeugpapieren. Immerhin kann ja ein falscher Führerschein den teuren Besuch einer Fahrschule unnötig machen. Oder ein solches Papier ermöglicht es Zeitgenossen, die für Wochen oder Monate auf den Führerschein verzichten müssen, weiterhin unbeschwert zu fahren. Die Polizeibeamten einer Großstadt stellten bei normalen Verkehrskontrollen innerhalb von fünf Tagen fünf gefälschte Führerscheine sicher. Diese Zufallstreffer lassen die Vermutung zu, daß die Zahl solcher Falsifikate nicht eben gering ist. Nun sind noch jene Verbrechen zu betrachten, die ausgelöst werden von dem Wunsch, ein Auto zu besitzen. Zahlreiche Diebstähle und Überfälle werden ja nur ausgeführt, um Bargeld für den Erwerb eines Wagens zu erbeuten. Die Manie des Auto-Besitzen-Müssens ist so stark geworden, daß aus diesem Wunsch der Straftäter konkrete, kriminalpolizeilich auswertbare Fahndungshinweise hervorgehen, die aber aus naheliegenden Gründen nicht preisgegeben werden können.

Zuhälter im ganzen Land zeigen eine Vorliebe für auffällige und schwere Wagen. Diese Fahrzeuge sind geradezu ein Markenzeichen der Zunft, weil die geistigen Fähigkeiten der Fahrer meist im krassen Mißverhältnis zum Autotyp stehen. Es liegt der Verdacht nahe, daß manche dieser jungen Männer so stark vom Wunsch beseelt werden, einen dicken Wagen zu fahren, daß sie auch nicht vor der Zuhälterei zurückschrecken, um sich den Wunsch erfüllen zu können. Es ist nur zu natürlich, daß dieses verhältnismäßig mühelose Gelderwerben sie auch weiterhin in dieser staubfreien Tätigkeit verharren läßt.

Die Annahme, daß fast die Hälfte aller Straftaten irgendwie im Zusammenhang mit dem Kraftfahrzeug steht, scheint gerechtfertigt.

Die motorisierte Steinkeule

Vor diesem Hintergrund wird verständlich, daß ein Ansteigen der Motorisierung sich in der Kriminalstatistik und im Alltag des Verbrechens auswirken muß. Sobald ein wirtschaftlicher Aufschwung irgendwo in der Welt es breiten Schichten der Bevölkerung ermöglicht, sich zu motorisieren, steigen die Verbrechensziffern. Das zeigte sich zunächst in den dreißiger Jahren in den USA, in den fünfziger Jahren bestätigte es sich in Schweden, in den sechziger Jahren zogen nahezu alle übrigen europäischen Staaten nach.

In den Anfängen einer Motorisierung zeigen sich zunächst kaum Folgen für die Verbrechenszahlen. Kommt aber erst einmal auf sechs Einwohner ein Personenwagen, beginnt die Kriminalität sprunghaft zu steigen. Dabei bleibt es aber nicht: Sobald auf vier Einwohner ein Personenwagen kommt, steigen nicht nur die Verbrechenszahlen, sondern es vollzieht sich ein Umschlag in der Qualität des Verbrechens. Immer stärker setzt sich dann die typische Gewaltkriminalität durch. Der Straßenraub wird zum täglichen Ereignis, Mord und Totschlag ereignen sich häufiger als vorher, die Gangster beginnen sich zu organisieren. Das Verbrechen ergreift alle Gesellschaftsschichten. Der Ganove erweitert seinen Aktionsradius, taucht aus der Nacht in das helle Licht des Tages.

Nun soll hier keinesfalls das Auto als technisches Instrument in den Anklagestand erhoben werden. Jedes technische Gerät ist zunächst einmal wertfrei – nur kann sich der Mensch zum Herrn über die Technik machen, oder er kann ihr Sklave werden. Bei uns und überall dort, wo das Auto seinen Platz eroberte, scheint das letztere der Fall zu sein.

Es bestehen klar nachweisbare Zusammenhänge zwischen dem Kraftfahrzeugbestand und der Kriminalität. Wo aber liegen die Ursachen dafür, daß bestimmte technische Veränderungen – in diesem Falle die Motorisierung – die Verbrechensrate beeinflussen?

Es gibt eine Erklärung, die aber nur in Umrissen angeboten werden kann.

Zunächst einmal sammelt eine ständig steigende Zahl von Bürgern mit dem Auto neue Erfahrungen. Hemmungsmechanismen alter Art werden zunehmend abgebaut. Hier sei ein Rückgriff auf die Arbeitsergebnisse der Verhaltensforscher erlaubt.

Der Mensch ist – so konstatierten sie – immer noch in vieler Hinsicht ein Instinktwesen. Die Fortentwicklung der Art wurde früher notwendigerweise vom Kampf um das Lebensrevier und das Weibchen begleitet. Aggression und Kampf waren ehedem nicht böse, sondern naturnotwendig. Die Weisheit der Natur hatte allerdings auch jedem Kämpfer einen Hemmungsmechanismus eingepflanzt, der ihn unfähig machte, einen Gegner zu töten, der sich ergeben hatte. Umgekehrt hatte der Unterlegene die Erfahrung geerbt, daß er durch eine »Demutsgebärde« Unterwerfung signalisieren konnte und die Möglichkeit zur Flucht erhielt.

Dieser Mechanismus, die Tötungshemmung, blieb dem Men-

schen bis heute erhalten. Er verlor aber an Wirksamkeit, als der Mensch Waffen entwickelte, die seine Körperkräfte erhöhten und zwischen ihn und den Gegner eine – wenn auch geringe – Distanz legten. Die Wirksamkeit ließ nach, als die Steinkeule entstand. Sie ließ noch weiter nach, als sich der Gebrauch des Gewehrs durchsetzte. Der Mensch mußte dem Menschen, den er tötete, nicht mehr ins Auge sehen. Er erlebte nicht mehr mit, wie der andere – der Mitmensch – starb. Dennoch blieb das Töten eine Ausnahmesituation. Und das Erlebnis des Todes als individuelles Drama blieb erhalten.
Erst das Auto hat in derartigen Empfindungen einen Wandel hervorgerufen. Das gilt für den Autofahrer in zweierlei Hinsicht: Er empfindet selbst bei schneller Fahrt keine »Todesangst«, und er handhabt das potentielle Mordwerkzeug Auto wie ein harmloses Spielzeug.
Man versetze sich einmal in die Rolle eines Menschen, der vom Pariser Eiffelturm herunterspringt, um am Erdboden in ein Sicherheit gewährendes Sprungtuch zu gelangen. Während des Fluges wird er tausend Ängste ausstehen und alle Konzentration darauf verwenden, sein Ziel nicht zu verfehlen.
Wie anders handelt der Mann, der sich in einem ungleich schneller dahinrasenden Auto befindet. Er verwendet nur einen Teil seiner Aufmerksamkeit auf die Fahrt selbst und beschäftigt sich im übrigen mit Dingen, die ihn am Zielort erwarten oder bei der Abfahrt auf ihn gewirkt haben. Er wendet sich ab, spricht mit Beifahrern, ißt, rasiert sich, hört Radio oder flirtet. Die ständig lauernde Todesgefahr wird so selbstverständlich, daß sie kaum noch bewußt empfunden wird. Die unvermeidliche Folge, schwere Unfälle, bei denen Tote zu beklagen sind, hat immer nur einen kurzfristigen Schock-Effekt – solange man nicht selbst daran beteiligt ist.
Jeder Bürger, der eine Waffe konventioneller Art besitzt, wird dieses Instrument mit äußerster Vorsicht handhaben. Er wird kaum zufällig und ungewollt oder gar grob fahrlässig die verletzende oder tödliche Wirkung herbeiführen. Hier wirkt der natürliche Hemmungsmechanismus weiter.
Er wirkt nicht beim einzelnen, sondern auch in der Gesellschaft:

zum Beispiel dort, wo Menschen die Möglichkeit erhalten, mit Sprengstoff umzugehen. Niemand nähme es gelassen hin, wenn Leute unkontrolliert die Möglichkeit erhalten würden, Sprengstoff in jeder Menge zu benutzen oder zu verbreiten. Niemand würde es billigen, daß Sprengstoffbesitzer in aller Öffentlichkeit und sogar unter Alkoholeinfluß herumexperimentierten. Beim »Sprengstoffpaket Auto« ist derlei möglich. Ja, es hebt die Diskussion darüber an, ob es denn recht und möglich sei, vom Fahrer volle Konzentration und völlige Nüchternheit zu fordern, oder ob man da Abstriche hinnehmen könne. Die Konfliktsituation »Auto oder Alkohol« droht jedem. Zugleich ist aber auch jedermann durch den alkoholisierten Mit-Verkehrsteilnehmer gefährdet. Dennoch scheint es nicht möglich, die Diskussion auf diese einfache Ebene zu bringen. Da sieht man die Würde des Menschen bedroht, den Rechtsstaat in Gefahr, nur weil angeblich radikale Minister fordern, man solle die Alkohol-Toleranzgrenze von 1,3 auf 0,8 Promille herabsetzen. Wer Bomben transportiert, sollte dies mit der größten Vorsicht tun. Das gilt auch für die Bomben des Alltags. Und das Gerücht, die schweren Strafen für Alkohol-Verkehrssünder könnten die Gefahr der Trunkenheit am Steuer mindern – ist eben nur ein Gerücht, nicht mehr!

Die Gerichte der Bundesrepublik entzogen im Jahre 1956 rund 15000 Führerscheine, 1960 waren es bereits über 51000, fünf Jahre später mehr als 81000, und 1970 glaubten die Richter sogar in 120000 Fällen, der Führerschein müsse entzogen werden. Arme wie Reiche, Gebildete wie weniger Gebildete lieferten die Fahrerlaubnis ab. Wie die Gehaltsgruppen in der Gesellschaft vertreten sind und Personenwagen besitzen, so erscheinen sie auch anteilmäßig in der Verurteiltenstatistik.

Es trifft nicht nur alle Gehaltsklassen, sondern ebenso alle Altersgruppen. Von 120795 Personen, denen 1971 die Fahrerlaubnis entzogen wurde, gehörten zur Gruppe der

unter 18jährigen	635	40–50jährigen	17154
18–21jährigen	10055	50–60jährigen	7139
21–30jährigen	44936	60–70jährigen	2268
30–40jährigen	38459	über 70jährigen	149

Auch befindet sich das technische Gerät, das Sprengstoffpaket Auto, nicht immer in bestem Zustand. Rund 5,2 Millionen Fahrzeuge wurden 1970 vom TÜV auf Verkehrssicherheit geprüft. Nur 42 Prozent waren ohne Fehler, 29 Prozent wiesen leichte Mängel auf, bei 29 Prozent lagen sogar erhebliche Mängel vor. 42000 Fahrzeuge mußten aus dem Verkehr gezogen werden, weil sie völlig verkehrsunsicher waren – potentielle Mordwerkzeuge, aus Leichtsinn auf den Mitmenschen angesetzt.

Die Gewöhnung an die Gefahr und an die Möglichkeit, mit dem Auto furchtbare Verletzungen herbeizuführen, bringt einen immer größeren Leichtsinn im Umgang mit dem höchsten Gut, dem menschlichen Leben, mit sich. Aus Prestigegründen werden tagtäglich unzählige Machtkämpfe auf der Straße ausgetragen. Zahlreiche Autofahrer bringen sich und andere in höchste Lebensgefahr, obwohl kein Anlaß dazu besteht. Der Hemmungsmechanismus, der am Töten hindert, wird immer schwächer. Kam früher ein Mensch durch die Schuld eines anderen um, so konnte er des Mitleids sicher sein. Der Schuldige empfand tiefe Reue und hoffte bei Verletzungen, das Opfer möge überleben. Ganz anders bei Autounfällen. Nicht mehr das Überleben des Opfers steht im Mittelpunkt der Überlegung bei Schuldigen, sondern die Frage, ob der Führerschein erhalten bleibt. Da müßte ja eventuell eine Sommer-Spanienreise ausfallen. Hier gerät das Menschenleben ins Kalkül, und es ist bezeichnend, daß wir Entsetzen über 14 Kinder empfinden, die Sittlichkeitsverbrechern jährlich zum Opfer fallen, daß wir aber 19000 Verkehrstote jährlich als gottgewolltes Ereignis hinnehmen. Es entsteht eine zivile Verrohung, die nicht planmäßig gefördert wird, sich aber zwangsläufig als Folge der zunehmenden Verkehrsdichte ergibt.

»Ob an der Parklücke oder beim Gefecht um die Vorfahrt«, sagt der hannoversche Soziologe Dr. Michael Vester, »der Mitmensch der Industriegesellschaft neigt im Verkehr zu einer Rücksichtslosigkeit und Brutalität, die selbst in den Italo-Western nicht überboten wird.«

Ingenieur Albert H. (Mercedes Benz) verabreicht der Studentin Claudia F. (Ford Taunus) einen Handkantenschlag durchs herabgekurbelte Fenster. Grund: unerwartetes Bremsen. Der

Maschinenschlosser Josef H., Wuppertal, sticht dem Urlaubsreisenden Werner K., Berlin, ein Taschenmesser in die Lunge, nachdem dieser ihm die Lippe blutig geschlagen hatte. Grund: Behinderung infolge Schleuderns auf nasser Fahrbahn.
Der Kölner Metzgergeselle Hans S. bringt dem Fußgänger Eduard R. einen Schädelbasisbruch bei. Grund: R. hatte den Autofahrer auf dessen falsch eingestellte Scheinwerfer hingewiesen.
Eine Steinkeule bewußt zu handhaben, ist nicht mehr üblich. Aber die motorisierte Steinkeule schlägt noch ganz anders zu. Das Leben des Mitbürgers und seine Gesundheit sind zu einer Ware geworden, die in eine Relation zur Urlaubsreise und zur eigenen Bequemlichkeit gestellt wird.
An diesem Bewußtseinswandel nimmt beim heutigen Stand der Motorisierung die ganze Gesellschaft teil. So braucht man sich nicht zu wundern, wenn auch bei der Verbrechensausführung ein Menschenleben leichter wiegt als vor zwanzig Jahren. Die Gewalt nimmt zu. Außerdem neigen ganz neue Volksschichten zum asozialen Verhalten: zum Beispiel bei Fahrerflucht oder bei ungesetzlichen und halblegalen Praktiken im wirtschaftlichen Bereich. So versteht auch Professor Hellmer, Kiel, die Situation: »Das durch Technik und Wirtschaft geförderte Leitbild des an Tempo und Chrom orientierten Autofahrers steht zu dem sittlichen Grundsatz der größtmöglichen Sicherheit und unbedingten Achtung vor Leben und körperlicher Unversehrtheit in schärfstem Widerspruch.«
Zwar offenbart die Vermehrung des Autobestandes nicht auf den ersten Blick eine Verbindung mit der Kriminalität. Aber es zeigt sich, daß der jährliche Zuwachs in der Häufigkeit aller Straftaten in Ländern mit niedriger Pkw-Dichte niedriger liegt als in den Staaten mit hoher Autodichte.
Wie beim Fernsehen, so muß auch beim Auto davon ausgegangen werden, daß eine Wirkung auf das Verbrechen erst ab einer bestimmten Dichte einsetzt. Viele Anzeichen sprechen dafür, daß diese ominöse Grenze bei etwa 14 bis 16 Prozent Autodichte liegt. Das bedeutet: Sobald 14 bis 16 Prozent der Bevölkerung motorisiert sind, steigt die Kriminalität überproportional an.
Nur Schweden erreichte im Jahre 1957 als erstes europäisches

Land diesen Grenzwert; in den sechziger Jahren kamen England/Wales, Frankreich, Dänemark und die Bundesrepublik hinzu. Betrachtet man nun die Verbrechensstatistik, dann erfährt man: Genau an diesen Punkten beginnt sich der jährliche Straftatenzuwachs zu stabilisieren. Erhielt sich die Tendenz nach oben bis dahin einigermaßen konstant, dann macht die statistische Kurve nun einen Knick und steigt schneller an. Deutliche Zusammenhänge treten zutage, wenn man die Häufigkeit der Delikte schwerer Diebstahl/Raub mit dem Stand der Motorisierung vergleicht.
Die Zusammenballung in den Großstädten wird sich fortsetzen. Das Maß an Information wird zunehmen. Und die Motorisierung hat den Höchststand noch keineswegs erreicht. Nichts deutet darauf hin, daß die Kurve des Verbrechensanstiegs einen deutlichen Bruch erfahren wird. Wir werden weiter mit wachsenden Verbrechensraten leben müssen. Fragt sich nur, in welcher Größenordnung, in welcher Ausprägung und mit welchen Konsequenzen.
Vermutlich gibt es eine »Kriminalitätsformel«, die sich aus den Faktoren Bevölkerungs-, Auto- und Fernsehdichte zusammensetzt. Schon jetzt ergeben sich aus der Statistik Erkenntnisse, die eine Kriminalitätsvoraussage für mehrere europäische Staaten erlauben. Man durfte für 1965 beispielsweise einen Umschlag der Eigentumskriminalität in die rauhere Art für Schweden und England erwarten. Dieser Umschlag hat sich vollzogen. Inzwischen schwappte die Gewaltwelle auch in weitere Länder über, genauso, wie es nach Bevölkerungs-, Auto- und Fernsehdichte zu erwarten war.
Hier müßten nun wirklich größer angelegte Forschungsvorhaben in Gang gesetzt werden mit dem Ziel, die Zusammenhänge noch besser zu erkunden. Das Beispiel Amerika hat unsere bisherigen Vermutungen in jedem Punkt bestätigt. Für weitergehende Aussagen fehlt es an Material. Aber auch so kann schon unterstellt werden, daß die neue technische Umwelt viel motivbildender und tatauslösender wirkt, als bisher angenommen wurde und daß der Weg in die weitere technische Zukunft einem Marsch über dünnes Eis gleicht. Man fühlt sich sicher, aber der Einbruch droht.

3. Die Kriminalität von morgen

Das Modell, 278	Roulette des Verbrechens	278
	Die Dollarverschwörung	287
Ansichten – Aussichten, 300	Die Wette mit der Zukunft	300
	Beitrag der Futurologen	300
	Beitrag der Technik	302
	Alltag und Bilanz 1980	305
	Die Zukunft planen	322

Das Modell

Eine Zukunftsvorstellung vom Verbrechen erfordert ein gehöriges Maß an Phantasie. Sie kann leicht auf abseitige Wege geraten, wenn sie sich nicht an bereits vorhandenen Fakten orientiert. Bei der Suche nach Anhaltspunkten richtet sich unwillkürlich der Blick auf die USA, weil von dort in ununterbrochener Folge erschreckende Mitteilungen über die Verbrechensentwicklung zu uns dringen und die fördernden Faktoren (Urbanisierung, Kommunikation und Motorisierung) in Reinkultur ausgeprägt sind. Tatsächlich müssen sich die Dinge dort in drohendem Maße zugespitzt haben, denn schon im Juli 1965 beauftragte der Präsident der Vereinigten Staaten eine unabhängige Kommission mit der Untersuchung der Kriminalität. Die Kommission legte ihren Bericht 1967 vor. Da eine Veramerikanisierung Europas von vielen ernsthaften Soziologen behauptet wird und auf vielen Lebensgebieten auch beobachtet werden kann, bot sich dieser Bericht zur Verwertung für eine Vorstellung von der Zukunft des Verbrechens in Deutschland an. Natürlich denkt niemand daran, die dortigen Entwicklungen als vorweggenommenes Spiegelbild unserer Zukunft zu bezeichnen, aber immerhin bildete sich in den USA im Schatten der Freiheit der heutige Zustand heraus. Doch die Schilderungen entstammen nicht einer wild wuchernden Phantasie, sie zeigen eine Realität von heute. Allein diese Tatsache rechtfertigt ein näheres Hinsehen, um zu erkennen, welche Wucherungen und Entartungen sich herausbilden können, wenn die Gesellschaft allzulange die Augen verschließt.

Roulette des Verbrechens

Alltag in den USA, das heißt: mit dem Verbrechen leben. Es geht nicht mehr um den materiellen Verlust, den der einzelne durch das Verbrechen befürchten muß, es geht um das immer gegenwärtige Gefühl: Eines Tages erwischt es dich, vielleicht morgen, vielleicht aber schon heute. Diese allgegenwärtige Gefahr – das ist das

Schlimmste. Sie gehört zum Leben, wie der Smog in den Großstädten; das macht krank und greift ebenso wie eine schwere Krankheit tief in das Leben eines jeden einzelnen Bürgers ein.
Mit dem Verbrechen leben, das heißt:
Der Apotheker Paul Louis aus Orlando in Florida gibt auch in dringenden Notfällen nachts nur ein Medikament an einen Kunden heraus, wenn zuvor auf seine Anforderung Polizeischutz eingetroffen ist.
In Detroits Sheraton Hotel warnt der Portier die Gäste, abends allein in das gegenüberliegende Kino zu gehen – im Zentrum der Innenstadt.
Detroit verzeichnete für das Jahr 1970 insgesamt 91 Banküberfälle. 90% der festgenommenen Täter waren rauschgiftsüchtig.
Der Versicherungsagent S. P. führt in dieser Stadt ständig einen geladenen und schußbereiten Revolver in seinem Wagen mit. Wenn er aussteigt und in das eigene Haus geht, trägt er ihn in der Schußhand, bis die Haustür sich hinter ihm schließt.
Während des Wahlkampfes hatte Richard Nixon versprochen (1967), als erstes die Straßen Washingtons von Kriminellen zu säubern ... und die Hauptstadt der Nation von Furcht zu befreien.
1970 ist alles nur noch schlimmer. Am Capitol in Washington sieht man nach Büroschluß nur Doppelstreifen der Polizei mit Hunden auf der Straße. 20 Raubüberfälle an einem Tag. An einem gewöhnlichen Freitag sind es mehr als 50, am Heiligen Abend 1970 waren es 80.
Washington ist das Bankräuberzentrum der USA. Zwei Banken erlitten in ihren Filialen sechs Überfälle im Laufe von acht Arbeitstagen. Das Hauptgeschäft dieser Filialen liegt nur einen Häuserblock vom Weißen Haus entfernt. Es ist in den letzten Monaten zweimal überfallen worden. Nach der Statistik wird von den 850000 Einwohnern dieser Stadt alle 30 Stunden ein Mensch ermordet, alle 40 Minuten jemand überfallen und ausgeraubt. Noch 1960 zählte man nur einen Mord in fünf Tagen und zwei Raubüberfälle pro Tag. Die Statistik sagt nicht »wie gewöhnlich« viele Verbrechen sind, daß bei den meisten Neger nicht nur Täter, sondern auch Opfer sind. Sie verschweigt Erlebnisse dieser Art:

Sechs Banditen störten die Andacht. Sie drangen in Washingtons »St. Peter's Roman Catholic Church« ein, zwangen 300 Gemeindemitglieder sich mit dem Gesicht nach unten auf den Boden zu legen, und sammelten Schmuck, Geld und Handtaschen ein.
Sol Katz, der eine kleine Reinigung in der Monroe Street hat, einer gutbürgerlichen schwarzen Wohngegend, wurde inzwischen zehnmal in seinem Laden überfallen, neunmal hatte man ihn mit einer Pistole bedroht, dann mit einem Messer. Er will seinen Laden schließen.
Octavia McKoy, Filialleiterin von »High's Dairy Store« an der Kenilworth Avenue nimmt Nervenpillen, um die Belastungen durchzustehen. Ihr Geschäft wurde viermal innerhalb von 48 Stunden überfallen, zum 31. Mal seit Mai 1968.
Die Ladenbesitzer in Washington verlangen Preisaufschläge, um die Verluste durch Raubüberfälle auszugleichen.
In den Autobussen muß man 32 Cents Fahrgeld abgezählt in einen angeschweißten Automaten werfen, denn die Fahrer dürfen kein Wechselgeld mehr bei sich haben. Nach 200 Überfällen auf Busse in fünf Monaten kassieren die Räuber jetzt mit vorgehaltener Waffe von den Fahrgästen.
Zusammengebrochen ist das Sicherheitssystem der Polizei. Die Aufklärungsergebnisse bei Raubüberfällen liegen bei 5%, obwohl Washington schon jetzt mehr Polizisten hat als irgendeine andere Stadt vergleichbarer Größe.
Zusammengebrochen ist das Justizsystem. Trotz der relativ wenigen Fälle, die bis vor die Gerichte kommen, haben die Richter resigniert. Allein beim Jugendgericht liegen 6000 unerledigte Verfahren; die Zahl wird ansteigen. Nun sollen Ausnahmeregelungen weiterhelfen, von denen aber niemand weiß, ob sie das Oberste Gericht als verfassungskonform anerkennen wird.
Manche Amerikaner sagen, Vietnam beginne drei Blocks vom Weißen Haus. Im fernen Dschungel-Krieg starben von 1961 bis 1970 etwa 200 Washingtoner Bürger, in den Straßen und Häusern der Hauptstadt wurden in derselben Zeit beinahe 1500 Menschen erwürgt, erschlagen, erstochen oder erschossen.
An New Yorks Broadway zittert das Theaterpublikum in Nerz und Smoking, wenn es im Kampf um ein Taxi das Licht der

Neon-Reklame verlassen muß. Auch für einen Fünfzig-Dollar-Schein findet man keinen weißen Taxifahrer, der in der Dunkelheit durch Harlem oder die Slums von Brooklyn fahren würde.
Ein Spaziergang im Central Park, im Herzen Manhattans, zwischen Abend und Morgen, ist die sicherste Methode des Selbstmordes, behaupten die New Yorker. Mit bitterem Humor ergänzt Bob Hope diese Tatsache: »Ärgerlich für uns, daß der Ho-Tschi-Minh-Pfad nicht durch den Central Park verläuft. Hinein kommt man, aber nicht mehr heraus.«
1970 ereigneten sich in New York 208 bewaffnete Banküberfälle. Die Täter kassierten dabei insgesamt 4,5 Millionen DM.
Es gibt Schnaps-, Tabak- und Bonbonläden, die fünf- oder sechsmal von denselben Gangstern ausgeraubt wurden. Seit 1972 setzt die New Yorker Polizei eine Überwachungstruppe ein, die an gefährdeten Punkten lauert. Der Gruppe gehören die besten Schützen der Nation an. Im Einsatz zielen sie nur auf Todeszentren: Herz und Hirn. Der New Yorker Bürger verzichtet darauf, am Abend noch Zigaretten kaufen zu gehen. Er trägt am Tage nur geringe Geldsummen bei sich; Frauen klemmen die Handtasche fest unter den Arm, wenn sie jemandem in der Dämmerung begegnen. Die Theater beginnen früher mit der Vorstellung, um das Ende nicht allzu weit in die Nacht zu verlegen. Verreist der Wohnungsinhaber für einige Tage, so gibt er seinem Nachbarn den Fernseher, das Stereogerät oder was ihm sonst noch zur Aufbewahrung wert erscheint.
Geschäfte in Nebenstraßen halten grundsätzlich geschlossen und öffnen erst, wenn die Besucher als Bekannte anerkannt oder zuverlässig angekündigt sind.
31600 Polizisten patrouillieren auf 6000 Meilen Straßen. Ihnen stehen etwa 100000 Heroinsüchtige gegenüber, die täglich 30 Dollar mindestens rauben, erpressen, stehlen müssen, um an ihren Stoff zu gelangen.
Die Widerstandskraft der kommunalen Behörden ist erschöpft. Sie reagieren nur noch mit untauglichen Mitteln.
Im Oktober 1972 erobert eine Mitteilung des Bürgermeisters Lindsay die Titelseite der New Yorker Times: »Die Stadt kündigt energische Maßnahmen zur Verbrechensbekämpfung an!« Die

vorgesehene Maßnahme: Bis Ende des Jahres 1973 soll ein Fünftel der New Yorker Straßen durch neuere, hellere Lampen ausgeleuchtet werden. Das Programm kostet 13 Millionen Dollar. Gleichzeitig ruft die Stadtverwaltung zu einer Spendenaktion auf, um Uniform- und Ausrüstungsstücke für die Polizei kaufen zu können.

So dringt das Verbrechen bis in die Kernzentren der Stadt vor und behauptet sich. Selbst Freudenmädchen beteiligen sich. An der Rezeption von Luxushotels lauern sie einsamen Heimkehrern auf, steigen ihnen nach, klopfen an die Zimmertür und drohen: »Süßer, wenn du mich nicht reinläßt, schreie ich Hilfe, Überfall!« Andere arbeiten in Gruppen. Während eines der Mädchen die Liegestatt mit dem Gast teilt, stürzen zwei im Bad versteckte Kolleginnen herein, rauben den Mann aus, sein Anzug landet im Luftschacht und als »Andenken für Mutti« beißen und kratzen sie ihn ein wenig oder ritzen ihm die Kehrseite mit einem Messer auf.

Ein italienischer Industrieller wurde vor dem Hilton von Prostituierten erstochen, ein weltbekannter Karikaturist erhielt eine Ladung Säure ins Gesicht, weil er auf die Bedienung verzichten wollte. Allein im Großraum New York ereigneten sich 1970 nahezu 90000 Raubüberfälle, davon 30000 auf der Straße. Das sind mehr als sechsmal so viel, als im gleichen Zeitraum für die ganze Bundesrepublik zu verzeichnen waren.

In Chicago gleichen die großen Banken wehrhaften Festungen, die von privaten Armeen bewacht werden. Trotzdem fanden von 1960 bis 1970 etwa 40 Überfälle pro Jahr statt. Die First National Bank of Chicago unterhält eine Sicherheitswache mit 125 Mann und installierte Sicherungseinrichtungen im Werte von 6 Millionen Dollar.

1970 ereigneten sich

in Atlanta (Georgia)	32	Banküberfälle,
in Houston (Texas)	23	"
in Los Angeles	156	"
in San Francisco	234	"

Die Staaten Illinois und Texas erlauben die Errichtung von Bankfilialen nicht. Dadurch entsteht das neue Problem, daß Läden in den dichtbesiedelten Vororten ausgeraubt werden. In anderen

Staaten haben die Banken ihre Filialen nach wiederholten Überfällen ganz geschlossen.
Als Täter beteiligen sich viele Jugendliche, bis herab zum 16. Lebensjahr, die auf diese Weise ihren Bedarf an Bargeld zum Kauf von Rauschgift decken wollen. Darum unterstützen zahlreiche Banken die Methadonzentren, die Süchtige mit Ersatzmitteln für Heroin versorgen.
In allen Städten drücken die Frauen beim Autofahren die Sicherheitsknöpfe nach unten.
Wohnungsmakler werben nicht mehr mit Komfort, sondern mit Sicherheitsvorkehrungen, dem schießkundigen Portier am Eingang, Fernsehkameras und automatischer Fotografie in der Halle, Alarmanlagen, Superschlössern und scharfem Schäferhund. Spiegel in den Apartmenthäusern und auch in den Hotels erster Klasse zeigen, ob im toten Winkel des Aufzugs Unbekannte stehen. Ist dies der Fall, vermeidet man die Mitfahrt.
Die ständige Gegenwart des Verbrechens, die Diskussion und die Berichte über das Verbrechen und die Furcht vor dem Verbrechen haben das Gefühl für ein Leben in Sicherheit bei vielen Amerikanern untergraben. Wie soll der Bürger sich verhalten und reagieren, wenn er von der Polizei den offiziellen Rat erhält: »Halten Sie den Kopf hoch und die Augen offen. Wenn Sie aussehen wie ein Opfer, dann werden Sie eins!«
Folglich

- fühlen sich 78% der Bürger selbst in der eigenen Wohnung nicht mehr sicher,
- 80% fürchten sich, nachts in ihrer Heimatstadt die Straße zu betreten,
- 35% wollen aus Angst vor dem Verbrechen mit keinem Fremden mehr sprechen,
- 33% besitzen eine Schußwaffe zur Selbstverteidigung.

1964 stand Mord als Todesursache unter der nichtweißen Bevölkerung an 7. Stelle. Unter den 15 bis 24 Jahre alten farbigen Bürgern der USA steht Mord heute an zweiter Stelle, bei den weißen Männern der gleichen Altersklasse steht Mord in der Liste der Todesursachen an 4. Stelle.
Diese Schlaglichter sollten genügen, um einen Eindruck vom All-

tag in den USA zu vermitteln. Man muß wohl zugeben, daß selbst die kleinen und miesen Verbrecher eindeutig die Straßen der Großstädte beherrschen. Dieser Resignation, nahe der Kapitulation, gibt treffend ein Durchschnittsbürger in einer Leserzuschrift an die New York Times im Jahre 1972 Ausdruck:
»In 14 Monaten bin ich elfmal das Opfer von Einbrüchen und Raubüberfällen geworden. Wenn es darum geht, ob meine Mutter überfallen wird oder ein Süchtiger einen Schuß Heroin kriegen soll, dann sage ich: Geben wir ihm um Himmels willen das Heroin.«
Hier kündigt sich eine Panik an, die zum Selbstmord aus Angst vor dem Tode führen kann, denn der nächste Schritt wäre die Legalisierung des Rauschgiftkonsums, eindeutig der erste Schritt zu einem komplizierten Selbstmord der Nation.
Auch die neuesten Zahlen aus den USA (1970/1971) lassen erkennen: Die Kriminalität ist ein soziales Problem, das mit jeder Erscheinungsform des amerikanischen Lebens verwoben ist. Überall im Lande steigt die Kriminalität an. Geht sie auch in einigen Städten um wenige Punkte zurück, so wird dies durch vermehrte Straftaten in den zersiedelten Landschaften der städtischen Vororte bei weitem ausgeglichen.
1970 erbrachte wiederum einen neuen Rekord. Gettos, Rassenhaß, Verbrechersyndikate, Millionen Schußwaffen in Privatbesitz, eine hoffnungslos überforderte Polizei und »verbal overkill« auf dem Fernsehschirm, das führte 1970 zu

15 810 Morden,
37 270 Vergewaltigungen,
348 380 Raubüberfällen,
329 940 schweren oder gefährlichen Körperverletzungen,
1 746 100 Diebstählen über 50 Dollar,
2 169 300 Einbrüchen,
921 400 Autodiebstählen und – und und und.

Dieses sicherlich erschreckende Ausmaß von Kriminalität umfaßt nun keineswegs alle Straftaten. Die Schere zwischen bekanntgewordener Kriminalität und der latenten Zahl der Straftaten klafft immer weiter auseinander. Es scheint die unausweichliche Folge einer rapiden Vermehrung der Straftatenzahl. Die

New Yorker Polizei rechnet für das Jahr 1970 allein für das Gebiet schwerer Straftaten mit einem Dunkelfeld von 56%.
Eine unabhängige Kommission berichtete dem Präsidenten der Vereinigten Staaten über die Ergebnisse einer sehr umfangreichen und genauen Untersuchung: Schwere und gefährliche Körperverletzungen und Diebstähle über 50 Dollar ereignen sich doppelt so oft, als sie angezeigt werden. Mehr als 50% der Raubüberfälle finden keinen Niederschlag in einer Anzeige. Von bestimmten Deliktsarten erfährt die Polizei nur ein Zehntel der wirklich geschehenen Straftaten.
Eine von der Kommission erstellte Übersicht über die Gründe, warum Bürger bei der Polizei keine Strafanzeige erstatten, zeigt recht deutlich, daß eine Ursache die Überzeugung ist, die Polizei könne doch nichts unternehmen. Es besteht berechtigter Grund zu der Annahme, daß diese Ansicht von Kriminellen geteilt wird. Herrschen aber solche Vorstellungen vor, entfällt der sogenannte Abschreckungseffekt, das Nichttätigwerden der Rechtsbrecher bleibt dem Zufall überlassen.
Der Bürger in den USA traut der Polizei eine geordnete und erfolgreiche Tätigkeit nicht mehr zu. Fast wie zur Bestätigung dieser Annahme sinkt die Aufklärungsquote dramatisch ab. Im Jahre 1970 blieben 80% aller schweren Verbrechen unaufgeklärt.
Die amerikanische Polizei klärt gegenwärtig etwa jeden fünften Fall auf. Sie erfährt aber überhaupt nur von jedem 8. Fall. Eine kleine Umrechnung ergibt, daß damit nur etwa bei zwei oder drei von hundert geschehenen Fällen der Täter gefaßt wird. Unter solchen Umständen gestaltet sich die Strafverfolgung von Rechtsbrechern zu einem Glücksspiel mit vertauschten Vorzeichen. Die Verbrecher verfügen fast über alle Trümpfe. Bei diesem Roulette können die Verbrecher blind darauf setzen, daß sie gewinnen werden. Eine beliebige Zahl auf den 36 Feldern des Tisches gewinnt nur in jedem dritten Spiel einmal nicht, alle anderen Einsätze bringen Gewinn. Das ist kein Lotteriespiel mehr, die Chancen liegen zu dicht bei 100.
Das Ausbleiben irgendeiner polizeilichen Reaktion fiele nun auch nicht mehr besonders ins Gewicht. Damit hat das Verbrechen die gesellschaftliche Nebenregierung etabliert und übt seine Macht

terroristisch, unkontrolliert und risikolos aus. Räuber und Diebe können in weiten Teilen des Landes ungehindert schalten und brauchen eine Strafverfolgung kaum zu befürchten, wenn sie sich nicht gerade bei der Tat überwältigen lassen.

Die beunruhigsten Zahlen aber sind jene, die das Ansteigen der Jugendkriminalität ausweisen.

Schon 1968 war mehr als die Hälfte aller festgenommenen Gewaltverbrecher unter 18 Jahre alt. 1970 befanden sich unter den von der Polizei festgenommenen Personen 1 568 000 Jugendliche unter 18 Jahren und 564 200 unter 15 Jahren. Da überrascht die Aussage der Kommission an den Präsidenten nicht:

»Die von der Kommission in eigener Regie angestellten Untersuchungen enthüllen, daß vielleicht mehr als 90% aller Jugendlichen letzten Endes ein Delikt begangen haben, für das sie vor das Jugendgericht gestellt werden könnten.

Die Jugend ist offensichtlich zu einem beträchtlichen Teil an dem nationalen Kriminalitätsproblem beteiligt. Am höchsten liegen die Festnahmequoten bei den Fünfzehn- bis Siebzehnjährigen, die nächsthöhere Prozentzahl liegt bei den Achtzehn- bis Zwanzigjährigen.«

Schon Präsident Kennedy hatte ein Komitee zur Untersuchung der Jugendkriminalität in den Staaten berufen und mit 30 Millionen Dollar ausgestattet, um neue Methoden zur Kontrolle und Verhütung von Jugendkriminalität erproben zu lassen. Heute weiß man, daß diese Bemühungen nicht zum Erfolg führten, aber dies lag vielleicht an einem anderen, weitverbreiteten Übelstand, den Präsident Kennedy selbst öffentlich beklagte: »Wir haben viel über Maßnahmen zur Verhinderung der Jugendkriminalität geredet; aber wir haben keinesfalls mit gleichem Eifer gehandelt.« In der Tat zog das Gespenst über viele Jahre immer drohender herauf, aber offenbar hofften die Verantwortlichen weiterhin auf eine Fügung des Himmels; diese aber blieb aus. Nun zeigt sich das erschreckende Ausmaß der Bedrohung. Auch in den USA zeigt sich mit nicht zu übersehender Deutlichkeit die Bedeutung der Gemeindegröße für das Ausmaß und das Alltagsbild des Verbrechens. Die Gewaltkriminalität folgt in der zahlenmäßigen Größe der Verdichtung der Einwohner. Millionenstädte weisen pro Kopf der Bevölkerung die höchste Quote an Gewaltkriminalität aus. Die Chance, Opfer eines schweren Verbrechens zu werden, stand 1970

in der Großstadt	1 zu 19
in der Kleinstadt	1 zu 47
auf dem Lande	1 zu 108.

Allerdings beginnen sich nun die Kriminalitätszahlen der Millionenstädte in den dichtbesiedelten Vororten (Wohnstätten) auszugleichen. Bei einem durchschnittlichen Kriminalitätszuwachs von 7% in den USA, waren in den sogenannten »suburbs« (Vororte der Großstädte) 11% zu verzeichnen, wobei Raub, schwere Körperverletzung, Einbruchsdiebstahl, Diebstahl über 50 Dollar und Autodiebstahl Zuwachsraten zwischen 6% und 17% aufweisen und damit alle anderen Quoten in den Schatten stellen.

Die Dollarverschwörung

Das schreckliche Bild bedarf noch der Ergänzungen. Es fehlen Hinweise auf das organisierte Verbrechen und die schleichende Pest der Weißen-Kragen-Kriminalität.
Es gibt zahlreiche Untersuchungen und Hinweise über das organisierte Verbrechen. Die Regierungszeit Al Capones und seiner Nachfolger schlug sich in vielen Berichten, Fernsehspielen und Filmen nieder, und jeder Amerikaner kennt heute bis in alle Einzelheiten die Gangsterherrschaft in Chicago und anderswo. Heute noch können Kinder »Oldtimer-Automobilkleinmodelle« in jedem Geschäft kaufen, die den Namen Gangsterbus führen. Modelle, ausgerüstet mit Handgranaten, Gewehren und Alkoholtanks. Das äußere Kennzeichen dieser Spielzeugautos ist die von MP-Salven durchsiebte Windschutzscheibe.
Immer wieder gab es Schlagzeilen über das Syndikat, Gangsterverbindungen und Vereinigungen ähnlicher Art. Anastasia, Costello, Luciano, das sind Namen, die sogar die ganze Welt kennt. Immer wieder tauchen Gerüchte auf, daß die amerikanischen Ableger der Mafia 1944 den Angriff auf Sizilien vorbereiten halfen und die Besetzung unterstützten. Untersuchungsaus-

schüsse des Senats und Sonderbeauftragte des Justizministeriums zerrten immer wieder Belastungsmaterial an das Licht der Öffentlichkeit. Robert Kennedy befaßte sich in vielfältiger Weise mit diesen Verbrechergruppen. Er schrieb in den fünfziger Jahren das Buch ›Gangster drängen zur Macht‹, er arbeitet selbst als Sonderbeauftragter gegen diese Verschwörung und nahm als Justizminister energisch den Kampf auf. Er nannte das Kind beim Namen:

»Die Verbrechersyndikate beuten den einzelnen ebenso aus wie die Geschäftswelt und die Gewerkschaften und ziehen Millionen unseres Volksvermögens an sich. – Der heimtückische Einfluß des organisierten Verbrechens reicht in jeden Bezirk unseres Lebens und verdirbt und unterminiert unsere Gesellschaft!«

Unentwegt nennen bedeutende Tageszeitungen die Namen gekaufter Politiker und Polizisten; Buchungsunterlagen über gezahlte Bestechungssummen stehen als Beweismaterial zur Verfügung. Doch – trotz Robert Kennedy – geschah niemals etwas Entscheidendes.

Die Mafiosi erfreuen sich beinahe gesellschaftlicher Anerkennung. Der erfolgreichste Film seit vielen Jahren, ›Der Pate‹, erzielte 1972 Rekordeinnahmen, obwohl er realistisch einen blutigen Bandenkampf im Herzen der amerikanischen Gesellschaft schilderte.

Ein Gesellschaftsspiel nach Mafia-Regeln ist der Schlager auf dem Spielzeugmarkt der USA. Geliefert wird das Spiel in einem schwarzen Geigenkasten mit aufgedruckter Maschinenpistole. Ziel des Spiels ist es, in möglichst vielen Stadtteilen ungesetzliche Geldquellen wie illegale Wettbüros, Wucher, Alkoholschmuggel, Raubüberfälle, Erpressung und ähnliches in eigener Regie zu organisieren. Gefängnis als Strafe ist nicht vorgesehen, wohl aber »Deine kugelsichere Weste war nur neunzigprozentig. Setze eine Runde aus!«

In Detroit und Chicago zeigen die Bewohner der Villenvororte ihren Gästen die Paläste der Gansterbosse und weisen darauf hin, daß natürlich weder Neger noch Juden in dieser Nachbarschaft ein Haus kaufen können.

Im Jahre 1971 und 1972 tobte wiederum ein Gangsterkrieg zwischen zwei rivalisierenden »Familien« in New York. Die Auseinandersetzung führte im Verlaufe von 15 Monaten zu 16 Todesfällen. Im Oktober 1972 erhielten 400 Personen eine Vorladung vor die Anklagekammer. Man darf gespannt sein, ob es auch nur zu einer Verurteilung kommen wird. Kenner schätzen, daß die »Cosa Nostra« in Chicago mit zwei Milliarden Dollar Jahresumsatz der größte Unternehmer der Stadt ist. In bestimmten Vororten kann man in kein Restaurant gehen, ohne das Syndikat zu unterstützen. Man ißt Syndikats Steaks, trinkt deren Bier und Whisky, bekleckert vom Syndikat gelieferte Tischtücher und Servietten, parkt in deren Garagen und trinkt aus Gläsern, die vom Verein gespült und sterilisiert worden sind.

Aber auch wer einen Auftrag an den Windeldienst gibt, Klempner oder Flugtickets im Reisebüro bestellt, Kredit bei Banken nimmt, Reklameflächen mietet, einen Supermarkt betritt, hat immer als Partner die Cosa Nostra. Da scheint es beinahe unnötig zu sagen, daß dies alles von der Kontrolle der illegalen Wettbüros, der Prostitution und anderer ungesetzlicher Praktiken mitfinanziert wird. Es erscheint auch kaum vorstellbar, daß dies alles ohne Wissen von Politikern und Polizeibeamten geschieht.

Als Kriminalbeamte aus dem Polizeihauptquartier in der weitläufigen Vorstadt Cicero eine Razzia machten, unterstützten die örtlichen Beamten ihre Kollegen nicht. Im Gegenteil, die Kriminalbeamten fanden nach der Rückkehr zu ihren Wagen Strafmandate wegen unerlaubten Parkens unter den Scheibenwischern.

Syndikatsähnliche Verbände gibt es in vielen Städten der USA.

Die hauptsächlichen Geschäftszweige zum Einstieg in das wirtschaftliche Feld einer Stadt oder einer Region sind Glücksspiel, Rauschgifthandel, Erpressung von Schutzgebühren, Prostitution. Die Brücke in die Legalität führt meist über den Erwerb von Nachtlokalen, in denen sich mancherlei unbemerkt oder halblegal abwickeln läßt, eine Übung, die in Großbritannien schon zur Gewohnheit geworden ist und sich in der Bundesrepublik abzuzeichnen beginnt.

Zwar bemühen sich die Bosse darum, Polizei und Justiz zu bestechen, aber weit wirkungsvoller schützt der Terror, der Zeugen daran hindert, Anzeige zu machen oder auszusagen.

Die Kombination dieser beiden Möglichkeiten funktioniert nahezu perfekt. Den Behörden gelang die Aufdeckung eines Heroin-Schmuggelringes, der, vorsichtig geschätzt, Stoff im Werte von etwa 150 Millionen Dollar ins Land gebracht hatte. 24 »kleinere Fische« sollten auf die Anklagebank. Einige von ihnen drohten »umzufallen«, doch dazu kam es nicht. Einer der Beklagten starb in einem wahren Kugelhagel im Stadtteil Bronx, kurz bevor der Prozeß begann. Unmittelbar nach Prozeßbeginn starb ein anderer an schweren Verbrennungen auf einem Feld in Rochester, New York. Ein weiterer Beklagter unternahm einen Selbstmordversuch, drei andere entkamen ins Ausland und ließen die hinterlegte Kaution in Höhe von jeweils 50000 Dollar verfallen.

Allein in Chicago kommen auf das Konto solcher Verbrechergruppen rund 1000 entdeckte Morde seit 1919. In genau 17 Fällen davon wurden die Täter zur Verantwortung gezogen.

Ein besonders bezeichnendes Beispiel für die heimliche Macht der Cosa Nostra bietet der Fall Valachi.

Er gehörte der Organisation an, kam durch einen Betriebsunfall ins Gefängnis und hatte sich die Feindschaft seines Chefs Genovese zugezogen. Er fürchtete um sein Leben und überfiel im Gefängnis einen Mann, von dem er glaubte, er sei zu seinem Mörder gedungen. Er irrte sich, und nach diesem Vorfall war er bereit, die Untersuchungsbehörden zu unterstützen. Er wurde vom Justizminister ermuntert, seine Erfahrungen schriftlich niederzulegen, damit sie veröffentlicht werden könnten. Robert Kennedy versprach sich viel von diesem Zeugen. »Der Zeuge, der auch angesichts von Drohungen gegen seine Person und seine Familie noch aussagt, ist eine seltene Erscheinung. Zum ersten Male hat ein Mann vom Bau, ein wohlunterrichtetes Mitglied der Erpresserhierarchie das eherne Gesetz des Schweigens gebrochen, das in der Unterwelt gilt. Valachis Enthüllungen sind bedeutsam. Seine Informationen sind ein wesentlicher Beitrag zum Gesamtbild.«

Der weitere Fortgang der Dinge stimmt eher traurig. Der Schriftsteller Maas erhielt vom Justizministerium den Auftrag, das über 1000 Seiten starke Manuskript zu redigieren und für die Herausgabe vorzubereiten. Kennedy hoffte, daß eine Veröffentlichung den Wall der Angst und der Gleichgültigkeit durchbrechen und Vorarbeiten waren Ende 1965 abgeschlossen. Dann liefen die italoamerikanischen Interessengruppen Sturm gegen diese Absicht. Am 1. Februar 1966 traf eine Delegation von 12 Italoamerikanern, darunter vier Kongreßabgeordnete, in Washington mit dem Generalstaatsanwalt zusammen und drohte mit Beschwerde im Weißen Haus. Tatsächlich traf noch im gleichen Monat die Weisung ein, von einer Veröffentlichung vorerst abzusehen.

Nachdem man Valachi unterbreitet hatte, es sei alles abgeblasen, unternahm er einen Selbstmordversuch. Ein Leben lang hatte er gehört, die Cosa Nostra sei unbesiegbar. Er hatte von seinem Buch erhofft, diese Behauptung widerlegen zu können. Nun war er zu der Ansicht gekommen, nicht einmal die Regierung der Vereinigten Staaten könne etwas gegen die Organisation ausrichten. Erst nach einem langen Rechtsstreit erhielt Maas die Erlaubnis, sein Buch, die Memoiren Valachis, zu veröffentlichen. Doch die erhoffte Wirkung mußte ausbleiben. Weitere Zeugen fanden sich nicht, und entscheidende Einbrüche in die Front gelangen auch nicht auf andere Weise. Die USA muß wohl weiterhin mit dem Verbrechen leben. Al Capone lebt, seine Organisation ist niemals gestorben, und mit ihm überlebte auch seine verbürgte Aussage: »Unser amerikanisches System – ob Amerikanismus, Kapitalismus oder sonstwie genannt – gibt jedem einzelnen von uns eine große Chance. Man muß sie nur mit beiden Händen ergreifen und zum Besten nutzen.« Dies gilt auch heute noch in allen Zweigen der Wirtschaft. Bei bedingungsloser Anerkennung dieses Grundsatzes weisen sich Gewalt, Betrug und Heimtücke letztlich als geschäftliche Cleverness aus. So konnte ein Kartell der Gewalt und des Verbrechens entstehen, sich festigen und beinahe unangreifbar werden.

Der Zersetzungsprozeß schreitet voran und macht auch nicht vor Verwaltung, Politik und Polizei halt.

Die Geschäftsinteressen des organisierten Verbrechens sind auf Korrumpierung der öffentlichen Verwaltung angelegt, die auch immer wieder gelingt. Kennedy berichtet selbst von einem Bürgermeister und einem Polizeichef einer großen Stadt, die unter

Anklage gestellt werden mußten, weil sie einem Erpresser in die Hand arbeiteten.
Im Mittelwesten geriet ein hoher städtischer Beamter vor Gericht, weil er städtische Aufträge nur gegen Schmiergelder von bedeutender Höhe vergeben wollte.
Unter Truman verurteilten die Gerichte einen Sekretär des Präsidenten und den stellvertretenden Generalstaatsanwalt zu Freiheitsstrafen, weil sie mitgeholfen hatten, Steuerstrafverfahren zu unterdrücken. Der Chef der Bundessteuerbehörde wurde selbst wegen Steuerhinterziehung verurteilt.
Unter Eisenhower mußten der Luftwaffenminister und der persönliche Sekretär des Präsidenten aus ähnlichen Gründen zurücktreten. Der frühere Gouverneur von New Jersey veruntreute 300000 Dollar. Der Rechtsprüfer des Staates Illinois unterschlug 2500000 Dollar.
Und auch die Polizei gerät immer wieder ins Zwielicht. Chicago richtete eine eigene Polizeitruppe ein, um korrupte Kollegen zu entlarven. Im Sommer 1970 flogen im New Yorker Stadtteil Brooklyn acht Polizisten auf, die vom Glücksspiel-Organisator Vera mehr als 200000 DM jährlich als Schweigegelder kassiert hatten. Sie wurden entlarvt, nachdem Unbekannte einen Konkurrenten von Vera krankenhausreif geprügelt hatten. Der Blessierte schwärzte Vera und dessen beamtete Komplicen an. Im Dezember 1972 veröffentlichte eine unabhängige Kommission einen Bericht von 281 Seiten (Knapp-Commission New York).
»Korruption ist zu einem ausgedehnten, den ganzen Polizeibezirk umfassenden Phänomen geworden und wird zu einem gewissen Grade von einer beträchtlichen Mehrheit der Polizisten geduldet.«
Als Beteiligte nennt der Bericht namentlich den früheren stellvertretenden Polizeipräsidenten, den ehemaligen Chef der Kripo und den früheren Chefinspektor.
»Polizisten bestehlen Ermordete, plündern deren Wohnung, beschützen Rauschgifthändler und führen Dealern Kunden zu.«
Aber nicht nur Bestechung und Korruption lähmen die Polizei. In einigen Fällen werden Polizisten auch selbst aktiv.
1960 hob die Polizei in Chicago eine Bande von 17 Kollegen aus,

die geraubt und gestohlen hatte. Acht von ihnen erhielten Gefängnisstrafen bis zu fünf Jahren. 1961 wurden in Denver 46 Polizeibeamte wegen Teilnahme an Einbruchsdiebstählen verurteilt. In fünf »gangs« erbeuteten sie 250000 Dollar in bar und 750000 Dollar in Waren.

In New Orleans flogen 12 Polizisten auf, fünf ehemalige und sieben Aktive. Sie hatten 26 Einbrüche ausgeführt und dabei mit den Leuten des örtlichen Mafia-Chefs zusammengearbeitet. Dabei begnügten sie sich nicht mit Kleinigkeiten. In einem Falle fuhren sie mit einem Geldtransportwagen vor und kassierten die Einnahmen eines Supermarktes in Höhe von 250000 Dollar als falsche Geldboten. In einem anderen Falle brachen sie in ein Juweliergeschäft ein, schweißten den Tresor auf und verschwanden mit Diamanten im Werte von 1 Million Dollar.

Unter solchen Umständen kann es nicht verwundern, wenn auch die zunächst anständige Geschäftswelt nach und nach zu Hilfsmitteln und Praktiken greift, die zwar unmoralisch sind, aber den allgemeinen Dschungelkampf zu überstehen helfen.

In einer Privatstudie der bedeutenden »Morgan Guaranty Trust Company-Bank« findet sich im April 1972 die Feststellung: »Das Nationaleinkommen der Vereinigten Staaten könnte pro Jahr um etwa 50 Milliarden Dollar erhöht werden, wenn der Wert aller illegalen Transaktionen hinzugefügt werden könnte.« In dieser Berechnung bleiben die Verdienste aus dem Verkauf von Rauschgiften, aus illegalen Wettgeschäften und aus dem Diebstahl von Waren unberücksichtigt.

Solche illegalen Transaktionen sind z. B. unerlaubte Preisabsprachen. Robert Kennedy nennt selbst einige solcher Fälle: »Die betreffenden Männer aus der Elektroindustrie waren weder Gangster noch Strolche. Sie genossen in der Gemeinschaft hohes Ansehen. Und doch kamen sie insgeheim zusammen, um ihre eigene Regierung zu betrügen: die Armee, die Marine, die Luftwaffe, das Innenministerium und die Atomenergiekommission ebenso wie ihre lokalen Verwaltungsbehörden. In einem anderen Fall ging es um Preis und Angebotsabsprachen für die Lieferung von Milch an Schulkinder in öffentlichen Schulen und in einem weiteren Fall um den Verkauf von Brot an die Marine. Schließlich ging es um die Zerschlagung einer Verschwörung unter Apothekern. Nachher sind die Preise, die der Kunde in diesem Gebiet für rezeptpflichtige Arzneien bezahlen muß, entschieden gesunken.

Der wirkliche Feind ist der Geschäftsmann, der sich solcher Praktiken bedient und sein Vorgehen mit der Bemerkung rechtfertigt, Geschäft sei eben Geschäft. Er ist der wahre Feind, nicht nur, weil er einen Diebstahl begeht, sondern auch, weil er die Basis von Vertrauen und Glaubwürdigkeit zerstört.«

So kann die ›Saturday Evening Post‹ mit Berechtigung feststellen: »Betrug ist heute ein nationales Spiel. Neue Schlupflöcher führen zu Hosianna-Rufen!«

Wenn das am grünen Tisch geschieht, erstaunt es nicht, daß das Alltagsleben in den USA in allen Winkeln und Ecken mit Betrug, Veruntreuung und Unterschlagung durchsetzt ist.

Umfangreiche Untersuchungen ergaben, daß von den rund 10 Millionen Beschäftigten bei den amerikanischen Einzelhandelsunternehmen jeder Angestellte durchschnittlich im Jahr Sachen im Werte von 300 Dollar stiehlt, dreimal so viel wie Ladendiebe.

Folgerichtig empfiehlt der amerikanische Psychologe Zeitlin: »Ein kleiner Diebstahl ist gut für die Arbeitsmoral der Beschäftigten. Bei einem Diebstahl in Grenzen ist es klüger, den Angestellten zu behalten, als Bestrafung oder Entlassung.«

Die modernen Autohändler und -verkäufer traten die Nachfolge der Pferdehändler an; sie versprechen hemmungslos jeden Vorteil, ohne daran zu denken, die Versprechungen zu halten. Der Kunde erliegt beim erstenmal der Suggestion der klangvollen Namen. Er kann einfach nicht glauben, daß Vertreter so renommierter und bedeutender Automarken unehrlich sein könnten. Sobald aber der Käufer mit seinem Auto den Platz verlassen hat, kann er alle Versprechungen in den Wind schreiben, sie gelten nichts mehr. Alle mündlichen Zusagen werden schlankweg geleugnet, alle Last liegt nun beim Käufer. Alsbald gerät der Kunde an das Handwerk. Betrügerische Handwerker und Reparaturwerkstätten finden sich landauf – landab. Überprüfungen ergaben, daß bis zu 400% zu hohe Rechnungen ausgestellt wurden. Abschleppunternehmen stellen nie entstandene Schäden in

Rechnung, beschädigen den Wagen beim Abtransport absichtlich und teilen sich den so entstehenden Reparaturdienst mit den Werkstätten. Oft spielt der Kunde selbst mit, wenn eine Versicherung geschröpft werden kann.
Versicherungen sind überhaupt recht häufig Ziel betrügerischer Manipulationen. Nicht selten erfolgt der Betrug im »racket«. Aus sorgfältig vorbereiteten und geplanten Verkehrsunfällen ergeben sich Forderungen, die eingeweihte Rechtsanwälte geltend machen; angeblich Verletzte erhalten von beteiligten Ärzten entsprechende Atteste. Den Gewinn teilen sich dann alle Mitspieler. Versicherungsleute schätzen die Einnahmen dieser Komödianten auf etwa 15 Millionen Dollar im Jahr. In New York verurteilte ein Gericht in einem Verfahren 43 Männer und Frauen, die einem solchen Verband angehört hatten. Der Kopf des Unternehmens, ein Anwalt, erhielt eine Freiheitsstrafe. Das Gericht wies ihm nach, daß er bei 35 gestellten Verkehrsunfällen innerhalb von zwei Jahren eine runde Million Dollar einnahm.
Bei echten Verkehrsunfällen oder Krankheiten ist ärztliche Behandlung erforderlich. Nicht einmal jetzt kann der Patient immer sicher sein, ungeschoren davonzukommen. Einige Ärzte betreiben das »fee-splitting«. Ein Arzt vermittelt seinen Patienten ohne Notwendigkeit an einen zweiten Arzt, um anschließend mit diesem das Honorar zu teilen. Bei der »Geister-Chirurgie« zahlen die Patienten hohe Honorare für Operationen durch bestimmte, vielbeschäftigte Ärzte. Die kassieren, operieren aber nicht, da die Zeit nicht reicht. Die Operation führen vielmehr unterbezahlte Hilfskräfte aus.
Ärzte und Anwälte stehen gelegentlich in festem Sold bei Gangsterorganisationen. Die Ärzte betreuen die Mitglieder unauffällig nach »Betriebsunfällen«. Da wirkt es beinahe tröstlich, daß auch Ärzte selbst Opfer solcher Manipulationen werden können. Als neue Einnahmequelle ergab sich die Klage auf Schadenersatz wegen »mal-practice«. Die Klage richtet sich auf Entschädigung für einen Schaden, der angeblich durch fehlerhafte Behandlung eines Verkehrsopfers am Ort des Unfalls entstanden sein soll.
Inzwischen erreichte fast jeden siebten praktizierenden Arzt eine solche Klage. Die Folge ist, kein Arzt bemüht sich freiwillig um

eine Leistung der »Ersten Hilfe« am Unfallort, was fatale Konsequenzen für die Allgemeinheit hat.
Bedarf der Verletzte oder ein Patient irgendwelcher Arzneien, ist wiederum Vorsicht geboten. Schwindelfirmen verdienen jährlich zwischen 50 und 100 Millionen Dollar an wirkungslosen oder gar schädlichen »Wunderpillen«. Renommierte Ärzte attestieren solchen Mittelchen sagenhafte Wirkungen. Selbst Krebskuren mit »absolut sicherer Heilwirkung« erbringen den Herstellern mehr als 10 Millionen Dollar Gewinn im Jahr.
Bei den unvermeidlichen Todesfällen ziert sich das nun zuständige Bestattungsgewerbe auch nicht. Eine unabhängige Institution überprüfte das Angebot solcher Unternehmen. Es wurden mehrere Klassen von Beerdigungen im Preis von 50 bis 297 Dollar angeboten. Die Leistung der Beerdigungsinstitute unterschied sich aber in nichts, lediglich eben im Preis. Einige Anwälte vermögen auch noch Tote zu bestehlen. In Kalifornien verstorbene Ausländer mit Vermögen gingen durch Vermittlung der Ärzte in die »Verwaltung« von Anwaltskanzleien über. Die »Vermittlung« bringt natürlich eine Provision. Dann übersandten die Anwälte aus ihrem eigenen Kapital kleine Vorschüsse an die Hinterbliebenen, da »die Nachlaßregelung Schwierigkeiten bereitet«. Gleichzeitig erbaten sie von den Angehörigen den Auftrag zur Nachlaßbetreuung oder erweckten den Eindruck, sie hätten bereits einen entsprechenden staatlichen Auftrag. Dann verwalteten sie den Nachlaß, bis nichts mehr übrigblieb.
Diese kleine Kollektion der Möglichkeiten kann nur eine Ahnung vermitteln, in welchem Maße die kleine Geschäftswelt an unlauteren oder strafbaren Handlungen beteiligt ist.
So zeichnet sich ein immer schärfer konturiertes Bild ab. Gangsterorganisationen beherrschen ganze Städte und besitzen Einfluß und Zugang zu staatlichen Ämtern. Ganze Geschäftszweige und Gruppen stehen unter der Herrschaft von Verbrechern.
Das öffentliche Vertrauen zu öffentlichen Einrichtungen schrumpft auf Null.
Keine Berufsgruppe, keine Gesellschaftsgruppe kann mehr auf eine Vorleistung von Vertrauen hoffen, wenn sich hohe Regierungsbeamte als Betrüger oder Steuerschwindler erweisen, große

Trusts so lange Kampfpreise diktieren, bis sie eine Branche erobert und durch Preiserhöhung die zuvor erlittenen Verluste wieder herausholen, Banken und Makler an Geldschiebungen größten Ausmaßes beteiligt sind, Wirtschaftsredakteure bedeutender Fachblätter den Kauf bestimmter Aktien empfehlen, bis die Kurse erheblich steigen und dann die zuvor erworbenen faulen Stücke mit hohem Gewinn absetzen, Ärzte unnötige Operationen ausführen, um sich zu bereichern, Anwälte Entlastungszeugen kaufen, auf Zeugen oder Geschworene einwirken, Alibizeugen aus dem Hut zaubern, Lehrer ihr Einkommen durch Nachhilfeunterricht aufbessern, nachdem sie die Notwendigkeit zuvor durch bewußt schlechte Notengebung herbeigeführt haben, Fernsehhelden sich als Betrüger erweisen, die mit großem schauspielerischen Talent ihnen vorher zugesteckte Antworten in einem Quiz hervorquälen.
Dann muß sich ein Dschungelkampf aller gegen alle entwickeln, der keinerlei Rücksicht mehr kennt. Dann wird der Satz »Geschäft ist Geschäft« zu einem Freibrief für fast jede Handlung, ohne Rücksicht auf das Ergebnis. Die Masse der Bürger, immer und immer wieder übertölpelt und übervorteilt, muß sich diesen Spielregeln schließlich anpassen und die Aneignung fremden Eigentums nicht als Diebstahl, sondern als materiellen Besitzwechsel empfinden. Jeder muß sich angegriffen fühlen, jeder muß sich auf Verteidigung seines Eigentums einrichten. So kommt es zu einer heimlichen oder offenen Bewaffnung einer ganzen Nation, und die individuelle wirtschaftliche Auseinandersetzung muß sich im kollektiven Bereich radikalisieren und brutalisieren.
Die übersteigerte Raubkriminalität erweist sich so als das Äquivalent des kleinen Mannes gegenüber dem wirtschaftlichen Raubzugriff durch Wirtschaftshaie und Gangster. In beiden Fällen handelt es sich um Wegnahme von fremdem Eigentum, bei dem der Widerstand des Opfers so oder so gebrochen wird.
Die sich ausbreitende Unsicherheit im öffentlichen Leben führt zwingend zur Selbsthilfe. Die Polizei – von der Häufigkeit der Delikte überfordert – erweist sich als machtlos. Resignation breitet sich aus. Die vermutliche Selbsthilfe des Bürgers kalku-

liert der Straftäter gleich mit ein, beseitigt das Risiko im voraus dadurch, daß er sich seinerseits bewaffnet. Diebstahl mit Waffe ist immer Raub. So kommt es zu 15 000 Morden im Jahr und 350000 Raubüberfällen.

Eine totale Verunsicherung des öffentlichen Lebens ist die zwangsläufige Folge. Die aufgestaute Aggression entlädt sich in Straßenschlachten, Lynchjustiz und Demonstrationstaten von Minderheiten mit Geiselnahme. Das Verbrechen in den USA ist tatsächlich und wirtschaftlich eine Weltmacht geworden.

Auf 50 Milliarden Dollar wird der Gewinn aus unredlichen Wirtschaftsgeschäften geschätzt, 6 Milliarden Dollar bringt der Heroinhandel, 22 Milliarden das illegale Wettgeschäft, da nimmt sich der Verlust durch Diebstahl in Höhe von 12 Milliarden beinahe bescheiden aus. Bei einer überschlägigen Rechnung zeigt sich, daß der Jahresgewinn aus ungesetzlichen Handlungen in den USA ausreicht, den Haushalt der Bundesrepublik für fast drei Jahre zu finanzieren.

Alle Erscheinungsformen und Entwicklungen in den USA zeichnen sich in der Bundesrepublik bereits ab. Die amerikanischen Verhältnisse vermitteln einen Eindruck, welche Größenordnungen das Verbrechen erreichen kann. Auch dort fiel das Verbrechen nicht plötzlich vom Himmel. Die jetzigen Verhältnisse reiften langsam heran. Die Gangsterkriminalität in einigen Zentren trübte den Blick dafür, daß die »kleine« Eigentumskriminalität wie ein Krebsgeschwür wucherte. Immer wieder glaubten Politiker und Wissenschaftler vor einer Überschätzung der statistischen Zahlen und den Hilferufen der Polizei warnen zu müssen.

Viele Intellektuelle haben lange versucht, das Problem zu verharmlosen. Sie haben vor Hysterie gewarnt, die Polizeistatistiken angezweifelt, sich gegen die Behauptung zur Wehr gesetzt, eine Verbrechenslawine überolle das Land. Jetzt kann niemand mehr das Ausmaß der Gewalttätigkeit bestreiten.

Die ganze Argumentation erinnert stark an Aussagen der hiesigen Soziologen, Kriminologen und anderer Intellektueller, die entweder den Anstieg des Verbrechens leugnen oder den Fehler in den polizeilichen Statistiken suchen.

Ein kleiner prüfender Blick zurück sollte uns belehren, was wir noch vor wenigen Jahren auch für undenkbar hielten. Der völlige Verlust der überkommenen Autorität, das totale Zerbrechen aller Tabus, der Aufstand der Schulkinder und Studenten gegen die Welt der Erwachsenen, die Resignation der Erwachsenen gegenüber der Jugend, die galoppierende Ausbreitung des Rauschgiftkonsums, Kidnapping, Geiselnahme, Flugzeugentführung: Wer hätte vor 15 Jahren für möglich gehalten, was heute Wirklichkeit ist. Die Bundesrepublik ist kein gelobtes Land, deren Gesellschaft durch unsichtbare Mächte vor ähnlichen Entartungen geschützt ist. Was in den USA möglich ist, kann auch hier möglich werden. Die USA bieten uns ein schreckliches Modell. Niemand will behaupten, dies sei ein naturgetreues Spiegelbild unserer Zukunft. Aber weil hier eine Realität vorhanden ist, muß der Versuch gemacht werden, zu erkunden, was uns erwarten kann.

Ansichten – Aussichten

Die Wette mit der Zukunft

Ein einzelner Beobachter besitzt nur einen kleinen Überblick und eine eng begrenzte Leistungsfähigkeit, wenn es um die Voraussage zu einem komplexen Thema wie dem der Kriminalitätsentwicklung geht. Er kann keine in allen Punkten zutreffende Voraussage liefern, so als handele es sich um ein unabänderliches Geschehen. Der Verfasser kennt die Grenzen sehr wohl, gezogen durch eine ungenügende Übersicht und eine zeitlich eingegrenzte Arbeitsmöglichkeit.

Beim folgenden Versuch kann es sich daher nicht um eine von allen Seiten wissenschaftlich abgesicherte Voraussage handeln – schon die Gegenwartsschilderung wird Widerspruch finden – allenfalls läßt sich eine Wette eingehen. Wetten, das heißt die verschiedensten Möglichkeiten der Entwicklung analysieren und auf die wahrscheinlichste setzen. Eine Wette enthält aber auch das Risiko zu verlieren. Dies muß aber in Kauf genommen werden, weil sich andere Möglichkeiten für den Einzelnen kaum bieten.

Beitrag der Futurologen

Die Futurologie hat sich mit fast allen menschlichen Entwicklungsmöglichkeiten für die nächsten 30 oder 40 Jahre befaßt. Umfangreiche Studien sind in den USA, Europa und auch in der Bundesrepublik erschienen.

Das Phänomen des Verbrechens als Massenerscheinung oder als »Unfall« im Leben des Einzelnen fand jedoch noch kaum Studienliebhaber. Ergebnisse fielen lediglich als Abfallprodukte in den großen Sammelkorb. Ernsthafte Aussagen zum generellen Problem fehlen daher fast gänzlich. Keine Untersuchung geht von der Ursachenforschung aus, um von daher zu einem Ansatz zu gelangen. Auch hier bleibt das Verbrechen und die Kriminalität etwas Randständiges, und dementsprechend sind auch die Ergebnisse und Aussichten der Futurologen gefärbt.

Da geht es im Helmer-Gordon-Bericht um eine »Schocktherapie« zur Heilung von Trieb- oder Gewaltverbrechern. In anderen Fällen wird die Anwendung von Dämpfungsmedikamenten oder das Verabreichen von Stoffen empfohlen, die einen Menschen steuerbar machen. Der total manipulierbare Mensch, er wäre ein zu hoher Preis für die Senkung der Verbrechensrate. Es fällt leicht, in solchen Vorschlägen nicht die Allheilmittel der Zukunft zu sehen. Ganz offenbar fehlt es an einer Vorstellung von der Bedrohung, die wissenschaftlich geschulte Geister zu gezieltem Überlegen veranlassen könnte.

Damit werden die Bemühungen der kriminologischen Schulen keineswegs mißachtet. Die Vorschläge der »Defence sociale« erscheinen sehr viel zukunftsträchtiger als die Vorstellungen anderer Wissenschaften zusammen, so weit über die zweckmäßige Behandlung des Verbrechers eine Veränderung der Kriminalität erreicht werden soll. Aber hier liegt ja nicht das Problem. Das Problem liegt in den Umweltfaktoren, die in ihrer verbrechensfördernden Wirkung noch nicht einmal erkannt worden sind. Erst wenn dies angegangen wird und sich eine Vorstellung von der tatsächlichen Bedrohung der Gesellschaft durch das Verbrechen entwickelt, erst dann kann ein wirkungsvoller Ansatz gefunden werden. Wo allerdings die Futurologen zu Voraussagen der sozialen Verhältnisse in der »nachindustriellen Gesellschaft« (Daniel Bell) ansetzen, da finden die Befürchtungen eine Bestätigung. Unter der kennzeichnenden Überschrift »Entfremdung im Überfluß« vermuten Kahn/Wiener, daß ungebremstes Wachstum bis zum Überfluß zu einem Zusammenbruch bürgerlicher Werte führen könne. In der Prognose für das Jahr 2000 führen sie aus: »So wird man voraussichtlich viel mehr über stimmungsverändernde Drogen wissen. Höchstwahrscheinlich werden diese Drogen von vielen als ein Mittel verwendet werden, dem Alltag zu entfliehen. Zur gleichen Zeit wird sich die Jugend, die ja noch ohne Verantwortung im sozialen System lebt, mehr und mehr der Gesellschaft entfremden. Ideologische Bewegungen würden sich bilden, um Rebellionen zu rechtfertigen, und die Jugend aller Klassen und Schichten der Gesellschaft würde die alten, überholten Werte bekämpfen. Weniger bewußte, aber gleichermaßen rebellische junge

Leute werden zum sprunghaften Ansteigen von Verbrechen und Kriminalität beitragen.«
Titel des Buches: ›Ihr werdet es erleben‹, und man darf diesen Titel mit einem anderen bereits heute ergänzen: ›Die Zukunft hat schon begonnen‹.

Beitrag der Technik

Die moderne Planungsberechnung liefert heute der Computer, die Denkmaschine. Die Verbrechensbekämpfung entdeckte – wie auch bei anderen technischen Errungenschaften – die Möglichkeiten des Computers später. Immerhin ist ein Anfang erkennbar. Die Geräte vermögen sowohl bei der Aufklärung der Einzeltat als auch bei der Bekämpfung des Verbrechens als Massenerscheinung zu helfen. Allerdings verknüpfen sich mit dem Einsatz solcher Geräte oft übertriebene Hoffnungen.
Sicher wird es auch zukünftig nur wenig Fälle geben, in denen oben die Daten hineinfallen und nach kurzem Rumoren der Rechner den Namen des bis dahin unbekannten Täters ausspuckt. Die Computer helfen rationalisieren, systematisieren und schneller Auskünfte zu erhalten. Sie können Ausbildung und Fortbildung beeinflussen, Karteien zugreifbarer machen und manches auf Sekundenbruchteile zurückschrauben, nur eines werden sie nicht können: ohne Hilfe des Menschen einen unbekannten Täter suchen, ihn identifizieren und möglicherweise auch noch festnehmen. Zur Stunde können sie auch noch nicht ein realistisches Bild des Verbrechens für die nähere oder weitere Zukunft liefern. Der Computer gibt buchstäblich nur das heraus, was ihm eingegeben wurde. Für die Kriminalistik bedeutet das, die Maschine nennt Namen, liefert Beschreibungen, erteilt Hinweise, wenn sie zuvor passende Daten speichern konnte.
Ein unbekannter Täter ermordet einen Taxichauffeur und flüchtet. Diese Straftat entsteht häufig aus einem spontanen Entschluß. Wiederholungstäter spielen kaum eine Rolle. Die Einspeicherung aller bisher bekanntgewordenen Taximörder nützt daher wenig. Natürlich liefert die Maschine Hinweise auf Personen, die in anderen Fällen raubten oder gewalttätig handelten.

Das Angebot des Computers wird dann aber so groß sein, daß eine genügende Verengung auf den wahrscheinlichen Täterkreis nicht eintritt. Die Maschine muß also von Menschen Hinweise über die Personenbeschreibung, Art des Vorgehens, angewandte Tricks, Fluchtweg und Fluchtvorbereitung, Verwertung des erlangten Gutes und vieles andere mehr erhalten, um überhaupt zu einer Antwort ansetzen zu können. Diese Daten müssen durch detektivisches Geschick nach konventioneller Art gesammelt, systematisiert und eingefüttert werden. Die Maschine muß total versagen, wenn der Täter niemals mit der Polizei in Berührung kam oder besser gesagt, niemals durch Auffälligkeiten Anlaß bot, seine Daten einzuspeichern. Die Maschine kann nicht auf ihn zurückgreifen, weil er in der »Sammlung« fehlt. Wer sich dann auf das Angebot seiner Maschine verläßt, läuft Gefahr, vom Gehilfen in die Irre geschickt zu werden. Die Gefahr einer irreführenden Auskunft vergrößert sich in gleichem Maße, wie sich die Zahl der zufällig handelnden Gelegenheitsverbrecher vermehrt. Je mehr Ersttäter Straftaten begehen, um so mehr sinkt die Aussagekraft der Maschine im Hinblick auf den Einzeltäter.

Ganz ähnlich liegen die Dinge bei dem Versuch einer Voraussage durch Computersimulation.

Viele der verbrechensfördernden Umstände sind noch völlig unbekannt, über andere existieren Vermutungen, nur wenige sind mit einiger Sicherheit bestimmbar. Einer Beurteilung entzieht sich zur Stunde noch die Rasanz im Wandel der Anschauung, die Hemmkraft bestimmter Prinzipien, mögliche technische Veränderungen, z.B. durch neue Verkehrsmittel oder eine veränderte Bürotechnik. Auch die Veränderung der Wirtschafts- und Arbeitsbedingungen, politische Veränderungen sind noch nicht in eine Verbindung zu den möglichen Verbrechensdaten gebracht worden. Selbstverständlich ließe sich dies alles simulieren und in einer Alternativentwicklung niederschreiben. Dazu gehören aber ein großer Mitarbeiterstab, technischer Aufwand, Zeit und finanzielle Mittel, all das, was dem Verfasser nicht zur Verfügung steht. Die Unbekannten fehlen in der Sammlung, daher besteht die Gefahr einer Irreführung durch die Maschine, wenn auf diese Weise eine Voraussage errechnet werden sollte.

Diesen gegenwärtigen Mangel kann der Computer aber in wenigen Jahren ausgleichen. Er wird in der Verbrechensbekämpfung eine große Rolle spielen. Er errechnet (bei gehöriger Auswertung) kriminogene Massenfaktoren und druckt sie als Hinweise (management information) aus, wenn jemand sie benötigt.
All das, was sich einer systematischen Analyse nicht entzieht, wird er zu leisten imstande sein: den planvollen Ansatz der Kräfte, nicht nur der Polizei, auch der Sozialarbeiter und anderer Betreuungskräfte, eine Überprüfung aller Maßnahmen auf ihre Effektivität, die Planung kriminalitätsarmer Städte, das Verhältnis zwischen Ausbildung–Bildung und abweichendem Verhalten, die Prägekraft von Resozialisierungsmaßnahmen und vieles mehr, wenn wir uns nur bald und gründlich darum kümmern.
Die Polizei in aller Welt bereitet gegenwärtig den Einsatz der Computer vor. Die Wissenschaft hat eben erst begonnen, diese internen Bemühungen zu unterstützen. Dies geschah und geschieht aber bezeichnenderweise nicht etwa, weil die Wissenschaftler auf breiter Front die Bedrohung durch das Verbrechen erkannt haben, sondern weil sich den einschlägigen Computerfirmen hier ein breiter Markt eröffnet, den es vor der Konkurrenz zu besetzen gilt.
So bleibt für die Berechnung einer Zukunftsvorstellung nur die statistische Methode der Trendverlängerung aufgrund vorliegender Daten. Grundlage bildet die bisherige Kriminalitätsentwicklung. Dabei ist zu berücksichtigen, daß das statistische Bild eines Jahres nur einen geringen Aussagewert besitzt. Wir müssen bei einer weiter zurückliegenden Startposition beginnen, um die Dynamik des Geschehens zu verdeutlichen. Die Verlängerung der so erkennbar werdenden Trendlinien in die Zukunft ist durchaus zulässig, wenn die Zahl der Daten genügend breit gefächert ist und vergleichbare Entwicklungen in anderen Ländern verwertet werden können. Für allzu große Vorgriffe in die Zukunft reicht diese Methode jedoch nicht aus. Sie verwandelt sonst die Wette in eine Spekulation. Die Fehleranfälligkeit allzu langfristiger Voraussagen entsteht auch aus der menschlichen Unberechenbarkeit.
Die Trendlinie in die Zukunft kann daher nur eine ungefähre

Linie anvisieren. Abweichungen sind selbstverständlich. Rückschläge in Jahresabständen zeigen, beweisen oder widerlegen nichts; nur der Richtungstrend interessiert.
Das Jahr 1960 dient als Ausgangspunkt; das anvisierte Ziel liegt etwa bei 1980. Zielpunkt und Basisjahr liegen von heute aus gesehen gleichermaßen weit auseinander. Ein gleichmäßiger Trend wird dann noch bis 1953 zurückverfolgt, um allzu große Zufälligkeiten auszuschließen. Weiter ist die Bevölkerungszunahme zu berücksichtigen, über die schon recht genaue Schätzzahlen vorliegen. Mit der Verstädterung und dem Anstieg des Pkw-Bestandes ist ebenfalls zu rechnen. All das wurde im Rahmen der aufgezeigten Möglichkeiten berücksichtigt.

Alltag und Bilanz 1980

Mittwoch, 21. Juli 1980, 16.00 Uhr
Ein schwüler Sommertag lastet über der Stadt. Im Polizeipräsidium sind fast alle Kommissariate noch voll besetzt. Vor wenigen Minuten kamen die letzten Beamten von der Tagesschicht mit den Ergebnissen der Tatortbesichtigung zurück. Zum Teil hatten sie heute erst die Meldungen vom Montag aufarbeiten können. Bei den kleineren Einbrüchen hatten sie Vordrucke hinterlassen, die die Geschädigten ausfüllen und dann durch die Post wieder einschicken müssen.
Auch heute gab es im Kommissariat Wohnungseinbruch wieder einmal reichlich Arbeit. In der Nacht zählte man nur 12 Einbrüche, aber in den Vormittagsstunden kamen noch einmal 22 dazu. Meist vermißten die Bestohlenen Fernsehgeräte, Stereoanlagen, Kameras, Scheckbücher, Teppiche und Schmuck. Immer wieder Schmuck, jene Massenware, die vor kurzem in Mode gekommen war. Massive Goldketten oder Armbänder, wenig bearbeitet, aber nach Gewicht berechnet und verkauft. Kaum eine Chance der Wiederbeschaffung. Da halfen auch nicht die privaten Prägemaschinen, mit denen man unauffällige Kennzeichen anbringen konnte. Das Material wanderte nach Italien ab, um dort eingeschmolzen oder neu bearbeitet zu werden. Die anderen techni-

schen Geräte brachte man bei längerdauernder Abwesenheit in die gut gesicherten Aufbewahranstalten. Aber dieser Aufwand lohnte sich nicht, wenn man nur für einen Sprung die Wohnung verließ, und in dieser Zeit ereigneten sich die Tageseinbrüche. Die teuren Sicherheitsschlösser und Alarmanlagen boten auch keinen Schutz. Die Täter rammten die Türen einfach auf, und der Klang der Alarmklingeln führte eher dazu, sich nicht sehen zu lassen, wohl aber aus der Wohnung die Polizei zu alarmieren. Daher überprüfte die Polizei seit einiger Zeit Fahrzeuge, die Geräte im Fahrzeug transportieren, und jeder mußte auf der Stelle den rechtmäßigen Erwerb nachweisen, sonst folgte eine langwierige Untersuchung. In besonders gefährdeten Blocks und Stadtteilen versuchte die Polizei, Wohnungsfallen aufzubauen, um die Täter auf frischer Tat zu stellen. Aber auch zahlreiche Scheckkarten kamen auf die Verlustliste, jene Kunststoffsteckkarten, die automatisch Abbuchungen an jeder Zweigstelle bis zu DM 1000,– erlaubten.
Der dickste Bolzen an diesem Tag war der Diebstahl von Schmuck aus dem Schaufenster eines stadtbekannten Juweliers. Drei Täter waren mit einem Pkw in die Schaufensterscheibe gefahren und hatten blitzschnell abgeräumt. Ein herber Verlust für den Geschäftsmann. Die Versicherung war vor wenigen Monaten abgelaufen, und der Versicherungsagent hatte sich geweigert, den Vertrag zu erneuern. Diese Erfahrung mußten viele Geschäftsleute machen, die einen Laden in der Vorstadt betreiben. Den Versicherungen war das Risiko zu groß. Am Morgen hatten zwei Täter versucht, einen Geldtransportwagen zu stoppen. Nach einem vorgetäuschten Verkehrsunfall versuchten sie, Tränengas in die Fahrerkabine zu schießen. Das aber mißlang, und die Täter konnten in dem Verkehrsgewühl zu Fuß entkommen. Es war zur Stunde des allmorgendlichen Verkehrschaos, wo die Menschen aus den Vororten in die City drängten, der geringere Teil mit Pkw, aber immer noch viel zu viel. Mehr als sechs Kilometer in der Stunde war da nicht zu schaffen, und Polizeiwagen kamen auch nicht durch.
Kommissar Fiedler sprach mit dem Krankenhaus. Er erkundigte sich nach dem Gesundheitszustand des überfallenen Boten, der am vergangenen Abend einiges Gold für verschiedene Dentalin-

stitute hatte transportieren sollen. Er war niedergeschlagen und beraubt worden. Er würde es folgenlos überleben, anders als die junge Verkäuferin, die gestern bei einem Überfall mit Säure übergossen worden war.

Oberkommissar Schneider war noch nicht zurück. Er lag irgendwo auf der Lauer, um einen Erpresser festzunehmen. Ein Ring von Jugendlichen hatte sich darauf spezialisiert, die Besitzer von Massagesalons zu bedrohen und »Schutz« für die »Püppchen« anzubieten. Für diesen Schutz wollten sie eine gehörige Summe »Aufwandsentschädigung«. Eine andere Gruppe hatte vorher versucht, mit den Saunas ins Geschäft zu kommen. Zunächst hatten sie heimlich Säure auf die Sitzbänke geschüttet und dann angeboten, diese »Schweinerei« zu unterbinden, wenn sie dafür honoriert würden. Es bestand die Vermutung, daß viel mehr Geschäftsleute zahlten, als die Polizei wußte. Alle hatten Angst vor den jugendlichen Schlägern.

Die kleineren Diebstähle wurden kaum noch angezeigt, falls aber doch, geschah fast nichts. Wenn nicht ein Zufall zu Hilfe kam, würden diese Vorgänge alsbald gebündelt und unbearbeitet zur Staatsanwaltschaft gehen. Tatsächlich erwägt der Gesetzgeber, die Polizei von der Bearbeitung der Diebstähle und Betrügereien unter DM 150,– freizustellen. Die bisherige Tagesausbeute war noch nicht sensationell zu nennen, aber der Tag war ja noch lang, und am Abend würde sich die Zahl der Straftaten noch einmal kräftig aufstocken.

Eine Gruppe von Beamten macht sich bereit, um mit den Kollegen der Schutzpolizei einige U-Bahn-Stationen zu besetzen, die ständig vom Duft des Marihuana-Rauches durchzogen werden. In letzter Zeit ereigneten sich im Gewühl gegen Ende der Arbeitszeit auch kleine Überfälle, meist von Rauschgiftsüchtigen. Auch in den U-Bahnen fahren einige Polizisten mit, an die man sich gewöhnt hat und ängstlich wird, wenn sie nicht da sind.

16.15 Uhr

Die Mordkommission I steht noch im Einsatz. Kriminalrat Martin und seine Leute versuchen noch Licht in eine mysteriöse Sache zu bringen. Ein ganz junger Mann ohne Ausweispapiere war in einem kleinen Waldgelände gefunden worden. Drei Einschüsse

im Körper verrieten sofort die vermutliche Todesursache. Er konnte erst wenige Stunden tot sein. Alle Erkennungsmerkmale waren sorgfältig beseitigt, Wäsche- und Fabrikationszeichen aus der Kleidung herausgetrennt, alle Fingerkuppen mit Säure verätzt. Nur ein Siegelring verriet Initialen, aber Martin vermutete stark, daß es sich um ein Täuschungsmanöver handelte. Alles sprach für Profis; ein unbequemes Bandenmitglied war ganz offenbar beseitigt worden, und damit stand auch gleichzeitig fest, daß die Täter keinesfalls aus der Stadt stammten. Im Staub der Hosentasche hatte man Mikrospuren von Rauschgift gefunden. Einiges sprach dafür, daß der Tote aus Marseille stammte und bis hierher transportiert worden war. Martin seufzt. Schon der dritte Fall dieser Art im letzten Jahr, und die Chancen einer Aufklärung sind gering. Auf die Täter weisen nur ein paar Reifenspuren hin.
Bei der Mordkommission II war ein ruhiger Tag. Sie hatten gestern einen einfachen Fall; eine der üblichen Streitereien zwischen Ausländern und Deutschen. Nach einer Schlägerei blieb ein Deutscher – durch zwei Messerstiche getroffen – liegen, und drei Stunden später starb das Opfer. Der Täter konnte noch am Tatort festgenommen werden. Es war ein junger Mann aus der Gruppe von 600000 Ausländern, die in Deutschland groß geworden waren. Die zweite Generation, überwiegend in einem slumartigen Viertel im Norden der Stadt zu Hause. Diese Gruppe junger Menschen begann immer gewalttätiger zu rebellieren, um der vielfachen Diskriminierung entgegenzutreten. In denen von ihnen bewohnten Straßenblocks gab es ständig Gruppenkämpfe untereinander, von denen die Polizei nur erfuhr, wenn es Tote oder Verletzte gab. Allgemein bestand die Ansicht, auf diesen brodelnden Topf müsse man fest den Deckel halten, damit die modernen Wohnstädte vor der City nicht auch noch infiziert würden.
Eine etwas mysteriöse Schießerei im Stadtinneren hatte Gaststättenbesucher aufgeschreckt, aber es ließ sich nichts Näheres feststellen. Ein Blutfleck auf der Straße war entdeckt worden, aber die Umstehenden schwiegen – nichts gesehen – nichts gehört.
Es wird eine lange Nacht für die Kommission II werden. Die Kommission I wird bestimmt für einige Tage ausfallen, so bleibt die Bereitschaft durchzustehen. Zwei weitere Arbeitsgruppen waren

in den bisher unerledigten Mordfällen älterer Zeit tätig. Das Säureattentat blieb bei den Kollegen vom Diebstahl/Raub hängen.
16.30 Uhr
Im Wirtschaftskommissariat findet eine Besprechung statt. Es geht um die Überprüfung einer Kette von Wäschereibetrieben, die Filialen in fünf Städten unterhält. Die Firma beschäftigt ungewöhnlich viele Angestellte. Die Steuererklärungen sind in Ordnung. Nun ist der Verdacht entstanden, daß dieses Unternehmen als Umschlagplatz zur Legalisierung von unrechtmäßig erworbenen Finanzmitteln dient. Die Verdachtsmomente reichen aber noch nicht für einen Zugriff aus. Anders liegt der Fall bei einer größeren Produktionsfirma. Es scheint sicher, daß bei Staatsaufträgen nach einer Absprache mit anderen weit überhöhte Preise verlangt worden sind. Es ist kaum damit zu rechnen, daß die betroffene Geschäftsleitung die polizeilichen Bemühungen zur Aufklärung unterstützen wird. Bei der erforderlichen Durchsuchung müssen die Daten aus dem betriebseigenen Computer abgefragt werden.
Die Elektronikfachleute der Staatsanwaltschaft sind mit anderen Sachen ausgelastet und stehen nicht zur Verfügung. Man beschließt, am Tage der Durchsuchung die Anwälte der Firmen hinzuzuziehen und dann den Zentralspeicher zu blockieren, bis die entsprechenden Buchungen ausgedruckt sind. Es wird mit Sicherheit Schwierigkeiten und Regressansprüche geben und Beschwerden hageln.
Die internationale Gruppe im Kommissariat hat alle Hände voll mit dem betrügerischen Einfuhrkartell zu tun, das durch manipulierte Ein- und Ausfuhren Riesengewinne auf Kosten des Staates machen konnte und diese in die Automatenbranche investierte, wo die Hintermänner auf dem besten Wege sind, ein Monopol durch Dumping zu erlangen. Außerdem soll da noch eine Call-Girl-Geschichte drinhängen, aber das ist noch reichlich nebelhaft.
Eine Arbeitsgruppe nimmt nicht an der Besprechung teil. Sie ist mit einer interessanten Haftsache beschäftigt. Eine Gruppe junger Leute war mit schnellen Wagen und gefälschten Kennzeichen herumgekurvt und hatte auf ihren Fahrten Scheiben in Läden und

Kaufhäusern zertrümmert. Lange waren sie unentdeckt geblieben. Jetzt hatte es einen erwischt. Er behauptete nun nach langem Zögern, er habe gegen Provision und im Auftrage eines Schnellglasinstitutes gehandelt. Er bat um Diskretion. Nun mußte der Zeuge eine sichere Unterkunft erhalten, damit er nicht wieder »umfiel«. Offenbar tut ihm jetzt seine Aussage schon leid. Er hat offensichtlich Angst.

Ende der Besprechung. Der Termin für die Durchsuchung bei der Produktionsfirma ist festgelegt, die Staatsanwaltschaft wird jemanden mitschicken. Die Staatsanwälte der Wirtschaftsabteilung waren nicht begeistert. Sie saßen selbst in noch unerledigten Vorgängen. Immer noch Bau- und Grundstücksschwindel, eine Menge Betrügereien durch Gewichtsverminderungen im Konservengewerbe und ähnliches.

Genug, um alle erst einmal auszulasten. Die Inseratengeschichte, die mit Sicherheit ein riesiges Wuchergeschäft vermuten ließ, muß erst einmal liegenbleiben, ganz zu schweigen von den schwierigen Ermittlungen, die noch im Verfahren gegen die »Bumser« anzustellen sind. Es ist die Gruppe, die Verkehrsunfälle provoziert, sofort präsente Unfallzeugen stellt und dann hohe Schadensersatzleistungen fordert.

16.45 Uhr

Bei den »Räubern« herrscht immer noch lebhafter Publikumsverkehr. »Da kommt am hellen Tage auf der Hauptstraße ein großer Bursche auf mich zu und sagt: ›Haben Sie nicht 'ne Mark für mich?‹ Ich bin sofort weitergegangen. Die anderen Passanten haben sich auch nicht darum gekümmert. Als er nichts bekam, hat er irgendwas Schweinisches hinter mir hergerufen.« – »Unangenehm«, sagte der Kriminalbeamte, »aber kein Raub oder versuchter Raub. Unangenehm, ich kann Sie verstehen, aber eine Raubanzeige kann ich darüber nicht aufnehmen.«

Ein anderer Mann ist schier verzweifelt. »Da bezahlt man für den Garagenplatz 300 Mark im Monat, und was passiert? Als ich nach Dienstschluß hinkomme, ist der ganze Wagen auseinandermontiert. Räder, Motor, Sitze, Stoßstangen, weg, alles einfach weg. Und die Garagenmiete erfahre ich nun, ist nur Miete, keine Versicherung.« – »Diebstahl«, sagt der Kriminalbeamte, »kein Raub.

Aber die Anzeige kann ich hier sofort aufnehmen.« Er kann den Kummer des Bestohlenen verstehen, aber er versagt sich die wenig trostvolle Schilderung eines Falles, bei dem einem Lehrer in einem Vorort tagsüber die ganze Wohnung ausgeräumt und die Einrichtung mit einem gestohlenen Möbelwagen abgefahren worden ist.
Ein recht nettes, wenn auch sehr leichtes Mädchen erscheint. In einem Apartmenthaus, in dem sie ihrem Gewerbe nachgeht, hatte ein Mann mit einer Pistole kassiert. Hier wird noch mit Bargeld bezahlt, um keinen Scheck zur Identifizierung zurücklassen zu müssen. Daher konnte der Täter auch noch auf Geld hoffen. Das Mädchen besaß eine Gassprühdose und einen Alarmklingelknopf im Zimmer, aber dann hatte sie sich doch lieber ohne Widerstand vom Geld getrennt. Sie kennt den Täter, der offenbar unter Alkohol stand. Der würde bald hinter Gitter sitzen. Zwei Mann machen sich auf den Weg, um den Jungen aufzutreiben. Sie müssen aber um 19 Uhr zurück sein. Im örtlichen Rechenzentrum ist für den heutigen Abend ein Brennpunkt der Raubkriminalität in einem bestimmten Stadtviertel errechnet worden. Da soll mit der Schutzpolizei nun eine verdeckte Observation angesetzt werden.
Beim Leiter – K – ging soeben eine Besprechung zu Ende. Vertreter des Schulamtes und der städtischen Jugendbehörden haben sich mit den Herren des Rauschgiftdezernates und einigen Damen aus dem Jugendkommissariat unterhalten.
Wieder einmal waren ein paar Schüler aufgefallen, die einen flotten Handel mit Narkotika betrieben. Dabei hatte sich herausgestellt, daß einige Lehrer seit geraumer Zeit davon wußten, ohne etwas zu unternehmen, vielleicht aus Angst. Die Lehrer jedenfalls bestritten jede Kenntnis.
Frau Thomsen wies noch auf einen besonderen Punkt hin. Es gab da ein nicht zu überhörendes Geraune, daß einige Apotheker bei der Lieferung von Suchtmitteln beteiligt sein könnten. Möglicherweise bestanden hier Zusammenhänge.
Es wurden auch noch einmal die ständigen kleinen Raubüberfälle erörtert, die Schüler und Lehrlinge ausführten, um an Geld zum Ankauf für Rauschgift zu kommen. Die Einrichtung von Behand-

lungszentren hatte da auch keine wesentliche Verbesserung gebracht. Ganz zweifelsfrei waren eine ganze Anzahl der kleineren Gewalttaten auf das Konto der Suchtabhängigen zu buchen.
Alle Beteiligten waren sich einig, die Zufuhr der Rauschgifte konnte nicht gestoppt werden, solange die Grenzen der vereinigten europäischen Länder so offen blieben. Da brachte auch die gelegentliche Aushebung eines Küchenlaboratoriums zur Herstellung von LSD keine wesentliche Besserung. Im Gegenteil, wenn der Stoff knapp wurde, stiegen die Preise und damit die Zahl der Raubüberfälle. Das Besprechungsergebnis war deprimierend; unter diesen Stimmungsvorzeichen gingen die Beteiligten auseinander.
17.00 Uhr
Die zweite Schicht der Kripo hat den Dienst angetreten. Die Stunden der Schwerstkriminalität kommen jetzt. Die meisten Beamten steigen gleich in die Observationsfahrzeuge, um sich durch das Verkehrschaos in dieser Stunde zu den vom Computer errechneten Einsatzräumen zu begeben. Das BKA hat eine Serie von Lichtbildern über den Bildfunk gegeben, flüchtige Strafgefangene aus Frankreich, die in die Stadt kommen sollen.
In den nächsten Stunden wird es wieder zahlreiche Anzeigen über den Diebstahl von Kraftfahrzeugen geben. Sie bedürfen der sorgfältigen und schnellen Registrierung im Zentral-Computer; sie werden zu einem hohen Anteil die Tatfahrzeuge in der kommenden Nacht sein. Das Nachrichtenzentrum im Präsidium leistet jetzt Schwerstarbeit, um alle Nachrichten aufzuspeichern.
Wieder werden sich die kleinen Raubüberfälle ereignen. Wenn dann die Observations- und Streifenwagen nicht sofort zur Stelle sind, besteht wenig Aussicht, die Täter noch zu fassen. Zu viele dieser Taten ereignen sich, zu alltäglich sind sie, als daß man besondere Intensität bei der Verfolgung entwickeln könnte.
22.00 Uhr
In den Randbezirken der Stadt ist es ruhig geworden. Kaum ein Mensch ist auf der Straße. Erst haben dort die lichtscheuen Elemente die Straße leergefegt, jetzt können sie sich auch nicht mehr dort halten, weil sie von den Polizeistreifen allzu schnell bemerkt und immer wieder kontrolliert werden. So konzentriert sich das

Leben nach Sonnenuntergang im Amüsierviertel, das im Taxi angesteuert wird. Die Innenstadt, gepflastert mit turmhohen Bürohäusern, liegt still und leer da. Ein riesiger, um diese Stunde verödeter Arbeitsplatz.
23.15 Uhr
Die Stadt macht einen ausgestorbenen Eindruck. Nur in der Meldezentrale der Kripo wird es nicht stiller. Eben läuft eine Razzia in den U-Bahn-Schächten, Daten werden zur Überprüfung gemeldet. Vom Krankenhaus im Süden wird Polizeischutz angefordert, angeblich sollen unbekannte Täter in die Medikamentenkammer eingebrochen haben oder noch drin sein. Die Parks der Stadt liegen wie gefährliche Dschungel da. Niemand würde sie um diese Stunde betreten. Von der nahegelegenen Autobahn kommen Meldungen. Parkende Lkw's sind ausgeraubt worden. In einem Falle wurden die Fahrer auf einem Rastplatz mit der Pistole so lange bedroht, bis die ganze Ladung auf andere Fahrzeuge verstaut worden war. Dann hat man den Fahrer mitgenommen und in einem Wald ausgesetzt. Die Beute: eine Ladung Farbfernsehgeräte. Wert: etwa DM 500000,–. Ein Lagerhaus mit Konserven ist ausgeräumt worden.
Aus dem Landbezirk kommt die Meldung: Ein Liebespärchen im Pkw überfallen, eine Jugendbande hat ein Lokal völlig zusammengeschlagen und einen Kiosk in Brand gesteckt.
Donnerstag, 08.00 Uhr
Die nächtliche Strecke wird besichtigt. Festnahmen und Neuanzeigen. Diebstähle, Raubtaten, kleine Sachen, dicke Einbrüche, Zechbetrug, eine Notzucht, Körperverletzung, Familienstreitereien, ein Mordversuch.

So oder so ähnlich könnte der Alltag der Kripo in der Zukunft aussehen. Es muß nicht so sein, aber vieles spricht dafür, daß es so sein kann. Gewiß, ein wenig Horror-Spekulation ist in dieser Schilderung enthalten, aber diese Vorstellung vom Alltag 1980 läßt sich durch Schätzungen untermauern.
Die Voraussage kann nicht da ganze Feld des verbrecherischen Geschehens umfassen, sondern muß sich auf wesentliche Gebiete beschränken.

Bundesrepublik

Prognose 1980 Bundesrepublik	Häufigkeitszahlen Pro 100000 Einwohner 1960	1970	1980	Korrektur****
Mord/Totschlag einschl. Versuch	1,86	3,91	8,60	6,26
Notzucht	11,5	11,2	11,0	1,6
Raub	10,4	21,5	43,6	78,2
Gesamtdelikte gegen die Person	33,8	36,6	63,2	96,1
Einbruch +	161,5	397	978	993
Diebstahl über DM 100**	242,7	536,7	1185,4	813
Autodiebstahl	79,1*	128	261,2	234
Gesamtdelikte gegen Eigentum	483,3	1061,7	2424,6	2040
Gesamtdelikte Person/Eigentum	517,1	1098,3	2487,8	2106,1

* geschätzt
** einfacher Diebstahl, abzüglich Autodiebstahl, davon 40%
*** Wohnungs- und Geschäftseinbruch, Einbruch Banken/Kassen/Boden/Keller
**** berechnet auf 65 510000 Einwohner BRD

Vereinigte Staaten

Vergleich USA 1945–1970	Häufigkeitszahlen pro 100000 Einwohner 1945	1953	1965	1970
Mord/Totschlag	5,5	5,1	5,1	7,8
Notzucht	7,5	7,3	11,6	18,5
Raub	40,0	45,0	48,0	173
Gesamtdelikte gegen die Person	53,0	57,4	64,7	199,3
Einbruch	220	300	605	1079
Diebstahl über 50 Dollar	120	192	393,3	868
Autodiebstahl	170	135	251	458
Gesamtdelikte gegen Eigentum	510	627	1249,6	2405
Gesamtdelikte Person/Eigentum	563,0	684,4	1314,3	2604,3

Die Tabelle und die darin aufgeführten Zahlen sollen wenigstens andeuten, auf welche Weise die Voraussage zustande kommt. Es handelt sich um eine einfache prozentuale Fortschreibung, die sich verschiedene Bestätigungen und Korrekturen holt, um so zu einer realistischen Einschätzung der Entwicklung zu gelangen. So mußte bei der Mordkriminalität berücksichtigt werden, daß in der Bundesrepublik in ständig steigendem Maße Konflikte ausbrechen, die sich zwischen den starken Minderheiten untereinander und in der Auseinandersetzung mit der eingesessenen Bevöl-

kerung ergeben werden. Immerhin müssen wir alsbald mit mehr als einer halben Million jugendlicher Ausländer, rechnen, den Kindern von Gastarbeitern, die hier geboren oder hier erzogen worden sind. Ihre Massierung ist so stark, daß sich bestimmte Gettos herausbilden werden, in denen sich die Ursprungsmentalität der Einwanderer erhalten und sogar durch die Isolierung verstärken wird. Die Söhne der zweiten Generation werden ihre Rechte nachdrücklich fordern und zunächst auf Vorbehalte stoßen. Diese Auseinandersetzung wird Gewalttaten hervorrufen. Die Betrachtung der amerikanischen Entwicklung zeigt, daß die Tötungskriminalität bei 5 auf 100000 Einwohner sich lange Zeit erhalten kann, dann aber in Spannungszeiten sprunghaft ansteigt. Dabei ist allerdings zu berücksichtigen, daß im Süden der USA die Quote weit über den Durchschnitt des ganzen Landes hinausreicht und so das Gesamtbild ungünstig beeinflußt.
Im Vergleich dazu klettert die Quote der Tötungsdelikte in der Bundesrepublik langsam, aber beständig an. Der in den letzten Jahren erkennbare Trend reicht bis in das Jahr 1953 zurück und weist sich so konstant steigend aus. Eine rein rechnerische Weiterführung der Kurve würde aber weit über die gegenwärtigen amerikanischen Zahlen hinausführen. Daher war eine Korrektur auf die langjährige Quote der USA erforderlich und ein abschätzbarer Zuschlag für die zu erwartenden Auseinandersetzungen zwischen und mit Minderheiten erforderlich. So kommt es zu der Quote von 6,26 pro 100000, d.h. 3990 Delikte dieser Art pro Jahr.
Die Notzuchtdelikte zeigen eine konstante bis leicht fallende Tendenz. Das muß nicht unbedingt mit der sozialen Wirklichkeit übereinstimmen, sondern kann auch eine Folge der Enttabuisierung des Sexualverhaltens und eine damit verbundene Zurückhaltung bei der Anzeigenerstattung ausweisen. In den USA stieg die Zahl dieser Delikte zunächst langsam an und pendelte sich dann für lange Jahre in einer Größenordnung ein, die auch den Werten in der Bundesrepublik ziemlich genau entspricht. Erst 1970 machte sich dort noch einmal ein besonderer Anstieg bemerkbar. Dies ist wiederum auf die besonderen Verhältnisse im amerikanischen Süden zurückzuführen. Auch bei diesem Delikt ist darauf zu verweisen, daß sich bis 1980 bestimmte Vorbehalte

gegen bestimmte Minderheiten verfestigt haben werden. Dies wird zu einer vermehrten Anzeigenerstattung führen, wenn Angehörige solcher Minderheiten beteiligt sind, so daß sich eine leichte Erhöhung dieser Delikte in der Statistik niederschlagen wird. Wenn keine besonderen Umstände sonstiger Art eintreffen, bietet diese Prognose kein großes Risiko. Das aber bedeutet etwa 7599 Notzuchtdelikte pro Jahr.
Schwieriger gestaltet sich die Bewertung des Deliktes Raub. In den USA lag die Zahl solcher Straftaten stets erheblich höher als bei uns. Über lange Jahre blieb die Quote aber ziemlich konstant. Erst in den letzten Jahren ist sie dann sprunghaft angestiegen. In der Bundesrepublik stieg die Zahl dieser Delikte, wenn auch sozusagen im Erdgeschoß gegenüber den USA, langsam aber stetig an, obwohl sich keine großen gesellschaftlichen Umschwünge, die erfahrungsgemäß die Raubkriminalität begünstigen, ereigneten. Eine rechnerische Fortführung käme zu einer Größenordnung, die in den USA etwa 1953 erreicht worden war. Seit 1970 steigen aber die Raubüberfälle in der Bundesrepublik im Vergleich zu vielen Vorjahren erheblich schneller an. Von allen Kennern wird bestätigt, daß das Delikt in seiner Häufigkeit stark von Rauschgiftsüchtigen beeinflußt wird. Es liegen noch keine Beweise dafür vor, daß der Anstieg von 1970 bis 1972 in der Bundesrepublik auch von Süchtigen mitverursacht worden ist, aber Gegenteiliges läßt sich auch nicht belegen. So müssen wir davon ausgehen, daß in der Bundesrepublik soeben die Phase begonnen hat, die sich in den USA seit 1965 rapide vollzog. Wir müssen weiter davon ausgehen, daß auch in der Bundesrepublik eine Anzahl von Süchtigen aktiv zu werden beginnt. Es wurde zu dem rechnerischen Ergebnis ein Mittel aus dem stärkeren Zuwachs aus den Jahren 1971 bis 1972 hinzugenommen, so daß sich die reale Zahl von 51228 Raubüberfällen für das Jahr 1980 ergäbe. Nimmt man nun die Zahl dieser Delikte insgesamt, dann ergibt sich für den Zeitraum von 1970 bis 1980 ein Zuwachs von 307 Prozent insgesamt. Ziehen wir den Vergleich zu den USA für die Jahre von 1960 bis 1970, so zeigt sich, daß sich dort in dieser Dekade ein Anstieg von 306 Prozent vollzogen hat. Diese Übereinstimmung ist ein hohes Indiz für die Wahrscheinlichkeit der Prognose.

Eine Voraussage für den Sektor der Eigentumskriminalität bietet ebenfalls einige Schwierigkeiten. Mancherlei Möglichkeiten sind zu beachten. Der Gesetzgeber hat schon die Grenzlinie zwischen einfachem und schwerem Diebstahl verändert. Er wird mit einiger Sicherheit auch in Zukunft kleinere Diebstähle zu Ordnungswidrigkeiten machen oder sie ganz von der Verfolgung durch die Gerichte freistellen. Wirtschaftliche Rückschläge oder unverhältnismäßig große Teuerungswellen können das Bewahrungsbestreben der Eigentümer stärken. Bei zunehmender Häufung der Diebstähle wird die Anzeigenfreudigkeit bei Bagatelldelikten sinken und diese Fälle werden nicht mehr in der Statistik erscheinen. Allein aber darum geht es bei dieser Prognose. Daher beschränken wir uns auch hier auf solche Gebiete, die in amerikanischen Untersuchungen einen Vergleichswert bieten.
Für den Sektor Einbruch bedurfte es einer Zusammenfassung der in Deutschland in Einzelsparten aufgeschlüsselten Delikte. In den USA und in der Bundesrepublik zeigt sich über 20 Jahre hin ein gleichbleibender Trend mit ansteigender Tendenz. Die Zuwachsraten stimmen in versetzten Zeiträumen fast völlig überein. Die Einbrüche stiegen von 1953 bis 1963 in den USA um 227 Punkte, in der Bundesrepublik von 1960 bis 1970 um 236 Punkte. Solche Übereinstimmungen zeigen sich auch in anderen Vergleichszeiträumen. Es besteht kein Anlaß, auf eine Stagnation dieser Kriminalität zu hoffen.
Die Einbruchsgelegenheiten werden sich in der Bundesrepublik durch eine weitere Verödung der Innenstädte zur Nachtzeit und an den noch längeren Wochenenden, durch vermehrte Lagerung wertvoller Güter in Keller und Boden, durch größere Vorratslager mit leicht abtransportierbaren (griffig abgepackten) Gütern usw. eher vermehren als verringern. Rechnerisch ergibt sich dann auch ein rapider Anstieg, der kaum vorstellbar erscheint. Man könnte zögern, eine vermutete Zahl von 650745 Einbrüchen pro Jahr einzusetzen. Ein Blick auf die Einbruchskriminalität der USA im Jahre 1970 zeigt aber, daß diese Größenordnung dort noch bei weitem übertroffen wird, und zwar deshalb, weil sich die ursprüngliche Einbruchskriminalität in den Großstädten in den drei letzten Jahren seuchenmäßig auf die tagsüber verlassenen Wohn-

viertel der Vororte ausgebreitet hat. Die zersetzende Wirkung der monotonen Wohnsiedlungen auf die dort abenteuerlos heranwachsenden Jugendlichen beginnt sich auszuwirken und in Straftaten umzusetzen. So muß der Trend als realistisch eingeschätzt werden. Ein Mittel zwischen der fortgeschriebenen Häufigkeitszahl und der fortgeschriebenen realen Zahl gibt den Korrekturwert an.

Das Delikt »Diebstahl über 50 Dollar« gibt es in der deutschen Statistik nicht. Es ist aber anzunehmen, daß bis zum Jahre 1980 nur noch Diebstähle bis DM 100.– aufgeführt werden. Daher bedurfte es einer Umrechnung, die auf einer Schadenserrechnung beim Diebstahl nach der Statistik des Landes Nordrhein-Westfalen erfolgte. (Einfacher Diebstahl – minus Autodiebstahl und vom Rest 40 Prozent). Der Diebstahl über 50 Dollar zeigt in den USA erst in den letzten Jahren einen schnelleren Anstieg. Bis dahin entwickelte er sich relativ in einem großen Zeitraum langsam nach oben, doch mit einer gewissen Konstanz.

In der Bundesrepublik ergibt sich ebenfalls eine kontinuierliche Entwicklung. Die sprunghafte Häufung zwischen 1960 und 1970 darf nicht allein als Basis für die Verlängerung dienen, vielmehr muß die gesamte überschaubare Entwicklung zur Berechnung herangezogen werden. Vor allem ist zu beachten, daß die Ladendiebstähle die Bilanz unverhältnismäßig aufblähen. Dennoch muß das langsame, aber beständige Klettern als wahrscheinlichste Kurve eingesetzt werden. Rein rechnerisch würden die deutschen Werte des Jahres 1980 die Vergleichszahlen in den USA von 1970 übertreffen. Dabei ist aber zu bedenken, daß in den USA von einer Dunkelzahl von etwa 56 Prozent bei diesem Delikt ausgegangen wird. So kommt eine mittlere Korrekturzahl zustande, die in etwa dem Zuwachs von 1960 bis 1970 entspricht (532658).

Beim Autodiebstahl verzeichnet die amerikanische Statistik Sprünge und Schwankungen, dennoch erweist sich auf lange Sicht ein stetiger Anstieg. In der Bundesrepublik wiederholt sich dieses statistische Bild. Dabei stehen uns die motorisierten Überfälle noch bevor. Ein Rückgang kann also nicht erwartet werden. In den Städten gibt es gegenwärtig etwa 1,5 Millionen Parkplätze, deren Zahl sicherlich nicht wesentlich erhöht, aber auch nicht drastisch vermindert wird. Demgegenüber steht ein weiterer Zuwachs von etwa 6 Millionen Pkw bevor, die fast ausschließlich in den Vororten auf der Straße abgestellt werden müssen. Die Zugriffsmöglichkeiten werden sich demzufolge noch rapide vermehren. Die Latenz bei diesem Delikt liegt bei Null und wird bei Null bleiben, so daß sich eine statistische Trendverlängerung ohne Korrektur einsetzen ließe. Auch hier gibt es wieder verblüffende Übereinstimmungen mit amerikanischen Erfahrungen. So stieg die Punktzahl beim Autodiebstahl in den USA von 1960 bis 1965 um 74, in der Bundesrepublik zeitlich versetzt: 1963 bis 1967 um 75 Punkte. Ein bestimmter Abzug vom rechnerischen Wert scheint aber dennoch erlaubt, weil sich allmählich doch Sicherungseinrichtungen durchzusetzen beginnen, die den Diebstahl eines Pkw's etwas schwieriger machen als bisher. So kommt eine Zahl von über 150000 Autodiebstählen zustande. Bei nur annähernd gleichmäßig verlaufender Entwicklung holt die Kriminalität in der Bundesrepublik gegenüber den USA schnell auf, wenn sie in absehbarer Zeit auch nirgends die dortigen Werte ganz erreicht. Im Ganzen gesehen aber kann die Prognose nicht so wirklichkeitsfremd sein, denn die rein rechnerische Verlängerung des Trends in der Bundesrepublik erreicht 1980 ziemlich genau den Stand der Kriminalität von 1970 in den USA.

In echten Zahlen ergibt sich dann folgendes Bild:

Bundesrepublik	1970	1980	USA 1970	auf BRD umgerechnet
Mord/Totschlag einschl. Versuch	2402	3990	15810	4767
Notzucht	6885	7599	37270	11237
Raub	13230	51228	348380	105037
Einbruch	243839	650745	2169300	654044

Diebstahl über 50 $ od. DM 100	297887	532658	1746100	524576
Autodiebstahl	78782	152267	921400	277802
Straftaten gesamt	643026	1398487	5238260	1577463

Die Schätzung kann natürlich um 10% oder 20% nach oben oder unten differieren, aber bei dieser Größenordnung kommt es nicht unbedingt darauf an. Was aus der heutigen Sicht zu berücksichtigen war, wurde berücksichtigt. Es sind faire Schätzungen, die nicht maßlos überzeichnen, um Wirkung zu erzielen. Eine solche Kriminalität darf man dann aber gewiß nicht mehr als »anständig« bezeichnen, sie muß im Leben des Volkes deutliche Spuren hinterlassen.

Das Eigentum verlöre auch bei uns seinen rechtlichen Wert. Durch das böse Beispiel müßte sich auch bei uns die allgemeine Auffassung verbreiten, ein Unterschied sei zwischen Eigentum und Besitz nicht mehr zu machen. Die Verpflichtung zum rechtmäßigen Erwerb müßte zwangsläufig – und diesmal endgültig und schwer korrigierbar – hinter der Realität des Besitzes zurücktreten, und damit wäre in allen gesellschaftlichen Bereichen der Erwerb durch Inbesitznahme – ohne Rücksicht auf die Rechte des Eigentümers – zwar eine zu verheimlichende, aber keineswegs mehr abweichende Handlung. Hält die gegenwärtige Entwicklung an, so bedeutet das im Jahre 1980

- Jeden Tag ereignen sich 11 Morde oder ernsthafte Versuche dazu.
- In jeder Stunde ereignet sich eine Notzucht.
- Alle 10 Minuten wird ein Mensch beraubt oder erpreßt.
- Die Zahl der bedeutenden Diebstähle wird die Millionengrenze grenze übersteigen.
- In weniger als einer Minute wird es jeweils zu einem Einbruch kommen, und in der gleichen Minute verschafft sich ein Dieb eine Beute von mindestens DM 100.–
- Alle drei Minuten verschwindet auf kürzere oder längere Zeit ein Auto.

► Die Chance, Opfer eines Wohnungseinbruches zu werden, liegt bei 1 zu 140, einigermaßen tröstlich, aber in der Stadt steigt die Chance auf 1 zu 70, und die Geschäfts-, Lager-, Kiosk- und Gaststätteninhaber sind sogar noch dreimal höher gefährdet.
Der gegenwärtige nicht näher abzuschätzende Rückgang im Bereich des Betruges wird möglicherweise durch eine intensivere Bekämpfung der Weißen-Kragen-Kriminalität ausgeglichen. Hier verbieten sich halbwegs sichere Voraussagen. Den geplanten Maßnahmen zur verstärkten Bekämpfung der Wirtschaftsverbrecher wäre ein voller Erfolg zu wünschen, weil andernfalls eine Kriminalisierung des wirtschaftlichen Lebens nur schwer reparierbare Schäden herbeiführen und die Eskalation des Verbrechens fördern müßte.

Die Zukunft planen

1960 – am Beginn dieses Jahrzehnts stand das Versprechen »Wohlstand für alle«.
Und wirklich: Das Volkseinkommen in der Bundesrepublik hat sich seit 1960 fast verdoppelt, desgleichen der private Konsum des einzelnen Bundesbürgers. Aber die Zahl der Eigentumsdelikte stieg noch ungleich schneller an.
Allein zwischen 1965 und 1970 wechselten 21,8 Millionen Bürger innerhalb der Bundesrepublik ihren Wohnort; viele, weil ein Arbeitsplatz in der Stadt höheren Lohn versprach, viele aber auch, weil die vertraute Tätigkeit am gewohnten Platz nicht mehr gefragt war. In der gleichen Zeitspanne mußten jährlich sechs Prozent aller Arbeitnehmer einen neuen Beruf erlernen. Anstrengung, Enttäuschung und Entwurzelung zugleich – da haben dann ein paar Urbanologen begonnen, Ballung als Krankheitserreger zu begreifen, der zum Aufbau von Aggressionen führt und kämpferisches Abreagieren verlangt.
Statt der 3,2 Millionen Fernsehgeräte des Jahres 1962 strahlen nun in 92 Prozent aller Haushalte elektronische Bildröhren die Konsumparolen aus. Sie steuerten die Gesellschaft im Verein mit den übrigen Medien in eine Zuwachs- und Zugreifneurose hinein.

Reale wie fiktive Gewalt überschwemmt die Nation tagtäglich und liefert so die Lösungsmöglichkeiten für Konflikte, die bei den aufgestauten Aggressionen durch Stadt und Arbeitswelt gewaltiges Handeln provozieren müssen.
Statt 59 von 1000 besitzen nun 250 von 1000 Einwohnern einen Personenwagen; mehr als 700000 Bundeshaushalte leisten sich bereits das Zweitauto, aber immer noch wird dieses technische Gerät nicht nach seinem Nutzen, sondern nach seinem Statuswert eingeschätzt. Es fördert so das unlautere Besitzstreben beim einzelnen oft über die finanzielle Leistungskraft hinaus. Verstopfte Straßen und zerknautschtes Blech, Luftverpestung, Divisionen von Toten und Verletzten steigern das Unbehagen über den Mitmenschen bis zur dumpfen, anonymen Feindschaft. Kein Tag vergeht, ohne daß andere das eigene Gut und Blut gefährden.
»Wohlstand für alle« im letzten Jahrzehnt? Gewiß ein Jahrzehnt, das die Geschicke der Menschen stärker veränderte als die Jahrhunderte zuvor; ein Jahrzehnt, in dem die Weltraumfahrt begann, das erste Herz verpflanzt wurde, Wissenschaftler die Struktur des menschlichen Erbgutes entschlüsselten und Rechenautomaten im Wert von 80 Milliarden Mark ihre Arbeit aufnahmen. Aber in diesem Jahrzehnt stürzte die mächtigste Industrienation der Erde auch in den ersten Krieg, den das Fernsehen frei Haus lieferte und in dem die Kosten für getötete Feinde in Dollars und Cents umgerechnet wurden. Aufruhr und Gewalt erschütterten Amerika im Innern.
Millionen Jugendliche standen zum Protest auf, stellten radikal jede überkommene Ordnung in Frage. Unter diesem Ansturm zerbrachen die Traditionen und jene Gewohnheiten, die als Ballast der Vergangenheit eine Neubesinnung verhinderten. Junge Menschen flüchteten unter dem Konsumüberdruck in eine Sack-und-Asche-Mode und in den Lumpen-Look. Sie traten aus der Gemeinschaft aus, um sich Haschischträumen hinzugeben oder um das Heer der Straftäter zu verstärken; gewalttätige Reaktion auf eine für sie verkehrte Welt.
Verloren ging in diesem Jahrzehnt das System fester Wertvorstellungen, dessen Normen den gemächlichen Wandel christlicher Jahrhunderte begleitet hatten, mit seinen Regeln über Armut und

religiösen Gehorsam als Tugenden, zugeschnitten auf eine statische, kaum sich verändernde Gesellschaft.
Zuwachs wurde die neue Heilslehre, Zuwachs um beinahe jeden Preis, um den Preis der steigenden Müllhalden, der Wasserverseuchung, des Raubbaus an Rohstoffen, der Entfremdung in der Arbeitswelt, aber auch mit dem Lohn der besseren Bezahlung und der vermehrten Freizeit. Zuwachs, das heißt aber auch: Wettlauf eines jeden gegen jeden um Konsumgüter, selbst, und manchmal wie selbstverständlich, durch illegale Besitzübertragung.
Zuwachs gebar eine neue Wissenschaft: die Ökologie, die Lehre von der Umwelt, geboren und erzwungen aus der Furcht vor der Vernichtung der Menschheit.
»Sicherheit für alle« stand am Beginn der siebziger Jahre. Das bedeutet unter anderem: 1980 wird jede Familie einen Personenwagen besitzen, wird die Motorisierung dreimal so schnell zunehmen wie der Verkehrsraum. Und in den Großstädten wird der Autobestand sieben- bis zehnmal höher liegen als im Landesdurchschnitt. Das bedeutet noch einmal eine Steigerung der Arbeitsproduktivität um 40 Prozent und im Gefolge der 30-Stundenwoche (Urlaubszeit eingerechnet) noch mehr Freizeit. In zwei, drei Jahrzehnten werden 90 Prozent der bundesdeutschen Bevölkerung in Ballungsgebieten leben, ausufernden Stadtlandschaften oder gigantischen Trichterstädten.
Die Lehren des vergangenen Jahrzehnts sind eindeutig: Künftig muß koordiniert geplant werden. Und es ist notwendig zu erforschen, welche Schäden und Gefahren neue Entwicklungen mit sich bringen können.
Mit Milliardenaufwand will man das Verkehrschaos entwirren, und doch kann jeder leicht errechnen: Das Geld ist vertan, wenn wir nicht tatsächlich jeden Quadratmeter Freiraum pflastern oder teeren und die Städte damit in lebensfeindliche Steinwüsten verwandeln.
Gigantische Bürohäuser werden in den Stadtkernen aus dem Boden gestampft, wenn man die gewachsene Siedlungsform und -struktur unter dem Schlagwort »Sanierung« erst einmal zerstört hat. Diese Form der Sanierung ist die derzeit sicherste Methode, eine Stadt zu strangulieren, ihre Bewohner in bindungslose Pend-

ler zu verwandeln, die immer neuem Streß ausgesetzt sein werden und ihre neugewonnene Freizeit zum Aufbau neuer Gewaltmotive bei der Fahrt zur Arbeit und beim Rückweg benutzen.
Es gibt durchaus abgesicherte Analysen jener Risiken, die wissenschaftlicher und technischer Fortschritt mit sich bringt. Doch diese Erkenntnisse zählen noch nicht zum Allgemeingut der Planer.
»Jedes Jahr scheinen wir besser gerüstet, das zu erreichen, was wir wollen. Aber was wollen wir eigentlich?« fragt der französische Zukunftsforscher Bertrand de Jouvenel. Die Menschheit ist nun endlich kulturell und technisch den Kinderschuhen entwachsen und sollte eigentlich die Verantwortung für ihre weitere Zukunft übernehmen. Dieser Pflicht unterliegen auch – und in besonderem Maße – die demokratischen Staaten. Die Demokratie versagt es sich, Menschen auf illusionäre Ziele hin zu organiseren, nur damit sie die Misere der Gegenwart nicht bemerken. Das liefert aber keine Entschuldigung für Untätigkeit oder bloßes Zusehen bei erkennbar verhängnisvollen Entwicklungen. Demokratie heißt Freiheit *und* Verantwortung. Sie sind jedermanns Gut und Sache. Aber auch jedermann sollte sie vor drohenden Gefahren schützen. Eine dieser Gefahren ist das auswuchernde Verbrechen.
Eines dürfte sicher sein: Die Kriminalität ist nicht aus dem Nichts entstanden. Sie ist die Folge zahlloser Faktoren der technisierten und anonymisierten Umwelt. Wer das Verbrechen dauerhaft und wirksam bekämpfen will, sollte nicht nur die Zeiterscheinung an sich verteufeln und nach Polizei und Richter rufen. Denn weder die Polizei noch die Justiz können die Verbrechensursachen beseitigen, die in der Gesellschaft wurzeln. Sie können bestenfalls als Feuerwehr den einen oder anderen kriminellen Brand löschen. Das ist gewiß keine unwichtige Aufgabe, aber solange die Brandursachen nicht beseitigt werden, müssen die Flammen immer wieder hochzüngeln und nachhaltige Schäden verursachen.
Nur – das Verbrechen überdeckt seine eigenen Ursachen. Es fördert Angst und Unsicherheit beim Bürger und löst im Bewußtsein der Bevölkerung unmittelbare Wirkungen aus: Der Bürger sieht nicht sich und seine Mitbürger, nicht diese Gesellschaft als ver-

brechensfördernden Faktor, sondern er sieht hier sich und dort das Verbrechen, hier seinen Anspruch auf Sicherheit und körperliche Unversehrtheit, dort einen scheinbar unfähigen Staat. Einen Staat, der in einigen Bereichen offensichtlich schon nicht mehr in der Lage ist, die Gleichheit aller vor dem Gesetz zu gewährleisten: Nur in einigen Verbrechensbereichen besteht noch einige Sicherheit, daß ein Straftäter auch wirklich vor den Schranken des Gerichts landet.

Und weiter: allen Beschwichtigungs- und Beschönigungsversuchen zum Trotz – wir warten nicht mehr auf die Explosion des Verbrechens; sie hat bereits stattgefunden, wenn auch vielleicht nur mit mittelschwerem Knall. Gerade eben beginnt sich bei uns die Sogwelle importierter Verhaltensweisen auszuwirken: Flugzeuge werden entführt, es wird gekidnappt, Bankräuber nehmen Geiseln. Sprengfachleute wissen, daß die Explosion erschüttert, die Sogwelle aber niederreißt.

Kommt es erst einmal so weit, daß auch unsere Bürger nicht mehr wagen, die Straßen bei Dunkelheit zu betreten, werden Parks am Abend erst einmal gemieden, dann steigert sich das menschliche Grundbedürfnis nach geordneten und sicheren Verhältnissen so gewaltig, daß innenpolitische Wirkungen unvermeidbar sind. Schon die Diskussionen im Wahlkampf 1972 ließen erahnen, welche Emotionen bei der Bevölkerung wach werden, wenn sie durch Straftaten verunsichert wird. Im günstigsten Falle resigniert der einzelne, kehrt sich aber zugleich nachhaltig von Staat und Gemeinschaft ab. Der Mensch wird sich ohne Vertrauen zum Staat und ohne Bindung an die Gemeinschaft entwickeln, und die Gefahr eines Dschungelkrieges »Jeder gegen jeden« muß sich verstärken.

Wird die Vision vom Alltag 1980 Wirklichkeit, werden auch die alten Rattenfänger wiederkehren, ihre Flöten zu Kapellen ausbauen und mit der Parole »Ordnung« durch die Lande ziehen. Sind Teile der Bevölkerung erst einmal auf die Melodie eingestimmt, wird auch der Ruf nach dem »starken Mann« wieder aufleben. Ein derartiger Vorsänger findet sich leicht, braucht er doch nur mit der inhaltslosen Formel zu Felde zu ziehen, er wolle »diesen ganzen Unrat mit eisernem Besen aus dem deutschen Hause kehren«

(Agitation einer westdeutschen Partei 1970). Solche Schalmeienklänge liegen den Älteren noch so gut im Ohr, daß man sie nicht als unwiederholbar bezeichnen mag.
Welche radikale Gruppe auch immer die Macht erobern würde, sie könnte nicht zögern, verstaubte Instrumentarien wieder hervorzukramen und nach dem nötigen Rüstzeug für den Kampf gegen jedwede Ordnungsstörer zu rufen. Wenn die öffentliche Ordnung nur nachhaltig durch das Verbrechen bedroht würde, käme der vermeintliche Volkswille den Rückfällen in finstere Zeiten nicht nur entgegen, er würde sie auch noch mit Beifall bedenken.
Soeben läuft im Distrikt Washington eine seltsame Kombination von Experimenten an: Telefone dürfen schrankenlos überwacht werden, die Polizei darf ohne Ankündigung jede Privatwohnung betreten. Diese und ähnliche Maßnahmen wurden beschlossen, weil das Verbrechen überhand zu nehmen droht. Und hier zeigt sich möglicherweise der Anfang vom Ende demokratischer Grundrechte. Jeder vermag auch für uns abzuschätzen, wie beispielsweise eine Abstimmung über die Wiedereinführung der Todesstrafe – dieses Überbleibsel aus dem Mittelalter – bei Kindesmord ausfallen würde. Erst einmal eingeführt, ließe sich dieses Instrument auch leicht mißbrauchen. Damit verbunden wäre dann womöglich auch noch eine schnelle »unkomplizierte und unbürokratische« Entmannung für tatsächliche und vermeintliche Triebtäter. Genug. Die Schreckenskammer enthält zuviel Werkzeug, als daß es hier beschrieben werden könnte.
Immerhin ist auch denkbar, daß alle heutigen Gedankengänge für eine Resozialisierung Straffälliggewordener schnell und gründlich in Vergessenheit geraten, wenn sich die Abneigung gegen das Verbrechen erst zu Haß und Angst gewandelt hat. Dann kämen vielleicht noch Huxleys Vision von der »Schönen neuen Welt« oder Orwells »Großer Bruder« zu späten Ehren. In einem Gesellschaftssystem, in dem die Rechte auf Eigentum, Gesundheit und Leben permanent gefährdet wären, würden alle technischen Möglichkeiten genutzt, um den Menschen und sein Verhalten in den Griff zu bekommen.
Da wäre denkbar die Datenbank, aufgefüllt mit Vorstrafen, Gesundheitszustand, Geheimdienstbeurteilung, Telefonabhör-

ergebnissen, Inhalt der Scheidungsakten, Bildungs- und Zufriedenheitsgrad: die perfekte Untertanenkartei. Die Menschen würden zu gläsernen Persönlichkeiten, die Freiheit des Individuums nähme über die Hintertreppe des Elektronengehirns endgültig Abschied vom Menschen. Das alles mag utopisch klingen, ist aber rein technisch heute schon kein großes Problem mehr und würde sicherlich von manchem Zeitgenossen gutgeheißen, wenn eine solche Elektronik bei der Verbrechensbekämpfung nur Erfolge vorweisen würde. Ebenso möglich wäre es, menschliche Triebe und Verhaltensweisen mit Hilfe von Hirnelektroden oder durch Chemikalien im Trinkwasser zu steuern.

Diese abenteuerlichen Möglichkeiten lassen sich abwenden. Aber Besinnung im gesellschaftlichen und politischen Raum tut not. Der Anstieg der Verbrechensrate ist wirklich keine gottgewollte Geißel.

Es gibt wenigstens zwei entscheidende Maßnahmen, mit denen man ein Auswuchern des Verbrechens verhindern könnte:

- ▶ Einmal gilt es, ein langfristiges Forschungsprogramm anlaufen zu lassen mit dem Ziel, die eigentlichen Wurzeln des Verbrechens in der Gesellschaft systematisch zu erkunden.
- ▶ Zum anderen sollten Polizei und Justiz so ausgestattet werden, daß sie das Verbrechen auf konventionelle Art so lange bekämpfen könnten, bis Forschungsergebnisse bessere Maßnahmen ermöglichen.

Was die geleistete Ursachenforschung betrifft, so ist wirklich eindringlich zu fragen, warum bisher nur wenige Fachleute sich vergebens um Forschung und Aufklärung bemühten. Allein gelassen, untereinander nicht koordiniert, kamen sie zu unterschiedlichen und höchst schmalspurigen Aussagen, deren Differenziertheit den Verantwortlichen immer wieder als Alibi fürs Abwarten diente.

Wer das Verbrechen ernsthaft bekämpfen will, muß eine zentrale Forschung zu diesen Problem- und Fragenkreisen anstreben. Die Vielfalt des Geschehens und der Ursachen erlaubt keine Versuche so nebenher und überall verstreut, sondern fordert zentralisierte, permanente und zielbewußte Arbeit. Das Problem muß frontal angegangen werden.

Die nun beschlossenen Forschungsstellen beim Bundeskriminalamt und bei der Polizeiakademie Hiltrup sind gutgemeinte Ansätze, aber sie werden das Feld nicht in der erforderlichen Breite angehen können. Verbrechen ist kein internes Problem der Polizei und der Justiz, sondern es erfordert eine ganz neue Art der kriminologischen Wissenschaft. Die Polizeidienststellen können einen großen Fundus an Erfahrungsdaten zur Verfügung stellen, aber hinzutreten müssen Fachleute aus dem Städtebau, dem Verkehrswesen, Medienforscher, Arbeitspsychologen, Pädagogen, Mediziner, Architekten, Soziologen, Versicherungsmathematiker, Statistiker. Erst diese interdisziplinäre Zusammenarbeit kann brauchbare Ergebnisse über Ursachen und geeignete Abwehrmaßnahmen erbringen. Das alles erfordert eine zentrale, nationale Institution, die baldigst eingerichtet und großzügig gefördert werden muß. Dabei ist zu beachten, daß viele unserer Probleme auch die Probleme anderer europäischer Industriestaaten sind. Es erscheint nicht abwegig, sondern lohnend, derartige Einrichtungen in allen EWG-Staaten (wenigstens!) zu schaffen, zumal die Zukunft zwingend ein Angleichen der Rechtsnormen, der Prozeßordnungen und des Polizeirechts erfordert, wenn Europa zu einer Einheit zusammenwachsen soll, in dem nicht nur Handel und Wandel sich reibungslos vollziehen, sondern in dem einheitliche Verbrechen auch einheitliche Bekämpfung notwendig machen.
Ein Erfahrungsaustausch auf wissenschaftlicher Basis ließe die guten oder schlechten Erfahrungen jedes einzelnen Landes schneller als bisher in die praktische Arbeit auch der übrigen Staaten einfließen.
Freilich bedürfen derartige Forschungsstellen hauptamtlicher und hochqualifizierter Mitarbeiter, ferner einer fachgerechten Dokumentation. Außerdem wäre ein einfaches, aber umfassendes und erweiterungsfähiges Klassifizierungssystem zu entwickeln, das die Forschungsergebnisse jederzeit für die Praxis erreichbar macht. Und schließlich müßten die Forschungsergebnisse auch jene Personen und Organisationen erreichen, denen die Verbrechensbekämpfung obliegt. Das wären nicht nur Polizei oder Justiz, sondern gegebenenfalls auch die Parlamente, kommunale

Behörden, die Träger der Erziehung, die Verantwortlichen für den Strafvollzug. Parallel zur systematischen Verbreitung des aufbereiteten Materials müßte ein Strom von Fragen an die Fachleute laufen.

Es gilt, die Gesellschaft schonungslos darüber aufzuklären, was schon Wirklichkeit ist und was noch droht, denn sonst wird niemand bereit sein, Mittel und Material für die direkte und die indirekte Bekämpfung des Verbrechens bereitzustellen. Es wird mit Sicherheit Überraschungen geben, und politisch sehr umstrittene Vorhaben dürften durch die Ergebnisse derartiger Forschung unterstützt oder beschleunigt werden – weil dem einzelnen Bürger dann vielleicht einleuchtet, was ihm bisher unerklärlich erschien.

Man denke nur an die Sanierung unserer Städte. Sie müssen wieder familiengerecht werden, um überhaupt lebensfähig zu bleiben, aber auch um kriminalitätshemmende Faktoren aufbauen zu können. Man denke nur an die Bildungs- und Ausbildungsreform, die heute das Ziel der Chancengleichheit anvisiert, die gleiche Startchancen im wirtschaftlichen und erotischen Wettbewerb eher als die bisherigen Systeme ermöglicht und damit kriminalitätshemmend wirkt.

Man denke nur an das allgemeine Erziehungswesen, bei dem die Prägekraft der Familie sichtbar und sich das umstrittene »Babyjahr« als kriminalitätshemmender Faktor erweisen wird.

Man denke an den Sozialisierungsprozeß in Kindergärten, der die Mutter erwerbs- *und* erziehungsfähig hält und für Mutter wie Kind im Gemeinschaftserlebnis Rückwirkungen auf das soziale Verhalten mit sich bringt.

Endlich könnte das Medium Fernsehen von einer Schule der Gewalt zu einem echten Bildungs- und Ausbildungsmittel werden, Fortschritt auf der einen, Verbrechenshemmung auf der anderen Seite. Möglichkeiten gibt es viele. So ließe sich die Wirkung des Strafvollzuges bei Erwachsenen und Jugendlichen erforschen, die Effektivität und Tauglichkeit oder die Untauglichkeit der Resozialisierungsmaßnahmen beweisen; mit der Folge, daß beträchtliche finanzielle Mittel nicht mehr nur auf Verdacht und völlig wirkungslos investiert würden. Es darf doch nicht auf alle

Zeiten hingenommen werden, daß wir Amateure in die Strafanstalten schicken und als Vollprofis wieder herauskommen lassen.
Vor dem Hintergrund all dieser Möglichkeiten scheint die Einrichtung einer zentralen Forschungsstelle für Kriminalität eine gute Kapitalanlage. Natürlich kostet das Geld, aber bei weitem weniger, als die Schäden des zukünftigen Verbrechertums ausmachen werden, und kaum mehr als der Milchpfennig seligen Angedenkens oder andere Subventionen.
In den USA steht den Strafverfolgungsbehörden ein Prozent der Haushaltsmittel für Forschungsvorhaben zur Verfügung. Dieser Betrag erreicht bei weitem nicht jene Summe von 8,7 Milliarden Mark, die die Wirtschaft für ihre Forschungen investiert oder gar jene 15 Prozent aus dem Verteidigungshaushalt, die ebenfalls für Forschung ausgegeben werden. Die Ergebnisse einer zentralen und unabhängigen Verbrechensforschung könnten demokratische Gesamtverantwortung direkt aktivieren, weil die Vorstellung vom unerklärlichen abseitigen Verbrechen aus der Unterwelt der Erkenntnis von Ursache und Wirkung weichen würde.
Bis dahin müssen Polizei und Justiz die Verantwortung allein tragen und Verbrechen allein bekämpfen.
Auch die Polizei – oder gerade sie – muß sich von überkommenen Vorstellungen lösen. Sie hat in dieser schnell sich wandelnden sozialen Welt drei große Aufgaben zu lösen:

- ▶ Auf der Grundlage grundgesetzlicher Freiheiten muß sie die demokratische Auseinandersetzung zwischen Bürger und Staat ermöglichen.
- ▶ Sie muß das Verkehrsgeschehen überschaubar und im Bereich der unvermeidlichen Schäden halten, bis sich bessere Einsicht allgemein durchsetzt.
- ▶ Sie muß Straftaten verhüten und verfolgen; die Kriminalität in Gemeinschaft mit anderen Institutionen bekämpfen.

Dazu benötigt sie zwar bestimmte Machtmittel, muß gegebenenfalls in die Rechte der Bürger eingreifen und ist auf bestimmte technische Hilfsmittel angewiesen, aber sie sollte sich nicht in die Rolle eines Vormundes der Nation drängen lassen oder zum Mittel der Selbstdarstellung des Staates entarten! Mit der Polizei kann man womöglich einige Zeit Politik machen, aber diese Politik ersetzt keine gründliche Ursachenforschung, auf der politische Entscheidungen sinnvoll aufbauen könnten. Die Polizei soll nicht den Bürger unter der Knute halten, sondern sie soll dem Bürger garantieren, daß er seine im Grundgesetz verbrieften Rechte auch ausüben kann. Die Polizei kann ihre Aufgaben heute nur erfüllen, wenn sie sich als soziale Institution versteht, wenn sie Teil dieser Gesellschaft ist, nicht über oder unter ihr steht, sondern in der Gemeinschaft verwurzelt ist. Sie muß sich auf den mündigen, kritischen Staatsbürger einstellen, der Forderungen erheben darf, der Leistung und Begründung erwartet. Und ebenso muß der mündige, kritische Polizeibeamte dem Bürger seine Forderungen präsentieren und diese Forderungen vertreten und begründen können.

Doch auch unter diesen Voraussetzungen ist es nur möglich, die gestellten Aufgaben zu bewältigen wenn

- die Polizei einen demokratischen Arbeitsstil praktiziert, der die Selbstverantwortlichkeit als Motivation zur Leistung ermöglicht,
- die Beamten gut ausgebildet sind, schließlich in Bildung und Wissen auf der Höhe der Zeit stehen,
- die Organisation den Erfordernissen angepaßt ist.

Die Polizei ist in der Gesellschaft nur Kristallisationspunkt für die Verbrechensbekämpfung, kein Selbstzweck, sondern die Selbstschutzorganisation ihrer eigenen Lebensgemeinschaft. Sie ist auf die Mitarbeit der Bürger angewiesen. Sie soll und will nicht allgegenwärtig sein, bedarf aber als Ausgleich der Hilfe des Bürgers. Eine straff zentralisierte Organisation, in der von oben nach unten angeordnet wird, kann keine optimalen Leistungen erbringen. Bekämpft wird die Kriminalität vor Ort, und Personen-, Orts- und Sachkenntnis können sich nur in einer dezentralisierten Organisation voll auswirken. Zu zentralisieren und auf das höchste Maß zu beschleunigen ist die gegenseitige Information von oben nach unten und umgekehrt – und dies mit modernsten technischen Hilfsmitteln.

Eine zeitgemäß konzipierte und modern ausgestattete Polizei vermag auch leichter als bisher der fortschreitenden Verfeinerung im staatsbürgerlichen Empfinden zu folgen. Da kann auch der einzelne Beamte energischer unrechtmäßigen Anordnungen und Zumutungen entgegentreten, ein modernes Strafrecht, ein modernisiertes Jugend- und Erziehungsrecht, ein vom Vergeltungsdenken befreites Vollstreckungsrecht richtig anwenden, um nicht durch eigene Ungeschicklichkeit der Gesellschaft neue Feinde zu schaffen, neue Straftäter zu züchten. Und schließlich würde eine zeitgemäße Ausstattung wohl auch dazu führen, daß die Diffamierung der Polizei durch staatsfeindliche und -zerstörerische Kräfte nicht mit übersteigerten Reaktionen beantwortet würde. All das bedeutet den Wandel der Polizei vom Zuschnapp- und Rauswerfergewerbe zu einem sozialen Beruf mit Dienst am Menschen, am Nachbarn.

Die Alarmzeichen stehen auf Sturm. Die Stunde der Verzweiflung ist noch nicht gekommen. Aber im Schatten der Freiheit konnten sich die Gefahren herausbilden und entwickeln. Jetzt muß man die Gefahr bekämpfen, ohne die Freiheit aufs Spiel zu setzen – aber auch, um die Freiheit nicht eines Tages zu verlieren!

Zusammenhang Pkw-Dichte, Fernseh-Dichte, Kriminalität

	Pkw- und Fernseh-Dichte im Vergleich zur Bevölkerungsdichte (1964)		Ansteigen der Häufigkeitsziffer vergleichbarer Straftaten (1958–1964)	Alle Straftaten/Häufigkeit, nachdem 15% der Bevölkerung motorisiert sind	
	Pkw	Fernseher			
Schweden	21,9%	25,6%	+553	1957–1964	+71
England/Wales	18,6%	28,5%	+669	1960–1964	+88
Dänemark	14,4%	21,0%	+713	1962–1964	+80
Bundesrepublik	14,4%	17,9%	+257	1963–1964	+50
Frankreich	17,6%	11,2%	+214	1963–1964	+97
Niederlande	8,5%	15,1%	+179	1955–1964	+19
Italien	9,2%	10,2%	+ 94	1955–1964	+34
Österreich	9,7%	8,1%	+ 66	1955–1964	+10

Der Anstieg der Häufigkeitsziffer für vergleichbare Straftaten steht in erkennbarem Verhältnis zur Pkw- und Fernseh-Dichte. Verschiebungen auf den vorderen Plätzen (z.B. zwischen England und Schweden) ergeben sich aus der unterschiedlichen Verdichtung der Einwohnerschaft in Großstädten. In Schweden wurden 23,7% der Bevölkerung, in England 41,7% als Großstadtbewohner registriert.

Sobald die Pkw-Dichte die 15%-Grenze erreicht oder sie überschreitet, steigen die Straftaten lawinenartig an.

Quellenverzeichnis

Autrum, H.: Nachrichtenwesen Mensch, in »Mensch und Tier«, München 1968
Becker: Jugendliche Gewaltverbrecher, in »Deutsche Polizei«, 6/1968
Bertaux, Pierre: Mutation der Menschheit, Frankfurt 1963
Bönner, Karl H.: Deutschlands Jugend und das Erbe ihrer Väter, Bergisch Gladbach 1967
Böttcher: Feindseligkeitspropaganda, in »Jugendschutz«, 5/1968
Ceppi: Jugendkriminalität, in »Kriminalistik«, 1968, S. 379
Cohen: Zur Soziologie jugendlichen Bandenwesens, in »Deutsche Polizei«, 6/1968
Ebermayer, Erich: Sie waren unschuldig, Bergisch Gladbach 1965
Exner, Franz: Kriminologie, Berlin 1949
Fuchs: Unrechtsgehalt der Steuervergehen, in »Zeitschrift für Zölle und Gebrauchssteuern«, 1960, S. 65
Geerds: Probleme der Wirtschaftskriminalität und ihrer Bekämpfung, in »Kriminalistik«, 1968, S. 356
Glueck, Sheldon und Eleanor: Jugendliche Rechtsbrecher, Stuttgart 1963
Grzimek, Bernhard: Zeitschrift für Tierpsychologie, Bd. 5, S. 46
Hänel: Mordkriminalität in den USA, in »Kriminalistik«, 2/69
Hellmer: Kriminalpolitische Besinnung, in »Kriminalistik«, 1966, S. 287
Helmer, Olaf: 50 Jahre Zukunft, Hamburg 1967
Hermann: Kriminalität in Amerika, in »Die Zeit«, 51/1968
Hermann: Die Last des Verbrechens, in »Die Zeit«, 52/1968
Hünninghaus, Kurt: Geliebt von Millionen, Düsseldorf 1961
Irmer: Unlautere und ungesetzliche Verhaltensweisen in der Steuerpraxis, BKA-Tagung Wirtschaftskriminalität
Jaide, Walter: Junge Arbeiterinnen, München 1969
Janzik: Der Fall Dominas, in »Die Polizei«, 57. Jahrgang, Heft 11
Kahn, H./Wiener, A.: Ihr werdet es erleben, Wien 1968
Kennedy, Robert: Bekenntnis zur Gerechtigkeit, Düsseldorf 1966
Köhler, Otto: Zufall, Notwendigkeit und Plan in der Welt des Lebendigen, in »Mensch und Tier«, München 1968

Koestler, Arthur: Das Gespenst in der Maschine, Wien 1968
Kretschmer, Ernst: Körperbau und Charakter, Berlin 1967
Lach: Aktuelle Erscheinungsformen der Wirtschaftskriminalität, BKA-Tagung Wirtschaftskriminalität
Mitscherlich, Alexander: Die Unwirtlichkeit unserer Städte, Frankfurt 1968
Middendorf, W.: Grundfragen der Wirtschaftskriminalität, BKA Wiesbaden 1963
Morris, Desmond: Der Menschen-Zoo, München 1969
Nass, Gustav: Die Kriminellen, München 1966
Ortega y Gasset, José: Aufstand der Massen, Stuttgart 1965
Report 1998, Stuttgart 1968, Hobby-Bücherei Bd. 15
Schöllgen: Grenzmoral, BKA-Tagung Wirtschaftskriminalität
Scheel, J. D.: Berühmte Autos, Berlin 1963
Schulz-Wittuhn: Das Auto – Vom Traum zur Wirklichkeit, Frankfurt 1967
Sack, F./König, R.: Kriminalsoziologie, Frankfurt 1968
Szondi, L.: Kain, Gestalten des Bösen, Bern 1969
Teilhard de Chardin, Pierre: Mensch im Kosmos, München 1964
Terstegen: Weiße-Kragen-Kriminalität, BKA-Tagung Strafrechtspflege und Strafrechtsreform 1961
Türat: Versuchter Taxifahrermord, in »Kriminalistik«, 1964, S. 514
Wehner: Die Latenz der Straftaten, Schriftenreihe des BKA, 1/1957
Wehner/Wenzky: Analyse der Kriminalitätsentwicklung, in »Die Polizei«, 11/1966
Weimann, Waldemar: Diagnose Mord, Bayreuth 1964
Die Welt in Zahlen, Köln 1967
Zimmermann, Eduard: Der Ganoven Wunderland, München 1966
Zimmermann, Eduard: Hauptsache, die Akten stimmen, in »Christ und Welt«, 18/1968